| 光明社科文库 |

基础教育高质量发展与校长专业化
贵州基础教育学校管理案例研究论文集刊

石培新　韦维◎主编

光明日报出版社

图书在版编目（CIP）数据

基础教育高质量发展与校长专业化：贵州基础教育学校管理案例研究论文集刊／石培新，韦维主编 . －－北京：光明日报出版社，2022.12
ISBN 978－7－5194－7032－6

Ⅰ.①基… Ⅱ.①石… ②韦… Ⅲ.①基础教育—发展—贵州—文集 Ⅳ.①G639.21-53

中国版本图书馆 CIP 数据核字（2022）第 251451 号

基础教育高质量发展与校长专业化：
贵州基础教育学校管理案例研究论文集刊
JICHU JIAOYU GAOZHILIANG FAZHAN YU XIAOZHANG ZHUANYEHUA：
GUIZHOU JICHU JIAOYU XUEXIAO GUANLI ANLI YANJIU LUNWEN JIKAN

主　　编：石培新　韦　维	
责任编辑：刘兴华	责任校对：李　倩　贾文梅
封面设计：中联华文	责任印制：曹　净

出版发行：光明日报出版社
地　　址：北京市西城区永安路 106 号，100050
电　　话：010－63169890（咨询），010－63131930（邮购）
传　　真：010－63131930
网　　址：http：//book.gmw.cn
E - mail：gmrbcbs@gmw.cn
法律顾问：北京市兰台律师事务所龚柳方律师
印　　刷：三河市华东印刷有限公司
装　　订：三河市华东印刷有限公司
本书如有破损、缺页、装订错误，请与本社联系调换，电话：010-63131930
开　　本：170mm×240mm
字　　数：395 千字　　　　　　　　　印　张：22
版　　次：2023 年 7 月第 1 版　　　　印　次：2023 年 7 月第 1 次印刷
书　　号：ISBN 978－7－5194－7032－6
定　　价：99.00 元

版权所有　　翻印必究

编委会

主　编：石培新　　韦　维
副主编：袁　川　　韦　丹
编　委：张鸿翼　　郑玉莲　　吴晓英　　雷经国　　张传军
　　　　杨　智　　薛　杉　　唐辉一　　安文军　　蔡　晶
　　　　吴　江　　沈　微　　姚晓峰　　熊　进　　史沙沙
　　　　杨　林　　张金辉　　唐建茂　　周元霞　　易　锋
　　　　贺奉刚　　付予黔　　王昌田　　代传洪　　曹晓芹
　　　　郎华林　　伍上尧　　杨振基　　夏道洋　　张　波
　　　　柳修阳　　陈　咏　　何朝俊　　刘　强　　李式贵
　　　　冉文强　　刘柱奎　　胡正林　　吴寿华　　谢福贵
　　　　龚贤朝　　陈　威　　易雪平　　胡家贵　　罗　婕
　　　　徐小暑

目 录
CONTENTS

学校德育 1

红色文化资源融入中学教育实践研究
　　——以融入遵义市第一中学为例 .... 熊　进　3

十二年一贯制学校德育工作管理模式的实践探索
　　——以贵阳市乌当区新天学校为例 .... 杨　林　11

学校"厚德"文化体系构建之探索与实践 .... 张金辉　23

县域高中学校德育体系构建研究
　　——以湄潭县求是高级中学为例 .... 唐建茂　31

中学"养正"德育教育体系的构建与实践研究
　　——以清镇市第一中学为例 .... 周元霞　41

加强学生自主管理　促立德树人新格局
　　——基于"五项"管理的学生自主管理初探 ...... 易　锋　53

"多维一体"构建校园德育工作新模式
　　——新时代理念下学校德育模式探究 .... 贺奉刚　61

薄弱学校的集体主义精神培育
　　——以六盘水市第五中学为例 .... 付予黔　68

县城高中社团活动与班级教学时间之间冲突及其调适的实践探索
　　——以贵州某县城高中为例 .... 王昌田　77

教师教学 85

指向教师专业发展的校本教研实践探究
　　——以贵州省实验中学校本教研为例 .... 代传洪　87

民办学校教师队伍建设支持系统的实践研究
　　——以贵阳市新世界学校为例 .... 曹晓芹　97

高中班主任队伍建设及班级管理案例研究 .... 郎华林　113

新时期校长教学管理艺术提升：意蕴、问题与实践策略 .... 伍上尧　123

"预、导、研、训、展"五环节课堂教学模式的研究与实验 ...... 杨振基　132

提高信息技术课堂教学有效性的实践研究报告 .... 夏道洋　146

遵义航天高级中学"三明三真"课堂改革案例研究 ... 张　波　蒲应亚　159

提高课堂教学有效性策略研究
　　——以六盘水市民族中学为例 .... 柳修阳　169

高中数学"351"课堂教学模式改革研究
　　——以六盘水市第三中学高中数学课堂教学改革为例 .... 陈　咏　180

学生工作 195

新高考背景下学生自主管理能力提升的实践研究
　　——以贵州省铜仁二中为例 .... 何朝俊　197

以体艺特长培养促进高中学困生转化的实践研究 .... 刘　强　208

"163"教学范式下提升民族地区普通高中学生自主学习能力的实践研究
　　... 李式贵　215

封闭式管理对学生成长的影响及应对策略研究
　　——以铜仁市第八中学为例 .... 冉文强　230

基于学生均衡发展的农村高中学校分类教学的实践探索
　　——以普安县东城区民族高级中学为例 .... 刘柱奎　238

高中生数学学习的困境与对策
　　——以贵州省福泉中学数学学困生为例 .... 胡正林　249

新时期贵州省农村乡镇高中建档立卡户学生辍学原因和对策研究
　　——以黄平县旧州中学为例 .... 吴寿华　260

管理文化 ... 271

探索组织结构重组　推进学校高质量发展 .... 谢福贵　许志海　273

民族地区薄弱高中分层走班教学案例研究报告
　　——以威宁县第六中学为例 .... 龚贤朝　280

增强小城镇普通高中学校凝聚力的策略思考
　　——以贵州省黎平县第N中学为例 .... 陈　威　295

以启源文化为核心，建设特色校本课程
　　——赤水市第八中学校本课程建设案例分析 .... 易雪平　301

综合性高中学校关于普高艺术特长班的教育教学探索
　　——以关岭自治县综合性高级中学为例 .... 胡家贵　310

基础教育高中学段探索科技创新教育
　　——以织金县第一中学研究为例 .... 史沙沙　319

普通高中"小班化"教育教学实践研究
　　——以贵阳市南明甲秀高级中学为例 .... 罗　婕　邹　容　327

县域农村高中教学管理有效性提升策略研究
　　——以思南县第N中学为例 .... 徐小暑　335

01

| 学校德育 |

红色文化资源融入中学教育实践研究
——以融入遵义市第一中学为例

熊 进[*]

遵义市第一中学

摘 要：红色文化资源是学校落实立德树人根本任务的重要资源。遵义作为革命老区，拥有丰富的红色文化资源，具有利用红色文化资源开展为党育人、为国育才的先天优势。将红色文化资源融入学校教育工作中，通过教学途径的多样性、教学方式趣味性、教学内容的实效性进行教育工作，能有效提升红色文化资源的教育功能。遵义市第一中学作为地处红色区域的高中学校，通过对红色文化资源的开发利用，找到其育人的价值功能，提升学生的综合素质，增强学生的文化自信，培养学生爱党爱国爱家乡爱校的意识。同时，通过开展红色文化教育活动，充分发挥红色文化教育的重要作用。

关键词：红色文化资源；中学教育；实践研究

党的十九大报告指出："中国特色社会主义文化，源自中华民族五千多年文明历史所孕育的中华优秀传统文化，熔铸于党领导人民在革命、建设、改革中创造的革命文化和社会主义先进文化，植根于中国特色社会主义伟大实践。"红色文化是中华文化的重要组成部分，展现了中国共产党在中国革命和社会主义建设与发展中的理想信念、制度体系建设、思想作风、国家治理体系等方面的建设和价值追求、精神支撑，它的传承和发展具有相对稳定性和鲜明的民族性以及历久弥坚的时代性，能满足人民对美好生活的精神需求。遵义作为革命老区，红色文化资源底蕴深厚，影响深远。红色文化作为遵义文化的底色，它在

---

[*] 作者简介：熊进（1975—），贵州遵义人，贵州省遵义市第一中学副校长，中学英语高级教师，现从事学校管理和高中英语教学工作。

指导教师：贵州师范学院教育科学学院袁川教授。

中学教育中发挥着重要的育人功能，具有极大价值和意义。

一、红色文化资源融入学校的现实意义

在新课标、新高考、新教材背景下，开展红色文化教育能有效提高学生思想政治教育水平。红色文化资源融入中学教育是以马克思主义为指导思想，是理论和现实意义的有机结合。

1. 有利于赓续红色血脉

党的百年征程路上，用马克思主义理论做指导，有着革命时期先烈们的英勇奉献，社会主义时期建设和发展中各行各业的先进模范的坚定信仰，在自身岗位上不忘初心、牢记使命，身体力行地践行着对人民、国家和党的忠诚，推动着国家社会的发展。利用革命先烈的民族精神和先进模范的先进事迹对学生开展红色文化教育，就是在赓续共产党人的红色血脉，传承和发展红色文化，让学生结合自身的个性和优点讲好红色故事，在故事中传承红色的基因，在先进事迹中鼓舞着一代代中学生，使其树立正确的世界观、人生观和价值观，提升自身的思想文化素养，培养健全的人格和优良的品格，从而在其中悟人生百态，学习思路应朝何方和发扬艰苦奋斗、吃苦耐劳等方面的革命精神。

2. 有利于传承红色文化

革命先烈们的英雄事迹与社会主义发展和建设时期先进人物的先进事迹以不同的形式展现和激励着广大的青少年。在新时代，我们要在新形势下担当起民族复兴的大任，传承好民族文化的红色继承，创造性地发展红色文化。

（1）传承革命者坚定的理想信念。当下的中学教学注重学生的科学素养能力的提升，轻视了对学生理想信念教学的引导。因此，在中学阶段，通过系列活动的开展和理论知识的学习引导学生树立正确的理想信念，积极践行社会主义核心价值观，培养学生的"四个意识"，在理论知识的学习和现实国情中坚定"四个自信"，树立正确的历史观、民族观、国家观、文化观，将国家和民族的发展与自己的成长紧密结合，将个人的梦想和民族复兴紧紧相连，充分认识到中国梦是每个人梦想实现的汇聚，做好自身，做志存高远的人才能为中华民族复兴贡献自身的一份力量。

（2）发扬革命者艰苦奋斗的精神。学习是学生思想道德修养和科学文化素养提升的有效途径，也是学生人生阶段的一个重要组成部分，蕴含着人生的目标，一份责任和担当，同时彰显着个人的一份追求，这就需要在学习过程中发扬革命者艰苦奋斗、自强不息的精神，在自我革命和创新实践中为青春远航助力。

（3）传承实干兴邦的精神。在红色文化的学习中，逐步形成脚踏实地、敬业奉献的行事作风，在困难和挑战面前勇挑重任，积极为国家奉献智慧和力量，才能在新时代勇担国家兴旺的大梁。

（4）传承乐于奉献的精神，立德修身。在学习和生活中注重德和行的培养，自觉践行爱党爱国爱校爱他人爱自己的"五爱"教育，在社会中讲究公德，注重个人美德，带头传承良好的社会风尚，在奉献中引领人民，促进社会进步。

（5）传承开拓创新的革命精神。创新是引领社会发展的第一动力，在学习和生活中勇于提出新问题，敢于挑战问题，开拓自身思维，形成新的见解，才能在解决问题和创新生活中，做一个为社会发展努力的开拓者。在新时代背景下，充分利用各具特色的红色文化资源，讲好属于自己的红色故事，从优秀红色文化资源中增强精神力量、坚定理想信念，书写新时代、新征程中不一样的华章。

3. 有利于落实立德树人的根本任务

中国共产党在社会主义革命、建设、改革的伟大实践中，带领各族人民创造了底蕴深厚而又独特的红色文化。红色是革命先烈用鲜血染红的，是一份希望，是一种艰苦奋斗、自强不息的革命精神，它代表中国革命的胜利，象征着无数共产党人的价值追求和精神支撑。在对中学生开展的爱国主义教育中，引导学生传承红色文化，弘扬和传播红色文化精神，需要从身边小事做起，从小事中树立远大的志向，在学习中提升自我，树立创新意识，为国家富强、民族昌盛，奉献自身的一份力量。也可以从服务工作做起，利用课余时间从事志愿者服务活动，为需要之人提供力所能及的帮助。习近平总书记强调："红色基因就是要传承。中华民族从站起来、富起来到强起来，经历了多少坎坷，创造了多少奇迹，要让后代牢记，我们要不忘初心，永远不可迷失了方向和道路。"在青少年成长的过程中开展红色文化的爱国主义教育，传播红色文化，讲好红色故事，帮助青少年学生树立正确的世界观、人生观和价值观，坚定正确的理想信念，提高明辨是非的能力，有利于落实立德树人根本任务。①

二、红色文化资源融入学校的实践探索

遵义市第一中学，位于遵义会议会址所在地红花岗区，地处老鸦山麓美丽的桃溪河畔，具有近百年的建校史。学校所在的遵义会议会址所在地，红色革命文化底蕴深厚，红色文化氛围浓郁。因此，学校将"传红色基因 讲遵义故

---

① 陈树鹏. 地域文化视域下的高中德育研究 [D]. 重庆：西南大学，2016：3-4.

事"的理念融入红色文化特色建设中，彰显学校校园文化建设的基石，在特色校园建设的基础上打造德育特色强校，有利于弘扬遵义红色革命传统，用遵义会议精神培育一代新人，同时也是对中华优秀传统文化和办学历史的传承与发展。

根据学校的区域优势和自身发展的需要，为丰富学校校园文化建设内容，彰显学校特色文化，提升学校办学的特色内涵和品位，学校将"红色铸魂"作为特色之一，构建学校校园文化底色，主要分三个阶段依次推进。初级阶段（2018.8—2021.7）——确立特色：制定红色文化特色建设方案，引领文化发展；中级阶段（2021.7—2022.7）——打造特色：主要从环境的营造、校本课程的开发和推广、红色文化活动的开展和教育研学实践活动等方面着手实现理论和实践的有机结合，使学生在学习和生活中潜移默化地受红色文化的熏陶，自觉践行对党和国家的爱国主义使命；高级阶段（2023年起）——彰显特色。将形成的办学特色进行推广，发挥示范引领作用，同时对红色文化特色进行深化和创新性发展，力争实现个性化办学。为此，我校做了如下探索。

（一）营造红色文化底色，实现环境育人

将红色文化与自身的校园文化相结合，营造浓厚的红色校园文化环境，实现环境育人。学校校舍的建设采取红白相间的建筑风格，高一到高三的教室错落有致，寓意学生的三年高中教育都有着不同的变化和转折，克服重重困难，最后走上自己的理想人生之路；在学校的走廊、教室等区域放置图书，让学生随时随地可以阅览红色文化的书籍。还利用各学科课堂进行红色文化知识的渗透，把学生的优秀作品利用校园电视台进行广播和以"重走长征路，再忆红色情"为主题布置展板展出，通过书写遵义路上的长征人，再现遵义红色故事，渗透长征精神，潜移默化地影响学生的生活和学习，激发广大学生的爱国情怀。

（二）丰富活动形式，激发爱国热情

在红色资源的洗礼中，学校坚持以红色文化为主题建构德育活动，在活动中渗透红色文化精神，形成了月月有主题的德育活动体系。

（1）精美红色手抄报，传红色精神。为了形成人人受德育、人人享德育的主题活动氛围，学生动手制作内容体现长征精神、遵义红色故事的各具特色的手抄报，让他们亲自去回顾党的艰辛历程，感受党的丰功伟绩。然后，学校通过评选将优秀作品以"展板""挂图"等形式展出，对手抄报的再教育效果进行深度挖掘，使长征文化精神一直贯穿整个活动，有利于形成浓厚的学习长征文化的氛围。

(2) 实施校本教育，铸牢红色魂。学校将遵义红色文化资源以"三个一"的红色课堂模式融入课堂教学。即一个月、一个校内专业老师、一个校外专家共同授课的模式。学校积极探索"红色文化进学校，红色思政入课堂"的育人机制，引导学生学习遵义红色文化。此外，学校开展"读红色教材、行红色足迹、听红色教育、宣红色事迹"活动，提升红色文化教育的针对性、实效性，切实做到领悟和践行遵义红色文化精神。

(3) 展精美作品，传红色记忆。每年的红色文化进校园活动，学校美术教师都会精心安排、认真筹备，举办师生红色作品展。学生精美的篆刻、雕塑、绘画、书法、摄影等红色作品，分为长征的起步、行进、转折、结束四部分，作品中有对革命文化故事场面的再现，有对英雄气节的展现，有对革命途中战斗的描摹，有对英雄与会的刻画，每一个作品都是对历史岁月的回忆。尤其是"遵义会议""四渡赤水""娄山关"等作品，再现了遵义红色文化故事中动人的画面。无声的作品，有声的讲解，相得益彰。

(三) 开展课题研究，提高育人水平

学校积极开展红色文化理论研究，发挥学科渗透的优势，充分挖掘遵义红色文化故事等红色资源，积极采取"3+1""自我红色文化"阐释、"编剧"等红色德育活动探究模式。"3"即三个年级，"1"即一个红色经典，备课组长带领本组教师从遵义本土文化中去挖掘与课堂相关的红色资源，把"一个红色经典故事或者红色人物"贯穿到三个年级的教师课堂，让红色元素渗透到每一个学生的心灵。学校每学期开展一次"自我红色文化"阐释，邀请红色文化基地的专家向师生讲解地域红色元素，让遵义当地的红色文化故事"活"起来，让历史精神品质显出来。同时，学校还依据学科优势，编排了《长征故事》舞台剧、《四渡赤水》课本剧等节目，让遵义的历史尽显风姿。通过积极的理论探索，不断提高育人水平。

(四) 探索多项模式并举，强化红色文化传播

学校努力探索多项模式并举的红色文化教育模式。新学期，先开展"入学红色先行德育""红色普及德育"教育活动，在形式上，摒弃"一统灌输"式、"填鸭式"的红色故事单线传输式，深入探索"互动德育"（即师生互动、生生互动、师师互动）、"主阵德育"，彰显红色文化育人特色。在红色文化思想引领上，强化"一课两会"，即"每月班会课""每周红色历史专题讨论会"和"红色故事演示会"。学校设计了四大德育互动模式，即"家校定期红色文化交流互动模式""课堂—课余分期长征故事分享互动模式""学生学习体会交流互模

式""学校评价互动模式"。多项并举的教育模式，助推了红色文化的广泛传播。

三、红色文化资源融入学校的育人成效

遵义红色文化作为先进文化，在学校德育中有着重要的育人价值并发挥着重要作用。通过把红色文化融入学校教育，极大地增强了学生对民族文化的认同感，[①] 培养了学生的爱国意识并潜移默化地影响了他们的人生观、价值观和世界观。

（一）有效落实根本任务

学校弘扬红色文化，结合实际，大力挖掘符合遵义会议精神、四渡赤水精神和苟坝会议精神的红色"文化革命"精神，以活动为载体，落实"立德树人"的根本任务，培养符合时代发展、担当时代大任的新时代合格人才。

1. 亲临参观悟历史

学校通过多形式组织学生参观遵义会议会址、娄山关、四渡赤水等红色爱国主义教育基地，开展党史学习教育，让学生亲身感受红军三渡、四渡赤水，南渡乌江、佯攻贵阳、挺进云南的艰辛。在参观中，学生了解红军在遵义地域的革命经历，瞻仰了革命先烈当年浴血奋战的文物、书籍，通过讲解和观看，深切体会到长征胜利的来之不易。参观后，学生写心得、谈感受，深刻领悟历史内涵。

2. 研学活动增实效

由于学生的学业任务重，根据实际在学生研学实践教学中积极探索活动的新形式，通过前期活动方案的制定和活动的有序组织以及活动后的多形式、多维度的活动总结，增强研学教育活动的有效性和实效性，进一步提高学生对遵义红色文化的深刻理解，让学生努力做遵义红色文化的践行者和传播者。

（二）增强"五爱"意识、坚定文化自信

通过挖掘遵义红色文化资源，开展形式多样的主题活动，运用身边的故事和人物教育，让学生感知红色文化的继承和发展不是空中楼阁。通过体会遵义红色文化深刻内涵、时代精神以及生活实际，有利于学生养成良好行为习惯和正确价值观，提高学生综合素质，达到知行合一的目的。在重大节庆活动期间，为了深化"弘扬长征精神，争做红色传人"主题教育，学校开展了"讲红色故

---

① 高虹洁. 红色文化资源融入高中思想政治教育的应用研究——以湖北红色文化资源为例[D]. 武汉：华中师范大学，2017：3.

事，悟红色精神"主题演讲比赛。活动的开展，让学生在红色文化故事中感悟共产党人的理想信念，激发学生对红色文化经典的浓厚兴趣和对马克思主义理论的深刻认知和感召力。重温这些红色经典故事，让一个个人物逐渐活化，让奋斗精神在演讲中进入师生的骨髓，最终让遵义红色文化的故事、精神、品质等逐渐得到渗透，学生的爱国主义教育得到加强，让学生更加坚定文化自信。

四、红色文化资源融入学校的问题反思与展望

从将红色文化作为特色文化建设以来，学校从环境的打造、课程的挖掘和开发以及红色文化系列活动开展等方面做了大量的工作，收到了良好的育人效果。但是，通过深入剖析红色文化内涵，我们深知在运用红色文化资源增强育人实效方面仍然存在诸多不足。

（一）问题反思

1. 内涵挖掘不够

红色文化有着浓厚的革命文化底蕴，涉及的内容多、领域广。目前，学校在德育管理和活动中重形式宣传，对文化内涵的挖掘和开发不够，缺乏对红色文化的系统性理论研究和育人的实效性研究。

2. 育人形式单一

学校对红色文化的实施多为课堂教学的渗透和活动的开展，学生收集、整理红色文化的途径多为教师传授和利用仅有的信息课查询、班会课展示和学校宣传的传统方式，这与当下提倡的"互联网+教育"的现代教学模式不相适应。同时，红色文化研学教育的体系建设不够完善，课程设置单一，无法满足和激发学生对研学实践深入研究的积极性。

3. 专业能力欠缺

学校缺乏专业的德育管理队伍而且处室人员流动性比较大，使得学校德育工作实效性不强，育人效果有待提高。加之，德育管理人员缺乏专业素养、学生的主动参与和学习的意识又不强、德育评价机制不够完善等因素，都一定程度上影响了红色文化在中学教育中的传播力度和效果。

（二）展望

红色文化资源是革命先烈和革命前辈用鲜血书写的一篇壮丽史诗，承载着百年来党的奋斗史，见证着革命党人为中国人民谋幸福、为中华民族谋复兴的初心和使命。中学教育应该致力品牌打造，彰显红色特色，把红色资源的开发运用与理想信念、爱国主义教育有机结合,让学校教育彰显红色文化,筑牢学生的理想信念之基。坚持创新引领,营造爱党爱国爱家乡爱校的浓厚氛围,加强校园红色文化阵地建设。注重队伍建设,夯实人才保障。加大队伍培训力度,请专家开展专业培训,抓好红色文化志愿者队伍建设。强化组织保障,凝聚工作合力。建立常态化工作机制,细化工作目标和落实工作责任,定时完成工作任务,保证项目有序推进。

总之,中学教育应该通过对红色文化资源的开发利用,找到其育人的价值功能,增强学生的爱国主义教育,强化学生的责任感和使命感,增强学生的文化自信。只有人人做到赓续红色血脉,才能让红色基因代代相传。

十二年一贯制学校德育工作管理模式的实践探索
——以贵阳市乌当区新天学校为例

杨 林[*]

贵阳市乌当区新天学校

摘 要：十二年一贯制学校的德育工作，具有点多、线长、面广的特点，德育工作复杂度高。本文结合德育工作管理案例，对十二年一贯制学校德育管理的模式、路径、策略等方面的问题进行梳理，基于此提出了相应的改革经验与后续改进措施；即从提高对德育工作的政治站位、建立合理可行的制度实现对学校班主任管理和激励、学校德育工作与学校课程建设相结合、强化舆论导向等方面展开论述，将国家德育目标和学生具体实际相结合，寓德育于生活，与学生的阅历、理解能力相结合，实现学校德育功能。

关键词：十二年一贯制；德育工作管理模式；实践探索

习近平在全国教育大会上从贯彻党的教育方针、坚持马克思主义指导地位、培养德智体美劳全面发展的社会主义建设者和接班人方面对教育提出"塑造灵魂、塑造生命、塑造新人"[①]要求。一般来说，道德品质包括道德情感、道德认知、道德意志、道德行为四个方面[②]。《深化新时代教育评价改革总体方案》中，从改革学校评价、教师评价、学生评价等多个角度细化评价目标和要求。要从思想道德、心理素质和行为习惯多方面引导学生，让他们成为传承先辈"红色"，自信力强，听党话、跟党走的一代新人。学校承担着德育教育的任务，

---

[*] 作者简介：杨林（1980—），贵州贵阳人，贵阳市乌当区新天学校党总支副书记、副校长，地理教育学士，主要负责学校教育教学及管理工作。
指导教师：贵州师范学院教育科学学院雷经国副教授。
[①] 习近平在全国教育大会上强调：坚持中国特色社会主义教育发展道路 培养德智体美劳全面发展的社会主义建设者和接班人［N］.人民日报，2018-09-11.
[②] 龚加荣.浅谈中小学德育工作的突破点和侧重点［J］.考试周刊，2016（81）.

11

也作为国家德育教育目标的实现者之一。学校在进行德育教育时，也必然面临德育具体内容的落实、德育方法的选择、德育评价方式的运用、学生认知能力等诸多问题，影响最终德育目标完成的质量。本文结合个案校实例，探讨了十二年一贯制学校德育管理过程中在德育管理模式、管理路径、管理策略等方面的问题，并基于这些问题做出实践探索、经验总结与反思。

一、十二年一贯制个案学校的德育管理现状

个案校在进行德育管理工作中以稳中求进为主基调，在严格落实党和国家德育基本目标的前提下，力求做到学校德育工作在总体布局上有思考、在具体落实中有思路、在执行过程中有思辨，从学校结构、教师组成、教学布局、学生领悟力等方向寻找突破口。

（一）十二年一贯制学校德育工作管理总思路

从下图来看，十二年一贯制学校德育工作管理，首先要确定学校总体目标，在此基础上，制定好小学、初中、高中目标并体现目标的连贯性，同时根据学校德育总目标的调整随时调整子目标；从实现策略上，一是做好学校思政教师队伍建设和规划，二是开展家庭学校共育，三是发挥班主任和其他学科教师的德育功能。同时，学校总体目标也要求目标实施策略应与总目标相适应。

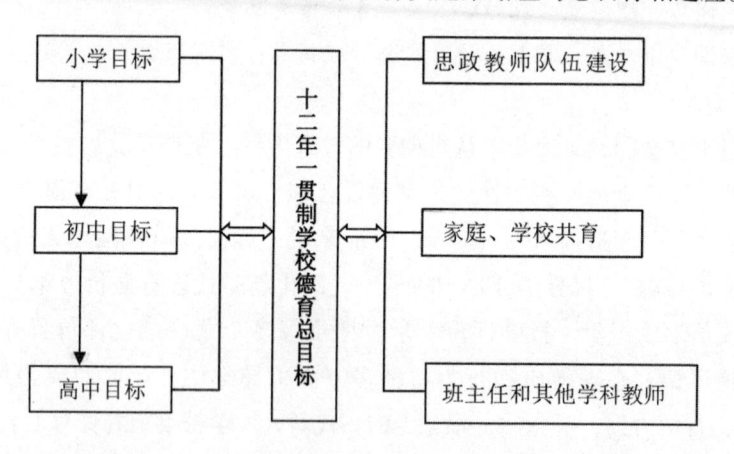

（二）学校思政教师队伍建设与发展规划

学校成立以学校负责人为组长的思政教师队伍建设工作领导小组，工作的主要任务是编制总体教学计划、督促教学目标落实，对课程档案建档、归档，制定执行考核目标，实行师德师风、教育教学严重问题一票否决制，对在教育教学活动中存在方向性错误的行为从严处理，调离或退出思政课教师岗位。最

终实现骨干教师达到45%，其中校级骨干20%、县级骨干15%、市级骨干10%，学科带头人1~2人，教师全部参加各级各类培训，所有教师能较为熟练地运用信息技术辅助教学的目标。

就目前许多学校思政课教师的配置来看，以专业教师和兼课教师共同承担为解决方案，这种情况在薄弱地区更常见，尤其是小学学段，承担思政课程的教师中兼课教师比例还较大，包括语、数、外等学科。就教学效果来看，兼课的教师一般能够按时完成教学任务，但对于思政课程目标的实现，尤其是深层次的实现还是显得有所不足。

通过招考、招聘等方式满足思政教师队伍建设需要。具体工作中，严把质量关，把讲理想、讲信仰、师德高尚的人才吸引到教师队伍中来。建立与思政课教师相适应的评价激励制度，突出课堂教学质量和育人效果反馈，帮助思政课教师提高教学水平，在学校奖励、表彰中树立思政课教师先进典型，并讨论在有关表彰中向思政课教师倾斜的可行性。

规范教师执教行为，加强专业能力培训，建立定期学习、教育制度。加强对党的重要理论、会议、讲话精神的学习，在师德师风、形势研判方面加以强化，按照专业标准，培养"领头羊"；理论结合实践，让思政教师开眼界、多交流，开展思政课骨干教师外出研修，听优质同行的课，广泛开展教学交流。通过实践—提升—再实践的过程，让思政科教师教育教学获得高度认可。

思政课教师队伍建设工作的持续推进。以具体的学校为例，制订了三个阶段为期五年的推进方案。

第一阶段（2020.9—2021.8）

（1）与其他学科同步完善思政教师资料档案盒管理制度

（2）与其他学科同步建立思政教师入职、入校学习制度、老带新教师成长制度

（3）组织思政教师交流学习

（4）按时启动"十四五"思政教师继续教育工作

第二阶段（2021.9—2023.8）

（1）组织教师交流学习

（2）创新思政教研组工作方式

（3）思政教师继续教育进一步规范有效

第三阶段（2023.9—2025.8）

（1）骨干思政教师开展综合评价课题实验

（2）实施名师工程

(3) 完成"十四五"教师研修工作

(三) 做好德育中的家校共育

个案学校多年以来，一直秉承"向未来、共成长"的办学理念，关注学生个性发展，注重科学和人文素养教育。2017年学校获得"贵阳市家庭教育示范学校"称号。其基本做法主要有：

1. 构建家长学校教育平台

学校十分重视家庭教育，成立了家长校长兼任家长学校校长、党总支书记分管家庭教育的组织机构，严格相关工作的组织与协调，学校心理专职教师具体负责工作的开展和落实，学校各年级有兼职的家庭教育指导师。个案校目前有家庭教育指导师10人，由各年级组长兼任，负责本年级的家庭教育工作。学校各部门通力合作，共同研究解决家长学校德育工作的实际问题，齐心协力为家长学校的发展提出意见和建议。学校的家庭教育指导师，每个月会组织家庭教育的相关教研活动，既指导教师层面的教研活动，也针对某一个年级的教研活动，通过教研活动的开展，家庭教育教学工作逐渐系统化、正规化。

2. 加强对家长培训，做好开学"第一课"

个案校地处贵阳市郊区，家长中许多文化层次不高、家庭教育理论缺乏，常常不知道如何教育孩子，教育手段单一，是许多家长的短板。近年来，学校利用在一年级、七年级、高一年级新生入学的时机，对全体家长开展"开学第一课"入学家长培训，校长和班主任亲力亲为，为家长上一堂家庭教育指导课。此外，每个学期中途，学校也要求班主任结合自己班级的特点，针对性开展家庭教育工作，每个学期每个班级必须开展两次家庭教育活动。2019年4月，学校特邀胡丰越老师为全体初一、初二学生家长作了"家庭是孩子的第一所学校"的专题培训。胡老师从"家长应怎样培养孩子的性格""如何让初中阶段孩子学会学习"出发，深入浅出地进行讲解，引导家长走入家庭教育大门，树立正确的亲子观、育人观和成才观。

3. 做好素质教育开放周

个案校每年组织开展"素质教育开放周"活动，邀请家长走进学校、走进课堂，全方位参与、了解学校的生活，了解老师的教学、关注孩子的发展。开放周活动，让家长了解学校教育、教学工作，发表对学校工作的意见和建议，为学校下一步工作的改进和提高提供思路。

4. 家教课题研究助推德育管理工作

个案校现有一个正在开展的校级家庭教育课题《七年级家庭教育指导手

册》，力求通过课题研究，为家长提供家庭教育的指导和思路，为家长科学有序地开展家庭教育工作注入动力。

（四）发挥好班主任和其他学科老师德育渗透的育人功能

1. 班主任在德育工作中扮演的角色

（1）班级德育方向的引导者

在当下信息爆炸的背景下，各种信息充斥着人们的头脑。而学校的学生，其人生观、价值观、世界观尚未完全形成，很容易受到外界各种信息的影响。利己主义、享乐主义等西方的文化思潮都可能通过各种形式渗入学生的思想和行动上，对学生三观的形成与发展产生不良影响。班主任作为班级管理中枢，是班级德育建设的"头脑"，班主任可以通过多样的形式、丰富的活动，在潜移默化中引领班级德育建设的方向。

（2）学生的知心朋友

孔子在《学记》中说过"亲其师，信其道"，意思是一个人只有在亲近、尊敬自己老师时，才会相信、学习他（她）所传授的道理。在以学生为主体、教师为主导的教育思想指引下，班主任以学生朋友的身份出现，构建平等、宽容、相互尊重的德育环境就显得尤为重要。班主任作为班级的管理者，一举一动对学生都有着莫大的影响，而在新课改背景下，班主任应该顺应改革的需要，积极对德育教育创新，从而提升学生的素质。①

2. 深挖各学科中的德育渗透点

除了不同学段的思政课发挥德育功能，其他学科的德育功能也不能忽视。深挖各学科中的德育渗透点是关键。② 在教学研讨中常常听到"数学课程很难渗透德育"的讲法，归根到底就是缺乏对学科德育渗透点的挖掘。以数学学科为例，数学史料的运用，能让学生认识数学在社会发展中的意义和作用；而一组组数据的呈现，把伟大祖国飞速发展、人民生活水平日益提高的伟大成就展示出来，就是爱国主义的生动教材。

二、十二年一贯制个案学校德育管理改革中存在的主要问题

（一）德育工作管理模式与思路不清

学校传统的德育工作管理模式，是以学校思教处为管理中枢、以各学段同

---

① 楼斌财. 新课改下的中学班主任德育教育创新路径探析［J］. 中学课程辅导（教学研究），2021（8）.
② 董英功，高莉莉. 德育工作管理模式的探索与实践［J］. 现代企业教育，2010（18）.

步开展德育工作为模式的工作过程。在此过程中，学校各段德育的共性目标体现较强，但德育的个性目标则体现较弱，甚至出现某个具体德育任务全校一个教案、一个课件，适合小学就不适合高中的问题。

从德育工作管理的内容要素来看，思想政治教育、理想信念教育、道德品质教育、社会公德和家庭美德教育、法律法规教育和心理健康教育、生涯发展规划教育等都是学校德育管理需要涉及的，这对学校德育工作的基本思路提出了更高的要求，学校有时在这方面的思路是不够清晰的，没能发挥十二年一贯制学校的整体性、连贯性优势，反而出现了一段是一段、各管各的德育教育，德育工作管理思路上缺乏系统性、全局性。

从德育工作管理的方法或策略要素来看，学校德育处（思教处）为了便于管理，有时存在突出了"共性"而忽视"个性"，在制度的制定和执行上，全校"一刀切""一竿子插到底"的问题。实际工作中，我们会发现如考试时"窥探旁边同学答卷"的行为，对于小学生而言可能是"无心"之为，而对于高中生而言则存在明显"故意"，如果我们采用同一把尺子来处理，就很难获得学生和家长的认同。

（二）十二年一贯制学校德育管理工作运作中的具体问题

1. 学校德育系统性目标实现难

十二年一贯制学校，跨越小学、初中、高中三个不同学段。通过对教育部《中小学德育工作指南》中每个学段的德育目标进行对比分析，可以看到："热爱中国共产党、热爱祖国、热爱人民"，这些是共性目标。从小学低年级到高中对实现目标关键词，由使用"养成"逐渐变化为"培养""形成"，这是一种层层递进的关系。从学校整体德育教育角度看，十二年一贯制学校的优势很难发挥，很难真正实现连贯的德育目标体系，仅仅是小学、初中、高中三个学段的简单组合。

2. 学生年龄跨度大，德育目标需求差异大

据统计，个案校学生从6~22岁均有分布。从少年儿童到青年学生，无论是认知水平，还是思想状态、学习压力都存在明显不同。小学低学段的学生，在德育要求上，相对注重在家庭、班集体、家乡热爱之情的培养上，要建立自信、诚实等好品质；小学高学段的学生，则在诚实守信、友爱宽容、自尊自律、乐观向上方面有更多体现；初中阶段的学生，开始强化规则意识、法治观念、公民意识；到了高中阶段，世界观、人生观、价值观便需要给予更多的关注了。

学生年龄在增长，面对的学习、生活压力也在提高和改变，目前，选拔人

才的"指挥棒"依旧存在，虽然国家出台了五项管理的要求，但我们可以看到，政策的效果也不是立竿见影的，学业压力大的问题依旧存在。从对个案学校的调查情况看，"生活中什么给你带来困扰"，很多学生认为作业太多，腾不出时间兼顾自己的兴趣和爱好，家长和学校管得"太严"；而高中生中，将近70%的学生明确表示是升学或"将来多挣钱"，而将读书和国家、民族的前途命运相联系，把实现"中国梦"作为奋斗目标的学生较少，这也是学校德育功能没有充分实现的一个表现。

3. 部分学段德育过程重知识轻体验

受考试指挥棒的影响，部分学段的德育教育发展存在重知识轻体验的倾向，这种倾向在初中尤为明显。就德育目标而言，设定时是以提高中学生道德素质为核心的，其任务为培养学生良好的道德信念。初中思想品德课，是对学生进行德育教育的重要组成部分，地位不言而喻，但中考这个无形的指挥棒，让思想品德课在某种程度上变成了文化知识课程，这就造成了重知识体系建立、轻品格塑造和德育体验，德育目标变成了所谓的知识点，导致了许多富有时代气息的内容未能及时地反映到目标中去，甚至出现答题答得好、现实中做不好的写一套做一套的表里不一、言不由衷。究其原因，学生的道德学习成为一种知识体系的学习，他们仅仅是"听"或者把道德知识装进自己脑袋，或者是保留好自己的课堂笔记，应付考试，成了应试教育。而我们的德育目标中，是要学生辨别正误，形成正确"三观"，是一种道德体系的建立，要学生学会在实际道德行为中成长。从这个角度来看，作为一所十二年一贯制学校，一以贯之地真正地为提升学生价值观念、道德品质的德育必须从小培养并持续，既要重视学生的考试成绩，亦不能忽视德育体验的真实性，让学生在学习中真正建立正确的价值体系和道德标准，具有基本的道德判断和辨别是非的能力，能够负责任地做出选择。

4. 非专业思政教师队伍的德育工作能力欠缺

基础教育阶段的思政课队伍建设，受考试、升学指挥棒的影响，思政课教师在专业度、充足度方面都是难点。以个案校为例，按照国家课程设置要求计算，小学阶段道德与法治周课时总量为111节，按16节/周的工作量进行核算，需要专职教师7人，实际专业教师人数0人，主要采用由语文、数学等其他学科教师兼教的方法，缺口明显；初中阶段"道德与法治"周课时总量为35节，按14节/周的工作量进行核算，需要专职教师3人，实际因部分教师同时兼有班主任工作及学校行政工作，仅基本满足教学需要；高中阶段"道德与法治"周课时总量为23节，按12节/周的工作量进行核算，需要专职教师2人，实有

17

专职教师2人，满足需要。

从以上数据可以看出，目前专业思政课教师配备存在总体不足的问题，尤其是小学学段，更是没有专业的思政课教师，所有思政课全部由其他不同学科的教师兼任，这对思政课程的规范化建设而言，明显是存在缺陷的：一是兼教课程的教师没有经过专业化的思政课教育教学学习，在思政课程教学中对于教学目标的把握很难与专业教师相比；二是由于是兼教学科，在精力的分配上，必然受到本人主教学科的影响，难以投入足够的精力在思政课程的准备上，在学校进行的教学设计、备课等相关检查中，也暴露出这一问题，如部分教师的教案照搬参考书籍，没有二次备课，或者在教学设计上不够精细，在课堂教学中仅仅是把书本知识进行简单讲解，没有联系学生生活、学习的实际等问题，出现教师在上面干讲、学生在底下发呆的问题。

（六）班主任德育工作管理难深入、实效性差

班主任在学校德育工作中，可以说是一个重要的实施者的角色。班主任通过日常的学生管理、主题班会等多种形式，将一个个具体的德育目标加以落实。作为班主任而言，除了担负德育工作外，还要担负学生安全、心理健康教育、各种报表的统计上报、处理班级事务等多种工作。繁杂的工作，使得班主任没有充足的时间来深入思考班级德育工作中目标的实现方法，容易出现机械地完成任务、对班级学生的个性化德育需求关注不足、效果欠佳的问题。

（七）其他学科教师课程思政的渗入难

其他学科教师的德育目标，以在课程中渗透的方式为主，以彰显三维目标的渗透性、整合性。比如语文、历史等社会科学相对来讲在教学中体现较多，而自然科学中，大部分教师在教学过程中主要是以知识点的讲解和教授为主，对德育目标与学科教学的关系思考不多，甚至缺失教学的德育目标，导致"重知识，轻教育"，学生在知识技能上不断充实，信念、信仰上仍是空乏。

三、个案学校德育管理工作改革中的基本经验

十二年一贯制学校的德育管理工作，核心在于梳理好不同学段的德育目标，并建立起不同学段之间德育目标的相互衔接，做强思政专业教师队伍，整合多方力量，发挥"一贯制"学校"长线"发展的结构优势，把德育工作目标从实施真正转化为落实。

（一）着力夯实思政课教师队伍

从个案学校思政教师队伍建设的基本做法来看，主要有以下几点基本经验：一是加强组织领导，做到分工明确、责任到人，规划上既有近期目标，又有长远目标，二者相互关联；二是考核、考评规范化，将思政教师的参训、岗位技能提高、课题研究等具体指标数据化，让考核有依据、有支撑，保证考核的规范性、公正性，建立能进能退的中小学思政课教师管理制度；三是学校为思政课教师建立建设个人成长档案袋，将思政课教师的各项档案按要求归档；四是加强德育工作的校本培训，积极向各级部门筹集教师队伍建设培训资金，添置思政教师专业、培训等理论与实践参考用书，增加馆藏教师用书数量；五是明确发展方向，帮助骨干教师和青年教师制定好个人发展计划，做好岗位练兵，确保思政课教师队伍稳定、健康发展。

（二）家校共育强化德育合力

1. 发挥学校主体作用

为保障家长学校工作正常有序开展，学校健全了与家长学校相关的家庭教育工作等相关工作制度。学校为有效开展家庭教育相关工作，为家庭教育指导师和家长专门订购了不同学段的家庭教育相关书籍《家庭教育知行读本》，通过教学研讨活动，以《家庭教育知行读本》为蓝本，立足家校共建，多角度多形式开展家庭教育。此外，学校建有微官网，开辟"家校共育"专栏，通过专栏分享学校一些家庭教育活动。此外，各班还通过微信群、QQ群经常发布一些与家庭教育相关的文章和指导、提醒，建立家校沟通交流平台。学校每年的校刊、研学师生作品集都由家长亲自撰写的文章组成。学校为加强家校合作，促进家庭教育和谐发展，有专门的家访工作制度，实地走访和多样化家访相结合，再加上每周的家校联系表，全方位为家长提供了解学校工作的平台。

2. 整合校内外优秀资源

学校积极开展家庭教育亲子、团队拓展等活动，有效发挥多元教育力量，拉进孩子和家长、老师的距离。学校会按期针对一年级、七年级和高一新生，开展新生社会实践活动，邀请家长一起，聆听讲座，参与活动，实施家校共育。学校连续多年开展省内、省外的研学社会实践活动，每次研学结束，我们将学生、家长、老师的所思、所想汇集起来，出版研学社会实践师生作品集，目前已经做到第三期（2020年受疫情影响未开展）。

同时，学校充分利用地缘优势，发挥园区家长的教育功能。学校地处振华园区，校内有一些家长有较深厚的文化素养、浓厚的军工情结，在尊重家长意愿的前提下，学校部分班级邀请他们走进课堂，现身说法，把军工企业良好的作风，融入子女优秀品质的养成、坚韧格的培养之中，不仅丰富了学校家庭教育的内容，也让家长积极参与，较好地实现了家校共育的目标。

（三）让班主任成为班级德育的"主心骨"

1. 打造良好的班级文化

班级文化是班级中某种不成文的规定，是班级的规则，对学生的行为具有约束和规范作用。[①] 良好的班级文化，就是班级德育目标实现的基础，是学校思政课程教育目标在班级中的具体实现。学生是有思想的，他们在课堂上学习了什么，是会在现实生活中对照和应用的，课堂上丰富的知识，必须在课后找到"出处"，而良好的班级文化，就是"出处"，就是学生们学以致用的地方。积极、向上、和谐的班级文化，是促进学生团结、进步的内在动力，也是不断优化学生日常生活和学习习惯，帮助学生养成正确的道德操守、达成德育目标的力量之源。

2. 开展扎实有效的德育活动

德育活动要与学生的认知水平相结合，要体现时代性，要让学生够得着、看得懂。从民族团结融合、关注环境发展变化，到众志成城抗击疫情，处处都有发挥德育教育功能的机会。班主任要不失时机地利用好这样一些主题，从身边人、身边事出发，让学生积极主动地参与其中，感受身边的真实，挖掘生活中的美好，开展好德育教育工作。比如，在2020年抗击新冠肺炎疫情时，3月份时开展了"听我说：'谢谢你'——乌当区新天学校少先队员致敬援鄂医务人员活动"，在学校党总支的组织下，少先队大队部联合多个班级，组成了一支由党总支书记带头，大队部辅导员和班主任、少先队员组成的志愿服务队伍，来到援鄂归来的医务人员乌当区驻地，向他们表达了敬意，赠送了由学校少先队员亲手制作的爱心卡片，表演了《听我说谢谢你》这支手语舞蹈，少先队员在此次活动中感到榜样的力量，在以后的学习中不畏艰险、勇于逆行，做时代先锋。而在不久后，结束在乌当休整的贵州援鄂医疗队医务工作者们，给少先队员们回信了，在回信中他们表达了对师生关心的感谢，还表达了此次活动对他身心舒缓所起到的良好作用。这次的德育活动，最大的特点就是"接地气"，学生们平时看到的英雄，往往都是在各种媒体上，而这次英雄就在自己身

[①] 楼斌财. 新课改下的中学班主任德育教育创新路径探析[J]. 中学课程辅导（教学研究），2021（8）.

边,与以往相比,这次与英雄们的"亲密接触",对于学生们的德育教育效果是单纯的课堂教学所不能比拟的。

3. 化整为零,利用好碎片时间

据统计,现在一名学生,每天在学校学习、生活的时间普遍在 8 小时左右。以新天学校为例,三个学段的学生即使是小学生,每天在校时间最少也 8.5 小时,初中生 9 小时以上,高中生因为有晚自习更是多达 10 多个小时。不难发现,班主任在日常生活中与学生是常常需要见面的,会存在许多与学生见面的"碎片时间"。如何利用好这些机会,让学生与班主任"见面"即受到教育,这是体现班主任人格魅力、以身德育、达成德育目标的重要方式,是班主任工作中需要思考的任务。

四、个案学校德育管理工作改革中的反思总结与改进措施

1. 探寻十二年一贯制德育工作的高效模式与工作运行的整体思路

将十二年一贯制学校作为一个有机整体,"树立全面的、系统的、辩证的思维方法观,坚持以'三个面向'为根本指导思想,树立知识、能力、素质和谐统一的整体育人观"。[①] 从整体性、系统性的角度理解十二年一贯制学校的德育总目标,健全不同学段的目标衔接机制,把德育目标、知识目标、能力目标统一起来,让学生从"养成"逐渐变化为"形成"一定的思想道德素养。

2. 注重不同德育目标的差异性,开展个性化教学思想与方法的运用

在整体德育体系构建后,应注重学生作为德育对象的差异性。这种差异包含了不同学段学生不同年龄心智发育程度、受教育程度、家庭教育状况等多种因素造成的综合性差别。作为学校,在总体目标的设计上,应当注重这种差异;作为教师,在教学中应当体现这种差异。教师在教育、教学中,应逐步构建"反思能力""批判能力"[②],通过不断地进行反思和批判,实现创新,真正做到体现不同德育目标的差异性,实现个性化的德育教育与教学。

3. 德育管理工作队伍协同育人机制的健全

德育管理工作队伍协同育人机制的健全,包括了师生之间的协同,也包括家长与学生之间的协同,还包括学校育人环境与德育育人要求之间的协同。学校通过打造良好的师德师风,让学生信任、喜爱教师,在潜移默化中对学生进行教育;通过有效的家校沟通,将德育工作与家庭美德、社会公德有机联系起

---

① 雷经国. 教师教育思想观念变革与核心能力体系建构 [J]. 贵州社会科学, 2014 (8).
② 雷经国. 教师教育思想观念变革与核心能力体系建构 [J]. 贵州社会科学, 2014 (8).

来，将德育工作由校内延伸至校外；通过学校育人环境的创设，让学生浸润于美好的氛围之中，不断地感受美、体验美，在学习中体验，在体验中学习。

  总之，德育工作是学校一项系统工程，其长期、复杂的特性是我们必须充分认识的。作为一个十二年一贯制学校，虽然在德育工作中取得了一些成果，也总结了一些经验，但也暴露出了诸如其他教师参与德育的广度、宽度不足，学校德育工作仍以思政教师、班主任为主，部分学生被动参与学校德育教育等问题。因此，要落实立德树人这个任务，需要整合学校、家庭、社会多方资源，教育引导学生认同、践行社会主义核心价值观，把自身的发展与祖国的发展、国家的前途命运紧密相连，真正实现优质德育资源的整合与利用。

学校"厚德"文化体系构建之探索与实践

张金辉*

习水县第一中学

摘 要：学校"厚德"文化体系构建之探索与实践研究案例报告是在学校文化建设的设计、规划和实践的基础上开展的研究、反思和总结。研究报告结合学校80年的发展历程，挖掘80年的学校"厚德"文化底蕴，深入分析"厚德"文化渗透教育教学与"厚德"文化的育人价值。学校以"厚德"为主题的学校文化是在传承优良"厚德"文化的基础上，开拓创新，进一步丰富和完善"三立"文化，继续挖掘、开发、利用红色文化和红苗文化，增强文化认同，形成文化自觉，全面发挥文化引领人、文化影响人、文化陶冶人的强大作用。其根本意义在于学校上下形成文化认同，提升文化自信，最终实现文化育人、文化治理，从而提高办学品位和办学质量。

关键词：学校文化；"厚德"文化；红色文化；环境文化；行为文化

一、问题的提出

（一）学校"厚德"文化[①]提出背景

受传统观念和价值观的影响，当前很多学校的管理重机构、重权力、重制度，强调制定完善、严密的规章制度，加强对教师的控制、监督，强调"服从性""计划性""统一性""目标性"，忽视了培植广大教职工对事业的集体认同感、对物质之外层面的精神价值的追求，客观上使得教师成为一种职业、学生成为只含有知识附加值的产品，这在一定程度上制约着学校的良性发展。因此，我校根植于传统，探索"厚德"文化，将其转变为一种公益、一种良性社会效

---

* 作者简介：张金辉（1978—），贵州凤冈人，中学高级教师，习水县第一中学副校长。
　指导教师：贵州师范学院教育科学学院杨智教授。

① 梁君春，姜旭之，张军. 传统德文化中的修德与厚德［J］. 长白学刊，2015（4）.

应。既能惠及当前校园生活的方方面面，也能推动社会文明进步。

(二) 学校"厚德"文化研究的可行性

习水一中自建立以来积淀了深厚的"德"文化。1914年，官渡开明乡绅袁吉皆老先生热爱桑梓，倾尽家产，捐资办学，自此习水有了有史以来的第一所中学。吉皆中学成立之初，不仅请来了"德"（Democracy）先生与"赛"（Science）先生，也带来了革命的火种；第一任教导主任易康乾、袁伯仲等进步教师随即组织学生在学校礼堂排演抗日话剧，在学校院墙上挥毫泼墨，绘制抗日宣传画；《大刀进行曲》《好男儿慷慨赴战场》等战歌响彻云霄，观演民众义愤填膺、同仇敌忾。由吉皆中学掀起的这场抗日风暴，吹响了当时远离战场、闭塞偏安的习水的第一声号角，是为"厚德"文化的发端。

1944年10月，习水一中响应当时的国民政府组建"抗日青年军"的号召，学校师生踊跃报名应征，学子们服膺"天下兴亡、匹夫有责"的古训，壮士赴难的报国之心赤诚可鉴。解放战争时期，熊梦弼、袁广仲、关锷（均为中共地下党员）等教师巧妙与国民政府当局周旋，积极从事革命活动，谱写了一曲曲慷慨激昂的革命壮歌。1950年2月14日，习水县人民政府成立大会在学校操场隆重举行，全县第一面五星红旗在吉皆中学上空高高飘扬、吉皆中学肩负重任成为撑起习水县人民权利大厦的支点；那一刻，习水全境改天换地迈进人民当家作主的新纪元。正是这些爱国、爱家乡、爱学校的仁人志士用爱的源泉熔铸成了一条积淀了80余年的文化之路。彼时吉皆中学师生强烈的家国情怀、拳拳爱国之心令人动容，"厚德"由此发轫。

1951年6月，县政府将长沙公益中学同官渡吉皆中学合并成立习水公益吉皆联合中学，校址从官渡镇迁至东皇镇西部地主刘海丰四合院内，1952年至1954年，几经波折，学校搬到县城天子门（现习水七中）；几经易名，学校更名为习水一中。中华人民共和国成立初期，百废待兴，物力维艰。当时的学校除了几间简陋的屋舍外别无其他，所有的教学用具、教学设施全靠自己动手，完全是"白手起家"。那时的学习生活简单并快乐着，每周星期一到星期六（单休）的晚自习，每人一盏煤油灯，教室里闪烁着不甚明亮的灯光宛如夜空中的繁星，大家就着昏暗的灯光看书、写作业，异常安静。到了星期天，学生们有的打柴，有的推豆腐，有的捉黄鳝，有的打猪草……完美诠释了"自己动手，丰衣足食"的内涵。那时的老师"身兼数职"，经常也食不果腹，可一来到课堂，站上讲台立即变得精神矍铄，对学生倾囊相授，是为我校厚德文化的传承。

1979年，学校正式命名为"贵州省习水县第一中学"。此后，开始了改革开放后的新教育探索,这一时期的教育也随着十一届三中全会的召开而迎来发展的春天。此后伴随着改革开放的脚步,开放的教育事业进入稳步发展的新时期。改革开放政策的逐步深入和"两个文明"一起抓的贯彻落实,教育被提到社会主义现代化建设的战略高度,担负着提高全民族素质的艰巨任务。同时明确了教育必须为社会主义建设服务、社会主义建设必须依靠教育的指导思想。这种质的变化,成为我国教育发展史上一个划时代的里程碑,也使开放教育事业迎来了大发展。党和政府郑重重申知识分子是工人阶级的一部分,提倡尊师重教,从政治、业务、生活诸方面解决了一些实际问题,教师队伍的精神面貌发生了很大变化。习水县加大教育投入力度,重申"教育和科技是生产力"的观点,倡导教育改革和观念转变,初等教育基本上得到普及,教育和经济的比例失调问题得到缓解。

在这样的大背景下,习水一中跟随时代脚步,实行校长负责制。同时,面对当时教师外流和师资受损的状况。习水一中力求改革,改善教师待遇,重视教师队伍的德育培养。"立德树人"的教育理念不断被提及。不再单一地将德育作为一种单向输出,而是更多地向社会和教师方向传递德育思想,阐发我校的德育策略——既要树人,更要立德。

要立德,就要先树德。在习水一中建校以来的发展过程中,一中的志士仁人上下求索、智慧积累,本着丰富厚德的内涵,树立了以仁德、义德、礼德、智德、信德为内容的校园文化。2005年,习水一中在不断地摸索和实践中逐渐形成了自身的办学特色,即将德文化和育人思想结合在一起的"全员育人导师制"。良好的德育是学生发展旅程中的光源。习水一中倡导以德育为首位的育人目标,将道德教育渗透在每一位师生生活中、学习中。发挥厚德育人的引领作用,让厚德成为学生健康成长的精神基石。

山起微尘,有积乃厚。土扶可成墙,积德为厚土。党的十九大报告明确了文化建设在中国特色社会主义建设中的重要地位,习近平总书记高度重视传统文化,指出传统文化是"一个国家、民族传承和发展的根本,如果丢掉了,就割断了精神命脉"。中共中央相关意见精神提出要把中华优秀传统文化贯穿于启蒙教育、基础教育、职业教育、高等教育、继续教育各领域。在基础教育备受关注的今天,中学教育要完善人才培养机制,培养有理想信念、有高尚道德情操、有细腻人文情怀的有用人才,除了切实落实学习之外,还需要为学生拓展学习领域,从中华民族优秀的传统文化中汲取营养,提升学生各方面的综合素质。因此,为加强校园文化德育建设,积极传承中华优秀传统,在80年的发展过程中,一中的志士仁人上下求索、智慧积累,根据本校建校以来的文化传统和文化底蕴，提出"厚德"文化理念。厚德文化涵盖了环境建设、教学管理、学生培养、人际交往等各个方面。习水一中"厚德"文化是团结和谐的文化，以团结凝聚智慧；是务实求真的文化，以务实彰显情怀；是睿智进取的文化，以睿智创新变革；是追求卓越的文化，以卓越促进发展。指引着习水一中安全发展、健康发展、和谐发展、创新发展、卓越发展。习水一中将"厚德"文化建设当作当前第一要务，并提出了完整的"厚德"校园文化体系。

正是在这样的"厚德"文化积淀上，为我们研究"厚德"文化体系构建之探索与实践提供了可行性。使这项研究不仅根植于传统，也发展于新时期的教学育人工作。

（三）学校"厚德"文化构建的意义

学校在发展的过程中，物质条件和师资素质是必须具备的先决条件，但应当更注重于隐藏在其背后的在教学过程中体现出来的学校核心精神和核心能力，而学校要能够形成良好的核心精神和核心能力，则必须在学校的管理理念以及学校新型管理文化的建设中不断锤炼。根据美国著名管理学家德鲁克的观点，管理除了能够是一门学问以外，还应当成为一类文化，它应当具有自己的价值观、信仰、工具和语言。文化是管理的精神之魂，管理是文化的延伸和具体的发展形态。我校在五年发展规划中提出：明确"立足适合、追求卓越"的办学理念，在实践中不断铸造"适合教育"品牌，追求"适合教育"特色，其中包含积极推进学校文化体系建设工程，具体包括精神文化、物质文化、课程文化、教师文化、环境文化和以"青春文化"为主体的学生文化。切实做好围绕"适合教育"课题研究工作，更新教育、教学、管理、评价的观念，提升教师实施适合教育的水平。因此，以厚德为主题的学校文化构建来促进师生观念、教学风格的塑造与整合，来提升教育质量、打造办学特色，是实现办学理念和成就教育品牌的一项不可或缺的基本前提。

二、概念的界定

学校文化[1]，是指学校主体在整个学校生活中所形成的具有独特凝聚力的学校面貌、制度规范和学校精神氛围等，其核心是学校在长期办学中所形成的共同价值观念。它是超越于知识的传授、能力培养与方法渗透的一种更高层次的自觉追求，更是一种健康的、和谐的、积极的、人文的、向上的和可持续发

---

[1] 赵中建. 学校文化[M]. 上海：华东师范大学出版社，2004.

展的学校氛围，具有高尚的价值取向，是学校的灵魂所在。

以厚德为主题的学校文化是我校文化特色，经过80年积淀了不可磨灭的"厚德"文化，铸就了"团结、睿智、务实、卓越"的一中精神。结晶出"厚德明志、博学致远"的校训，凝练出"文明、守纪、合作、创新"的校风、"正己、爱生、敬业、奉献"的教风和"励志、慎思、奋进、争优"的学风。

以厚德为主题的学校特色文化①，在新时代，学校秉承"立足适合、追求卓越"的办学理念，明确遵义前列、贵州知名、建设省级一类示范性普通高中的办学目标，落实三大办学策略，厘清三大工作思路，不断丰富办学思想内涵，不断创造学校品牌，培养"志存高远、品行端正、学有所长"的合格高中生。

我校厚德文化是伴随着学校80年的办学历程而产生的，彰显了师生的整体精神和共同理想信念，对于增强学校内聚力、向心力和持久力，保证学校行为的合理性，推动学校的发展具有重要意义。

三、研究目标

学校秉承"传承、创新"的文化建设理念，以"文化影响人、文化引领人、文化陶冶人"为育人文化的建设目标，围绕"厚德"文化主题，通过显性文化和隐性文化建设，构建了"立德、立学、立志"的"三立"文化体系，打造学校育人文化特色，营造浓厚的育人文化氛围，彰显育人文化的育人力量。学校在传承优良"厚德"文化的基础上，开拓创新，进一步丰富和完善"三立"文化，继续挖掘、开放、利用红色文化和红苗文化，增强文化认同，形成文化自觉，全面发挥文化引领人、文化影响人、文化陶冶人的强大作用。

第一，立足学校发展实际，传承"厚德"主题文化。

校园文化是一个建设、反思、提高的长期工程，是学校可持续发展的动力，更是学校综合办学水平的重要体现，也是学校个性魅力与办学特色的体现。为了进一步优化育人环境，营造良好的育人氛围，提升学校的办学品位，学校制定《习水县第一中学文化建设方案》，凸显立德树人的根本任务，突出"厚德"主题文化，体现学校的发展历程，彰显"立足适合、追求卓越"的办学理念，引领学生健康成长和教师的专业发展，为学校的可持续发展奠定基础。

第二，传承学校历史文化，丰富学校文化内涵。

校园文化是一所学校的精神风向标，集中反映学校的精神面貌，反映师生

---

① 万明春，胡方. 特色学校建设：凝练学校文化精神 [J]，人民教育，2010 [Z1]：10-11.

员工的价值取向、思维方式、行为习惯和学校的精神气质。一是秉承"立足适合、追求卓越"的办学理念，牢记"厚德明志、博学致远"的校训，弘扬"团结、睿智、务实、卓越"的一中精神，引导师生忠于祖国、服务社会、造福人民。二是加强学风建设。规范学生行为，培养三个好习惯（学习习惯、生活习惯、健体习惯），营造良好的育人氛围，形成了"励志、慎思、奋进、争优"的学风。三是加强教风建设。强化师德规范，做到"教书育人、为人师表"，形成"正己、爱生、敬业、奉献"的教风。四是加强校风建设。大兴清正廉洁之风、艰苦奋斗之风、求真务实之风、开拓创新之风，营造风清气正、务实高效的校园氛围，形成"文明、守纪、合作、创新"的校风。五是编印《习水县第一中学校园文化读本》，开展校园文化培训，诠释学校文化，引导师生认同。

第三，建设校园文化景观，打造优美人文环境。

一是做好校园道路、楼宇等的命名，围绕"厚德"主题，对校园主要道路、花园、广场和楼宇等进行命名并诠释，增强影响力。二是围绕"三立"文化体系，对广场、道路、楼道进行打造（厚德广场—立德、吾思园—立学、博雅路—立志；三楼长廊—立德、二楼长廊—立学、一楼长廊—立志），发挥潜移默化的作用。三是加强宣传阵地建设，牢牢把握正确舆论导向。依托校报和校园微信公众号等宣传平台，精心制作学校形象宣传片和形象宣传画册，不断展示学校形象，提升学校美誉度。四是进一步丰富教学楼、体育馆、图书馆、校史馆、康之馆、劳动体验园、艺术楼、办公楼、实验楼等文化内涵，形成积极向上、格调高雅的校园文化，实现校园环境的文化育人功能。

四、研究内容和措施

（一）学校观念文化的构建

首先领导者要定位自己的角色。学校领导具有先进的办学理念和系统思考的能力，正确定位学校的发展，确立学校近中远期办学目标，并将自己的价值观念转化到具体的工作中，努力营造和谐的氛围、培育竞争的机制、弘扬超越的精神，做到具有民主的管理作风和以身作则的教练精神，与学校成员展开平等交流，激励他们不断学习以适应发展的需要。

其次教师要更新意识观念。要善于不断学习，及时更新知识，不断完善自己的知识结构，能够以高尚的人格、淡泊的心态、求真务实的精神、无私奉献的境界等潜心钻研、教书育人；努力培育其团队合作的精神，形成互相理解、互相尊重、互相宽容、互相合作、互相激励的交往心理；具有自我反思、自我超越的意识，善于将学校办学目标内化为个人的发展目标，改善自己的思维方式和行为习惯。

最后要把握好学生的素质特征。学校秉承"立足适合、追求卓越"的育人理念，致力于培养具有健全人格、良好学力和创新精神的青年一代，其中"适合""卓越"是培养学生成人成才的有效路径和目标所在。

（二）学校环境文化的构建

环境文化，在我校总体划分为两个方面，其一是静态的人文环境文化，是以学校的静态物质而存在的文化设施，在我校内，根据实际情况，从楼层和校园道路的命名，以及其他各种师生教学运动场所的排布，都体现学校特有的文化特征，具有与我校相符的独特的风格与文化内涵，无时无刻不在影响着师生的理念和行为。同时在平时教学活动中，也在不断由老师向学生宣扬我校独特的环境文化所蕴含的"厚德"文化。

动态的人文环境文化，是指学校长期积淀而形成的风气和文化氛围。首先要确立学校共同愿景。一个明确的、可实现的而又有挑战性的目标不仅能指明努力的方向，而且能使不同个性的人凝聚在一起，朝着组织共同的目标前进。要制订学校的发展规划，明确办学目标并内化为教师的事业理想，让每一位教师自觉建立与学校发展一致的愿景，从而都在自己的岗位上尽心尽职，在发展学校的过程中体现个人的价值。其次要发掘"一训三风、校歌、校徽"等特定的文化内涵，感染、美化师生的心灵，打造学校精神，营造一种"团结向上、追求卓越"的群体氛围。

（三）学校制度文化的构建

学校制度文化是学校文化的基础和载体，是学校办学的基本保证，学校制度文化往往体现和规范着学校组织中比较稳定的互动模式和交往关系。要从学校的实际出发，以教师的专业化发展为本，建立一系列现代学校管理制度，激活教师工作的主动性、创造性，提升人的生命价值，促进学校的可持续发展。结合我校的具体情况，不断开展管理创新、制度创新。如激励制度、名优教师评比制度、全员聘用制度、教育质量承诺制度、质量投诉制度和质量跟踪问责制度、教职员工申诉制度以及更加灵活的教学管理制度等。

（四）师生行为文化的构建

将校园"厚德"文化融汇到师生的日常行为习惯和生活中去，包括从育人到学生的自我管理和日常课程的学习，以及构建的校园"德"文化的课间氛围。

就教师育人管理上要构建"三全育人",即全员育人、全程育人、全方位育人;学生则更多地构建为自我管理——"三自管理",即自我养德、自主管理、自觉学习。日常活动和日常课程是文化构建贯穿的始终,将其整理为"三大活动""三讲课程"。即行走的力量、成人礼、毕业季和学习分享天天讲、励志教育周周讲。最后,再增加"德"文化的课间氛围,营造为"三步激情"——激情晨读、激情跑操、激情午歌,以此激发学生内生动力,打造具有校本特色的励志文化。

五、研究的方法

(一)行动研究法

以自己实际工作中的问题为研究对象,通过发现问题、分析问题、拟定计划、实施行动方案、及时反思调整等方式展开,在研究中行动,在行动中研究。

(二)文献研究法

从多学科多角度开展对情报资料的比较研究,根据国内外研究动态,借鉴已有的研究成果和经验教训,找到新的生长点,防止重复研究,少走和避免走弯路。

(三)经验总结法

及时积累研究案例,反思课题研究中的做法、体会,总结筛选新的经验、方法,根据相关的教育教学理论提炼课题成果,并经常开展经验交流,将研究成果应用于教育教学管理实践之中。

县域高中学校德育体系构建研究
——以湄潭县求是高级中学为例

唐建茂[*]

湄潭县求是高级中学

摘　要：学校是我们国家落实立德树人的重要场所，学校德育是取得立德树人成效的重要途径。本文通过对湄潭县求是高级中学德育实施过程的诊断，检视德育工作出现的问题，采取有效的德育措施，对学校开展德育工作的具体做法分析，进行个案梳理研究，进行总结提升，构建学校德育体系，提出具有实践性、操作性的有效德育实施路径，大力发挥活动育人的功能，全面提高德育工作的品质。

关键词：县域高中；德育体系；构建

一、开展德育工作的意义

党的十九届五中全会提出到二〇三五年把我国建成教育强国，《中共中央关于制定国民经济和社会发展第十四个五年规划和二〇三五年远景目标的建议》提出改善人民生活水平、提高社会建设水平，要求建设高质量教育体系，全面贯彻党的教育方针，坚持立德树人，提升教师教书育人能力素质，增强学生文明素养、社会责任意识、实践本领。根据国家教育指导思想，湄潭县求是高级中学在制订"十四五"发展规划时把高质量发展教育作为核心目标，坚持把立德树人作为教育的根本任务，强调把德育作为一个过程，融入学校教育的方方面面，有效利用学校活动资源，充分挖掘活动中的德育资源，对学生进行思想品德教育，培养学生良好的思想品德。引导激励学生，提升学生综合素养，促

---

[*] 作者简介：唐建茂（1980—），贵州湄潭人，中学高级教师，遵义市市级骨干教师，湄潭县求是高级中学德育副校长。
指导教师：贵州师范学院教育科学学院袁川教授。

进学生健康成长。

二、学校前期德育工作

学校前期德育工作注重外化资料，按照德育工作要求建立了课程育人、文化育人、活动育人、实践育人、管理育人和协同育人的机制。学校对每届高一新生在军训期间发放了一本德育处汇编的《学生家园手册》，进行了学生管理制度的宣讲；也没有开设德育选修课，主要靠主题班会来完成课程育人和管理育人的任务。对传统文化、特色文化以资料的形式发放给学生自主学习。德育活动停留在常规活动上，实践育人采取的是学生在家劳动实践的形式，协同育人局限于家校联系的层面上。学校德育工作越来越难做，德育工作质量下滑，引起了学校的高度重视。

学校经过研判，发现德育工作出现了严重问题，集中体现在学校德育工作从决策上没有根据学校实际开展，没有把学校的特色活动重点开展。在内因方面，育人的面铺得广，育人的目标缺执行，育人的方式很零碎，组织实施不力，管理不到位。在外因方面，受区域环境、学生结构、德育师资队伍的影响较大。

（1）区域环境的影响。学校离遵义市四城区龙头高中学校很近，学生就读高中选择路径多样，学校对优质生源的竞争力不足，导致优质生源流失严重，学习基础较差、行为习惯较差的学生越来越多，德育工作量越来越大，质量提升困难。

（2）学生结构比例失衡。父母离异学生、单亲学生、留守学生比重较大，约占三分之一，家校合力难达到预期效果，学生行为习惯养成教育有一定程度的缺失。

（3）德育师资队伍不足。学校专门从事德育工作的教师少，普遍教师对德育工作的认识不高，重教学轻德育，未认识到优秀的教学活动一定离不开出色的德育工作，而有效的德育一定是通过教学活动来实现的。[1] 因此，德育工作推进缓慢。

三、创新德育工作举措

学校通过检视发展中出现的问题，号召全体师生员工建言献策，从顶层设计上把德育工作作为提升学校品质发展的突破口，从决策上把学生发展工作列入学校重点工作。

---

[1] 于漪. 育德：滴灌生命之魂 [M]. 上海：上海教育出版社，2017.

（一）突出文化育人载体

学校着力通过地方特色文化进校园，进一步落实"学真知，做真人"的育人目标，培养学生要有真才实学、要学以致用的学习观念，树立学生是非分明、明德扬善的人生观念。

1. 办学特色促进德育发展

1940年1月，浙江大学西迁湄潭办学，学校与浙大附属中学合并为"国立浙江大学附属中学"。浙江大学在湄潭办学七年，对湄潭的政治、经济、文化影响深远，与求是高级中学的历史文脉代代相传。学校与浙江大学有着命运契合的历史渊源，也有割舍不掉的血脉情缘。从1940年的国立浙江大学附属中学，到1990年的湄潭求是中学，到1999年以后的湄潭求是高级中学，一直秉承竺可桢校长"求是"训导，以"传承浙大文化，弘扬求是精神"为办学特色，逐步形成全方位的校园文化体系。

2. 文化景观发挥育人功能

学校在校园文化建设方面，从学校中轴线、东线、西线、南线、北线立体空间的文化景观布局上，都凸显求是文化载体。学校重视校园环境的优化，使校园处处发挥育人的功能。[①]

（1）学校校名：由浙江大学原校长、中国工程院院士、常务副院长潘云鹤先生题写"湄潭求是高级中学"，大气、庄重。

（2）浙大院士墙：正大门东北、西南两侧至东门、西门之间，利用校园防护栏，设置"浙大院士墙"，将部分具有代表性的，曾在湄潭工作学习，新中国成立后被聘为中国科学、中国工程两院院士的浙大师生肖像及生平事迹进行展示，给师生们树立了更高的榜样。

（3）"求是精神"花坛石刻：沿着"海花石喷泉"景观两侧，再拾级而上，是一个圆形花坛石刻景观。其中放置一方巨石，正面横排镌刻"传承浙大文化，弘扬求是精神"十二个红色大字，背面镌刻竺可桢校长对"求是精神"的诠释。

（4）"求是精神"书页雕塑：花坛石刻景观北面上台阶处，雕塑一本展开的书卷和一盏点亮的桐油灯，由学校2019届全体师生捐建。上面再次镌刻竺可桢先生对"求是精神"的诠释。

（5）"求是精神"碑刻：沿着书卷雕塑两侧拾级而上至学校最高平台，是

[①] 教育部基础教育司. 中小学德育工作指南实施手册［M］. 北京：教育科学出版社，2017.

一座高大的由竺可桢先生题写的"求是精神"碑刻，为竖排红色四个大字。2014年8月，学校兰江新校区修建完工时树立。碑刻位于校园中轴线最高处平台中央，既是学校具有地标性的一处人文景观，也是学校的核心文化符号象征。众师生及外来宾客行于碑前瞻仰，无不庄严肃穆。

（6）求是站台：位于学校食堂、"飞鹰运动场"和校园宿舍区域之间的平台上。这是一个具有创意特色的校园文化景观，也是由2017届全体师生捐赠给母校的纪念物，面对学校食堂一侧的漫画描绘了与浙大的渊源，面对"飞鹰运动场"的漫画记载了学校办学发展及迁移历程，面对学校宿舍一面的是《求是站台赋》，面对行政教学区域的是下一站提示，其中列举了68所全国高等学校，寓意既是历史的驿站，又是未来的起点。告诉学生，从各地初中进入本校，这里只是他们人生中的一个驿站，从这里出发，可以到达他们希望前往的下一个目标站台。

（7）求是驿站书屋：书屋位于学校汇智楼一楼，面积1600平方米，分为阅读区、交流区、休闲区，可同时容纳约500人阅读。室内中式风格，古色古香，富有文化韵味。中有天井，100米四合院长廊、可为学生做讲座，现场书画、作文大赛提供清幽场地。

（8）求是楼：此楼为学校行政办公区。"求是"意即探求真知。浙大在湄办学留给湄潭的最大的精神财富就是"求是创新"精神，学校确定办学特色为"传承浙大文化，弘扬求是精神"，确定校训为"求是创新"。学校管理，重在求是；书山遨游，更在求是，故名"求是楼"。

（二）创新活动育人方式

以"三活动"为载体：日活动、周活动、月活动，将学校德育生活化，注重学生身心健康发展，促学生大变化。

1. 日活动

由年级部负责激情诵读，体育教研组负责激情跑操，德育处负责班容校纪，年级部负责静心思学。

（1）激情诵读（诵出激情）：每天早读7:10-7:30，学生起立大声朗读课文，辅导教师指导，监督朗读质量。用激情的早读，让校园成为知识沸腾的海洋。

（2）激情跑操（跑出激情）：每天9:10-9:50，开展大课间跑操活动，高一、高二在飞鹰运动场赛道循环跑操，高三在场内循环跑操。通过"激情跑操"，学生认识到跑是一种风采，是一种精神，是一种学习所必备的品质。

（3）班容校纪（塑造完美）：整治班容校纪，着力打造美丽校园，构建舒适的环境，给师生美好的印象；端正班容校纪，着力打造文化校园，班级和学校要做到标本兼治、内外兼修，狠抓学生纪律，严格管理、常抓不懈。

（4）静心思学（奋发有为）：静心学习，要始终保持谦抑心态当好学生，要勤学多思，善于举一反三、触类旁通，具备处理复杂问题的能力。

2. 周活动

由校团委负责国旗下讲话，德育处负责班会课，行政办负责班级社会实践日，年级部负责班级评价活动（优中选优）。

（1）国旗下讲话：每周星期一或重大节日、重大活动中升国旗仪式后，学校领导、教师代表和学生代表进行国旗下讲话，是学校开展德育工作的重要载体。它有庄严性、及时性、群体性的特点，并能充分发挥讲演的魅力和战斗力。

（2）主题班会课：班会是班主任集中开展学生教学教育的主要阵地。主题班会是一种有针对性地开展主题教育的组织形式，是每个班级必不可少的交流课程。

（3）班级社会实践日：是积极探讨班级社会实践活动的形式，是有力推动传统文化教育、革命传统教育、国防教育、法制安全教育、生态文明教育发展的有效途径，是构筑班级社会实践活动的新模式。

（4）班级评价活动（优中选优）：通过优秀学习小组风采展示，促进了学习小组的文化建设，提升小组成员的凝聚力，夯实合作探究的学习方式。

3. 月活动

为学生搭建德育活动的平台，展现靓丽青春的风采，规划好每月的活动，师生共同参与，全力提升德育工作的有效性。

活动月时间	活动月组织	活动月名称
1月	地理教研组	环境保护教育月
2月	团委	假期实践
3月	政治教研组	雷锋活动月
4月	英语教研组	志愿者活动月
5月	语文教研组	传承浙大西迁文化活动月
6月	生物教研组	茶文化主题实践活动月
7月	历史教研组	爱我家国月
8月	德育处	假期实践
9月	数学教研组	良好家风月

续表

活动月时间	活动月组织	活动月名称
10月	体育、音乐、美术教研组	体艺风采月
11月	化学教研组	梦在远方月
12月	物理组、科创中心	科技创新活动月

（三）打造精品活动

学校通过国旗班、"校园十佳"评选、诗社、校园电视台、科创等，做出特色，形成亮点。精耕细作传统活动，使传统活动出新意、出特色，继续加强班级献爱心、文明寝室评选、心理咨询室、志愿者服务、全国"足球校园"工作、交响乐团工作、"陶吧"工作等活动建设，充分利用校内外资源，打造精品活动、特色活动。

（1）发挥国旗班特色示范引领作用。发挥国旗班严明的纪律、硬朗的作风、团结友爱的精神。2021年8月，学校国旗班获第二届贵州省学校国旗护卫队技能大赛一等奖。2021年9月，国旗班66名同学代表全市中学生参加遵义市第三届运动会彩旗方阵活动，展示青春风采，受到一致好评。

（2）"校园十佳"活动贯彻素质教育理念。"校园十佳"评选活动通过自愿报名、班级推荐、学校初选、推荐人推荐、候选人自荐和复查公示等环节，最终评选出在德智体美等各个方面表现突出的学生楷模，发挥他们的模范带头作用。"校园十佳"评选活动在全县引起了较大反响，发挥的德育功能在全县起到了辐射作用。据不完全统计，获得"校园十佳"荣誉称号的学校考入"双一流"大学的学生有八十余人，大学毕业考回学校任教的市级骨干教师5人、县级教师12人、县级教学名师8人，2021年9月"校园十佳"获得者魏盈涛同学获"遵义市新时代好少年"荣誉称号。

（3）开展科技活动，提升科创教育品质。学校开展各项科技活动，把科技教育纳入常规的教学计划。同时，积极承办各类科技创新活动。先后承办了遵义市青少年科技创新大赛、DI创新思维遵义挑战赛。近年来，先后获得全国二等奖3个、省级一等奖5个、省级二等奖7个、省级三等奖若干个的好成绩，市级奖项若干。

（4）求是诗社演绎学生诗意生活。近年来，先后获贵州省"诗教工作先进单位"、贵州省"诗词校园""中华诗词先进单位"荣誉称号，诗社刊物《求是诗苑》获全国校刊一等奖。至2021年9月，诗社刊物《求是诗苑》已经编印十九辑。求是高级中学师生在各级各类诗词大赛中有300多人次获奖,在各类书刊发表作品1000余首,特别是在国家级刊物《诗词世界》发表诗词60余首。

(5) 校园电视台传播时代正能量。截至2021年9月,共计制作发布节目195期。注重培养特长、参加校园电视台主播和拍摄的学生进入大学后成为佼佼者,有的学生大学毕业后考入宣传工作部门,有的进入县级电视台工作。

(四) 大力发展的工作

(1) 强化学生社团工作。充分发挥第二课堂的载体作用,进一步丰富特色校园文化。积极开展求是读书社、求是礼仪社、法律社、陶艺社、推理社、电影欣赏社、西江玥·文学社、兰亭书法社、纵横演讲社、蓝语话剧社、弈轩棋社、创新实验社、丹青社、阳光志愿者协会、求是女子篮球队、足球队等活动,推动活动育人的发展。

(2) 做好市级英语基地校工作。打造多维交互教学,提升英语的教学品质。建设绿色合作团队,拓宽教师的英语视界。搭建多维成长平台,促进学生的立体成长,发挥基地辐射作用,促进校际交流。

(3) 加强"书香校园"营造工作。营造书香校园,强化阅读立校,倡导共读理念,引导共同生活,重视教师阅读,促进专业成长,研制推荐书目,订制精神配餐。

(4) 完善学生综合素质评价工作。明确两线工作职责,强化过程评价,促进学生全面发展。进一步扩大标志性成果的范围,建立健全学生成长档案。评价方案纳入新生入校必学课程,规范管理严密部署,实行阳光操作。

(5) 重视生涯规划工作。帮助学生根据自己的兴趣、爱好、能力,提高自我认识,确定人生的目标,科学制订学习和发展计划,进行生涯管理,在"三新"背景下,做好选科走班、填报志愿等工作。

(6) 推动"家校社"工作。召开家长会,落实家访制度,创立家校微信群,创设家长课堂,开展家庭心理健康培训活动,加强与家庭的沟通以形成合力,提高教育实效。[①] 联系湄潭县法院、浙大西迁陈列馆、茶工业博物馆、万亩茶海以及北纬27度景区等校外教育实践基地,构建"三位一体"的教育机制,实现协同育人。

(7) 促进奥赛工作。开展奥赛辅导工作旨在加强学科建设,积极探索新课程改革途径、方法,适应当前高考招生录取多元化形势,培养学生的个性和特

[①] 程凤春. 学校管理的50个典型案例 [M]. 2版. 上海:华东师范大学出版社,2018.

长，切实增强学生在学科竞赛和高校自主招生中的实力。

（8）加强"强基计划"指导工作。做好"强基计划"的综合测试，健全保障机制，加强组织保障、制度保障、公示形式、咨询及监督工作。

（9）推动学科中心建设工作。通过成立学科中心，激发教师们团结协作、促进课堂改革的热情，学习先进的教育理念，提升教学能力，提高教学质量。

（五）德育活动实施效果

（1）通过开展丰富多彩的系列德育活动，点燃激情、展示自我、陶冶情操，着力解决学生思想问题；通过实施"三级激励"与"三级评价"机制、"校园十佳"评选等活动，激发学生对理想的追求、对成功的渴望、对责任的担当；通过班级合作学习的小组建设，开展小组合作学习，培养学生自主、合作、探究的学习能力；通过制订小组公约，实施小组自主管理，激发学生的主人翁意识。

（2）通过系列活动，学生在活动中潜移默化地陶冶情操，接受道德规范，实现道德成长。在活动中，学生塑造乞求是创新的责任意识、师生同心的奋斗精神、执着坚守的远大目标。

（3）以课程、课堂为依托，学科育人，构建德育动力体系。建立全员导师育人制度，通过《小组合作学习记录手册》《学生成长档案》等写实记录实现导师对学生针对性指导教育；通过每一个教研组组织一个主题月活动，构建起各学科德育特色活动；通过班级小组竞赛等活动，形成班级良性竞争机制，培养学生规范自我、提升自我、融入团队的意识。

（4）通过体验教育实践活动，让学生了解中华优秀传统文化、革命文化，以及湄潭本地蕴含的浙大西迁文化、茶文化、红色文化、气象文化和南明文化，潜移默化地影响学生，提升学生政治素养和道德境界，全面提升学生核心素养。

（5）学校开展德育动力提质培训班德育课程活动，充分利用课余时间，完善课程体系，通过爱国主义教育、吃苦耐劳教育、求是精神教育、校园社区实践教育等方式对学困生进行系统思想转化，培育学困生内生动力，实现学生长期发展。

（6）学校通过强化资助育人理念、构建资助育人质量体系，达到全过程育人。班主任开展班级管理工作中对家庭经济困难学生身心发展、道德品质培养、学业帮扶等方面给予更多的关怀和帮助。

四、德育体系构建反思

目前，求是高级中学各项活动有序开展，但是德育体系还需要进一步完善。

学校活动开展中由于学校以及社会等大环境的影响,部分工作落地程度有待提高。如果确保各项活动每年都能有所创新,推动打造学校德育精品课程还有很长的路要走,特别在发展学生综合素质上,更要系统地加强学生的劳动教育。

(一) 开展劳动活动,提升育人实效

开展丰富多彩的劳动教育活动,以达到劳动育人的目的。打通渠道、拓宽路径,为学生搭建多元的成长舞台。从学生的认知、情感规律出发,学校为学生搭建劳动实践平台,开展体验教育,让学生体验生活、感悟人生。从而,内化优良品质,外显良好习惯。

(1) 组织"爱学校"的集体劳动。每个学生在班级内寻找适合自己的小岗位,在为集体、为他人服务的过程中体验劳动的快乐,培养责任感。① 学生以主人的身份进行班级活动的组织,自然能在活动中积累经验,提升责任意识。② 划定各班劳动责任区,各班劳动委员每天组织班级同学对责任区进行打扫,确保"时间、地点、人员、效果"四落实。

(2) 组织"爱父母"的家庭劳动。开展"做爸妈的帮手"活动,要求学生假期帮助家长做农活,如春耕、播种、育苗、插秧、摘茶等,让学生自我打造一道道美丽的教育风景。③

(3) 组织"爱社会"的公益劳动。加强学校劳动教育与社区教育之间的联系,充分发挥社区的作用,通过积极引导学生利用假期参与社区志愿者服务体验活动,让其感受劳动的快乐与光荣。通过"职业体验活动"给孩子积极参与并实践劳动技能提供更广阔的空间与平台,同时,为高中生生涯规划做指导。

(三) 加强基地建设,提升综合素养

开展劳动综合实践活动,使学生体验到劳动成果带来的快乐,享受成功的喜悦。同时,学生在交流中学会合作,在合作中提升品位,团结协作能力和人际交往能力得到加强。

(1) 开展种植活动。学校拟将校内西门处规划劳动实践基地划拨给高一年级各班自主经营管理。高一年级在西门劳动实践基地开展种植活动,以种植各季蔬菜、瓜果等作物为主。在年级主任的带领下,各班主任负责组织本班学生

---

① 吉琳. 高中阶段劳动教育的类型与开展途径探讨[J]. 山西青年,2020(15):175-176.
② 王熙耀. 高中班主任管理实践中融入德育教育的路径[J]. 社会科学,2020(10):96.
③ 朱永新. 未来学校:重新定义教育[M]. 北京:中信出版集团,2019.

进行劳动实践活动。通过一系列的种植实践活动，使学生有目的、有计划、有步骤地观察周围的事物和农业生产过程，提高学生的实践能力。

（2）开展护树活动。学校拟将充分利用现有果树开展劳动实践教育，以学校现有果树为主，将60余种果树分给高二年级不同班级，由班主任带领，对学校果树进行养护。

（3）体验文化活动。组织学生到湄潭茶工业博物馆、茶博会展中心、中国茶海等博物馆或茶产业实践基地进行参观、劳动，体验茶文化，品味茶文化，传承茶文化。了解茶叶种植、加工和销售等方面的知识，感受高雅的茶文化，激发爱祖国爱家乡的热情。

（4）体验课程活动。劳动基地以"种—赏—收—品"为劳动基地建设和综合实践课程的工作主线，以"品"贯穿整个建设过程，品"种"的辛苦，品"赏"的乐趣，品"收"的喜悦。学生通过观察作物的生长特点、土壤要求以及作物采摘后的市场调查等活动，增强他们的农业科普知识，通过写观察日记和科普小作文，提高他们的观察能力和写作水平。

（四）加强指导，注重实践

教师要统筹劳动教育与学科教学，在日常教学中落实劳动教育，重视理论联系实际，做到学以致用。

（1）教师深入劳动基地，与学生一起种植、一起管理，教师通过亲身参与，真正体会到综合实践活动是学校教育不可或缺的重要组成部分，与各科的教学密切相关、相辅相成、相互促进。

（2）与通用技术课程、科技创新中心相关教学活动内容相结合，从学校特色课程中选择劳动项目，使学生的创造热情随时得到鼓舞，[①] 积极主动参与完整的实践过程，提高学生劳动创造能力。

[①] 上海市教师专业发展工程领导小组. 名师之路：上海市"双名工程"的探索与实践[M]. 上海：上海教育出版社，2017.

中学"养正"德育教育体系的构建与实践研究
——以清镇市第一中学为例

周元霞[*]

清镇市第一中学

摘　要：学校德育是一项系统工程，也是增强学校时效性的关键。清镇一中根据高中生的成长规律，参酌国学理念关于人发展的四阶段，即"幼儿养性、童蒙养正、少年养志、成人养性"，依据"养天地正气　法古今完人"的校训，建构了学校"养正"德育教育体系，通过三年的目标进阶发展，最终实现学校的德育总目标：养正，年级德育层级目标：养性；养志；养德。通过"美言、美行、美心；志趣、志气、志向；诚信、感恩、责任"的"养正"德育行动，打造"养正"德育生态文化、构建"养正"思政课程体系、完善"养正"活动体系、搭建多元"养正"实践平台、规范"养正"管理体制、拓宽"养正"育人资源，引导学生树立正确的"四观"，厚植爱国情怀，让学生树立远大志向，帮助学生形成良好的个人品德。

关键词：中学；"养正"德育体系；课程思政

一、中学"养正"德育教育体系构建的背景与意蕴

（一）中学"养正"德育教育体系构建的背景

我国社会进入了一个新的发展时期，经济飞速增长，人民生活水平不断提高。在人们的物质生活资料不断充裕的背景下，所带来的附属效应也不断凸显。如今生活水平的提高和独生子女的家庭结构，使许多孩子置身于"有爱无教"

---

[*] 作者简介：周元霞（1977—），贵州清镇人，贵州省清镇市第一中学副校长，中学英语高级教师，现从事学校管理和高中英语教学工作。

指导教师：贵州师范学院教育科学学院袁川教授。

的家庭环境中，从而养成了以自我为中心、自私冷漠、懦弱无礼、好逸恶劳等不良习惯。另外，当我们审视和思考我校的德育工作时，发现还没有形成较为科学、系统、规范的德育体系，教育"唯分数论"，没有关注学生的全面发展，再加上更多的家长只关注孩子的智育发展而忽略其他方面的教育，学校教育内容脱离社会实际需要，影响了学校德育的时效性。为了能给广大青年学生营造有利于他们健康成长的良好舆论氛围，提高他们的综合素质，让热爱祖国、积极向上、团结友爱、文明礼貌成为学生的精神世界主流。① 围绕习近平总书记提出的"为谁培养人""培养什么人""怎样培养人"这一根本问题，作为具有80年悠久历史的清镇市第一中学继承了学校多年的办学传统和经验的同时，积极探索学校德育工作模式。根据高中生的身心健康和成长规律，参酌国学理念中个人发展的四个阶段，逐步建构了学校"养正"德育教育模式，简称"139工程"。

(二) 中学"养正"德育教育体系的内涵意蕴

1. 德育总目标：养正

清镇一中德育工作以教育部《中小学德育工作指南》为蓝本，将立德树人贯穿到思想道德教育、文化知识教育、社会实践教育各环节，强化理想信念教育，引导学生树立正确的"四观"，切实增强"四个自信"，厚植爱党爱国爱人民思想情怀，立志听党话、跟党走，树立为中华民族伟大复兴而勤奋学习的远大志向。积极培育和践行社会主义核心价值观，深入开展中华优秀传统文化，加强学生品德教育，帮助学生养成良好个人品德和社会公德。秉承学校"养天地正气、法古今完人"的校训，围绕学校"文化引领、经典养正"的办学特色，遵循学校"遵循规律　全面发展"的办学理念，参酌国学理念中个人发展的四个阶段，即"幼儿养性、童蒙养正、少年养志、成人养性"，逐步建构了学校"养正"德育教育模式（简称139工程）。学校根据高中三个年级学生的不同发展特点，按照"分层递进"的原则，围绕"一"个德育总目标"养正"，确定各年级育人目标，满足不同年级学生的成长和发展需求。高一年级：养性（养心正行）：美言、美行、美心；高二年级：养志（立志求学）：志趣、志气、志向；高三年级：养德（修德立业）：诚信、感恩、责任。

2. 年级德育分层目标：养性、养志、养德

学校德育紧紧围绕"养正"总目标，积极创建有利于高中生健康成长和终

---

① 周凤林. 学校德育顶层设计实践案例 [M]. 上海：华东师范大学出版社，2018.

身发展的育人环境和途径，让学生通过学校搭建的多元的育人平台让自己逐步形成"正气、正言、正行、正心……"，以培养有理想信念、家国情怀、国际视野、责任担当、开拓创新的中国特色社会主义建设者与接班人。

为了实现"养正"德育总目标，根据学生发展特点确定了不同的育人目标，高一年级是学生优美人格奠定的关键期，就像是人发展的幼儿期，是习惯养成和养心正气的黄金时期，因此"养性"就成为高一的德育重点，"三美"（美言、美行、美心）立根。高二年级就像是人发展的少年时期，知识渐开，正值意气风发的独立阶段，是学生人生方向养成的黄金时期，需引导他们立志求学，激发他们的豪情壮志，让他们认识到自己的兴趣爱好并立鸿鹄之志，还要培养实现鸿鹄之志的决心和勇气，因此"养志"成为高二的德育重点，以"三志"（志趣、志气、志向）立向为高二德育目标，培养学生高雅志趣和远大抱负，为其人生发展树立风向标。高三年级就像是人发展的成年时期，学生步入成年，即将踏入社会，是其修德立业的关键期，学校需要引导他们立足实际，踏实进取，确立自身入世立人之德和奋斗终生之业，因此"养德"成为高三的德育重点，以"三德"（诚信、感恩、责任）立世为高三德育目标，旨在引导学生奉献自我、服务社会、报效祖国，以良好的品德立人处世。

二、中学"养正"德育教育体系的行动实践

（一）构建"养正"德育生态文化，推动文化育人

1. 熔铸学校文化的精髓——精神文化

清镇一中逐渐形成"12345"的育人理念，使之成为凝聚全体师生的力量。在学校发展过程中，我们始终坚持"遵循规律，全面发展"的办学思想，按照二级管理的办学模式，逐步积淀成"12345"的育人理念，即一条校训、两种心态、三力聚合、四种精神、五风展示，这些理念一直激励我们向前，引领学校的内涵发展和跨越发展。

2. 打造学校文化的基础——物态环境文化

文化作为教育的载体，有教行迁善之用。无论是历史沿革还是校址迁移，无论是楼阁建筑还是草木石鱼，一中校园典雅厚重，又不失活泼灵动，万物有源，生机无限，共同构成学校文化的重要组成部分，悄无声息地浸润人心，发挥育人教化功能。

（1）培育社会主义核心价值观

建设三廊（中华魂长廊、儒道法长廊、红色文化长廊），打造有文化自信、

家国情怀、民族担当的精神校园。建设五景，打造静心怡心养正校园。建设九园，打造主题教育校园，如感恩园、生态园等。积极培育和践行社会主义核心价值观。

（2）传承中华优秀传统文化

建设校史馆、农耕文化馆，打造优秀传统文化传承校园。校史馆集中呈现学校发展历史、展示学校办学过程和不同时代学校面貌，发挥学校办学优良传统的价值引领作用。农耕文化馆集中展示清镇市的农耕历史，展现中华优秀传统文化"诚信、和合、大同"的精神，让学生了解和传承中华优秀传统文化。

（3）创建书香文化

建设一个书院，一个图书馆，走廊、教室开放式"诚信"书吧，为学生构建"3+1"阅读环境，打造书香校园。创造学习化人的阅读生态环境；开展丰富多彩的阅读系列活动，为师生搭建成果展示平台，激发兴趣，巩固成果；建立监督、激励机制，促进读书活动健康有序开展，让学生收获终身学习和阅读的好习惯。

（4）追根溯源

建设教室、办公室、走廊、橱窗、食堂、宿舍、体育艺术场馆等文化，建设校徽、校旗、校歌、楼宇、道路标识文化，打造宜教宜学宜居校园。

（二）建立"养正"思政课程体系，实现课程育人

1. 优化思政课程

首先，突出思想政治课关键地位。学校是意识形态工作的前沿阵地，政治教师们要充分利用课堂主阵地，积极开展马克思主义理论教育，用习近平新时代中国特色社会主义思想铸魂育人，引导学生增强四个自信，厚植爱国主义情怀，让学生具备爱国情、强国志、报国行。

其次，结合各年级时代需求和学生发展的特点和重大节日等，合理设计我校各年级主题班会内容，主题涉及爱国爱党、诚实守信、知恩感恩、法治教育、文明礼仪教育、环境教育、心理健康、劳动教育、安全知识等方面的教育。

2. 做强课程思政

首先，充分发挥各学科德育功能。实现课堂主阵地、主渠道功能，将社会主义核心价值观的内容和学生发展核心素养的要求细化落实到各学科课程的德育目标中，学科教学充分体现学科育人价值，汇编学科渗透德育的具有推广意义的教学课例，实现全员育人。

其次，开设心理健康课程。根据学生发展特点，专职心理教师精心设计心

理健康课程，让学生认识自我、完善自我、超越自我。对学生在生活、学业、职业生涯等方面进行指导，让学生能健康阳光地向上成长，更好地适应高中生活与学习，为成为社会人做好充分的准备。

（三）建立"养正"活动体系，实现活动育人

1. 创学校特色德育教育专题活动

（1）传承中华优秀传统文化——经典夏令营

以《论语》教材作为载体，开展经典文化教育和国防知识教育，精心设计夏令营课程，用经典浸润学生并培养学生的爱国情怀，增强他们的文化自信。另外，以学校的校本教材《启航》为高一新生学习载体，让他们学习了解学校历史和文化，包括校徽、校训、校规、校歌等，增强学生对学校的认同感。同时为学生做好学生在高一起始阶段的养成教育，为学生作党史教育、校园文化、学校管理、心理健康、生涯规划等专题讲座，汇集我校名师对学生各科学习点拨科学的学习方法与策略，让他们能更快地适应高中生活，助力学生坚定自己的理想信念。

（2）"阅读经典 涵养正品"读书活动

为了让学生养成终身阅读和学习习惯，围绕我校德育"养正"总目标，"阅读经典 涵养正品"阅读活动已成为我校的一张名片。学生通过每天晚上7点到8点经典书籍的阅读，修德养性、净化心灵，播种真善美，形成正确的三观，同时也增强了他们的"四个自信"。该活动主要以学生阅读经典书籍为主要方式，同时精心设计阅读系列活动，如课本剧表演、读书分享会、班级美文集制作，创立学生文学社、诗社，《养正》《清菡诗刊》阅读成果集制作等。

（3）美食综合实践节

为了给学生搭建多元的发展平台，了解地方美食文化，提升他们的责任意识、劳动意识、环保意识、审美意识，同时锻炼他们的组织、领导、经营、管理等综合实践能力，学校每年11月举办美食综合实践节。各班学生全程参与活动策划、食材购置、食材加工制作、美食文化宣传、销售宣传、收支核算、卫生管理、城市管理等环节，每一项任务的参与都能让学生受益匪浅。学生在了解美食文化的同时，增强了劳动本领，提升了综合素质，促进了自己的全面发展。

（4）"复兴远征"远足活动

挖掘校史文化中的历史价值，秉持学校历史文化精神，为了让师生体验学校创建之初师生从贵阳步行三万米到清镇办学的艰辛历史，在考前三个月，学

校组织全体高三师生参加三万米远足拉练。通过活动缓解学生进入高三后的紧张学习气氛，锻炼他们的体质，发扬"坚韧不拔，自强不息"的校风，同时也增强了他们的责任感。通过活动让学生走进大自然，体验祖国大好河山之美，体验城市建设之美。提升了学生的环保和认同意识，落实了五育并举，促进学生全面发展。

2. 精心设计德育主题系列教育活动

学校积极开展主题鲜明、内容丰富、形式多样的德育主题系列教育活动。利用教师节、国庆节、青年节等重大节庆日；学雷锋纪念日、建党纪念日、七七抗战纪念日、国家公祭日等重要纪念日环境日、健康日、国家安全教育日等主题日，根据学校"养正"育人目标，结合德育内容，精心设计学校学年德育主题活动体系，分别开展"修身养性""立志报国""悦己达人""弘道养德""爱家护家"五大德育主题活动。通过启动仪式、国旗下讲话、主题班会课活动、德育活动（学生论坛、手抄报设计比赛、黑板报、征文比赛等）、德育主题班会研讨课等形式对学生集中开展理想信念、社会主义核心价值观、中华优秀传统文化、心理健康、生态文明等方面教育，引导学生树立正确的"四观"，增强"四个自信"，厚植爱党爱国爱人民的思想情怀，培育和践行社会主义核心价值观，帮助学生养成良好的个人品质和社会公德。

3. 校园节活动

以德育主题系列活动为主线，以提升传统文化建设为重点，学校按月开展重大校园文化节活动，丰富学生的校园生活，培养学生的兴趣爱好，不断拓展教育内涵。例如，三月"复兴远征"远足活动（高三）、四月读书节、五月鲜花合唱比赛（高一高二）/高三心理活动周暨18岁成人礼、六月科技节（高一高二）/感恩毕业晚会（高三）、八月经典夏令营暨军训（高一）、九月教师节感恩系列活动、十月体育节、十二月美食综合实践节（高一高二）/跨年荧光夜跑（高三）。力求通过一个个"微"活动落实教育内容，以期达到各年级的分级目标，最终实现"养正"德育总目标。

4. 多渠道开展共青团活动

在上级团委和学校党总支的领导下，依托德育主题活动，以青年大学习、团日活动、团的知识类讲座、国旗下讲话等方式在学生队伍中大力弘扬社会主义核心价值观，引导学生提高实现"中国梦"的责任感和担当意识。利用春节、端午节、清明节、中秋节等中华传统节日，开展介绍节日历史渊源、精神内涵、文化习俗等校园文化活动，增强传统节日的体验感和文化感，如中秋拜月、祭孔仪式、线上线下祭英烈等活动，竭力为团员青年成长、成才服务。

5. 开展丰富多彩的社团活动

结合各学科课程教学内容，充分利用每周二、周三时间组织学生开展丰富多彩的科技、文娱、体育、实践等社团活动。建立体育、艺术、科普和志愿服务等各类学生社团至少 30 个以上，如拉丁舞社、创客社、吉他社、爱心社、义工社、广播社、动漫社、演讲与口才社、心理社、纸艺社、双截棍社、羽毛球社、乒乓球社等，通过学生自己设计、组织、参加社团招新和社团展演等活动，鼓励学生根据自己的兴趣爱好积极参加社团，同时成立学生社团联合会，规范社团管理，为学生搭建自主管理平台，引导学生关注自身的兴趣和行为，关注内在的成长与发展，达成学生全面发展。

（四）搭建多元"养正"实践平台，实现实践育人

1. 创新综合实践活动

通过党团活动、军训、研学课题、职业体验、设计制作、研学旅行等密切学生与生活系列主题的实践，推进学生对自然、社会和自我之间内在联系的整体认识和体验，获得直接感受，积累解决问题的经验，形成综合思考问题的能力，不断增强学生的社会责任感、创新精神和实践能力。

利用每年的高一新生经典夏令营，对学生开展国防教育，包括军姿训练、军事知识教育、军事技能训练等，在实践中对学生进行爱国主义教育的同时，也进行了职业体验。

强化实践育人，广泛开展社会实践，增强学生的服务意识，校外与社区、图书馆、养老院、特殊学校等部门联动，校内通过兰花领养挑战、各种大型活动的管理、学校各项工作的参与服务与管理等方式，为学生搭建志愿服务的平台，让他们有机会服务学校、服务社会，形成热心助人、乐于奉献的积极态度和情感，形成基本的公民意识、参与意识、社会责任意识和主人翁精神。

2. 职业体验与人生规划

校内：学生通过参加美食节、高三"复兴远征"活动、志愿者服务（职业体验）、国旗班、校长助理岗位等活动，让学生体验不同职业的同时还增强学生对学校、家乡、祖国的热爱之情。

校外：到职教园区我校的实践基地去亲身体验不同的职业，对学生的生涯规划具有较强的指导意义。

3. 劳动教育

为了让学生养成劳动习惯、掌握劳动本领、树立热爱劳动的品质，把劳动教育贯穿高中所有学段，学校将劳动贯穿家庭、学校、社会各方面，将劳动教

育与德育、智育、体育、美育相融合，开展日常生活劳动、生产劳动和服务性劳动。

(1) 开展日常生活劳动

所有年级以校园劳动和家庭劳动为主要内容开展日常生活劳动。在校参加校园卫生打扫保洁、绿化美化校园活动，在家参与做饭、洗碗、洗衣服、拖地、整理房间等力所能及的家务劳动。

高一高二年级进行校内劳动实践基地活动，开展拔草、清理枯叶、清理杂物、呵护绿草等美化净化校园环境的活动。

(2) 开展生产性劳动

高一高二年级适当参与校内生产劳动，利用通用技术课堂，结合中国优秀传统文化，初步体验手工制作等简单的生产劳动。初步学会与他人合作劳动，懂得劳动成果的不易，珍惜劳动成果。

高一高二年级开展校外劳动基地实践活动，了解植物种植的基本知识，体验松土、施肥、剪枝等生产活动，获得初步的职业体验，形成初步的生涯规划意识。

(3) 开展服务性劳动

让学生利用自己已知的知识和技能为他人和社会提供服务，在服务性岗位上见习实习，树立服务意识，实践服务技能；在公益劳动、志愿服务中强化社会责任感。高一高二年级开展校园净化美化志愿者活动，每周开展一次校园捡垃圾、整理图书等工作。同时，学生到社区、养老院等地参加社区环保、公共卫生、助老敬老等力所能及的公益劳动。

4. 研学旅行

为了丰富学生的教育形式，学校教育始终强调将教育与生产劳动和社会实践相结合，学校将研学旅行纳入学校教育教学工作计划，促进研学旅行与学校课程、德育体验、实践锻炼有机融合，利用好学校签约的各类型研学实践基地，有针对性地开展自然类、历史类、地理类、科技类、人文类、体验类等多种类型的研学旅行活动。研学旅行活动，拓宽了学生视野，让学生了解社会、探索职业，促进学业发展，坚定学生的理想信念，培育和践行社会主义核心价值观。

5. 志愿者服务

(1) 创设校内外志愿服务

校内：学生参加学校传统校园节和活动的围场与管理，如美食综合实践节、体育艺术节、五月的鲜花合唱比赛、毕业晚会、荧光夜跑、心理活动周等；参加学校"相约周四志愿者活动"，为学生设立了多元的服务岗位，如兰花绿植领养、诚信图书馆管理、职业体验（安保工作、食堂管理）等。

校外：参加社区禁毒宣传、心理健康宣传、文明交通值守；到养老院、特殊学校等地送温暖、义务劳动等。

(2) 搭建学生自主管理平台

完善学生自主管理机制，强化学生自我管理，让学生自主管理学校宿舍、学校值周班检查、学校每日阅读、学校仪仗队、学校两操等，同时学生还参与管理学校社团活动、筹划和组织学校的大型活动，以真正实现学生的自我管理、

(3) 创建育人宣传阵地

清镇一中校报社、广播站，是我校育人宣传的主要阵地，让学生发挥自己的个性和特长，各施其责，采集、编辑并制作学校大事记和师生工作、学习、生活的信息，让师生更加了解学校，增强对学校的认同感，同时为我校师生搭建一个施展才华的平台。

(五) 规范"养正"管理体制，实现管理育人

1. 完善管理制度

根据学校和学生的实际情况，制定《清镇一中学生仪容仪表标准》《清镇一中进出校门制度》《清镇一中"两操"制度》《清镇一中学生文明就餐制度》《清镇一中学生晚自习制度》《清镇一中学生请假制度》《清镇一中住校生管理制度》《清镇一中学生寝室内务标准》《清镇一中学生奖惩条例》等校规校纪，建立健全学校管理制度，规范学校治理行为，形成全体师生广泛认同和自觉遵守的制度规范。

2. 打造清镇一中德育管理特色——学生自主管理模式

学校建立学生自主管理体系，以学生会为总机构，下设国旗班、特勤部、文艺部、宿管部、国学部、书友会等，让学生真正参与到学校的社团、阅读、宿舍管理、班级管理、升旗仪式、大型活动等活动的设计与管理，让学生形成自我教育、民主管理的自主管理模式，培养学生自我管理、自我服务的意识和能力。同时增强他们的民主意识、责任担当意识、服务意识等，促进学生各方面能力的提升。

3. 完善育人机制，实现三全养正育人体系

转变学校育人模式，逐步形成"全员育人、全程育人、全方位育人"的育人格局，营造三维育人空间结构，贯穿学生从入校到毕业体现育人时间连续性，明确各岗位教职员育人职责，让教职工在各方面做好学生的表率。实施全员育人导师制，导师对学生理想、心理、学习、生活、生涯规划等方面进行指导，帮助学生树立正确理想信念、正确认识自我、更好适应高中生活，实现学校"养正"的育人目标。

4. 关爱特殊群体

学校加强学生在经济、学习、行为、心理全方位的教育关爱，各项关爱都有对应的关爱制度，针对性地对学生的各方面进行帮扶与关爱，促进学生的健康发展，让学生能感受到学校对他们的深切关爱，并能将这份关爱传递给其他人，做一个懂感恩、有担当的合格中学生。

（六）拓宽"养正"育人资源，实现协同育人

1. 家校一体

组建以校长为组长的家长学校教育工作领导小组，完善各年级家委会，每学期制定家长学校教育指导工作计划，并如期开展。为了实现家庭与学校对学生的共同教育，全面开展家庭教育指导，通过成立家长学校、举办家庭教育专题讲座、网络平台推送学习资料等形式引导家长注重家庭、注重家教、注重家风，营造积极向上的良好社会风气。

2. 家长生涯指导

为了做好学生职业生涯指导工作，学校利用家长的资源和力量，请各行各业的家长为学生做职业体验讲座或其他专题讲座，让学生真正了解每一个职业的职责与意义，有利于他们的职业生涯规划，同时学习了解学科外更多有利于学生发展的知识与信息。

3. 构建共育机制

主动联系本地社区、妇联、医院、公检法、高校等部门，邀请法治副校长、医生、警察等人员为学生做法治、安全、健康、生涯等方面的培训和讲座，建立多方联动机制，搭建社会育人平台，实现社会资源共享共建，助力学生健康成长。

三、中学"养正"德育教育体系实践的效果反馈

（一）价值展现

1. 构建学校德育工作体系

在对德育教育工作的不断探索与实践中，学校以立德树人作为教育宗旨，根据学校发展特色和学生成长规律，将过去碎片化的育人方式用"养正"这一条主线串起学校的"微"活动，进行德育顶层设计，构建德育教育体系，让学校德育工作更加规范化、科学化、系统化。

2. 提升学校德育工作实效

"养正"德育教育体系的构建与实施，学校、年级有了明确的育人目标，所有教育活动围绕育人目标循序渐进地开展育人活动，通过文化、课程、活动、实践等途径创新育人载体，不断完善育人途径与方法，让教育更有时效性，真正落实五育，更能促进学生的全面发展。

3. 更新育人版本

为了适应新时代的育人改革，实现学校"养正"德育目标的达成，学校通过班主任沙龙、骨干班主任队伍培养、班主任青蓝工程、青年班主任研修班等形式，让学校德育团队育人水平逐步实现从1.0到2.0的提升，促进班主任的专业化发展，提升整个德育团队的育人能力与水平。

4. 促进学生的全面发展

"养正"德育教育体系，明确了育人的方向，通过德育主题系列活动、经典夏令营、"阅读经典 涵养正品"读书活动、"复兴远征"远足活动、体育节、美食综合实践节、"五月鲜花"合唱比赛、跨年荧光夜跑、高三心理活动周暨18岁成人礼、团日活动、社团活动、志愿者活动、劳动教育日、职业生涯规划课程等活动及课程的开展，给学生搭建了多元的发展平台，让学生真正实现德智体美劳全面发展，为他们的终身发展奠基。

（二）效果呈现

学校先后被评为"优秀传统文化示范校""传统武术进校园示范校""足球示范校""校本课程示范校""优秀团组织"等，学校试行体育课走班制，让学生按照自己的兴趣选班，让他们掌握1~2项体育运动项目，并养成终身体育锻炼的习惯。学校还根据学生的特长和兴趣成立校队，如篮球队、羽毛球队、足球队、花样跳绳队、田径队等，其中花样跳绳曾获得省、市级一等奖。同时，学校还开展丰富多彩的社团活动：合唱、民乐、戏曲、民族舞、民族民间舞、芦笙、书法、沙画、围棋、礼仪、推理、手工、爱心、创客等30多个社团。其中，合唱、民乐、戏曲等社团每年均获得贵阳市中学生比赛二等奖；创客社团参加省级机器人比赛、3D打印、青少年机甲大师比赛，近200学生分别多次获得省一、二、三等奖，代表全省参加全国无人机总决赛，获得一等奖的好成绩。在全校教职工的努力下，近年来，我校先后获得贵阳市区（市、县）大型高中学校"入口出口"成绩评估一、二等奖。

四、中学德育教育工作面临的困难与未来构想

在德育"139"模式实施过程中，我校同样遇到了困难，特别是学生的校外

51

的社会实践和志愿服务由于受时间、空间、安全、政策等方面因素的影响，学生走出学校的机会非常少，不利于学生的全面发展，同时限制了他们社会参与的能力，削弱了他们的社会服务意识。

因此，未来的工作构想如下：

（1）在德育工作实施过程中，进一步优化育人的途径与方法。

（2）充分发挥学生的主人翁意识，让学生真正加入学校的各项管理和活动设计中。

（3）切实做好家校社三位一体的育人方式，与家长、社区等共同商议出可行的、适合学生发展的教育方式，真正解决学生校外实践与服务不足的问题。

加强学生自主管理　促立德树人新格局
——基于"五项"管理的学生自主管理初探

易　锋*

晴隆民族中学

摘　要：立德树人作为现代教育的根本任务，为党育人、为国育才是当今的历史使命，培养什么样的人才，怎样培养人才，是我们目前要探索的大课题，十九大提出的教育方针，教育部提出"五项管理"，为我们指明了方向、明确了目标，但面对我们经济基础薄弱、刚脱贫地区，教育均衡发展有待加强的农村实施"五项管理"，我个人认为必须加强学生自主管理，经过一年多来的摸索，学生自主管理有了新的成效，基本能达到预期的目标。

关键词：班级；学生自主管理；模式

现阶段，我国教育的新课改要求以人为本，以学生的发展为教育目标，立德树人，教育部办公厅提出关于加强中小学生作业、手机、睡眠、读物和体质健康"五项管理"的部署和工作要求，为全面落实立德树人根本任务，促进中小学生健康成长，落实"双减"，教育部先后印发了很多相关文件，如《关于加强中小学生手机管理工作的通知》《关于进一步加强中小学生睡眠管理工作的通知》等。为进一步加强中小学生作业、手机、睡眠、读物、体质健康管理工作（以下简称"五项管理"），真正让孩子实现好的教育，做问题解决者、终身运动者、责任担当者、生活优雅者，结合我校实际，浅谈提高学生自主管理能力，促进"五项管理"落地生根。

自主管理的内容全覆盖"五项管理"，大家都认识到"五项管理"是落实

---

* 作者简介：易锋（1974—）贵州晴隆人，贵州省晴隆民族中学副校长，中小学高级化学教师，现从事学校德育、安全管理和高中化学教育教学工作。

指导教师：贵州师范学院教科所张传军教授。

立德树人根本任务、促进学生德智体美劳全面发展的具体要求，减轻学生负担、促进学生身心健康发展的现实需要。"五项管理"社会高度关注，学生和家长十分关切，作为一所省级示范性高中，我们充分认识"五项管理"的重要意义，增强工作的责任感、紧迫感和主动性。但学校的实际决定了走学生自主管理这条路是有效的、是高效的。

一、内容及要求摘要

（一）关于作业管理

（1）将坚持加强备课和集体教研，精炼授课内容，提升课堂效率，努力做到当堂内容当堂学完、当堂练习当堂完成，落实基础知识，提升和拓展能力。

（2）对各学段作业明确具体要求，确保各学段作业不出校门，随堂作业在校园内完成，所有作业由老师批改。让学校的责任回归学校，家校联合，共同引导孩子自主完成，做好作业方面的自我高效管理。

（二）关于手机管理

（1）引导学生不使用手机或者尽量少用手机。

（2）出于安全考虑到校需要携带手机的学生，进校后，手机由学校统一收集在手机收纳箱管理。

（3）老师不通过手机布置作业。

（4）班级微信群只允许家长加入，学生不得加入，班级微信群主要功能是家校沟通，不能布置硬性作业。

（5）加强与家长的沟通，适当时候召开家长会，引导家长在家里少用手机，非必要不用手机，给学生做一个好榜样。

信息时代禁止学生使用手机，我们必须做好榜样。学校部分年轻教师，手机随时不离手，只要有空闲时间肯定是玩手机，学校不允许在教学区使用手机，学生总是盯着老师。我们也在教职工大会上讲了多次，但收到的效果较差，后来我就成立了"手机管理小组"并选择其中最喜欢玩手机的老师担任组长和副组长，由他们组队到班级、到寝室查手机。同时在学生中我组织一个"反电玩小组"，要求他们在学生中查手机和MP4等电子产品，在工作中可以辐射到教师办公室，如果教师使用手机玩游戏，也是他们的巡查对象。这一举措得到老师们的一致好评，同时也改变了教师在休息时间以游戏方式放松，也鼓励我们年轻教师敢管学生，提升我校手机管理的效率。

(三) 关于睡眠管理

(1) 严格遵守教育部关于上课时间的管理规定，上课不早于 8：00，晚上不晚于 21：00。

(2) 加强备课和集体教研，精炼授课内容，提升当堂课的课堂效率，尽最大努力做到当堂内容当堂讲解、当堂练习当堂完成。

(3) 不布置任何形式的家庭作业。

(4) 通过微信班级群等宣传健康睡眠的重要性。

为做好学生的睡眠管理，"学生宿舍自主管理委员会"主任由分管副校长担任，各宿舍设立楼长和楼主（每层楼一人）为副主任，各寝室长为成员，每天由楼主安排室长轮流查寝，对不按时休息的学生劝阻或登记，对态度较差的上报学校政教处处理，在短短十几天中，学生就能养成习惯。

(四) 关于读物管理

(1) 不向学生推荐、售卖任何未经教育主管部门认可的书籍。

(2) 不向学生推荐任何教辅资料，更不得强制学生购买课外读物。

(3) 通过学校公众号刊发正能量文章，引导学生正确阅读。

(五) 关于体质健康管理

(1) 上课过程中，老师们要引导学生以正确坐姿学习，时时关注，及时提醒坐姿有问题的学生。

(2) 对所有校区所有教室重新进行亮度检查，对亮度不达标的教室增加灯具，确保校区照明达标。

(3) 加强学生课间管理，不提前上课，不拖堂。

(4) 加强落实眼保健操，授课老师和学生一道做操。

(4) 课间，鼓励学生出教室适度活动；教师加强课间管理，避免学生疯赶打闹现象发生，确保学生安全。

(6) 合理安排上课时间，尽最大努力在法定节假日放假，能不上课尽量不上课，鼓励学生亲近大自然。

(7) 请广大家长鼓励孩子运动，拥有体育爱好和特长，健康快乐学习和成长。

(8) 通过班级微信群、学校公众号，大力倡导学生重视体质健康。

二、自主管理规划

从管理内容上看，每一项都是针对学校管理，但对于高中生，"三观"基本成熟，如果指导得当，将大大提高学校的管理水平，我们是这样规划的。

（一）成立学生自主管理领导小组

校级负责人是落实"五项管理"的第一责任人。把落实"五项管理"作为"一把手"工作，逐条逐项制定具体工作细则，强化过程管理，严格落实责任。做到主动推进、逐条落实、经常检查，强化规范意识，做到令行禁止。总之，我们做教育，重在育人，爱生如爱子，我们做孩子教育的补充者、完善者、促进者，和各位家长共同努力，让孩子们成人成才！

（二）实行学生自主管理的职责范围

学生自主管理主要包括学生行为管理、校园环境管理、两操及日常规范等方面。分为10个内容：考勤、着装（团徽佩戴）、室内卫生、包干区卫生、广播操、眼保健操、晨读秩序、晚自修纪律、仪容仪表、行为规范等。

1. 学生自主管理的组织体系

（1）学管会

学管会设会长1名、副会长4名；会长和副会长必须是团员。

（2）学生会（年级）

每个年级成立学生会、由团员同学担任学生会主席或副主席（1名主席3名副主席）

（3）宿管会

每栋宿舍成立宿管会（1名主席3名副主席）

（4）班级学生自主管理小组（班委会）

2. 会长及副会长职责

（1）主持自主管理委员会工作。

（2）负责收集全校学生对学校管理的意见及建议，并梳理成文上报学校。

（3）制定学期、月、周学生自主管理计划、总结等。

（4）考核监督员到岗到位情况。

（5）收集整理每周学生自主管理情况并上报校团委。

（6）每周一下午第四节课主持召开自主管理委员会工作例会。

（7）落实自主管理委员会人员的工作安排。

（8）完成学校交付的其他工作。

（9）副会长协助会长做好以上工作。

3. 成员职责

（1）制定周工作计划。

（2）学生会成员组织检查学生日常行为规范。

（3）检查两操情况。

（4）每天组织检查班级干部值周情况，每周一将上周检查记录交校团委。

（5）协助德体处、团委做好相关学生教育工作。

（6）完成学校交付的其他工作。

4. 值周学生职责

（1）当好班主任的助手。

（2）负责本班级值周的常务工作。

（3）坚持值周。

（4）服从团委、学生会成员的安排。

（5）进行清洁卫生检查、食堂值周、公共场所学生日常行为规范监督等工作。

（6）完成学校交付的其他工作。

5. 奖惩办法

（1）对认真履行职责的团委、学生会干部、班级值周干部，授予"自主管理先进个人"荣誉称号。一学期评比一次，在评优评先中优先考虑，并将表现记入学生个人档案。

（2）对不认真履行职责的学生干部，建议班级给予撤销职务处理，因不履行职责造成较为严重后果的，将按学校的规定进行纪律处理。

（3）值周学生不佩戴标志的，每次扣班级考核一分。

（4）值周学生不到位的，每次扣一分，记入该班级的考核。

（5）值周学生包庇他人的，一经查实，将按学校纪律进行处理。

（三）学生自主管理委员会工作程序

（1）学生自主管理委员会由每班推选 2 名学生组成，由学管会和团委管理，任期一年，期间表现优秀者在学年总结大会给予表彰。

（2）学生自主管理领导小组下任职资格：

①具有良好的道德品质和个人素养，热爱祖国、热爱学校，乐于奉献。

②具有较强的自控能力，严格要求自己，能自觉、模范地遵守校纪校规。

③具有高度的责任心和较强的组织管理能力，认真对待并及时完成任务。

（3）学管会每周将各班情况汇总，结算分数，对表现优秀的班级进行表彰。

三、培养与实施

学校是培养学生个性的天空，学生在这片天空下发挥自己的特长，百花齐放、争奇斗艳。为了培养学生自主管理意识，让每个学生都有机会发挥自己的才能，人人享有出彩机会，我校政教处对学生以班级为单位实行了自主管理培训。

培养学生自我管理能力，要抓好以下9个方面。

（1）心态管理能力。良好的心态是自主管理能力强大的保障，高中生年龄都在15到18岁之间，有好奇心和相互攀比的心理，我们要正面疏导，做好学生生涯规划导师。

（2）自我激励能力。任何事都不会一帆风顺，想要学生自主管理，我们要提高学生的抗打击能力。让学生明白失败是成功之母，成功要再接再厉，通过激励机制让学生获得成就感。

（3）时间管理能力。高中学生的时间比较紧，我们要指导学生制订完美的学习计划，充分利用好每一分钟。

（4）人际管理能力。人际关系的好坏决定自主管理的成败，学生是平等的，处理不好人际关系，会让学生之间的矛盾激化，为学校管理增加难度，我们要通过活动加强班班之间的联系。

（5）目标管理能力。有目标才有努力的方向，才能找到动力的源泉，学习是目标，考分也是目标，做好一件事也是目标。

（6）情绪管理能力。学生的承受能力有限，也喜欢通过情绪发泄和释放，我们作为学生在校的监护人，要诱导他们发泄，不能藏在心中形成心理疾病，也要教会他们如何控制好情绪。

（7）行为管理能力。不以善小而不为，不以恶小而为之，好的行为是从点滴积累的，我们要指导学生培养良好的行为习惯，无论是学习还是生活，提高学生的行为管理能力，从小事做起，从身边的事做起，形成习惯。

（8）自我反思管理能力。人无完人，无论我们做任何事，如果学会反思，将会大大提高效率。我们在指导学生学习和生活时，要求他们每天写一篇反思，无论今天收获怎样，通过反思总结成败，坚持一个月左右，学生就养成了反思的习惯。

（9）自主学习管理能力。刚从初中升学来的学生，学习的积极性和主动性不足，面对高中繁重的课业负担，很多学生感到力不从心，培养学生自主学习能力是我们的头等大事，开始时我们要发现学生的优点，通过鼓励让他们获得成就感，正如魏书生老师说的那样，教育就是发现优点、保持优点、形成习惯。学生学会自主学习，自主管理能力的提高就不难了。

通过培训，让学生在班级中：

（1）竞争上岗，岗位轮换。高中生已经有了较强的自我意识，他们渴望被尊重，渴望被承认，渴望在同学面前展现自己。根据学生的这一特点，我校在成立班干部团队时引入了竞争机制，实行班干部宣讲竞聘上岗方案，充分调动全体学生参与班级管理的积极性和主动性。在此过程中，学生能深切地感受到自己身上的义务与责任，作为班级的小主人，肩负着重要的使命。竞争上岗与岗位轮换制既可以锻炼学生的能力，也在推动班级建设，使之迈上一个新的台阶。

（2）各有其事，各司其职。为让更多的学生在班集体中承担责任、服务集体，充分实现他们在班级中的价值，班级管理的岗位也在日益朝着丰富性和多样性方向发展。根据学生的性格特点、爱好、特长等，各班班主任将班级各项管理职能分解为一个个具体明确的岗位，如讲台桌的整理、绿植的浇灌、粉笔的保管、前板和侧板的清整、书橱的物摆、水杯的摆放、桌椅成线等，都设立了相应的岗位，由专人负责。尽管事情很细微，但是同学们在每一个细小的管理岗位上各司其职，发挥自己的作用，提高了班级整体建设的成效。

（3）考核基于量化，行进在于反思。每天的班级量化是对班级做出的一个最直观的评价，班级每个成员都应该知道自己的班级、宿舍、小组在级部处于一个什么样的水平，因此每天晚上第三节课最后5~10分钟班委召开班级量化分析会，发现问题，及时解决问题；找出不足，并寻找改进方法。这个举措能确保当天的问题不会延续到第二天，也给学生的自主管理搭建起良好的平台。

（4）及时公正评价，激发管理热情。为了提高学生自主管理的积极性，各班班主任会及时对不同岗位的学生给予评价，并进行适当的加分奖励，以积分奖励单的形式下发给学生，以此来燃起学生自主管理的热情。

本着"从小处入手、细处着眼，强化训练、促进养成"的原则，加强学生自主管理，以生带生，将行为习惯养成教育工作抓细、抓实，为学生素质的全面发展奠定良好的基础。

四、研究结果与展望

学校管理是一门学问也是一门艺术，"家长制、一言堂"的做法已经不适应新课改理念；俗话说。"火车跑得快，全靠车头带"，一所好的学校、一个好的班集体，班干部所起的作用不容忽视，其作为班级的火车头，起着"唯余马首是瞻"的作用，今年新学期开始，我观察到我们班主任工作很轻松，学生组织班级同学自己选举班干部，要求新当选的班干部要以身作则、身先士卒，从小事做起，从我做起；又要积极开展工作，大胆管理。对一些不良行为要及时用恰当的方式进行批评指正，所有的工作都由学生会记录在案。我在每一次放月假的安全教育中，都要求学生会主席领读安全教育手册，学生有了成就感，今年高一选举学生会主席时，参选人数较多，竞争也较激烈。

培养学生自主管理，不仅真正锻炼学生的能力，还真正解放了老师，这样的学校管理，能够通过师生的相互配合，进而以达到叶圣陶老先生所说的"'管'是为了不管；'教'是为了不教"的最高境界。现阶段教育部提出"五项管理"，如果事事都要我们老师亲力亲为，老师哪来时间备课，也没有时间去研究课改，所以加强学生自主管理能力，是实现和推动五项管理的新举措。

自主管理要借助活动平台，在活动中有效地训练、陶冶、培养学生良好的心理素质。比如：校运会、艺术节、爱国主义教育、励志演讲法制教育等，对那些参加活动的学生而言，对他们的心灵触动是非常大的，这比直接的说教效果要好得多。每次活动结束后，要及时总结活动过程的得失，我们老师的任务就是收集总结，作为档案保存，对活动的成功点给予表扬，对不足之处提出合理意见。

当然，学校工作高质量发展，离不开班主任，他们和学生接触较多，每时每刻注意发现学生身上的闪光点，使它发扬光大，成为主流，养成习惯。我坚信，只要我们有心去做，用心去培养他们，让学生敢想、敢干、会干，学生的自主管理能力一定会更强。让孩子成为一名自主管理的阳光青年、成为自主管理的小卫士、成为老师的得力助手，五项管理就能够落实、落地、落细。当学生真正达到"不用扬鞭自奋蹄"这一境界时，我们也将体会到幸福的感觉，也是促进立德树人这一根本任务的新格局。

"多维一体"构建校园德育工作新模式
——新时代理念下学校德育模式探究

贺奉刚*

息烽县第二中学

摘 要：德育工作的成效在很大程度上决定着学校管理工作的开展，也影响着校园的学习风气形成与校园文化建设。高中阶段是学生们的青春期阶段，学生们在学习生活中出现的问题多，对于学校的德育工作提出了更高的要求。教育管理的过程中我们就要重视德育工作的开展，既要建立完善的校内德育工作管理体系，也要重视校外德育案例的引入，发挥广大师生的能动性与创造力，重视学生的学习感悟，深化学生的德育体验。不断丰富德育形式、不断拓展德育范围，构建多维一体的德育管理新模式，为新时期的学校德育管理工作提供可借鉴的参考案例。

关键词：学校管理；德育；多维；教育模式

德育自古以来都是学校教育工作的重点内容：从《论语》中的"克己复礼"到《礼记》中的"三患五耻"，从"德智体美劳"全面发展的教育目标到新时期教育工作"立德树人"的根本任务，"德"一直都放在首位！高中时期处于学生的青春期阶段，也处于学生成人意识逐渐形成、价值观念自我完善的关键阶段。[1] 这一阶段学生们思维活跃、容易受到外界事物的影响。近些年来随着互联网、智能终端的普及，学生们获取信息的渠道在不断拓展。不少与传统德育相悖的所谓"新价值观"也在无形之间腐蚀着学生的思维，导致学生的价值观念、行为习惯与我们的教学目标相悖。德育作为学校教育工作的重要组

---

* 作者简介：贺奉刚（1974—），贵州息烽人，中学一级教师，息烽县第二中学党总支书记。

指导教师：贵州师范学院教育科学学院郑玉莲教授。

[1] 陈丽玲. 高中德育活动体系构建策略研究 [J]. 新课程研究（中旬），2019（11B）：3-4.

成部分，对于学生们的健康成长影响深远[1]：学校德育工作开展的状况、方式、进度会在很大程度上影响他们的价值观念与思维认知，进而影响学生们的理想信念与人生目标。面对新时期高中校园德育工作面临的挑战，我们要及时发现问题、分析问题、解决问题，不断创新德育方式，完善德育渠道，构建多维一体的德育模式。给学生们的学习创设良好的氛围，为学生们的全面发展打好坚实的基础。

一、高中阶段德育工作现状

受传统教育理念的影响，高中基本以"应试""高考""升学率"为主要目标，将工作重心放在"智育"方面，忽略"德育"工作的开展。学生德育工作的开展主要依赖于"思想政治"课程与语文科目中的人文教育。德育工作缺乏系统性与规范性，由此导致当前阶段德育工作面临不少的问题。

学校工作流于形式：高中阶段处于学生人生观、价值观、世界观的养成阶段，德育工作的开展对于他们的情感意志、思维认知有着重要的指导价值。[2] 然而受"应试教育"模式的影响，高中阶段教育工作往往向智育倾斜，德育工作缺失严重：重理论、轻实践，重过场、轻实效。虽然每年开展的德育活动、德育课程不少，但往往流于表面，学生从活动中得到的收获不深刻。甚至不少学生认为德育就是简单的走形式、喊口号，导致学生对于德育工作缺乏重视、缺乏学习意识，不利于德育工作的高效开展。

学生德育水平较低：高中阶段学生们的成人意识逐渐增强，加上这一阶段处于学生们的青春期阶段，学生的叛逆性较强，对于说教式、理论性的德育内容往往会产生反感、厌恶心理，这就导致传统德育工作难以有效开展。[3] 加上不少学生在学习的过程中喜欢标新立异，渴望展现自己的与众不同。往往会出现颓丧情绪、装深沉、装老练，缺乏青春气息，少年老成、未老先衰，在学习生活的过程中浑浑噩噩、虚度光阴等现象。也有不少学生在学习中遇到困难便会自甘堕落、缺乏上进心、缺乏奋斗精神，没有对于未来学习目标、理想信念的坚持。甚至还有学生把手机带入学校；迷恋手机游戏，导致他们作息不规律、注意力转移……这对于高中阶段的学生而言是致命的，会对他们日后的学习生

---

[1] 孔祥婷. 体育核心素养培育理念下对高中生德育培养的研究［J］. 体育科技文献通报，2019（05）：107, 135.

[2] 陈田峰. 德育策略多维透析［J］. 中学政治教学参考，2019（17）：16-19.

[3] 张晓军，魏海稳. 多维润德全面育人［J］. 中国德育，2020（03）：. 62-64.

活产生不良的影响。

长此以往就会导致师生对于德育工作缺乏正确的理解,特别是影响学生对于德育工作的重视程度,造成校园内形成不良的学习风气与学习氛围。当不良风气成为主流,校园的德育工作、文化建设便无法有效开展,需要我们在工作中予以重视。

二、问题解决策略

针对新时期学校管理中面临的问题,既有学校德育工作开展不到位的因素,也有学生缺乏理想信念、缺乏上进心的因素。教育管理工作中我们要重视德育工作的开展,转变传统单纯的理论教育,构建一个多元化、多维度的德育体系,发挥德育工作在学生成长中的引领作用,更好地丰富学生的学习模式、完善学生的学习体验。通过校内教育、校外拓展、多维一体、综合评判的德育新模式,为学生的学习发展做好引导。具体教学中我们从以下三点开展德育工作指导。

(一) 态度上予以重视

我校历来重视德育工作的开展,旨在为社会培养全面发展的人才。针对校园内出现的不和谐因素,我们组建了专门的校园德育工作领导小组,由校长任组长,分管领导任副组长,教务主任和各年级主任任成员,将各班主任全部纳入德育工作中来,在全校范围内形成一个系统化、立体化的德育工作体系。以便工作中能够统一调配、统一安排。

(二) 行动上予以支持

德育工作的开展从小的角度而言事关学生的德育养成、健康成长,从大的角度而言关乎着学校教育工作的成败,从宏观角度而言关乎着一代人的综合素质、影响着国民整体素质。学校管理中我们必须重视学生的德育开展,针对日常教学中存在的问题,我们要组织各年级、班级开展德育自省,反思总结日常学习生活中存在的德育问题。对于各年级、班级提出的德育计划、德育活动要及时审批,对于德育活动所需的相关的教育硬件、教育设备要大力支持。在全校范围内形成一个"讲文明、树新风"的良好氛围,引导学生们能够形成青春向上、乐观开朗、拼搏进取、相互促进的良好精神状态。

(三) 开展多样化的德育活动

德育活动的开展不是简单的走过场、讲理论,也不是单一的泛泛而谈、流于形式,而是要能够结合学生学习生活中遇到的实际问题,针对校园中存在的不良现象进行针对性的分析、指导。在认清问题之后开展专项研讨活动,通过多样化的教学活动开展德育指导,不断提升德育活动的整体效率。

1. 开展德育讲堂

传统德育活动主要依靠"思想政治"课程和班会,然而随着高中阶段教学任务越来越紧迫,德育内容、德育课堂越来越少,学生在学习的过程中受到的德育熏陶也越来越少,不少学生的思想状况急剧下滑。导致学生中出现各种不良的学习状态,松散、颓废、不求上进,对于学习缺乏目标、对于教师充满敌意。针对这些共性问题,在总结不良现象的基础上,我们就可以组织各年级主任、班主任开展针对性的"德育讲堂"教育方案。通过"德育讲堂"每周确定一个德育主题,对全校师生开展德育讲堂教育,对于校园存在的不良现象、问题开展剖析,让学生们认识到该如何应对这些不良现象。目前我校已经开展了大大小小几十场的德育讲堂,讲堂涉及的内容从同学关系、师生关系和家长关系入手,结合中学阶段学生们的个人素质对于社会进步、国家发展的重要影响,联系学生未来的职业规划等多个主题,收到了良好的德育效果。

2. 邀请专家进校

在教学中我们发现:对于班主任老师的教育,学生刚开始的时候会听进去,慢慢地也产生了"抗药性";"德育讲堂"对于大部分学生而言是有效的,但是也不乏部分学生在德育讲堂开展的过程中往往会表现出厌烦、敷衍心理。一旦学生听烦了学校领导、班主任老师的教导,德育工作的效率也会逐渐降低。为了能够更好地提升德育效果,我们花费重金从校外邀请心理学、教育学专家进校开展讲座,针对青春期阶段学生的不良行为及心理问题进行指导。

例如我们邀请国学大师通过对于"精气神"的分析,让学生们认识到个人精神状态、心理状态对于身体发育的重要影响,让学生们能够在日常学习生活的过程中养成乐观开放、积极向上的精神面貌,指导学生们在日常学习之余要多锻炼身体、多参加体育活动,多和同学沟通交流,展现新时期高中学生蓬勃向上的精神状态。这样的讲座比教师的讲述更为有效,学生们在学习的过程中受到的教育也更为深刻。

另外我们也邀请了心理学专家针对青春期阶段学生的异性关系进行了分析,因为青春期同学之间的特殊关系、心理问题影响了不少学生,导致他们的注意力转移,影响学习生活。通过专家的讲座,学生们认识到青春期阶段对于异性的欣赏是正常的心理状态,是自身审美的体现。但是学习生活中我们要让他们能够科学应对同学之间的正常交往,将彼此之间的欣赏转化为自己学习发展的动力,而不是成为阻碍彼此学习发展的障碍。这样的讲座针对校园中存在的问题提出了很好的解决方案，使很多学生豁然开朗，很好地促进了他们学习活动的有序开展。

3. 邀请优秀毕业生返校

青春期阶段学生们的叛逆情绪较高，不少学生对于成人的教育指导往往存在逆反心理。不少学生甚至将家长、老师当作"假想敌"，对于教师们的教育不放在心上。为了能够更好地提升学校德育工作的质量，我们结合新时期学生的心理特点，邀请了优秀毕业生返校做演讲，让他们以"过来人"的身份给学生讲述他们当时的心态与想法，让他们能将自己良好的学习经验、情感经历传达给学弟学妹。通过"如果高中能再来一次""我是如何考上理想大学的"等主题，将优秀毕业生自身的学习方法、学习心得分享给大家。将自己高中阶段的遗憾、走过的弯路讲给大家听。这样一来，就能够以"同龄人"的口吻对学生进行劝导，将自己高中阶段奋斗的过程、学习心得分享给大家，将大学的美好生活、未来的光辉前景共享给大家。让在校学生能够认识到高中阶段自己的主要任务与学习目标，进而培养他们良好的奋斗精神与学习欲望。

4. 设立"问题学生指导教师"

在教学管理的过程中我们发现几乎每届都会有几个"问题学生"，由于受生活经历、家庭因素以及自身因素的影响，相对于其他学生而言，这些学生往往表现得更为叛逆、逆反，"后进生""学困生"是他们的代名词。班主任管不住的时候基本只能"放任自流"。对于这批学生，工作中我们要认识到他们有着巨大的进步空间与发展潜力，只要引导方法得当，他们往往能够取得令人意想不到的成就。教育管理过程中对于这些学生我们要设立一对一负责的指导老师，对他们予以专项引导教育。通过"开小灶""定期谈心谈话"等方式帮助他们不断改进。经过一个学年的尝试，问题学生的管理取得了明显的成效，也为我们的德育管理工作提供了真实而丰富的案例。

5. 设置"道德标兵"奖励

在引导教育的同时，我们也要针对学生们的优异表现、教育中取得的成果进行表彰，以便能够在全校范围内形成向榜样看齐、向标兵致敬的良好德育氛围。例如我校成立了"道德标兵"奖学金，专门奖励德育好、表现好的学生，给全校师生树立榜样，让大家能够在学习生活的过程中见贤思齐，提升大家的荣辱意识与自我管理意识。在"道德标兵"评选的过程中鼓励全校师生共同举荐，通过"道德标兵"的典型案例对于学生开展进一步的德育引导，使他们在学习生活中能够以标兵的准则要求自己，形成人人争先进、人人做标兵的良好德育氛围。

三、研究成果总结

截至目前，我校开展了大大小小的德育讲堂很多场，这其中不包含各班的班会活动。年级、学校组织的"德育讲堂"活动给学生们的德育学习提供了良好的案例参考，也让他们通过各种讲堂内容感受到了良好的个人品德、高尚的个人情操不仅关乎着个人的成长，还能够影响家庭、社会与国家的发展。不少学生在讲堂之外还写了学习感受、学习启发，这对于他们的健康成长、德育提升意义重大。

另外我校先后邀请了心理学家、国学名师、教育名师、民间文艺工作者，还邀请了学生家长代表、上级领导开展讲座。让各行各业的人走进校园，共同分享他们对于校园生活、校园文化、学生发展、学生素质的理解与感悟。这样的活动很好地丰富了学生的德育活动内容，让他们感受到虽然大家所站的角度不一样、职业不一样、风格不一样，但是养成良好道德素质、不断提升个人素养无论在各行各业都显得尤为重要。学生们从中获益匪浅，很好地完善了他们对于道德、对于学习的理解。

目前我校已经累计邀请了 5 名优秀毕业生返校演讲、分享，他们中有的是刚步入名校的大学生，也有刚大学毕业就已经有了稳定工作的国家工作人员。虽然他们的年龄不一样、目前的生活状态不一样，但是对于校园生活的美好回忆、对于高中阶段拼搏学习的理想追求却是相同的。他们的经历也是很多在校学生的目前状态，他们的讲述能够很好地触动在校学生的心弦。"拼搏三年、让青春无悔"的口号也感动了不少学生。

从问题学生"专项指导教师"设立至今已经有一年的时间，一年以来我们给指导教师制定了严格的管理制度，通过教师的耐心指导、细节教育帮助他们纠正了不良习惯、养成了良好的学习意识与道德素质。当初的"问题学生""班级末尾"现在已经成为不少班级的学习先锋、德育标兵。

自从"道德标兵"奖学金设立以来，我校每月从各年级分别评选出 5 名优秀学生进行表彰，在全校师生的见证下给他们颁发奖学金以及荣誉证书。通过这样的形式，各个班级争做先进、开展内部监督，各个学生争做道德标兵，严格约束自己。成为道德标兵的学生以"标兵"的人设管理自我、宣传标兵精神，给其他同学树立了良好的榜样。为了集体荣誉、为了个人荣辱，全校师生相互学习、相互促进，德育工作取得了巨大的成效。

四、案例反思总结

德育工作的开展是一个复杂的工作项目,是对学生进行理念渗透、循序渐进的过程。德育工作的开展需要学校的重视,只有重视才能合理调配时间、将德育工作落到实处。特别是在新时期,学生学习生活中出现的新问题,给教育管理工作提出了更大的挑战,只有不断转变管理思路、创新管理模式,才能够更好地满足学生的学习发展需求,更好地促进学生的健康成长。

德育工作的对象是学生,所以德育工作的开展不能单靠教师的教育。德育工作的开展也需要各个年级、班级的积极参与,尊重学生的学习主体,关注学生的学习体验,将全体学生都带入德育这一大环境中来。同时引导学生们在学习生活的过程中能够善于开展自我反思、自我纠察,及时发现问题、反馈问题,发挥集体的智慧来分析问题、解决问题。这样一来就能够让学生们深刻认识到自己当前的学习生活状态,认识到周围存在的不良问题,帮助学生反思问题、纠正不足。在开展德育讲堂的过程中,我们也要鼓励学生们能够敢于"现身说法",讲述自己的学习反思与学习收获,深化德育活动的效果。

德育工作的开展不能简单地"闭门造车",也需要我们能够引入更多的校外元素,拓宽学生的认知面、丰富学生的学习内容。让校外优秀人员进入校内,给学生们传播新知识、教育新理念。通过校外生活与校内生活的对比,他们能够更好地认识到校园生活的美好,体会到学习对于自身发展的重要性,提升学生的学习认知能力。同时在这个过程中,学生们也能够从不同的讲座中认识到道德素质、理想信念、个人追求对于自身发展的重要性,帮助学生们能够尽早树立远大理想,并为了理想能够更好地提升自我素质,促进学生的全面发展。

此外德育管理中我们也要重视"一抑一扬"模式的运用,对于"问题学生"进行专项指导教育,提升教育工作的有效性;对于优秀学生颁发奖励,宣扬正能量,在全校范围内形成良好的道德风气,为学生们的学习生活创设良好的氛围。通过这样的教学模式促进全体学生都能够自主学习、不断成长、全面发展、提升自我!将学校的德育工作落到实处,实现德育工作多维一体高效开展,为新时期的校园德育工作提供参考案例与借鉴理论。

薄弱学校的集体主义精神培育
——以六盘水市第五中学为例

付予黔*

贵州六盘水市第五中学

摘 要：我校属于整合后的地区薄弱学校。学校整合后在软硬件设施、师资力量上都有了较大幅度的提升，学校管理也有了一定的改善，但是学校的教育教学质量却没有明显的改观。这是由于学校整合后只是在形式上进行了整合，而忽略了学校整合后集体主义精神的培育，以致学校在各项管理工作中没有体现应有的成效。本案例的研究旨在通过对学校在集体主义培育方面存在的问题进行分析，找出解决问题的路径，以推动学校各项工作向更好的方向发展。

关键词：薄弱学校；集体主义；校本教研

学校自整合以来，学校发展上了一个新台阶。学校在设施、师资、管理等方面有了一定改观。但也存在一定的问题，集体主义精神的缺失就是其中一个方面。

一、学校存在的问题描述

（一）相关概念的界定

1. 薄弱学校（disadvantaged school）：即是学校办学环境和硬件设施较差、师资力量和生源状况不理想、学校整体统筹规划和管理无序、教育教学质量偏低的学校。存在上述一种或几种情况的学校都属于薄弱学校的范畴。

2. 集体主义精神：主要是指一个组织或集体在相对较长的时间范畴内通过

---

* 作者简介：付予黔（1972—），贵州六盘水人，六盘水市第五中学校长，正高级教师，主要从事学校管理、教学研究工作。
指导教师：贵州师范学院兼职副教授薛杉博士。

共同的社会实践活动逐步形成的一种集体的认可的组织性格和组织价值观，是一个共同体内部的核心精神。

3. 校本：即"以学校发展为本"，校本的教研、管理、培训和课程等都属于校本内容之一。校本在国家教育方针指导之下侧重于围绕学校自身发展进行的一种教学实践活动。校本教研指的是立足于学校发展的教学研讨活动，辽宁师范大学硕士包黎青认为校本教研是："以课程实施过程中教师所面对的各种具体问题为对象，以教师为研究的主体，理论和专业人员共同参与的教学研究制度。"① 参与的主体主要是教育教学活动的指导者和组织者。根据学校发展情况，对学校发展特别是教育教学中的突出问题进行集体探讨找到解决问题的办法，以解决发展中的问题，以便学校工作有效、有质量地开展。校本研修的过程同时也是一个团体学习的过程，是一个学习共同体形成的过程。彼得·圣吉认为"团体是学习的最佳单位，可以增进集体思维的敏感度，可以在深度会谈中交换思维。"

（二）学校整合后的现状

一般认为，"薄弱学校主要包括两种类型，一类是办学条件未能达到国家相关标准的学校，另一类是办学质量不达标、综合效益较差、增值度较低的学校。"② 我校即属于后者，主要体现在综合效益和增值度方面与学校管理方面。教学质量的提升和学校的教学教研管理与以校为本的教研活动的开展有很大关系。其中校本资源和开发与校本资源体系建设尤为重要，校本教研成为提高教育教学质量的保障和有效途径。同时校本教研也是保障教师专业发展、能力提升的重要方式，这也使得校本教研在新课改的过程中更加重要。"在新课程教育改革背景下，应给予校本教研足够的重视，通过校本教研促进教师的专业发展，从而进一步提升学校教学质量，并且使教学内容满足学生学习需求，促进学生综合素质的提高。"③

我校在实现整合后硬件设施有了很大改善、师资力量有了很大提升。但是由于在整合过程中出现了管理真空期导致学校在教学质量上没有明显改善。学校整合后由于打破了原有的共同体价值观导致了学校在常规管理、课堂教学、

---

① 包黎青.文化管理的视野下推进校本教研的实施策略研究［D］.大连：辽宁师范大学，2012：4-5.
② 晋银峰.我国薄弱学校改革发展三十年［J］.课程·教材·教法，2015（10）：6.
③ 沈勇春，李琳.基于校本教研的教师专业发展研究［J］.延边教育学院学报，2020（6）：141-143.

教研活动、学生管理等方面的分歧和问题，最终影响到教育教学质量的提升。

（三）学校校本教研存在的主要问题及原因

薄弱学校整合后存在的种种问题最直接的反映就是教育教学质量能否提升、教学科研秩序是否正常等方面，在学校校本教研方面存在的问题主要有以下三种。

1. 学校管理层面

学校教研管理机构教研管理制度不健全、落实不到位。具体来讲包括学校教研活动流程管理不到位，教研组考核制度不健全，部分教研细则不符合学校实际等。

2. 教研组织层面

教研组和备课组不能较好地起到专业引领作用，教研活动方向不清楚、不明确，流于形式。主要表现为教研组、备课组活动没有长期的、有远见性的规划，教研活动的内容具有较强的主观性、随意性；教研组内任务分工指向不明，有互相推诿的现象；教研组内思想不统一，全组整体方向目标缺失。

3. 教师研修层面

教师个人不清楚校本教研活动的目的和价值，参与度降低，"存在着经验主义倾向"[1]，教师个人不清楚校本教研活动对于教师专业成长的价值；部分教师认知不到集体校本教研、集体智慧的重要性，应付了事；部分教师对集体校本教研失去兴趣等。

根据在教研管理过程中发现的上述问题，学校相关部门通过召开专门的教研组长会议、同部分老师谈话、网上问卷调查等形式进行了广泛深入的调查。老师们反映的普遍问题在于学校整合后并没有形成合力、没有凝聚力；教研组内部仍然存在分歧与偏见。因此，我们得出这样一个结论：学校整合后出现的教研管理真空期导致两校教师对集体价值认同和集体文化的培育缺失是上述问题产生的重要原因之一。

二、集体价值认同和集体文化培育缺失的解决策略

（一）集体价值观在校本教研中的意义

学校的文化建设主要包括以下几个方面：第一，精神文化方面；第二，制度文化方面；第三，实践文化方面；第四，物质文化方面。其中精神文化的建

---

[1] 黎奇. 新课程背景下的校本教学研究 [M]. 北京：首都师范大学出版社，2010：25.

设是学校文化建设的有机组成部分，最终影响到学校发展的走向和学校发展的高度。精神文化建设中的集体主义精神也是在学校发展过程中逐步形成的，属于学校文化建设的重要内容。学校文化建设亦是提升学校办学质量和水平的重要因素，文化建设在促进教师校本教研的有效开展方面更是起着灵魂性的重要作用。对校本教研的集体主义文化的培育引导也是学校文化建设的重要组成部分。

校本教研的过程，实际上是全体教师发扬集体主义精神的过程，是扬长避短的过程，也是相互促进的过程。校本教研同时也是促进教师专业能力提升的客观需要，强化校本教研有利于教师间形成互助、团队合作、组内竞争的学校集体主义精神文化，同时有利于学习型组织的创建，使得教师团体更加具有凝聚力、创造力、竞争力。南京师范大学硕士顾燕华认为，"教师专业发展的内在需求就是教师主动进行校本教研的引擎。及时发现并利用好、保护好教师进行校本教研的内在需求，就能让校本教研走上理想的快车道。因此，开展校本教研活动，首先要找准教师的内在需求，想方设法为教师创设一个和谐愉悦的教研氛围，激发与调动他们的教研热情与内在动力，让教研真正成为教师自觉自愿的行动。"[①] 学校整合后集体主义精神的缺失，学校在集体价值认同和集体文化的培育方面力度不足是造成我校校本教研活动中出现上述问题的主要原因。因此，学校采取以集体主义精神建设为核心的一系列措施打造校本教研的集体主义文化，以期改变我校校本教研现状，进而提升学校教育教学质量。

（二）校本教研中培育集体价值观念的路径

在校本教研过程中，逐步建立校长负责制。学校自上而下地建构教研领导体系。校长作为教研活动的首要责任人，应当树立以研促教、以教促研的理念。重庆师范大学硕士李岱玫指出，"重视校本教研管理以及提供技术指导和经费保障。"[②] 同时加强教科处的责任意识，以教研组为依托形成校本教研管理制度，"加强教科处、教研组对下级的研究指导和管理，强化结构职能权责。"在校本教研集体主义价值观培育方面做好以下三个方面的工作。

1. 学校校本教研管理强化集体价值认同

学校致力打造固定校本教研环境场所，营造校本教研文化氛围，做到人人

---

① 顾燕华. 校本教研管理的探索与实践——基于对 N 中学的个案研究 [D]. 南京：南京师范大学，2011：5.

② 李岱玫. 贵阳市普通高中校本教研管理存在的问题及对策研究——以贵阳市 A 高中为例 [D]. 重庆：重庆师范大学，2011：28.

参与、全体参与到新整合学校教研活动氛围营造活动中。学校制定一系列的教研活动制度时融入了全体教师的智慧，数易其稿，然后实行。各项规章制度体现了学校的发展理念和广大教师的愿望与诉求。各项制度制定的过程也是集体主义精神的孕育过程，也是集体价值的认同过程。

例如，学校制定的《教师教育教学行为考核方案》第六章教学研究及成果提到充分发挥各教研组的力量，是集体智慧的结晶，具体条款的第一条涉及对教研组的评选本身就是一项集体荣誉；参赛教师与指导教师同奖体现了组内互助、团队合作，在进行人员选拔时不分原来属于哪个学校，统一考量择优选择。"随堂听课制度"制定的出发点也是营造浓厚的教研氛围，发挥集体智慧，打造有效课堂。

2. 学校校本教研管理重视集体能力培养

学校校本教研管理重视集体能力的培养，学校积极争取尽可能多的比赛、培训机会，多方协调联系承办各类大型活动。鼓励全体教师"走出去"，人员选拔时全校铺开，在提升个人专业技能和水平的同时，集体能力也得到了快速提升。

同时学校对于老师们比较关注的问题定期举办全体教师的讲座，提升集体的教科研理论水平。例如，针对各类评选评比资料整理和各级课题研修申报等问题邀请域内专家为老师们答疑解惑，取得良好的效果，申报课题时课题组成员在充分考虑学科特点的情况下初步实现了跨学科合作。这些活动在提升集体能力的同时，也提高了教师们主动参与教学研讨、提出教学问题的积极性。

3. 学校校本教研管理引导集体行为实践

"教学研究是优化教学方式的重要手段，转变教师教学行为是教学研究的重要目标。组织学科的教学研究活动时，要通过多向驱动策略，引起教师思维方式、教学方式的转变，充分发挥教学研究活动的引领作用。"① 学校在逐步树立集体文化价值认同、提升集体能力的同时，更加重视集体行为实践活动。校本教研就成为集体行为实践的载体。

在新课改的大背景下，基于学校的课堂教学改革也是大势所趋。课堂教学改革也就与校本教研活动联系到了一起。例如，学校在顶层设计上首先出台了课堂教学改革的基本思路，规范了课堂教学流程，即读、议、展、评、测五个步骤，一个声音说话，统一思想、步调一致。校本教研以课堂教学步骤为纲，有了基于校本的教研目标，开展集体研讨活动，有利于教研组集体智慧发挥作

---

① 杨宁宁. 要做引起教师行为改变的教学研究 [J]. 新课程（小学），2018 (11)：6.

用。"随堂听课制度"在执行的过程中，随堂听、立即评充分体现了集体智慧在一堂课中的打磨过程的作用。在磨课中集体文化精神得到了凝聚，集体荣誉感得到了升华。李岱玫在论文中指出，"校本教研制度建设是形成浓厚的教研氛围的重要保证，学校应当建立并有效执行一套行之有效、适合校情的校本教研制度，使校本教研工作有序地开展，走上规范化、制度化的轨道。"①

三、案例实施效果

在逐步形成集体价值认同和打造校本教研文化的过程中，初步形成了具有学校特色的校本教研体系，取得一定的效果，改变了学校整合后校本教研的无序状态，进一步推动了学校课堂教学改革和学校教学质量提升。学校教研管理逐步有秩序，成立专门的督导机构，专门负责对教育教学的科研调度和督导检查，由过去的"管理教研"向"引导教研""督促教研"转变，学校领导和督导机构定期深入教研，随机跟研，掌握第一手资料，逐步建立以教研活动为主的备课组、教研组评估制度。学校教研管理发生很大变化，主要表现在以下三个方面。

（一）校本教研氛围营造初步定型

在教研活动的安排上，学校加大投资力度使各学科都有了固定的教研活动场所，根据各组的建议和意见各教研场所都布置有本学科的口号目标、格言和集体合影。同时规定教研活动的基本要求，要求活动做到定时间、定地点、定人员、定主题，形成了较为浓厚的校本教研氛围，校本教研活动逐渐正常化，教研活动有了一定的仪式感。

根据各学科教师集体协商后征订符合本学科特点的期刊等。每周一次的教研活动都有较为规范的签到程序、翔实的教研活动记录，详细到每位发言人的观点记录，以及相应的研讨图片资料等。校本教研氛围有了初步的改变，有了相对成型的研讨模式和流程。

教研组的建设逐步聚焦教育教学研讨，不断落实教研常规管理，开展青蓝工程师徒结对拜师活动。同时，教研组"以提高组内教师业务能力为起点，以校本研修为载体进行组内研修，实现个人与集体双赢。"②

---

① 李岱玫. 贵阳市普通高中校本教研管理存在的问题及对策研究［D］. 重庆：重庆师范大学，2011：28.
② 董燕，徐军. 以校本研修为载体的教研组建设策略［J］. 大连教育学院学报，2021（2）：20.

(二) 校本教研聚焦课堂教学初显成效

学校课堂教学改革中出现的问题成为校本教研活动的中心议题。基于课堂教学改革研究的随堂听课活动逐步常态化为课堂教学改革研究提供了很好的平台，各种丰富的教学案例和课例研究为老师们提供了丰富的研讨素材。学校各组教师在参加各级各类教学教研活动评比中相较之前有了质的飞跃，各科教师在省、市、区各级比赛中屡有斩获，这些成果既是个人能力水平的体现，也是集体智慧的强大力量。特别是在随堂听课活动中，老师们展现出了不一样的教学工作作风，主要表现在以下四个方面。

(1) 绝大多数教师工作热情高，态度端正，具有很强的敬业精神。课堂上精神饱满，语言有激情，课后能主动交流，态度谦恭，体现出很强的上进心和求知欲。

(2) 大多数教师都能认真钻研教材，课前做好充分的准备，在教学过程设计上也能注重学生的生活实际；课堂上教学方法灵活多变，积极调动学生学习积极性，课堂气氛较为活跃，注意引导学生自主学习，也能尽量照顾到大多数学生，体现了"以学生为主体，以教师为主导"的新课程的教学理念。

(3) 教材内容把握较好，语言流畅、标准，表达清晰、易懂。对学生良好语言表达习惯的形成和能力的提高，具有很强的示范引领作用。从整体上看，多数教师课堂教学目标明确，重难点突出。知识能力培养落实到位；课堂教学容量合理。教学进度合理，同年级同学科教学进度基本一致。多数教师备课充分全面，教案书写规范具体，作业布置及批改科学而及时。

(4) 通过集体协作，学校各类师生竞赛，亮点纷呈。在各类学科优质课比赛中，我校先后有十余位教师获得市区级一等奖，特别是在生物、综合实践、体育、化学等学科上取得了突破，数人代表六盘水市参加省级比赛或观摩活动。在网络评选的贵州省微课暨教师技能大赛和一师一优课评选活动中，我校教师总计40余人次获得省级一、二、三等奖，三年来累计100余人获奖。聚焦课堂教学的各级各类课题立项有20余项。近年来学校极力打造一支高素质、有担当的教师队伍，先后获评各级骨干教师30余人，获得各级各类表彰20余人，这部分教师均成为学校跨步向前的中坚力量。

(三) 校本教研围绕课题研讨初成体系

学校引导各教研组立足本校实际，根据学校实际情况进行组内专题、课题研修。定期由组内成员根据自己的优势技能进行展示分享，提升全组能力和水平。同时发挥全组之力进行课题研修活动，改变过去课题研修单打独斗、挂名等现象。

近两年来各组教师积极申报各级各类课题，教师参与课题研修的积极性明显提升，学校在省市级课题立项不断增加，逐步形成较为完善的课题研修体系，以服务于学校教学质量提升和学校长远发展。

四、成功案例反思

经过一个学期的改革，虽然在校本研修方面较之以前有了很大改观，部分解决了学校整合后教师集体教研活动参与度和积极性不高的问题，校本教研活动也取得一定的成效。包黎青指出，"建立以校为本的教研制度，是促进教师专业发展的必然要求，将有利于创设教师间互相关爱、互相帮助、互相切磋、互相交流的学校文化，使学校不仅成为学生成长的场所，同时成为教师成就事业、不断学习和提高的学习型组织。"①

但就在学校文化建设的环境下，校本教研活动的各项制度仍有欠缺，学校管理部门对教研活动的管理仍有疏漏，教研组部分活动和课题研修无实际意义和价值，各组内教师间仍然停留在整合前的思维状态下。如随堂听课活动制度在操作过程中会遇到上课与听课的冲突，就不能完全发挥集体的作用。在教研活动管理方面，考勤制度不尽完善，没有充分考虑到老师的切身感受；部分课题研修超出了立足于学校发展的实际需求，教师关于校本教研的反思不够，仍有因学校整合等因素导致教学研讨效果打折扣的现象，等等。

在今后的校本教研管理和实施过程中，不断健全监督保障制度，例如各教研组应有翔实的可操作的教研工作规划，形成文本报教科处；各教研组每月形成一篇以实际作者署名的与新教材研读相关的原创文章。学校校级领导需不定期跟研、跟课，并在跟研、跟课时对学科组、教师的教学、教研活动做出评价与指导，并逐步形成学校、部门、年级组、学科组、教师五个层面的教研监督互动体系。"学校制定的奖励、制度都要广泛征求教师意见，充分论证，得到认可方可实施。"② 同时我们不可忽视的是"校本教研归根结底，实现专业发展是教师个人的事，需要自我发展。"③

学校在文化建设视野下以集体主义价值培育为突破口积极推进立足学校实

---

① 包黎青. 文化管理的视野下推进校本教研的实施策略研究［M］. 大连：辽宁师范大学，2012：4-5.
② 李烈. 给生命涂上爱的底色［M］. 北京：高等教育出版社，2005：5.
③ 王新平. 让校本教研成为教师专业发展的"永动机"［J］. 教书育人，2021（4）：50-51.

际的教研，激发了教师从事教育科研的内驱力，形成了良好的教研效果，进一步促进了教师的专业化成长，同时为我校的教育教学改革增加了新的生命力，为全体教师的专业发展提供了有力保障。因此不断完善激励评价体系，强化教师间的磨合，以使校本教研在教师集体成长中发挥应有的作用，同时促进学校发展。

县城高中社团活动与班级教学时间之间冲突及其调适的实践探索
——以贵州某县城高中为例

王昌田[*]

正安县第一中学

摘　要：社团活动对于高中生素质教育、特长、兴趣培养尤其重要，高中生特长的培养可促进学生的全面发展，为学生的终身学习、生活和工作奠定基础。但在实际的学校教育过程中，高中阶段学业任务重，特别是县城高中学生基础不好，教师教学水平参差不齐，课堂教学效率不高，教学质量提升还得依靠大量投入时间，因此，学生开展社团活动必然会与班级教学时间发生冲突，老师大都持不特别支持的态度，认为社团活动占用了学习时间，影响其高考升学成绩。因此，协调好社团活动与教学时间之间的矛盾，抓好社团工作，有利于高中学生素质全面发展，有利于促进教育教学质量全面提升。

关键词：社团活动；班级教学；冲突；调适

《国务院办公厅关于新时代推进普通高中育人方式改革的指导意见》指出，强化综合素质培养。改进科学文化教育，统筹课堂学习和课外实践，培养学生创新思维和实践能力，提升人文素养和科学素养。强化体育锻炼，丰富运动项目和校园体育活动，培养学生体育兴趣和运动习惯。加强美育工作，积极开展舞蹈、戏剧、影视与数字媒体艺术等活动，培养学生艺术感知、创意表达、审美能力和文化理解素养。社团活动正是实现这些培养目标的最好载体。

---

[*] 作者简介：王昌田（1981—），贵州正安人，贵州省地理教学研究会会员，正安县第一中学副校长，地理高级教师，主要从事高中教育教学管理与高中地理教学研究工作。
指导教师：贵州师范学院教务处副处长杨智教授。

一、研究的背景及意义

《普通高中课程方案（2017年版 2020年修订）》和新《贵州省示范性普通高中评估方案（2021版）》的要求，都明确了在基础教育中学生社团活动对于高中生素质教育、特长、兴趣培养的重要性，提出社团活动中学生特长的培养应立足于促进学生的全面发展，为学生的终身学习、生活和工作奠定基础。特别是在《贵州省示范性普通高中评估方案（2021版）》中明确要求学生在学校兴趣爱好得到满足、个性特长得到充分发挥，学生在科技、文艺、体育等某一方面或某些学科领域里特长突出。但在实际的学校教育过程中，高中阶段学业任务重，特别是县城高中学生基础不好，教师教学水平参差不齐，课堂教学效率不高，教学质量提升还停留在依靠大量投入时间，因此，学生开展社团活动必然会与班级教学时间发生冲突，班主任大都持不特别支持的态度，认为社团活动占用了学习时间，影响其高考升学成绩。因此，协调好社团活动与教学时间之间的矛盾，抓好社团工作，有利于高中学生素质全面发展，有利于促进教育教学质量。

二、研究的设计

（一）研究目标

（1）通过对高中生社团活动与教学时间如何合理调适的实践研究，营造一种社团活动是有利于教学且能够促进学生发展的理念的形式，实现劳逸结合、促进成绩提升。

（2）拓展学生社团活动方式，适当增加写字、阅读、英语朗诵等对学科有益补充社团的数量，让社团活动内容与形式更加多元化。

（3）加强学校"345"课堂教学改革，努力促进教师的专业发展，提高教师业务水平与课堂教学效率，实现学生学习成绩与综合素质共同提高等总体目标，让更多的学生受益。

（二）研究内容

（1）搞好高中学生社团研究，必须首先研究《普通高中课程方案（2017年版2020年修订）》《贵州省示范性普通高中评估方案（2021版）》《高考改革评价体系》，理清教学与社团活动的关系以及对社团活动的要求。

（2）充分调研，深入了解学校学生社团活动时间、内容、活动方式、效果以及存在的问题，深入厘清当前社团活动与教学之间存在的冲突矛盾点，并且挖掘产生冲突的主观、客观原因。

（3）结合教学实际，研究高中学生社团开设的内容、活动时间、活动形式，以及学生社团管理、指导教师管理以及考核评价形式，形成一套行之有效的《县城高中学生社团活动开设与管理制度》。

（三）研究方法

本课题的研究主要在人本主义、关联主义和新建构主义等学习理论的指导下，采用如下三种方法进行。

（1）调查研究法：在课题研究初期，采用问卷调查法，了解和把握学生、老师在社团活动中的现状和感到的困惑、遇到的困难，以便及时调整管理措施。

（2）行动研究法：一系列社团活动，让学生在活动中不断观察和感悟，培养特长爱好，养成良好的行为习惯和学习习惯。

（3）经验总结法：边实践、边反思、边总结，不断总结在开展社团活动与社团管理中的好方法，并使之上升至理性认识的高度；把有用的材料集中起来进行总结、提炼，形成研究报告和经验文章，并从中总结出具有推广价值的经验和方法，形成管理制度。

（四）研究过程

1. 方案的制定

社团活动作为一门学生特长爱好培养的载体，具有趣味性、人文性和特色性的特点。大量开展以"学生社团"为重点的校园文化活动，是建设健康、文明、和谐的现代化校园文化的重要途径。方案的制定要结合学校文化建设工作重点，以促进教育教学质量的提升，实现学生素质的发展的目标。力求解决社团活动与班级教学之间的矛盾，师生和谐互动互进，实现"以社团促提高，以提高赢发展，以发展求质量"的目的。

2. 研究的重点

教育改革的基本价值取向是：为了每一个学生的发展，让每个学生个性得到充分发展，培养出丰富多彩的人格。但如果社团活动的开展与班级教学时间之间发生冲突，影响教学质量的提升，就本末倒置了，认清社团活动是学校教育教学的有益补充，是学生实现个性化发展的途径，解决社团活动与班级教学之间的矛盾是学校达到师生共进、提高教学质量的前提，亟待研究解决。基于此，课题确定了以下四方面作为研究的重点。

（1）加强宣传培训，让教师特别是班主任了解开展好社团活动对于学生素质培养的促进作用。

（2）加强对学生社团的管理，选对人负责，既让学生独立管理，促进自我发展，也统一规范，在学校总体管理框架下开展活动。

（3）社团管理人员对参加社团的学生做好梳理工作，有针对性地成立、组织有利于学生素质培养的社团，学生参加社团活动也要根据自身条件和兴趣进行选择，且参与的项目不宜过多。

（4）加强对学生的培养教育宣传，让学生理清学业与爱好之间的关系，分清主次关系，学业是首位，爱好是学业的有益补充。

3. 课题探索的组织与具体实施

课题起止时间：从2021年4月起，至2021年11月结束，具体分三阶段开展。

（1）从2021年4月至5月为起步阶段：组织学习，理清思路，更新理念。制订方案，明确思路，做好计划，对矛盾现状进行认真分析，提出解决办法。

（2）2021年6月至2021年9月为攻坚阶段：在探索过程中注重工作方法创新，争取有所突破。探索社团活动与班级教学相互促进、共同提高的关系。

（3）2021年10月至2021年11月为总结阶段：运用以及整合材料，总结结题。撰写实验报告，介绍实验做法。

三、重点工作及其成效

（一）起步阶段

（1）明确社团管理委员会的定位。社团为有着共同兴趣爱好的同学共同组成的活动团体，而各学生社团成员为各社团的参与者、组织者。社团管理委员会有着协调各社团组织活动、协调各社团活动时间、把握社团活动大方向、协调社团发展的责任。

（2）成立社团管理工作领导小组，实行领导小组联席会议制度，定期召开。校长任组长，分管副校长任副组长，教务处、德育处、团委、办公室、总务处主任为组成人员，领导小组下设办公室，由分管副校长任主任，调度处理日常事务。明确社团管理委员会各成员的责任。建议将各处室负责人、各年级组长及各教研组长纳入机构设置，既涉及各个学生社团所属类别，又便于学生社团管理委员会集中协调、统一调度。

（3）增强学生社团活动的广度与深度。学生社团根据其性质分为公益以及服务类、个人兴趣爱好类、特长培训提升类以及学习科技类。

公益服务类，如"新青年·奉献"志愿者协会，应丰富活动形式，加强与社会各团体联系，走出校园，走入街道，走入社区，真正做到立足校园、服务社会。

兴趣爱好类，应增加这类社团，如"新芽"文学社、话剧社。鼓励以班级或年级创建兴趣爱好社团。

特长培训类，以文化娱乐、体育运动、艺术以及表演等方面内容为主，如体育运动类学生社团：武术表演、球类等；艺术爱好类学生社团：各种舞蹈、器乐、声乐、书法、美术鉴赏、摄影摄像等。

学习科技类，目前，此类学生社团在我校还是空白，建议加大鼓励和扶持力度，以拓宽学生全面发展的渠道。

（4）学生社团的管理。成立"学生社团活动和发展专项资金"，将其纳入学校预算并保证学生社团活动所需资金和物品按时、按需到位。对各个学生社团资金、物品实行申请与管理；收集、统计各个学生社团用于日常运行和大型活动的物品、资金使用情况并加以分析、核算，以确保物品、资金的合理分配，避免造成不必要的浪费与流失。

（二）攻坚阶段

1. 营造良好的发展氛围

积极采取措施，多方寻求支持，为学生社团的健康发展努力协调各方面的必要条件，打造学生社团蓬勃发展所需要的良好的内外部环境。

（1）争取党委、政府的支持，为社团的发展提供强有力的政策保障；协调各部分合作，为学生社团提供较大的发展空间和优良的发展环境。

（2）积极争取社会力量的支持，与校外企业、事业等单位开展多方面、互利双赢的合作。

（3）与其他学校学生社团取得联系，密切交流和合作。

（4）通过外出交流、进修及网络等形式，不断提高学生社团指导教师的业务水平。

2. 主动协调班级管理

（1）社团负责人主动对接班级管理负责人，共同商议，达成统一。处理好各层次班级参与社团活动的时间度，社团管理人员积极和班主任沟通，安排好各层次班级学生参与社团活动的时间量。

（2）指导班级管理负责人，充分认识社团活动在班级管理中的作用。社团活动不仅限于某一简单的活动，在宣传、组织活动、联络协调等方面都会影响到其他专业知识。有了社团活动的经验，学生会大幅度改变厌学心理，主动涉及学习更多学科的知识和技能，有效拓宽学生的学习视野，提高学生的能力和素质。

（3）取得学校各部门，特别是教育教学管理部门，对学生的社团活动的理解、支持和重视。在开展社团活动中，很多学生发现自己的优势特长，树立自信、发展自己，同时，社团活动弥补了课堂教学的不足，陶冶了学生的情操，提高了学生的综合素质。

3. 加强学生社团的检查、监督管理、考核和表彰

（1）指导老师要根据学生出勤情况、态度、过程和结果等定期进行审查、考核评价，对于突出的表现，向社团管理委员会报告并接受审核考核，给予一定奖励；对于表现不好的学生，违反社团章程的学生，给予批评乃至取消成员资格的处罚，如果涉及违法违纪行为的，按相关法律法规进行处理。

（2）社团管理委员会办公室根据各社团年度活动开展情况，进行优秀社团的评选活动，表彰学校级优秀学生社团。学校每年对优秀社团及其负责人进行表彰和奖励。评比时间是每年6月。在评选中，实行安全作业的"一票拒绝制"。

（3）对向社团工作管理提出有效的意见建议、建设性意见的师生将同时给予一定的奖励。

（4）指导教师指导学生社团的具体工作开展，应分阶段提交过程性工作材料。社团管理委员会根据指导教师实际工作情况以及指导结果情况，每年评选出"优秀指导教师"。

4. 加强学生社团的发展基础建设

加强基础，发展学生社团，繁荣校园文化，在推进学生素质教育过程中发挥更突出的作用。

（1）建立有效的评价奖励机制。继续大力支持优秀学生的社团发展，完善学生社团审查考核、评选、表彰、奖励机制，营造优秀学生社团能够容易得到认可的良性竞争氛围。同时，对优秀学生社团在工作中重点支持，加强资金支持、加强管理，努力培养一些"明星"和"精品"社团，使其成为学生社团发展中的主力军和领头羊。

（2）实行灵活的治理机制。坚持"抓大放小、有的放矢"的原则，在对学生社团进行宏观管理时，在具体工作中给予社团负责人重大决策权限，使学生的社团根据自己的特点和实际情况适当鼓励积极大胆地进行革新实践。同时，充分发挥指导老师在社团日常工作中的引导作用。同时，强化对指导教师考核

评价制度的执行，对于优秀的指导教师予以公开表扬，颁发荣誉证书和奖品，兑现指导教师课时补贴；不合格的指导教师不予发放课时补贴，并解除指导教师职务。

（3）办好社团各种展示活动。重视学生社团活动的开展，积极为学生社团活动搭建舞台、扩大空间、提供机会。完善社团活动的项目申报制和责任制治理，坚持每年开展一次"学生社团展演周"，同时鼓励其他精品社团节目蓬勃开展，支持部分社团进入社区、进入社会开展公益展演文化活动，使学生社团的价值得以充分体现。比如：吉他社团在2021年9月23日"遵义市第十四届旅游文化产业发展大会暨正安吉他音乐节"上的现场表演非常精彩，让众多家长、老师、学生、社会人士赞叹不已，社团影响力快速提升。

（三）课题总结阶段

学校在发展社团活动之初，大部分班主任认为社团活动占用太多课余时间，学生没有时间复习巩固课堂知识，导致社团活动管理者多次向学校叫苦，说社团活动参与学生抱怨班主任不准参加，学校领导也多次在大会向教师宣传开展社团活动的好处，但班主任理解的不多。因此，高中学校的社团活动因学生参与度不高，一直较冷清。辛苦的探索工作，产生了难得的实验效应。班主任教师、其他学科教师的观念逐渐转变，意识到社团活动与班级教学之间是可以共同促进的。此后在部分学生身上发生的变化更加改变班主任及教师的看法。例如，学校在最初成立的社团中没有街舞社团，个别领导认为街舞影响正常学习。高二年级一爱好街舞学生，多次与学校领导交涉，最终学校同意试成立街舞社团，但要求要合理利用时间，并加强管理，处理好学业与活动之间的关系，并安排专人对街舞社团进行管理。该学生原本为班上问题学生，但独爱好街舞，成立街舞社团后该学生独自组织、管理同学，把学习外的业余时间都用在了街舞社团工作中，没有参与校外的不良活动，并改变为一名优秀学生。通过此事，某高中学校的部分班主任转变了观念，从完全不支持的态度转化为支持态度。

在接下来的研究过程中，将把"县城高中社团活动与班级教学时间之间的冲突及其调适的实践探索"继续延伸，深入挖掘，拓展学生自主活动、合作探究、训练思维、个性发展的内涵。

四、需要进一步深入研究的问题

该课题进行了半年多，形成了系统的管理体系，对培养学生的学习兴趣和学习习惯，培养学生自主、合作、探究的学习方式，发展学生思维能力尤其是创造性思维能力等方面做了有益的探索，但还有许多实际问题亟待解决。例如学生社团活动不稳定，缺乏持久的生命力；社团指导教师配备力量不足，学生社团建设深度鲜有提高；等等。都是今后要继续研究的问题。

　　课题研究永远在路上，前面的经验是后面发展的基础，需要我们不断更新观念，不忘初心，在教育改革的道路上奋勇前进。

02

教师教学

指向教师专业发展的校本教研实践探究
——以贵州省实验中学校本教研为例

代传洪*

贵州省实验中学

摘 要：教育是"国之大计，党之大计"。而教师是"立教之本、兴教之源。"因此，教师的专业发展和道德素质培养成为学校工作的重中之重。贵州省实验中学借助校本研修省级示范校这一平台，以"基于问题与需求的七环节校本教研"模式为抓手，结合学校实际，通过线上与线下相结合，采取实施青蓝工程，课堂听、议、评、赛和课题研究等方式开展校本研修实践探索，有力促进教师专业发展，推进学校教育教学质量稳步提升。

关键词：校本教研；七环节教研；教师专业发展

一、问题的提出

《国家中长期教育改革和发展规划纲要》提出的努力造就高素质专业化教师队伍的重要目标，核心和关键就在校本研修上。学校是教师教学研究与专业发展的主基地，教师是教育教学研究的主体，研修的最终指向是教师和学生的共同成长。校本教研是校本研修最为重要的方式与手段，每一位一线教师都必须要进行校本教研，这不仅是自身专业发展的需要，也是保障课堂质量的需要，更是提高学校教育质量的需要。尤其新课程、新教材、新高考背景下，更需要有一支教学水平高、教研能力强的师资队伍才能真正进行教学改革，从而改变课堂，影响学生发展。如果我们直接引用发达地区或别的优质学校的校本研修模式，可能存在"水土不服"现象。故此只有在借鉴的基础上，结合学校实际，

---

* 作者简介：代传洪（1967—），贵州印江人，中学高级教师，省级骨干教师，省级师德标兵，贵州省实验中学教学副校长。

指导教师：贵州师范学院教育科学学院杨智教授。

探索适合教师发展的校本教研模式，对其进行总结和提炼，从而全面提高学校校本研修的能力和水平，让校本研修工作深入地、有效地、可持续地发展，从而促进教师专业发展，促进学校教育教学的全面提升。

二、文献综述

阅览核心文献可知，已有研究主要聚焦在校本教研本身和实际开展情况两个方面展开。最近几年，研究最多的是校本教研开展存在的问题和对策。对校本教研的解释不尽相同，如姜丽华认为校本教研是为了学校、基于学校并在学校中开展的开放式的教研活动。① 笔者认为校本教研是指以校为本的教研，是指为了满足学校、教师和学生发展目标和需求，由学校发起组织，以教师为活动主体，学用结合的一种校内教研活动。其目的是满足学校、教师和学生发展需求，组织者是学校（教研组、学科组），主体是教师，形式为学用结合。校本教研的理想样态应该是集体备课、现场展评、专题论坛、课例研究、教研设计、案例研究、教研案例、模式研究、学科沙龙、论文写作、校际交流等形式。而常态下的教研方式主要以上传下达、商量进度、教材浅析、评课走过场为主，漫无目的，是非需求的，是低效率的。从校本教研的结果指向来看，对教师而言，通过有效的校本教研能转变教育观念、改进教学行为、完善知识结构、提高专业能力、有助专业发展。因此，在开展校本教研时应该坚持问题驱动、专题研讨、专业引领、合作互动等原则，希望通过校本教研帮助教师形成教学、研究、学习相结合的专业生活方式。

校本教研研什么，一种思路是"研课堂、研管理、研学案、研考试、研经验、研课程。"② 关于校本教研开展的问题及对策，杨婷认为当前校本教研面临着内需不明、关系不当、制度环境欠佳的实践困境，故要切实提升教研品质，需将教师需求分析纳入校本教研前置环节、倡导良好的交往关系、营造平等包容的对话氛围、完善校本教研的制度机制等。③ 陈金海认为高中传统校本教研模式存在学科化、单一化、形式化等问题，构建跨学科校本教研体系，助力基础教育改革及创造型人才培养，提升教师的专业水平及育人能力，具体有以下四点：一是打破学科壁垒，成立课程研发中心，重整课程资源；二是服务教师成长，开展跨学科教科研，提高教育能力；三是立足学生发展，搭建年级教研

---

① 姜丽华. 校本教研：内涵、特征及其价值 [J]. 教育科学，2004（06）：35-36.
② 刘保团. 校本教研"研"什么 [J]. 教学与管理，2018（01）：60-61.
③ 杨婷. 校本教研的实践困境及其优化策略：基于主体间影响机制的反思 [J]. 教育发展研究，2021（04）：10-16.

平台，培养综合素养；四是着眼课堂教学，构建跨域教研机制，创新教学方法。①

从上可见，专家学者们从校本教研制度建设、内容、形式、平台等方面提出了不同的建议，丰富了对校本教研的理论研究，一些学校也阐述了开展校本教研的实际做法并取得成绩，但对于不同区域，不同学校还是有所不同。笔者认为，还应着眼于学校不同教研组、学科组的实际情况，以问题与需求为导向，积极搭建各种平台，满足不同教师发展需求。

三、校本教研探索过程

在校本教研的规划与实施上，我们主要把握和遵循的环节有：一是明确需求和问题，确定教研主题；二是在确定主题的基础上明确目标和标准；三是在明确目标的基础上确定课程及活动的内容；四是充分挖掘校内外资源，确保课程与活动有序、有效开展；五是对教研过程和成果进行总结与反思，提出新的问题进行新的研讨周期。

根据OTP（组织分析、任务分析和人员分析）理论，需求主要有组织需求、岗位需求和人员需求三大类。在组织需求方面，教师应该了解国家的相关政策和法规要求、了解高考综合改革必要性和对教师的要求、了解社会发展对教师的要求和期待、了解学校的需求与期待。因此，学校组织学习《普通高中课程方案》《普通高中课程标准》《中共中央国务院关于全面深化新时代教师队伍建设改革的意见》《国务院办公厅关于新时代推进普通高中育人方式改革的指导意见》和《教育部关于加强和改进新时代基础教育教研工作意见》等相关文件精神；组织教师积极参加人社厅组织的心理调适、大数据等网上学习培训；请人民教育出版社章建跃博士、首都师范大学王尚志教授进行《方案》和《标准》培训解读，请上海、山东、江苏等先行课改地区专家到学校进行讲座培训，请贵州师范大学吕传汉教授、项昭教授，贵州师范学院左羽教授等专家给教师进行了《三教教学实践》《优秀教师的胜任素质》《如何设置教学目标》《好课的评价标准》《基于信息化时代的高中课堂教学》等系列讲座；同时学校出台了《关于全面提高教学质量的实施意见》《决战课堂方案（试行）》《班级（学科）过程性评价方案》等制度。借助于学校的三个市级名师工作室平台、一个贵州省课改样本校平台、贵州省数学教育学会平台、省级名师工作室平台，同时充分依托贵阳市教科所、贵州师范学院、贵州师范大学、中国教育学会等平

---

① 陈金海. 高中跨学科校本教研体系的构建［J］. 教学管理, 2020（31）：33-35.

台开展交流学习、同课异构、课题研修等学术性活动，助推教师和学校发展。

在岗位和人员需求方面，学校通过问卷调查方式了解教师们的需求和问题，按照新任教师、经验型教师、骨干教师和示范型教师的特点和需求，开展有针对性的校本教研活动。比如新任教师，他们具有学历高、学科知识强、教学实践技能弱和职业价值认同感低等特点，其教研的首要任务和目标应该是尽快站稳讲台，在教育教学基本功上尽早达标，因此学校实施了青蓝工程，采用师徒结对、老带新的教研模式，要求每学期听指导教师和老教师的课不少于30节，每学期至少还要上一节汇报课，上交一篇教学反思，这样不仅有利于新教师的成长，也有利于教导教师的专业发展。同时学校还对新教师进行专题讲座和培训，开展读书沙龙活动。对于经验型教师来说，他们有一定的职业认识、职业技能和职业收获，基本能掌握本学科知识体系、学生发展规律和教育教学规律，基本能独立驾驭课堂，但这也是教师的一个发展分化期，发展主动性强的教师能够逐渐成长为骨干教师，而缺乏职业规划和发展意愿的教师会出现职业倦怠和教学"无助"现象，出现专业发展的瓶颈，因此他们的研修任务主要是优秀课例、优秀案例的学习、研讨和分析，进行教育教学体验与反思，及时总结和提炼教学经验和方法。对此学校以教师教育教学经验分享、教师一年两考、教学技能大赛、提交教育教学案例、主持或参与校级课题和校本研修项目、参与"送培送教"活动、评选校内各类荣誉等活动形式推动其专业发展。对骨干教师而言，他们应该是学校课堂教学能手，是教育教学实践的排头兵，是学生心目中的优秀教师，通过教学实践形成了独立的教学风格和教学方法，在学校发挥了示范引领作用，甚至在校外有一定的知名度，他们研修的主要任务应该是研究、示范、分享和引领，力争成为德高望重、行业公认的教学名师。因此学校实行教师分级指导制度，开设"实中大讲堂"，成立学科命题研究组、课堂教学督导组、课题研究指导组，一方面请骨干教师指导青年教师，分享他们的教育教学经验，引领青年教师共同发展；另一方面调动骨干教师开展研究的热情，进行课题研究，要求他们积极申报省市教研课题，参与省市名师工作室的学习研讨和各类送教送培活动，使自己在专业上有更大发展。

四、校本教研的成效

学校通过不断探究，总结出适合学校教师发展的"基于问题和需求的七环节教研"模式，通过强化组织、落实规章、完善资源、专题教研、教师培训、课题研究、辐射引领、"请进来、送出去"等途径，形成了分层指导、分科研修、分类发展的校本教研体系，逐步打造"研究型、学习型"学校，促进教师专业发展，提高教育教学质量，基本形成了实中教研文化。通过"七环节教研"，目前形成了高三教师说题活动基本范式、高三数学二轮复习教学范式、高一单元式教学设计范式、新课情境问题设置范式、理科实验课教学设计范式等12个教学范式案例。同时教师的科研能力得到了提升，近三年教师申报校级课题和研修项目63项、市级课题6项、省级课题8项，公开出版教师论文、教学案例、教学反思、班主任工作心得11部，有《泰和春秋》《贵州省实验中学七十年》《用心做教育》《时代公民》校本教材和各个学科集体备课教学设计等49部。

（一）管理机制

学校自2014年被评为校本研修示范校以来，严格按照《贵州省中小学（幼儿园）校本研修示范性学校建设标准（试行）》，采取有力措施推进校本教研工作，保障校本教研顺利高效开展。

1. 组建机构　明确责任

一是成立了以校长为第一责任人的校本教研领导小组，对校本教研工作进行全面领导，学校将校本教研工作纳入学校发展规划，进行顶层设计，每年组织召开教师发展大会；二是成立教师发展中心，负责教师发展政策研究，进行校本研修各项工作组织、培训、督导和检查，强化管理和落实，实施"计划—实施—检查—总结—评价"的工作机制；三是成立学校学术委员会，负责校本研修成果评选，教师各类名誉推评的评比工作；四是成立课题指导小组，负责对教师申报各类课题和研修项目进行专业和学术指导及培训。

2. 建立制度　规范管理

《尊重生命、尊重规律》一书收录了学校"十二五、十三五"发展行动纲要、校本教研细则、教研组长和学科组长职责、教学常规细则、课程改革实施方案、教育科研课题管理办法等学校规章制度。近年来修订了《关于全面提高教学质量的实施意见》《督导工作暂行办法》《决战课堂方案（试行）》《师徒结对协议》《贵州省实验中学教师年终考核办法（试行）》和《贵州省实验中学校级课题管理办法（试行）》，制定了《贵州实验中学大小教研管理办法》《校本课程开发管理办法》和《贵州省实验中学学术委员会章程》等管理制度，通过制度建设，有力推动校本教研工作的开展。

3. 关注过程　科学评价

建立科学的管理制度，是推动校本研修的前提和基础，客观、合理、科学的评价方式是推动校本研修的根本保障。为了让教师提高自主研修意识，变被动接受为主动参与、变经验教学为创新教学，变要我学为我要学，学校通过各种活动给不同年龄、不同职称、不同学科教师都尽力搭建平台，让教师都有展示自我的机会和舞台，充分调动教师研修学习积极性，学校还设立"研修能力""解题能力""科研能力""优秀研修团队""优秀教研组"等个人和集体荣誉称号，进行专项奖励，同时学校还将教师和团队的研修过程和成果进行物化，并纳入年度考核考评，提高教师的荣誉感、获得感和幸福感。

（二）模式——基于问题和需求的七环节教研

问题和需求是开展校本教研的基点，解决问题困惑，突破所需所求，实现自我发展是校本教研的落脚点，使校本教研有效和高效，是提高学校教育教学质量的有力保障。学校通过近几年校本教研实践和探究，提炼和总结出"基于问题和需求的七环节教研"模式，并以它作为校本教研抓手，开展各类教研。其模式为：

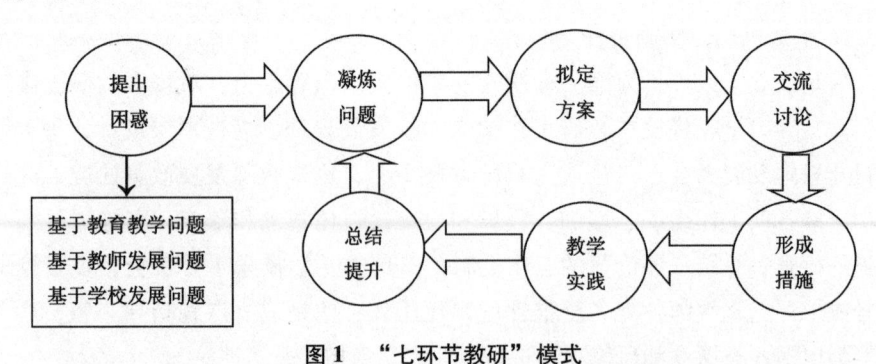

图1 "七环节教研"模式

1. "七环节教研"的目的意义

（1）让常态下的校本教研成为教师解决自身教育教学困惑、满足教师专业发展需求的一种有效教研形态。

（2）让教师的教育教学研究从困惑出发，凝练成问题，上升成课题，让教师的教育研究聚焦并落到实处。

（3）将教研成果用于教育教学实践，提高教育教学有效性，从而更好地服务于课堂和学生，推动学科和学校发展。

2. 基于"七环节教研"的高三教师说题活动案例

（1）提出困惑

①有部分年轻教师是第一次教高三，对于高考复习的把握心中没底。

②单兵作战现象较严重，学科组没有良好的合作氛围，教学进度不一。

③有些教师只是简单地使用教辅资料组织复习，而教辅资料质量参差不齐。

④部分教师凭经验教学，不研读考试大纲和考试说明。

（2）凝练问题

①学科组团队作战的意识没有形成，高三备考策略与经验不能共享，不利于学科教学资源的建设。

②对于考试大纲、高考真题、复习策略以及教材的研究浮于表面，没有形成具有校本特色的研究范式。

（3）拟订方案（学校层面）

①时间　②地点　③主持人：教科处主任　④记录人

⑤参与人：教学处主任及高三各学科组组长

⑥研讨主题：基于模块视域下的高三教师说题活动

⑦研讨程序：高三解（答）题研究，在解（答）题教学中存在的问题及其归因（限时并指定发言）；文献或经验分享解题研究、解题教学优秀做法（限时并指定发言人）；研讨说题研究的积极作用（限时并指定发言人）；研讨基于模块视域下的高三说题的基本范式（每人发言）。

（4）交流讨论（备课组层面）

①时间　②地点　③主持人：学科组长　④记录人

⑤参与人：学科组全体老师

⑥研讨主题：基于模块视域下的高三（××组）教师说题活动

⑦研讨程序：高三解（答）题研究，在解（答）题教学中存在的问题及其归因（限时并指定发言）；文献或经验分享解题研究、解题教学优秀做法（限时并指定发言人）；研讨说题研究的积极作用（限时并指定发言人）；研讨基于模块视域下的高三说题的基本范式（每人发言）。

（5）形成措施

①构建基于模块视域下的高三教师说题活动范式：考试说明解读→考点分析（题型分析）→解法研究→命题趋势探讨→复习策略。

②暑假期间高三教师自主完成近三年全国相应学科的高考卷的解析并于开学时提交。

③开学初各学科组划分试题板块，通过抽签确定各自说题板块，每位成员按照范式准备说题文稿和说题课件。

④11月初学校组织高三教师说题比赛，外聘学科专家作评委并进行点评，提出修改建议。

（6）教学实践

①每位教师比赛前在组内进行说题展示，其他成员提出改进意见，打磨至

少三次。

②每位教师在评课专家建议基础上，进行修改完善，形成研究成果，各上一节解题教学课，同伴观察，再一次研讨完善。

③每一位教师研究成果用于全学科组共享，提高整体备考效率。

（7）总结提升

①构建了基于模块视域下高三教师说题活动的基本范式：

课标解读→考点分析（题型分析）→学情分析→解法研究→命题趋势探讨→复习策略

②每位教师撰写说题文稿，汇编成册。

③每位教师撰写一份基于说题范式下的解题教学案例，汇编成册。

④收集部分课堂改进后的学生体会或个案描述。

（8）活动感悟

①走进题海。教师走进题海是为了学生脱离题海，教师通过走进题海的方式，深入研究高考动态，熟知高考要求，准确把握高考高频考点和命题动向，使得备考复习有的放矢。

②同伴互助。通过教师深入研究，在全学科组的共同研磨下，每一位教师都成为本学科某个模块的备考研究专家，是本模块教学首席导师，开设学生专题讲座。

③专家引领。通过以赛代训的方式，在发挥本校骨干教师作用的同时，借助校外专家资源，为学科复习把脉，确保课堂复习有效和高效。

④自我反思。以说题比赛活动为抓手，把解（答）题教学研究作为校本教研内容，在"一题多解""多题一解""多解变式"等方式上做深入的研究，体现了校本教研的创新性，教师得到了成长。借鉴和使用同组老师的研究成果，使备考少走弯路，达到事半功倍的效果。

（9）成果推广

学校开展的"基于七环节教研的高三教师说题活动"是"基于问题和需求的七环节教研"的一个成功案例，也是学校开展校本教研的一个缩影，在全体高三教师的共同研究、共同探讨、共同打磨下，在相关专家精心指导和帮助下，形成一种校本范式，得到了专家、同行的认可和赞誉。学校教师受邀承担贵阳市数学、英语等学科公开课，深受好评，同时部分教师还受邀到华中师大一附中、贵阳甲秀高中、开阳一中、威宁民中、织金二中、望谟中学、铜仁民中、贵定中学、余庆他山中学等兄弟学校开展校际交流和送培送教，通过交流，充分展示了学校教师的风采，极大地调动了教师校本教研的积极性和主动性，教师的教学水平和专业能力得到提高，教师也更加自信。只要教师有成长、有发展，最终我们的学生就能受益，校本教研工作也越抓越实、越抓越好。

李仕魁老师在威宁县高中质量提升项目中作《基于七环节教研下的高三数学说题活动》讲座

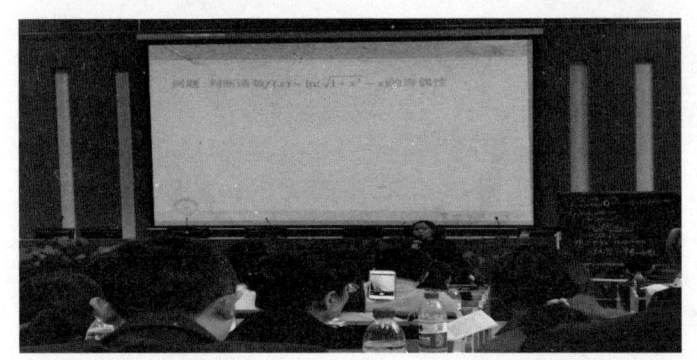

张桂荣老师在贵阳市上示范课：基于说题研究下的高三二轮微专题复习——函数的奇偶性

五、结语

校本教研是教师发展的重要方式，教师发展是提高学校综合实力的重要因素。因此建设高质量的校本教研文化对教师、对学校发展十分重要。我们通过对校本教研概念的厘清、机制建设与实践到形成基于问题和需求的七环节教研的模式，确实发现校本教研的重要意义和价值——促进了教师的专业发展。但在实践中也发现一些问题：一是校本教研课程设计只关注实践性和结构性，在逻辑性上还需完善和进一步规划；二是学科发展不平衡，还需整体提升管理团队和教研组长的领导力；三是对校本教研资源还需进一步开发；四是示范型、专家型等高端教师数量不足，教研环境还需要进一步改善；五是对新高考研究，对学科核心素养下课堂教学设计研究不深；六是校本教研成果总结提炼不足，还需要专家指导。为了更好地推动校本教研工作，需要在制度建设、课程建设、队伍建设、保障制度、专家引领等方面不断探究和完善。

在新课标、新教材、新高考改革的今天，教、学、评的改革，需要通过校本教研来作为保障，学校需要进一步进行顶层设计和统筹规划，以研什么、怎么研、谁来研为突破口和着力点，构建和凝练学科大观念，设计指向学科核心素修的单元教学设计和评价，进行专项课题研究。希望我们的校本教研能紧紧围绕解决问题这一核心，通过理论学习、专家引领、同伴互助、自我反思、行为跟踪等教研方式，最终实现问题解决这一校本教研目标；希望通过聚焦问题、专题研究、活动体验、合作对话等方式，让他的培训内化为"我"的培训，深化为"我"的研究，最后通过教研外化为"我"的行动；希望齐心协力、全员参与，建立教师专业成长共同体，使校本研修制度化、规范化、常态化、成果化，促进教师和学校共同发展。

民办学校教师队伍建设支持系统的实践研究
——以贵阳市新世界学校为例

曹晓芹*

贵阳市新世界学校

摘 要：教师队伍建设是学校发展建设中非常重要的一环，是学校各项教育教学工作正常有效开展的基础。民办学校教师队伍建设在教师来源、稳定性、教师自我成长意识方面存在一定的竞争劣势。实践研究结果表明：民办学校教师队伍建设依靠其灵活的办学机制和全方位的支持系统构建，在教师的思想目标、培训途径、培训方式、服务型管理方面的实践经验对民办学校高质量教师队伍的建设与发展具有一定借鉴意义。

关键词：民办学校；教师队伍；支持系统

2020年，全国共有民办学校18.67万所，在校生超过全国同级同类学生人数的1/5。在义务教育已经普及化的今天，社会对于教育的需求已和往日不同，我国教育进入了高质量发展阶段。教育格局也在这样的背景下产生了新的巨大变化，民办教育的发展定位和目标任务也发生了历史性变化。[①] 在教育公平的当下，民办教育要做优质、特色、服务型的学校，要成为整体教育格局里的重要补充。民办学校要厘清自己在本区域的定位，发展自我优势特点。无论公办民办，一所学校实践教育的主体是教师，一所学校实现优质教育的保障是优质的教师队伍。因此，打造一支适应当下的教育新政变革，能够自我发展完善的教师队伍，是撬动民办学校生命力的支点。2021年4月7日新修订版的《中华

---

* 作者简介：曹晓芹（1976—），江苏镇江人。贵阳市新世界学校校长助理、教师发展中心主任，高级教师，主要从事一线课堂教学和管理工作。

指导教师：贵州师范学院教育科学学院雷经国副教授。

① 黄小华. 践行初心担当使命，促进民办教育健康发展［EB/OL］. 中国培训教育网. 2021-08-26.

人民共和国民办教育促进法实施条例》中对于民办学校的办学目标提出了具体的要求，也对民办学校教师的权益予以了充分的保障，对于教师的管理也提出了相应的要求。贵阳市新世界学校（以下简称"新世界学校"）作为一所已经开办了十二年的城区优质民办寄宿学校，教学成绩优异、社会口碑良好。新世界学校教师队伍建设与发展的实践探索历程及基本经验，有助于探讨民办学校教师队伍建设的支持体系构建，具有一定的借鉴意义和现实意义。

一、新世界学校教师队伍建设的基本情况

新世界学校成立于 2009 年，由贵阳一中和恒大新世界房地产公司联合开办。地处省会城市，拥有 12 个年级，73 个教学班，3300 余名学生，近 300 名教职工。坚持"师生为本，高效开放，尊重个性，全面发展"的办学理念，传承"敬业精业，求实创新"的教风，努力打造活力课堂，为儿童生命奔跑助力，把成为"儿童生命的领跑人"作为教师成长的目标。

新世界学校教师招聘按照"以岗所需、专业对应"原则，面向全国公开招聘。师生比（含管理人员）约为 1∶11.33。国家目前规定城区中小学师生比为：小学 1∶19，初中 1∶13.5，高中 1∶12.5。新世界学校师生配比达标。教师队伍平均年龄 36.30 岁，处于 31-40 岁的教师占教师总人数的 43.46%，占据了教师总人数的近一半。这个年龄段的教师处于教学经验沉淀丰厚、教学特点明显、承担教学任务最有效的阶段。教师队伍的年龄结构详见图 1。

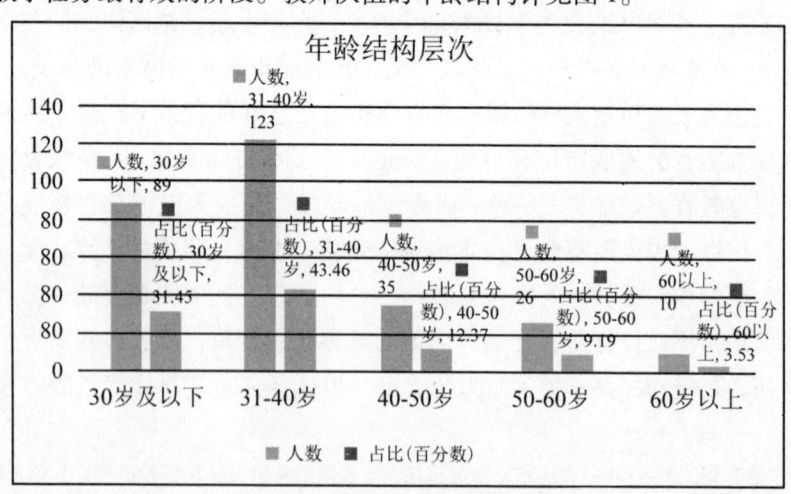

图 1　新世界学校教师年龄结构层次

从学历结构层次上看，我校专任教师学历完全达到本科及以上的学历，12 名本科以下学历的均为行政人员。2020 年以来，有 2 名博士学历的教师进入我

校任教，体现了我校办学十余年来所取得的社会影响，吸引了更多高层次学历的教师进入我校任教。教师队伍的学历结构详见图2。

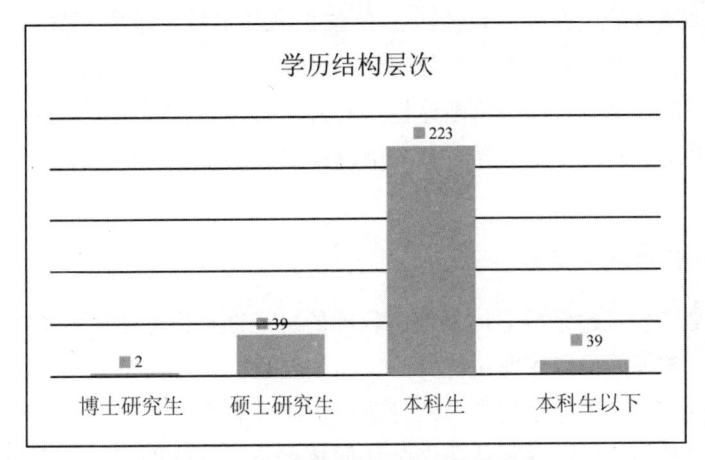

图2 新世界学校教师学历结构层次

截至2021年5月，教师队伍的职称结构为：正高级教师6人，特级教师12人，副高级教师40人，国家级骨干教师5人，省级骨干教师15人，省级教育名师8人，市区级骨干及教育名师26人。教师队伍的职称结构详见图3。

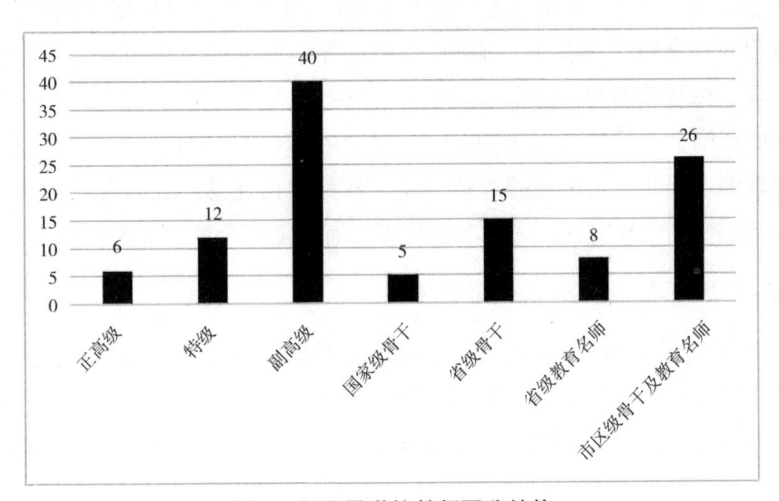

图3 新世界学校教师职称结构

由于新世界学校不断加大教育经费投入，学校软硬件均得到了较大提升，尤其是教师队伍建设情况切实得到了加强，教师职称提升，骨干教师及名优教师的人数增加，体现了我校教师业务素养的增强，为全面推进我校教学质量的提升、学生素养均衡发展提供了强有力的基础保障。因此整体教师队伍年龄结构层次、学历结构层次、职称结构层次、师生比、队伍来源等比较合理。

二、新世界学校教师队伍建设与发展的主要问题

在很多地区的民办校，教师队伍存在"编制不够，素质不高，人员不稳，水平参差不齐，教师心态不顺"等问题，整体情况属于"弱势群体"。新世界学校在长期不断淬炼的过程中不断建构一套科学有效的教师队伍建设与发展的支持和保障系统。同时，新世界教师队伍建设与发展过程中也面临着新时代的挑战与困境。

（一）民办教师流动性大

教育是"慢工出细活"的事业，教师的稳定性是民办学校教师队伍建设最大的问题。教师的稳定体现在"身稳"和"心稳"两个方面。身稳是指教师任职的稳定性，很多民办学校为尽快打造出优质的教育教学成绩，聘用大批有经验的退休名教师，导致教师队伍老龄化问题严重，不能保障服务年限。有的学校教师文化体系构建不完善，教师对学校办学理念认同不足，遇到困难的时候，教师大面积流失等。反观新世界学校，同样是民办学校，但是目前在新世界任职超过10年以上的教师有220余人，超过教师总数2/3，教师的稳定性较其他同类型的民办学校有明显的优势。这是新世界学校有着良好发展的坚实基础。

教师的"身稳"得益于"心稳"。新世界学校传承了贵阳一中百年名校的文化底蕴，在办学伊始，就很重视教师对学校文化的理解。提高教师对学校办学理念的认同，通过学校文化的沁润，建立教师的归属感；给予教师提升的空间，对教师正常的成长流动的尊重，建立教师的信任感。让教师能发展、敢发展，有包容性的学校文化，才能兼容更多的有才能有个性的优秀教师人才。

（二）民办教师自觉成长意识不强

有部分教师进入民办学校，更多是出于对工资回报的追求。对个人专业素养提升并没有太多的想法，只要能解题讲题，有较为稳定的工资收入即可。对于国家教改方针、教育理念革新、教育科研、班主任工作、学校活动等毫无兴趣。

利用民办学校的灵活办学机制，利用贵阳一中教育集团的优质资源，搭建适合民办校教师成长的途径，让老师们在提升收入的同时重视自身专业发展。利用校本化的教师晋升机制平台去合理化构建适合本校发展的教师队伍，培养适合本校校情的教师队伍。

（三）民办教师提升平台和空间有限

国家对于民办教师的专业提升、职称评审、优师奖励提供了和公办教师一样的空间，但是由于地方区域化的具体措施和一些民办学校本身对于教师培养的不重视，导致民办教师提升的平台和空间受到了限制。新世界学校一直积极为教师发展搭建各种成长平台，多方位助力教师专业提升。

三、新世界学校教师队伍建设与发展的支持系统构建

新世界学校教师队伍建设的支持体系从思想目标建设、培养路径建设、培训方式建设、教师队伍管理建设四个方面构建。

（一）思想目标建设——做孩子生命奔跑的领跑人

教师是教育工作的中坚力量。有高素质的教师队伍，才有高质量的学校教育。新世界学校教师队伍的建设目标就是锻造一支具有高专业素养的活力教师队伍，做孩子生命奔跑的领跑人。

1. 做有思想的活力教师

首先是思想的高度。新世界学校从招聘教师开始，就按照相关文件规定要求，对教师的个人诚信、教师身份进行严格考察和认定。并定期地通过全校教职工大会、部门或教研组学习、网络学习等各种方式对在校教职工进行师德师风的培训。打造具有校本特色的"五红"（红教师、红儿童、红少年、红青年、红家长）德育体系，将"四有"红教师作为我校教师的基本要求。把提高教师职业道德水平摆在首要位置，突出"三全"（全员、全方位、全过程）师德养成，推动教师成为先进思想文化的传播者、党执政的坚定支持者、学生健康成长的指导者。[1] 引导广大教师以德立身、以德立学、以德施教，专注教书育人，注重言传身教，真正做学生成长的指路明灯。

其次是思想的统一性。统一思想的队伍才是最能战斗的队伍，统一思想的队伍才会有和谐的工作协作。教师要在工作中理顺个体与群体的关系。将个体的工作放在群体的目标中，在团队中加强协作、形成合力、提高效率、减轻压力。形成全校教师统一认同的教育思想和理念。在各具特色的教师团队中，充分认同他人、认同同伴；各美其美，美美与共。新世界学校的教师文化是学校文化的融合延伸，学校提出"为儿童生命奔跑助力"，新世界教师的成长目标就定义为"做儿童生命成长的领跑人"。领跑不是跟跑，所以新世界教师要革新自己的教育

---

[1] 王强. 关于加强职业院校师资队伍建设的探索 [J]. 宁夏教育, 2018 (4): 24-25.

理念，执行国家的教育方针；领跑不是代跑，所以，新世界教师的课堂就会以学生为主体发展构建；领跑不是陪跑，所以新世界教师需要提升自身的专业素养。

2. 做有职业追求的活力教师

教育是未来的事业，也是助力儿童向未来奔跑的事业；教师是教育的守望者，更是引领儿童生命的领跑人。教育需要为孩子终生发展奠基，为国家建设民族复兴服务。实现人类智慧精华的传承，实现优秀文化的传承。在新世界学校成长起来的教师团队，虽是民办教师身份，但工作强度并不亚于其他类型学校的教师。但他们不觉得工作是负担，这是因为他们找到了自己职业的尊严，找到了自身存在的价值，发现了教育存在的魅力。让教师找到自己的职业追求，认同教师职业即教师应该了解教育是做什么的，教育有什么别样的意义、独特的价值，真正走进教育这个神奇的世界①，会发现人是那么美好的存在，教育是那么幸福的事情，教师会找到教育的意义，找到自己人生的榜样。

3. 做有成长目标的活力教师

作为教师自身要做好个人成长规划。在新世界学校每位新入职的教师都要有三年发展规划。每位教师都要有对自身的专业发展的目标和规划。学校也对教师个人发展提供了适合本校校情的教师晋级制度。从入职的初聘教师、骨干教师（3年起评）、名优教师（5年起评）到首席教师（10年起评），让每一位教师对自我成长都可以提出相应的具体规划。同时学校建立健全了教师业务档案系统，通过对相应数据库平台管理，了解整体教师队伍的动态变化，为学校领导班子的决策提供科学翔实的依据，为学校教师团队培训提供需求方向。了解个体教师成长的特殊需求，以达到对每一位教师的发展规划有指导、有督促的具体化培养目的。

（二）培养路径建设——"1135"护航活力教师的可持续发展

2021年教育部印发《中学教育专业师范生教师职业能力标准（试行）》，明确了师范生教师职业基本能力，当然也是每一位教师都必须具备的基本能力。即师德践行能力、教学实践能力、综合育人能力和自主发展能力。新世界学校倾力构建"1135"教师未来工程，为学校每一位教师的素养能力提升和活力成长护航。

1. 做一个三年专业成长规划

作为教师自身要做好个人成长规划。每位新入职的教师都要有三年发展规

---

① 魏海萍. 加强教师队伍建设努力提高教育教学质量［C］//教育管理实践策略研究，2009.

划。制定发展规划的重要内容之一就是明确个人的人生与事业目标,这一目标是建立职业发展规划的基础和前提。① 在确立目标的过程中教师要深入地进行自我分析,从而明确内心的需要、正确认识自身的特质、综合优势与劣势、现有与潜在的发展可能,并客观评估个人目标与现实之间的差距,进而树立明确的职业发展目标与人生理想。

2. 做一次歇业进修培训

教育是发展的事业,教师要树立终身学习的理念,不断更新教育观念,建立现代课程观、教学观、教师发展观和评价观;改进原有的教学方法、教学行为和教学手段,走进、理解新课程、新课标,提高教学艺术。让自己能够在实施素质教育过程中更好地服务于教学的发展。因此,停下来是为了更好地前行。我校为每一位教师提供歇业进修的机会,通过轮岗歇业(每三年一次)的方式,让老师轮流进行实践后的反思与沉淀,在反思中提升和成长。

3. 打造三项育师工程

(1) 打造"青蓝工程"。形成老中青教师之间的帮带传统,发挥优秀教师的作用,"带一支团队、抓一项课题,行之有效地开展活动,要形成做一次展示、出一批成果",鼓励教师开展多种形式的合作,构建以教师教科研创新为核心的学习型组织,博采众长、内外兼修,起好引领、辐射、示范作用,让校园里成长起一批让学生终身受益的优秀教师。增强年轻教师敬业、乐业的工作激情,树立勤业、敬业的风范。退休名教师的返聘工作在新世界学校更多的是对年轻教师的帮扶,而不是一线课堂的多班级教学。通过名教师的言传身教,将名师的经验传承,帮助年轻教师成长,缩短年轻教师的成长周期,较快提高教师的整体实力。让薪火传承,让名师辈出。

(2) 打造"行志工程"。大力开展以全体教师素质为主的教师系列培训。从办学初年起,新世界学校就组织全校教师职业道德教育、三字一话培训、网络使用培训、仪容礼仪培训等。为了让教师树立新的成才观、育人观、教学观,疫情之前,学校轮流组织全校教职工先后到美国、日本、英国、澳大利亚交流学习,到省外各个知名学校进行实地参观考察,开阔眼界,到省内优秀兄弟学校进行校际交流。全面开拓教师视野,促进了教师的思想解放、观念更新、教育教学手段的现代化,提高了教师参与教学研究和进行教学改革的积极性。近两年,由于疫情防控需要,通过网络平台、在线会议、讲座直播的方式,不间

---

① 黄雅君. 新时期高校档案管理人员职业生涯规划的思考——以河南大学为例 [J]. 周口师范学院学报, 2015, 32 (1): 105-109.

断地为教师提供相应的学习途径，也借助多媒体的优势，将培训做得更加有针对性和时效性。

（3）打造"卓越工程"。通过每年对优秀教师、优秀班主任的评选，树立优秀教师典型，发挥优秀教师的示范引领作用，彰显新世界学校教师特有的活力风采。骨干教师的课堂教学往往是他们教学理念的体现、教学经验的凝结和教学智慧的展示，给教师们以思考和启迪，有利于提高他们的业务素质和教学能力。骨干教师成长的历程也是一种有价值的可利用的资源，将其成长的过程展示出来，对其他教师教学水平的提高有辐射意义，起到复制成长历程的作用。[①]将他们在某一方面的研究成果或教学特色以专题报告的形式展示出来，对开阔教师的眼界、增强骨干教师自身的研究意识也有帮助，促使卓越教师更优秀。

4. 建立五项激励制度

（1）学历提升激励。教职工在做好自己的本职工作前提条件下，新世界学校鼓励提升学历，在职攻读硕士或博士学位，同时采取以奖代补的形式报销教师部分学费。

（2）职称晋升激励。新世界学校鼓励教师积极参与社会职称评选，并为职称晋升提供平台和保障。在教师取得相应的社会职称之后，可以在学校获得相应的奖励，以及在学校内部的教师晋级制度上给予一定的倾斜政策。

（3）读书学习激励。新世界学校鼓励教职工多进行专业阅读，不仅是专任教师队伍，包括生活老师和行政员工都积极开展读书活动。开阔教职工的眼界，为学生树立终身学习的榜样。让有实效的读书活动成为教师阅读习惯养成的重要支撑之一。新世界学校坚持利用假期时间开展书香校园的阅读活动（目前已经开展了四期），并要求教师撰写读书心得，由学校统一对读书心得进行查重评选、交流发表。最伟大的教育思想留存在教育经典里，通过阅读，汲取前人的思想精华为我所用。同时对教师的读书培养还要特别强调写作，尤其是教育写作。真正的思考是从写作开始的，不善于思考的教师就像拿着一张教育的旧船票不断重复昨天的故事。现在"人工智能教师"在向我们走来，优秀教师更要不断思考、不断成长。教师的专业性非常重要，但现在一些师范教育培养体系，其实并没有根据教师成长的规律来设计教师培养流程，没有真正按照教师成长规律来重新塑造教师。作为新时代的教师，更加需要把大量的时间用于阅读、写作、记录成长的故事上。

---

① 武步胜. 网络教研促进教师专业成长的六个维度［J］. 数字教育，2015（3）：59-62.

(4) 科研教研激励。新世界学校鼓励教师申报校本教研、教育教学的科研课题,并提供相应的课题培训和一定经费支持。从为什么做教研、到如何做教研进行全方位的指导,督促教师更快地更新教育观念。与教育发展相适应的观念的形成,不仅仅是记住一些新观念的词句所能达到的,它需要教师自身去研究、去实践、去体会、去探索、去创新,经过长期的坚持和积累,不断改进和提高,逐步形成一套个性的教学特色,将新观念渗透到自己的教育教学实践中。

年轻教师应积极参加教育科研,加强教育科研能力重构自身专业知识结构。在教研与科研的实践中发展自己,将自己的专业知识运用于教学实践并通过实践与反思和教学对象、教学环境不断互动,通过这个过程来强化自己的教学实践能力;将学科知识能力和教育理论素养相结合,通过教学实践来整合自己的专业知识,重构自己的专业知识结构。具有熟练的教育教学技能,有一定的教学经验和反思能力,并能在反思的过程中不断调整自己的教学行为,在教育教学过程中初步形成自己的特色。

经过深入研究,教育科研的成果也能引起领导和社会的重视承认,较好地体现自身的社会价值。同样能促进教师继续学习、终身学习,有利于潜在的创造力的发挥①,使教师不会像蜡烛那样,燃烧自己,而会成为永远闪光的恒星。

在新世界学校,有70余人参与过全国教育科学规划教育部重点课题、省教育科学规划专项课题、重点课题及一般课题研究;有160余人参与市级、区级课题;有120余人参与校级课题。除省、市、区级课题外,目前有11个在研校级课题。

从学校层面每年做到一奖三集。评选教育教学杏坛奖,出版《科研成果集》《优秀案例集》《优秀校园故事集》。设立专项教育科研经费,鼓励教师参与省市级课题、论文等评选和发表。

(5) 业务技能提升激励。为提高教师业务能力和教学水平,学校定期举行校内主题优质课比赛活动、教师基本功(三字一话)比赛等活动。用活动过程推动教师基本技能提升,一线教学实践能力的提升。

(三) 培训方式建设——创新多元化校本活力的教研培训机制

(1) 打造特色校本培训体系

校本培训是教师继续教育的重要组成部分,也是教师专业化发展的主要途

---

① 颜互立. 教师如何参与或进行教育研究 [J]. 读写算(教师版):素质教育论坛, 2010, (11):40-41.

径。按照"全方位、低重心、本土化、高效益"的理念和"面向全员、突出骨干、倾斜青年"的工作思路,进一步加强任课教师学历教育、集中培训、校本培训、学术交流"四位一体"的教师教育培训力度。继续采取"走出去""引进来"的方式,不断拓展教师的视野、思路。①

适合学校校情,凸显学校特色的校本培训才可以更好地让教师理解学校的办学理念、办学特色,为形成具有学校特色的活力教师文化奠定基础,促进活力教风的形成。就新世界学校而言,我们的教风是"敬业精业 求实创新"。新世界学校的文化核心追求是"让儿童的生命奔跑,践行活力教育"。因此我们的校本培训整体目标就是让本校教师理解并融入学校的文化传承,将自己的个人专业发展、事业成长调整和学校的整体发展同步。具体说来,新世界学校教师的校本培训主要从教师的思想修养、文化修养、专业修养、活力课堂、教科研能力、谈话交流技巧、仪态修养等方面开展。特色校本培训,还需要对不同岗位的教师进行不同的有针对性的培训。对学校管理干部、一线在岗教师、班主任、心理教师、校医、行政教工、财务人员、生活老师等不同的岗位教职工进行具有岗位特色的培训。让专业的岗位得到专业的成长,更专业的人从事更专业的事。

(2) 基于校情的校本化研训的多元化平台建设

努力助推三个共同体成长与三个平台的建设。其中三个共同体是指教研组成长共同体、小初高成长共同体、集团校成长共同体。

教研组成长共同体是教师成长的基本团队,以传统的教研组共同教研、集体备课为抓手,落实学校的教学常规,规范教师的教学行为。

小初高成长共同体是基于新世界学校十二年一贯制的大教研组特色化成长共同体,学校的每一位教师都可以跨学部听课,建立大教研的整体意识,做好学生成长过程中的小初衔接、初高衔接。学校为每一位教师都配备了本专业从小学到初中的教材,历年的中高考试题。让各学段的老师都能了解基础教育从最初到终端的教学历程,建立宏观的学科发展观,从而完善教师的专业结构。

集团校成长共同体更是充分利用贵阳一中教育集团的优质教育资源整合而成的教师成长共同体。老师们可以在这个成长共同体中找到适合自己的特色发展之路,找到更多和自己同路之人进行切磋。

三个平台建设包括:学习台、展示台、帮扶台。

---

① 蔡其勇,郑鸿颖,李学容. 新时代乡村教师队伍建设策略 [J]. 中国教育学刊,2018 (12):81–86.

站好学习台：学习有利于教师解决教学困惑，有利于教师较快地更新教育观念。通过平时的教学研究发现，一线教师教育困惑很多。如何提高教研活动的真实有效性，关键是要从平时的教育教学问题出发，在实践中解决问题，做研究型教师，不断更新观念，创造性地开展教育教学工作。欲实现教育创新，教育科学研究是充分且必要的条件。形成与当代教育发展相适应的观念。通过长期的坚持和积累，不断改进和提高，逐步形成一套个性的教学特色，将新观念渗透到自己的教育教学实践中。新世界学校定期邀请贵阳市教科所的教研员到校指导工作，各学科教研员与学科组全体教师进行评课教研交流，从学科素养、教学设计、教学技能和效果等方面详细点评和指导。

站好展示台：省市区研讨课、教育教研讲座。一线教师应积极参加教育科研交流讲座，参与各类课型展示和评比。在和同行的切磋交流中提高教师自身价值，强化创新意识，引起领导和社会的重视承认。

站好帮扶台：教育帮扶、成长双赢。作为贵阳一中教育集团校的一员，要做好集团校内的交流，互相取长补短，发挥集团校的优势，为教师的活力成长助力。贵阳一中教育集团是贵州省内优质的教育资源，发挥贵阳一中和新世界学校的名校优势，为带动周边学校的发展作出自身该有的独特贡献，用我们具有活力的教师团队去引领周边学校的发展。

（四）教师队伍管理建设——做有温度的教师队伍管理保障

（1）多岗位的角色锻炼

教师岗位、行政岗位、管理岗位，多种角色的体验，为教师创造不同成长发展的可能。学校的各项工作都会反映教师的面貌，体现学校的精神，推动学校的发展。在新世界学校，中层干部有从一线教师、一线班主任走出来的，也有从生活老师中逐步干出来的。实践的经验和实干的精神是衡量一个教师的基本准则。对行政岗位的教师，实行多岗位锻炼、多角色转换。让教师们在不同的岗位有所经历，也就能更好地找到适合一个教师发展的平台和位置。上课好的教师不一定能搞管理，但是能搞管理的教师应该精通业务，但不全搞业务。因此，在学校教师团队中，既要有宏观调控、整体协调的人，也要有踏实肯干、脚踏实地的人，一项具体的工作才能互相协作完成。"德高为师，身正是范"，在整个教育情境中，教师的理想、信念、感情、学识、人格及道德品质，无时无刻不影响着学生。课堂育人，环境育心。在新世界的教师团队中，一直坚持"理念引领、制度管理、文化管理、质量管理"的核心，从一线讲台和行政岗位走出来的教师，会成为爱校公心的管理者。

（2）多方位的人文关怀

学校除了在知识和业务上对教师严格要求、注重校园硬件建设外，还需要更注重教师的人文关怀，建设"以人为本"的学校文化、教师文化、学生文化。以心相交，让每位教师自觉地将心与学校靠拢，增强学校管理的凝聚力和战斗力。学校长期为教职工提供学校健身房、瑜伽班、羽毛球班、舞蹈班等学习，还在母亲节、妇女节、教师节等节日提供相应的活动。为过生日的教师提供礼物等。为教师子女在学校图书馆设立相对独立的区域，并为教师子女在儿童节提供书卡，鼓励孩子多读书。

（3）新时代背景下的教师专业内涵发展

2021年教育部将"双减"（即减轻义务教育阶段学生作业负担和校外培训负担）和"五项管理"（即手机、睡眠、读物、作业、体质管理）督导作为"一号工程"，国家吹响了新时代教育改革的号角。做时代需要的教育，办国家需要的学校，育未来创新的人才。作为新时代的教师肩上的责任压力会更重。在这样的时代背景要求下，对个体教师而言，明确发展的路径，找到自己的方向，理解自己的团队中的定位，才能让教师拥有"幸福成长的跑道"。

新世界学校在全学段全学科推进"学科之美"的教师学科专业内涵提升活动。通以过教研组为抓手，学科之美的演讲展示、活动展示、校本课堂延伸、校本教研深化等系列活动，让教师在其中理解自己的学科内涵，提升学科认同感、幸福感，从而激发课堂的学科素养氛围。"只有教师爱上自己的学科，学生才会爱上你的课堂"。在这样的理念引导下，从改变思想出发，以课堂变革为抓手，以落实教育教学效果为目的，最终实现教师和学生双向成长的目标。

由此，构建了新世界民办教师队伍建设的支持体系，详见图4。

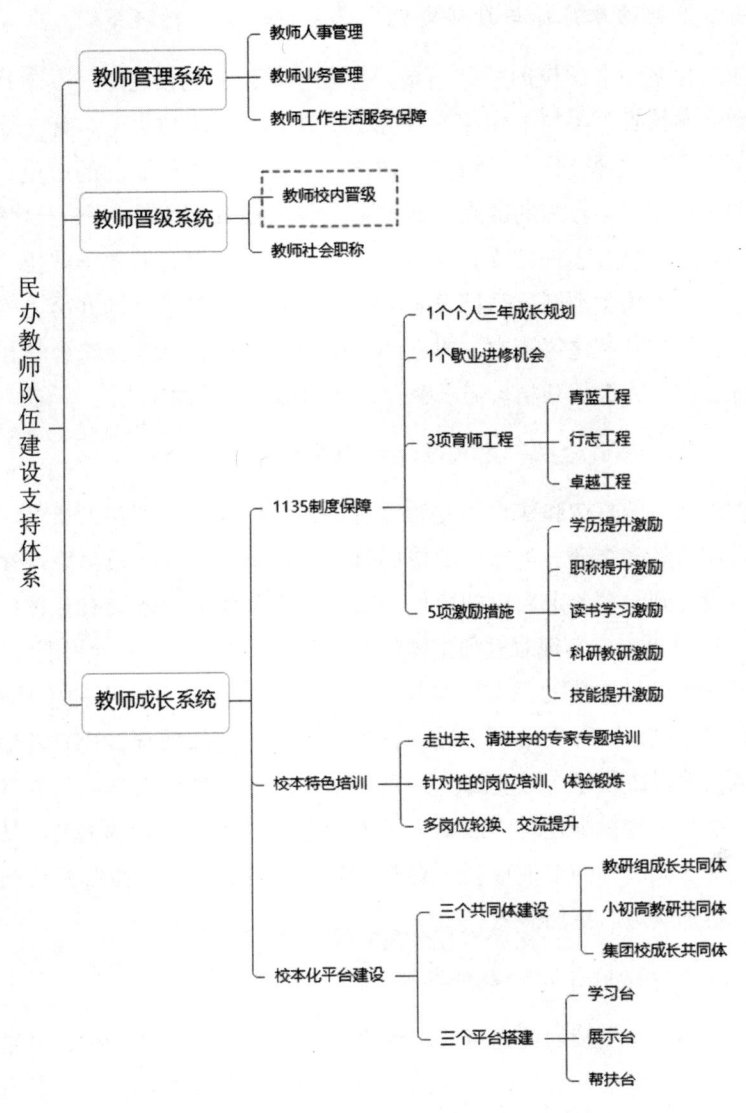

```
                          ┌─ 教师人事管理
            ┌─ 教师管理系统 ─┼─ 教师业务管理
            │              └─ 教师工作生活服务保障
            │
            │              ┌─ 教师校内晋级
            ├─ 教师晋级系统 ┤
民办教师      │              └─ 教师社会职称
队伍建设      │
支持体系 ─────┤              ┌─ 1个个人三年成长规划
            │              │
            │              ├─ 1个歇业进修机会
            │              │                    ┌─ 青蓝工程
            │              ├─ 3项育师工程 ──────┼─ 行志工程
            │              │                    └─ 卓越工程
            │  ┌─ 1135制度保障 ┤
            │  │              │                    ┌─ 学历提升激励
            │  │              │                    ├─ 职称提升激励
            │  │              └─ 5项激励措施 ──────┼─ 读书学习激励
            │  │                                   ├─ 科研教研激励
            └─ 教师成长系统 ┤                        └─ 技能提升激励
               │           ┌─ 走出去、请进来的专家专题培训
               ├─ 校本特色培训 ┼─ 针对性的岗位培训、体验锻炼
               │           └─ 多岗位轮换、交流提升
               │
               │                           ┌─ 教研组成长共同体
               │            ┌─ 三个共同体建设 ┼─ 小初高教研共同体
               │            │                └─ 集团校成长共同体
               └─ 校本化平台建设 ┤
                            │                ┌─ 学习台
                            └─ 三个平台搭建 ┼─ 展示台
                                            └─ 帮扶台
```

图 4　新世界学校教师队伍建设支持体系框架

四、新世界学校教师队伍支持体系建设的基本经验

教师队伍支持体系建设中的思想目标、培养途径、培养方式、教师管理建设体系的四维度是学校顶层设计中教师观的重要体现，也是一切教育教学管理行为的实践与落地的彰显。通过学校教师队伍支持体系建设的实践探索，再不断反思与总结，共凝练出以下三条基本经验。

(一)教师培养目标与教师文化、学校校园文化相融合

校园文化是一个学校的精神内核,体现了学校的立校之本、办学目标。它必然要融合学校各个层面工作的指导思想。在教师队伍建设上,首先要对标校园文化制定本校教师文化,并用简洁的语言深入每一位教职工的心里,成为每一位教职工教育教学行为的准则。这种融合也更加有利于教师产生对学校的认同感、归属感。只有志同的人,才会道合。有了志同道合的教师队伍,才会让教师对学校的各项管理制度认同并遵守,对各项教学要求认同并努力实现。也正是在这样的教师文化氛围中,树立的教师个人成长目标才会符合学校的教师培训目标,把个人成长和学校需求融合,从而形成一致的合力。

(二)教师培训途径、方式与学校教学管理相融合

对教师队伍的打造和建设不是独立存在的,不是一个部门的事情。教师队伍的建设应该是多维度、多方位的协同推进。新世界学校的教师培训途径从学校的顶层设计到学校各个部门的协作,实现了教师团队应该具有整体的全面的"画像",同时也力求实现对教师个体的有特色的、有专长的、允许瑕疵的包容。

在具有新世界学校的民办体制灵活性的教师校内晋升制度的整体规划下,教师各类管理制度、各类培训手段、各类保障措施有机融合,为有效地实现民办教师队伍建设提供了有效支持。并且让学校的各项教育教学的行为都成为教师成长的路径,让教师在教学活动中个人的素养得到了有效的提升。从学校层面也积极地认同教师的个人成长,看到教师成长的细节,让教师的成长环境更加包容、更加实际、更加落地。

(三)教师校内晋升和社会职业认可相融合

充分利用民办学校的灵活机制,给教师的成长更多的认同度,激励教师成长的内驱力,改变民办校教师自我提升意识不足的短板。机制是改善行为的有效途径,利用民办学校相对灵活的机制,可以让一部分能力强、肯提升、有实绩的教师更快地得到晋升机会,得到待遇上的优先权。同时也要考虑教师在社会群体中的认知度,让民办学校的教师既有实利也有名誉。结合社会职称的认可条件、社会名师的评审条件,调节民办学校教师的专业提升方向,让民办学校教师走出学校一样具有较高的社会认可度。让民办学校的教师有提升的意识、提升的空间、提升的渠道、提升的结果。立足办学优势,背靠社会认同,这样的民办教师的队伍才会有更良性的社会竞争力,也才能更有效地保障学校的社会竞争力。

综上，教师队伍建设是学校发展建设中非常重要的一环，是学校各项教育教学工作正常有效开展的基础。民办学校教师队伍建设从教师来源、稳定性、教师自我成长意识上存在一定的竞争劣势，但是依靠灵活的办学机制和学校全方位的教师队伍建设支持系统的搭建，会建设起具有良性竞争和自我成长意识的教师队伍，对民办学校的发展起到关键性作用。

五、对未来民办教师队伍建设的反思与展望

当下，民办校的发展遇到了国家教育格局的整体变化，在未来的几年，很多民办校都会面临生存的选择，必须做优质化、有特色的、服务型的民办校，方可成为区域内公办教育重要补充的民办校。因此，新世界学校在反思基本经验的基础上，同时也对民办学校未来教师队伍建设的后续改进措施进行了相应的思考。

（一）不忘初心，守办学初衷，守育师目标

一所优质的民办学校成长到目前，有社会的需求和自身发展的必然结果。同时说明这所学校的办学思想是为社会认同并接受的，要想继续走下去，就要坚信办学初衷，坚信自己的办学理念。同时结合当下教育综改的目标，在教育教学的行为实践中逐一落实，提升本校教师队伍的思想水平，把优质、特色、服务的教育坚守下去。

在这样的社会背景下，教师的流动性也会加大，尤其是对青年教师的吸引力上也许会有一定的影响，但是在对教师未来成长的培训目标上，不能偏移学校的办学理念，培养要求上不能打折扣。因为社会对民办教育不是不需要了，而是提出了更高的要求。因此相对应的教师的培训也应该提出更高的目标。

（二）重师德师风，强基本技能

在教师的思想意识培养上，重师德师风建设。新世界学校有"四有"红教师的标杆，有"敬业精业，求实创新"的良好教风，要在这样的基础上不断强调教师师德师风建设。只有良好的教风才能培育良好的学风，只有严于律己的教师才能领跑优异品行的学生。

在教师基本技能上，尤其是年轻教师的基本技能上要重点抓落实，教师的三字一话，教师的备课、上课、听课、作业辅导等基本功要过关。教育的思想和理念是指引教学行为的方向，但是教师的具体教学行为才是落实教育结果的关键。要兑现对社会的优质教育，就要从细节做起，从教师的每一个教育细节入手。学校的教学管理要管到位，学校的教师培训更要在细节上跟进。

(三) 润教师身心，养校园正气

一个不被爱的人，是不会传递爱给身边人的。一个不被尊重的教师，也无法关爱他的学生。给予教师足够的尊重，是需要从个人成长、工作生活多维度考量的。学校给予教师的培训很多是教育思想和教学技能上的，也可以有更多丰富教师生活和提高情趣上的。在教师基本技能"三字一话"的培训上，可以融入对中国文化修养的渗透，对字画审美情趣的提升，对坚持小事（练字）的性格磨炼等。在教育心理学、语言交流的培训上，可以渗透单位人际交往技巧、家庭夫妻相处技巧、亲子关系技巧的提升。通过各种专业上的培训，也同时提升教师自身生活的情趣和素养。"五育并举"是对学校的要求，这需要全体教师也具有各类素养，在提升自己的课堂的时候，也能提升自我的素养。

结合学校实际，在做教师队伍建设的时候，多从教师本体出发，让教师队伍的培训多方位入手、多角度呈现，工作生活都有益，做更多教师愿意接受的培训。

在教师管理上，也更多地把教师的子女教育纳入统筹规划。不仅仅是关心教职工子女的入学入托，更是借助学校的教育专业优势，先让教师成为自己孩子的合格父母，再成为他人孩子的合格教师。这样的教师队伍在社会面前、在家长面前才会更加有说服力。

高中班主任队伍建设及班级管理案例研究

郎华林[*]

贵州省安龙县第一中学

摘 要：目的是为提高高中班主任自身能力素质和班级管理成效，需要开展高中班主任队伍建设和班级管理策略的研究；方法：通过运用案例研究法和行动研究法，对班主任队伍建设和班级管理中遇到的典型案例进行分析，总结经验、教训，不断探索提高班主任能力素质和班级管理成效的有效策略；做法：完善班主任激励机制，改进对班主任的评价制度，加强对班主任的校本培训，以促进班主任队伍建设水平提升。结论：通过实践，在一定程度上对提高班主任自身能力素质和班级管理成效起到积极的促进作用，表明研究成果具有较好效果和实效性。

关键词：高中班主任；队伍建设；班级管理；案例

高中班主任在班级管理、学生德育教育、班级文化建设等多方面起着重要的作用，要发挥好班主任的育人作用，需要加强班主任队伍建设，提升班级管理水平。[①] 笔者结合自身班级管理实践和典型案例分析，对高中班主任队伍建设和班级管理问题进行了研究探索。

一、问题的缘起

随着社会和形势的变化发展，高中班主任队伍在班级管理和自身建设方面面临着新的挑战，对高中班主任的能力素质提出了新的要求，这些挑战主要表现在如下方面。

---

[*] 作者简介：郎华林（1986—），贵州兴义人，贵州省安龙县第一中学副校长，中小学一级教师，从事高中地理学科教学及学校德育管理工作。
指导教师：贵州师范学院教育科学学院张传军教授。

[①] 石庆娟. 班主任班级管理案例［J］. 未来英才，2015（18）：85.

一是面临高中学生提出的新挑战。由于高中学生身心发展不平衡，身体发育趋于成熟，但心理素质尚未成熟，对自己的行为控制能力还不够强。学生的自我意识与能力有了很大提高，容易追求标新立异的事情，在克服学习困难和处理复杂事物时表现出不自信与脆弱的一面。高考的压力让他们整日闷闷不乐、忙忙碌碌，削弱了对未来生活的信心。多数高中生自信与自卑并存，思维不成熟，考虑问题片面，经常会做出一些过激的行为，增加了班主任班级管理的难度。

二是面临社会要求提出的新挑战。时代的发展对高中教育提出了更高要求，要求学校重视培养学生的综合素质，把立德树人作为学校教育的根本任务，这就要求班主任在日常教育教学与班级管理中，不但要重视学生的文化知识学习，更要重视学生思想品德、心理素质、良好行为养成等方面的培养。另外，当前的大多数高中生是独生子女，父母的溺爱造成许多学生养成了诸多方面的不良习惯。[1] 互联网应用的普及，使高中学生更容易受到社会上不良风气的影响，学生的思想和价值观呈现多元化，增加了班主任做好学生德育工作的难度。

三是面对职业压力提出的新挑战。随着国家、社会、学校、家长对教师要求的提高，高中班主任面临着各方面越来越多的压力，学校对班主任的要求也越来越高，也使班主任的工作量激增，繁重的工作使许多班主任感到身心俱疲。而同时教师的待遇有明显的提高，使许多老师不愿意担任班主任，也造成班主任工作热情下降、幸福感降低。许多老师在担任班主任期间，经常会出现失眠、神经衰弱、心理迷茫、郁闷、烦躁等身体和心理问题。不少班主任的专业能力素质偏低，影响班级管理水平的提高。

基于上述这些问题的考虑，笔者认为非常有必要加强高中班主任队伍建设，不断提高班主任的管理能力素质，才能使班主任适应新形势下的班级管理要求。

二、加强高中班主任队伍建设的策略

（一）完善班主任激励机制

在长期的班主任队伍建设工作中，如何建设一支素质高、班级管理方法科学的班主任教师团队，是学校一直思考的课题，激励机制的构建可以激发班主任的内在动力，就我校而言，重点围绕完善班主任激励机制展开。

案例1：张老师，担任高中班主任5年，现任高二年级班主任，这次担任班

---

[1] 杨雄. 高中班主任队伍建设的问题及对策研究 [J]. 读写算，2019 (7)：43.

主任是学校领导安排的，属于"被迫"担任班主任工作。这两年对班主任工作意愿不强，班级管理热情不高，自从担任班主任后幸福感下降。她认为现在的高中生个性强、比较任性，娇生惯养的比较多，缺乏责任感，纪律观念不强，吃苦能力和承受挫折能力差，增加了班主任管理的难度，班主任有一种当"受气包"的感觉。从自身管理能力而言，虽然有过5年班主任经历，但仍然感觉班级管理工作有点力不从心和管理经验不足。近年来班主任的责任越来越大，而且班主任的工作在很多时候都处在学校的"限制"和"管理"状态下，班主任工作的方式方法"自由度"不大，限制了班主任能力的"自由发挥"。虽然班主任有一定的月津贴，但津贴也不高，虽然绩效工资向班主任倾斜，但与非班主任教师差别不大，工作报酬的吸引力不强，使其担任班主任意愿较低，也制约了班主任工作积极性的提高。

　　通过调查了解发现，像张老师这样的情况并非个例，在一些学校中普遍存在，因此要提高高中班主任队伍的整体水平，需要完善对班主任的激励机制。一是增加物质激励。在各学校普遍实行绩效工资的基础上，增加月津贴和绩效工资向班主任倾斜的力度，使班主任的津贴费与班主任的工作付出要相适应，并保持较大幅度增长，改变"干好干坏一个样"的现象，以此增加班主任工作的吸引力。二是做好情感激励。学校领导特别是校长，要做好对班主任的情感激励，经常与班主任进行交流沟通，帮助他们解决工作中的难题，关心他们的工作生活困难，让班主任感受到组织的关怀，使他们能够把更多精力投入班级管理之中。三是重视荣誉激励。在做好物质激励与情感激励的同时，还要重视做好对班主任的荣誉激励，在全校甚至全县范围内加大对优秀班主任事迹的宣传力度，让更多的班主任体会到更多的荣誉感和获得感，营造班主任"名利双收"的积极氛围，有利于激励班主任的工作动力。

　　(二) 改进班主任评价制度

　　班主任工作是纷繁复杂的，如何评价班主任管理工作的成效，高考成绩固然是重要的指向标，然而也不能以偏概全，应该有一套完整的、科学的评价体系，构建起符合自身发展的评价制度。

　　案例2：某市教育局的一项关于高中班主任情况的调查表明，绝大多数班主任认为工作压力非常大。主要体现在：认为高中班级管理工作繁杂，天天担心学生会出问题的班主任占比达76%；学校、家长、社会过高的期望造成班主任心理负担过重的占12%；认为素质教育对班主任提出了过高要求的占11%。过高的工作压力，造成班主任出现身心疲惫现象的人数高达74%，多次管理失败造成班主任心理迷茫的人数占62%，出现神经衰弱、失眠、焦躁不安的人数占79%，因为师生关系不融洽出现郁闷的人数在55%。而69%的班主任反映学校对班主任压力问题不能很好地解决，33%的班主任选择默默承受压力或"拿学生当出气筒"来缓解压力。

班主任工作压力大，主要有三方面的原因：一是任务压力。每个班主任都面临着繁重的班级管理任务，刚接手新班级时首先面临的就是要建立班级各项规章制度、选拔培养班干部、抓班级各项制度的落实。然后要进行班风、学风和班级文化建设工作，定期召开班委会，培训班干部，平时还要关心学生的学习、思想情况，以及处理班级管理中的应急事项。这些繁重的管理任务，造成班主任工作压力非常大。二是外部压力。社会、家长对班主任的要求过高，学生在学校或社会上出现任何问题都要归结到班主任没有对学生教育好，大多数家长特别注重孩子的学习成绩，考试成绩不好家长要找班主任，出了问题要找班主任，这样又给班主任增加许多外部压力。三是心理压力。许多班主任在面对工作压力时，选择默默承受，这样就增加了教师的心理压力，长时间的心理压力得不到释放，会造成班主任出现不同程度的心理问题，从而影响班主任的工作积极性。①

要减少班主任的工作压力，使班主任能够以积极的心态投入班级管理工作中，需要改革对班主任的评价考核制度。一是实行多元主体评价考核。学校对班主任既要实施严格管理，又要注重实施人性化、民主化评价考核，实施学校领导、学生、班主任自身、科任教师、家长等多元主体共同参与的班主任评价考核方式，能提高评价考核的客观性。②二是改革评价考核机制。要减少班主任工作压力，需要改进对班主任的评价考核内容，评价考核主要集中于班主任的工作态度、工作方法与管理成效三个主要方面，减少非核心性内容的评价考核，这样有利于引导班主任把更多的精力放在管理和育人上。三是评价考核要做到公开透明。为了让班主任对自己的评价考核心服口服，评价结果要做到公开透明，班主任对评价考核结果无异议，而且评查结果要与班主任自身利益相联系。③

（三）加强班主任校本培训

"班主任是学生成长路上的引路人"，班主任能力水平的高低，对班级管理

---

① 邹勇. 关于高中班主任班级管理工作的几点思考［J］. 教育科学，2016（2）：156.
② 李春辉. 高校班主任队伍建设现状及对策研究［D］. 武汉：华中师范大学，2015.
③ 罗锋艳. 新课改背景下的班主任队伍建设［D］. 上海：华东师范大学，2017.

工作、学生各方面能力的培养等至关重要。

案例3：一项关于高中班主任专业能力的调查表明，许多班主任对自身专业能力素质感到与工作要求存在较大差距，特别是班主任经历较短的年轻教师更是感到专业能力的不足。首先体现在班级管理能力上。对建立良好的班风、学风，指导班干部开展工作、建立班级文化等方面的能力感到不足的教师占比达46%；在组织班级活动、召开主题班会，对学生进行思想品德教育、青春期教育、心理健康教育、安全教育等方面的能力感觉不足的班主任占调查人数的41%；有36%的班主任对自己与学生、家长的有效沟通能力感到不满意。由于班级事物性的管理工作占用班主任大部分时间与精力，使大部分班主任用于自主学习的时间每周在5小时以下，影响了班主任综合能力的提升。而且大部分班主任能够进校培训或参加上级组织的班主任培训的机会很少。如我校高二年级班主任刘老师（语文老师）谈到，自从担任班主任之后，感觉读的书太少了，尤其是名著方面的书读得很少，许多涉及语文高考的名著都难以深入阅读，每天都被烦琐的班级事物、学生教育与管理、处理学生与家长等方面的人际关系、备课、上课、批改作业等事物占用大部分时间，再加上照顾家庭，使自己静心阅读学习的时间很少。

班主任能力不足有如下几点原因：一是班级管理能力不强。许多班主任缺乏班级管理知识与经验，又缺少必要的相关培训，使班主任的班级管理能力不强，也造成班级管理效果不佳。二是自主学习时间有限。许多班主任整天忙于事物性的班级管理工作，每天用于自主阅读和学习其他知识的时间非常有限，影响了班主任知识的积累与能力的提高。三是不注重自我反思。不少班主任平时不注重对班级管理和教学工作进行反思，使许多有效的经验与做法得不到积累，管理与专业能力只能在低水平徘徊。四是教育科研能力不强。教育科研既是提升教师能力素质的重要途径，也是创新班级管理策略的有效途径，而许多班主任教育科研能力不强，或是不注重教育科研，造成班主任管理创新能力不强。[①]

要提高班主任的专业能力与素质，学校应加强对班主任的校本培训，针对本校班主任在管理方面存在的薄弱环节开展有针对性的校本培训，才能促进班主任管理能力的提升。一是开展实用性与专业性相结合的校本培训。要把提高班主任的专业理论素养、丰富班主任管理知识与解决当前学校班级管理中的实

[①] 郑其瑞. 普通中学班主任工作动力问题的现状及其对策研究——以福州市部分普通中学为例 [D]. 上海：华东师范大学，2010.

际问题相结合，这样才能促进教师基础理论与实践能力的同步提升。二是把提升实践能力与教师反思相结合。在班主任校本培训中，要坚持把提升班级管理实践能力与教师反思相结合，既要注重学习新的管理理念与方法，又要善于总结反思管理工作中的问题与成功经验，能促进班主任能力的快速提升。三是把校本培训与教育科研相结合。① 在对班主任的校本培训中，提倡班主任以某一方面的问题或某一主题开展教育课题研究，这样有利于促进班主任的校本培训深入发展，能解决班主任管理中的深层次问题，能够促进班主任综合能力的提升。

三、提高班主任班级管理成效的策略

（一）刚柔相济实施管理，倡导学生自我管理

学生是人，是教育的对象，因而他们对外界的教育影响是有选择性的，我们要针对不同学段、不同性格的学生采取不同的教育方法，才能达到教育的目的。

案例4：在我们学校高二年级赵老师的班里有一个姜同学号称"小霸王"，此学生特别喜欢看武侠小说，而且凭借人高马大的身体经常欺负别的同学，还不讲道理，善于强词夺理，经常顶撞老师。在一次数学课上，该同学看武侠小说被老师发现后，老师没收了他的武侠小说，该学生立刻就从教室摔门而出，不上数学课了。下课后赵老师了解了情况，把该同学带到办公室进行批评教育。赵老师知道对这样的学生"来硬的"进行狠狠地批评会适得其反，于是就采用了柔性的教育方式。开始和该学生谈论有关武侠小说的问题，问了学生三个问题："武侠小说为什么对你有这么大的吸引力？"该学生说他喜欢大侠们武功称霸天下、唯我独尊；"你是不是也想像武林大侠那样获得唯我独尊的名誉啊？"他说"是"；"那你知道大侠称霸江湖靠的是什么吗？""武功"。此时赵老师说"不对"，"真正的大侠称霸武林靠的是人品。你一定看过不少武侠小说或武侠电视剧，你想一想真正称霸武林并留下美名的大侠，不但有武功，更有高尚的人品。只有人品出众才能'称霸'江湖，留下美名"，该学生点头表示同意。此时赵老师开始列举该同学平时顶撞老师、欺负同学、不遵守班级纪律的问题，并说明这些问题都是品行不端的表现。希望该同学能像武林大侠一样，首先树立

---

① 郝荣山. 寄宿制高中班主任队伍建设现状分析与对策研究 [D]. 保定：河北大学，2014.

良好的人品,才能让同学们信服。该同学惭愧地低下头,表示要改正自己的错误,树立良好的品行。

从这个案例中可以看出,赵老师知道这个同学性格倔强、桀骜不驯,她没有采用强硬的方式对其进行批评教育,而是采用以柔克刚的方式对其进行批评教育,从该同学的兴趣点出发,讲道理使该同学认识到自己的错误,并明白了做人的道理,收到良好教育效果。因此要做好班级管理工作,需要班主任做到刚柔相济实施管理,并注重培养学生的自我管理能力,为此应做到以下两点:一是刚柔相济实施班级管理。刚性管理就是通过《中学生守则》、学校的纪律、班级的规定等手段来约束和监督、惩罚学生的行为。刚性管理的重点在"管",因此需要班主任在管理中首先完善班级管理的各种规章制度。在制度的制定中充分发扬民主,让学生参与到班级规章制度的制定中,这样能提高学生执行和遵守制度的自觉性。有了科学、符合班级实际情况的制度的约束,才能发挥制度的管理作用。采用柔性管理就是要以学生发展为中心,运用价值观、理想信念、良好情感、人文关怀、老师的榜样作用等来影响学生的思想与行为,提高学生服从管理的自觉性。二是培养学生自我管理能力。高中生已经具备了较强的是非分辨能力、正确的价值观与世界观,为了学生今后的发展,班主任要注重培养学生的自主管理能力。[①] 可以实行班干部轮流制,让更多学生参与到班级管理中来,使学生的自我管理能力得到提升。注重建立先进和符合学生情况的班级文化,通过班级文化来凝聚人心,有利于形成和谐、团结、良好的班级氛围。

(二)用人所长选拔班干,培养班级管理团队

对班主任而言,仅依靠一人之力是无法做好班级管理工作的,需要选拔配齐管理能力强的学生干部,建立强有力的管理团队,才能提高班级管理成效。

案例5:南北战争是美国历史上的著名战争,从当时南北双方的实力来看,当时美国总统林肯领导的北方军队各方面都占有优势,但在1861—1864年间,他所领导的军队连吃败仗,因为林肯在选用将领时坚持"所选将领必须没有重大缺点",但这些没重大缺点的将领,却被南方有打仗特长的将领所打败。之后,林肯吸取用人上的教训,大胆任用嗜酒如命却很有打仗特长的格兰特将军。许多人表示反对,认为他贪杯会误事,但林肯深知格兰特的军事指挥才能,坚

---

① 陶永红. 高中班主任队伍建设与管理浅探[J]. 作文成功之路·教育教学研究,2015(1):19.

持使用此人指挥打仗。事实证明，林肯的任命是正确的，从此林肯的北方军队连获胜仗，扭转了战局。

从这个历史事件中可看出选人用人的重要性，班级管理团队的选择同样重要，因此班主任要做好学生干部选拔工作。一是选拔有管理能力的学生干部。在选拔班干部中要坚持用人之长，选择具有较强管理能力的学生担任班干部，只有做到人尽其才，才能更好地辅助班主任做好班级管理工作。而多数班主任在选择班干部时，喜欢追求十全十美，特别是愿意选拔学习成绩好的学生担任班干部，甚至把学习成绩作为选拔班干部的重要条件。对于有较强管理能力却又有明显短处的学生不愿任用，其结果是对班级管理工作成效帮助作用不大。二是加强对班级管理团队的培养指导。① 优秀的班级管理团队从来不是天生的，需要班主任加强对班干部的培养与指导。注重对班干部的管理、组织、沟通、协调能力进行培养锻炼，特别是要注重处理班级突发事件的能力，这样才能构建优秀的班级管理团队，从而才能辅助班主任做好班级管理工作。

（三）提升教师管理艺术，构建合力共管机制

"教育是慢的艺术"，管理也是一门艺术，如何使教师的管理达到"润物细无声"，这是值得每一位班主任甚至每一位教育工作者思考的问题。

案例6：上学期的一天晚自习时，笔者在办公室与一位来访的家长交流时，听到不远处有很大的吵闹声，细听后感觉是自己的班级发出的声音，跟家长解释了原因后终止了谈话，就急忙走向教室，果然就是自己班级学生发出的吵闹声，这让我很生气，学生的自制能力怎么这么差。虽然之前进行过多次的教育，但效果并不理想，只能坚持几天，就又变成原来的样子。站在教室门口，本想推门进去"大发雷霆"狠狠地训斥他们一顿，但想到这样的做法并不能起到很好的教育作用，于是就改变了"战术"。进入教室后，笔者并没有生气，心平气和地对学生说，我不生你们的气，但我感到很伤心，一直以来强调你们要学会自我管理自己，没有教育好你们是我的过错，我决定今天晚上站在教室认真反思。于是我就站在教室一言不发，一个多小时过去了，教室里非常安静，此时我的身体也有点吃不消了，但心里想再坚持一会教育效果会更好。终于几个学生向我承认错误："老师你不要惩罚自己了，我们知道错了，以后我们坚决改正教室大声吵闹的问题。"但我仍坚持到晚自习下课，在学生的再三劝说下，我说

---

① 黄家良. 立德树人理念下高中班主任队伍建设的有效对策 [J]. 软件（教育现代），2020（1）：193.

看你们今后的表现，才离开教室。从此之后，班里学生真的改掉了在教室大声吵闹的毛病。

这件事情使我认识到，要提高班级管理成效，需要班主任讲究管理艺术。一是管理教育要讲究艺术。对学生进行管理教育时，要做到将心比心，把道理说在学生的心坎上，从"心"入手开展教育，避免空谈大道理，要把讲道理和谈感情相互融合。教育中要做到以理服人，使学生真正从心里信服这些道理。教育的内容还要落实在关键点位上，才能让学生产生共鸣，从而取得良好教育效果。二是构建合力共管机制。做好班级管理工作，需要动员各方面的力量共同参与管理，形成管理合力，才能提升班级管理效果。除了自己参与管理外，班主任要注重动员科任教师、学生干部、学生家长等方面的力量共同参与班级管理，才能促进班级管理成效的提高。

四、研究结论与展望

（一）研究结论

一是本文的研究成果为完善和加强我校班主任队伍建设起到积极的参考作用，有利于我校完善班主任激励机制，改进班主任的评价制度，有效调动班主任的工作积极性，提出了我校班主任校本培训的新途径，有利于提高班主任的专业能力素质。

二是本文的研究成果有效提高了班主任的班级管理成效，通过运用本文提出的刚柔相济的管理理念，提高了学生的自我管理能力，通过选拔配强班干部，培养了良好的班级管理团队，通过提高教师管理艺术和多方面参与的合力共管机制，有效提高了班级管理成效。

三是应该看到本文的研究成果还不够全面与深刻，仅在某些方面起到积极作用，还需要不断地完善和丰富，才能更好发挥其价值。

（二）研究展望

班主任队伍建设和班级管理是学校建设永恒的主题，在新的形势下要做好高中班级管理工作，有效提高班主任管理能力与素质，还需要从以下方面进行深入研究。

一是研究和创新高中班主任队伍建设的途径、方法与策略，提高班主任队伍建设的质量水平与培训成效。

二是研究探索新形势下高中班主任队伍建设的制度与评价机制，有效发挥制度与机制对班主任队伍建设的促进作用。

三是研究探索提高高中班主任班级管理水平与艺术的有效策略,促进班级管理水平的提升,为培养高素质学生营造良好的班级学习与生活氛围。

五、结语

综上所述,加强高中班主任队伍建设和班级管理工作,对提高高中教学质量和培养高素质的学生具有重要意义,因此各学校要从完善班主任激励机制、全面改进班主任评价制度方面,加强对高中班主任的校本培训,才能促进班主任队伍高质量发展。① 要实行刚柔相济的班级管理策略,重视培养学生自主管理能力,科学选拔和培养班级管理团队,提升班主任管理艺术,构建合力共管机制,才能提高班主任班级管理成效。

---

① 郭红英. 高中班主任以人为本班级管理模式的运用研究 [J]. 国际教育论坛, 2020 (3): 20.

新时期校长教学管理艺术提升：意蕴、问题与实践策略

伍上尧*

六盘水市第二十三中学

摘　要：教学管理是校长的主要职责之一，对于学校整体教学质量的提升具有十分重要的影响。但教育体制的改革与创新对学校教学质量有着更高的要求，这需要校长提升自身的教学管理能力，优化教学管理的方式与方法，结合教学要求以及学校教学发展的需要，制定可行性更高的教学管理方案，以促进学校教学管理质量的高质量发展。故在分析新时期校长教学管理艺术实践意义的基础上，剖析校长在教学管理中面临的问题，进而从观念、行为和制度层面提出校长教学管理的优化方法，旨在让校长掌握教学管理的艺术，进而推进学校教学管理实效性的提升。

关键词：校长；教学管理；困境；管理艺术

课程教育改革的全面推进，使得各中学校长认识到教学管理必须跟上时代发展的步伐，特别是对于中学生而言，他们正处于学习与发展的关键时期，此时学校校长的教学管理质量高低直接影响到中学生的学习质量好坏，同时也会对中学生的未来发展起到长远的影响，因此作为一名中学校长需要认识到掌握教学管理艺术的重要性与迫切性，主动地思考如何优化教学管理方法，以校长教学管理水平的提升为促进中学生发展的强大助力，以解决当前中学学校教学管理中存在的诸多问题，解决教学管理的重点难点、应如何有效管理教师教学等现实问题。

---

*　作者简介：伍上尧（1975—），湖南邵阳人，中学高级教师，六盘水市市级骨干教师，六盘水市第二十三中学教学副校长。
　指导教师：贵州师范学院教育科学学院吴晓英教授。

一、新时期校长教学管理艺术的实践意义

（一）响应新课改的时代精神

在《基础教育课程改革纲要（试行）》中重点强调了教师与学生在课堂教学中各自所起到的重要作用，明确了教师的主导作用以及学生的主体地位，这就需要学校教学在落实课程改革的标准时，不再以实行既定的课程计划为唯一任务，还要参与其中的教学工作者、教学管理者能够将课程计划转化为教学实践能力，通过教学管理方法的优化积极地进行响应课程改革的时代精神，以教学管理艺术的掌握与践行，为学校的教学管理指明方向。[①] 校长是学校教学管理中的一支主要力量，当校长掌握教学管理艺术的情况下，就会通过有效的教学管理推进教师创造性地实施课程教学，使得课堂教学不再是一种课程标准执行意义上的机械操作，而是为了实现课堂教学高效化、个性化的价值追求，坚持以人为本的弹性教学管理模式，以对教师的学科教学起到激励的作用。

（二）提升学校教学品质的追求

在过去的很长一段时间，我国的教育体制受到计划经济的影响，逐渐形成了"行政型"的教学管理模式，"行政型"的教学管理模式要求学校中的教学管理者必须按照已经制定好的程序实施教学管理工作，在这种情况下，校长的教学管理工作实施具有绝对的权威性，其最大的特点就是教学管理权力集中。任何一种教学管理模式在某一时间内的实施，都具有一定的意义，我们不能完全地推翻"行政型"教学管理的意义，但是随着教育事业的发展，对教学管理的要求有了全新的定义，传统的"行政型"教学管理模式已经无法满足现阶段学校对教学管理品质的要求，为了转变中学学校教学片面追求升学率的不当行为，弥补传统教学管理中存在的局限性，需要校长在教学管理中制定全新的教学管理目标，摆脱机械化、功利化、平庸化的教学管理模式，以满足学校对教学品质的更高追求。

（三）促进教师专业化发展的重要途径

师资与管理水平对于学校教学管理质量的高低有着直接的影响，并且大量实践证明，学校教学管理质量与学校的教学质量存在密切的关系，那么就需要

[①] 2021 年课堂教学教育改革专题研讨会论文集 [C]. 教育部基础教育课程改革研究中心，2021：2.

校长在教学管理工作的开展中认识到有效的教学管理对于学校教学质量的提升具有积极的作用,而提升学校教学质量的基本前提就是教师的教学专业化成长。那么,校长在教学管理中应关注教师的专业化成长,注重对一线教师的知识结构完善,并以此作为支撑教学实践活动的力量,通过有效的教学管理促进教师业务能力以及教学水平的提升,优化教师的教学行为,为教师的教学专业化成长提供所需的条件与平台。

二、中小学校长在教育管理艺术方面存在的问题

(一)教育管理观念有待更新

校长的教育管理观念在很大程度上决定了其管理行为的实施是否恰当,思想认知的确立是行为实践的导向,但是就目前的中小学校长的教育管理观念来看,大多数校长的教育管理观念都存在滞后的问题,其具体表现为:校长的教育管理更加侧重于"管理"作用的发挥,而忽视了其应有的"教育"本质,校长在教育管理中的自身定位存在偏差;校长的教育管理偏离了人本主义的教育观,在教育管理中采取强硬的管理态度,存在独揽职权的现象;教育管理观念缺乏创新,未能做到教育管理观念的与时俱进,这些问题的存在阻碍了教育管理行为的优化。

(二)教育管理行为有待优化

教育管理艺术的核心及其价值的体现在于教育管理行为的优化,也就是说校长的教育管理行为在很大程度上决定了其所收到的工作效果。但是,通过对中小学校长的教育管理行为观察,发现其存在教育管理行为固定化,教育管理行为的实施未能立足学情,教育行为缺乏引导、提问以及探究,将教育管理行为的实施关注在基础知识的讲解上,忽视了学习内容的拓展以及检测,这是导致校长教育管理质量停滞不前的主要原因之一。

(三)教育管理体制有待完善

完善的教育管理制度,可以在很大程度上减轻校长的教育管理工作量,发挥以制度管理育人的效果,促进教育管理质量的长远发展。但是,目前绝大多数的中小学校园管理制度都存在漏洞,不合理的教育管理体系实施,难以获得教师、学生以及家长的支持,例如,教职工的参与性低、教育管理的考核缺乏激励性等,这些问题迫切地需要解决。

三、新时期校长教学管理艺术的实践策略

(一) 观念层面——树立科学教学管理理念

树立先进的、科学的教学管理理念是提升校长教学管理质量的第一要务,教育理论学家曾经重点地表达出了校长对于一个学校、学校全体师生发展的重要性,认为校长想要科学有效地实施教学管理工作,需要以其自身具备科学的管理理念与教育思想为前提,才能保障教学管理工作的顺利实施。具体需要做到以下三点。

1. 树立以教育教学为中心的管理理念

在以往的教学管理工作中,校长对于自身的定位是"政治家""管理者",而不是以"教育家"的身份参与到教学管理工作中,这就会导致校长在工作中忽视了教学管理的真正意义是促进教育教学活动的顺利开展,其教学管理工作的本质脱离了为教育教学服务的范畴,这是校长教学管理观念存在偏差所引发的不良现象。[1] 为了改正校长在教学管理观念上的错误认知,需要校长树立以教育教学为中心的管理理念,妥善地安排校内与校外之间的教育教学来往关系,能够将教学管理的工作放在素质教育是否得到落实、教学质量是否得到有效提升等方面。在坚持以教育教学为中心的教学管理工作中,校长的管理工作重心就会放在一心谋教的方向,为促进本校教育教学质量的提升做好近期的管理目标以及长远的规划,做到全员抓教学、全方位抓管理,从而为学科教师的教学指明方向,为学校营造出积极向上的教育教学氛围。

2. 树立"以人为本"的教学管理育人服务思想

在教学管理工作的实施过程中,校长虽然是教学管理者,在学校的管理工作中有着较大的权利,但是同时校长也是学校以及学生发展中的服务者,不能因自身的职务权力较大,而高傲自大。以人为本的教育观念自新课改实施以来逐渐深得民心,受到了众多教师与学生的青睐,校长在教学管理工作中同样应坚持以人为本的管理理念,彻底改变传统教学管理中固有的"管""压"等方式,能够做到从人的本质属性出发,在教学管理工作中充分地尊重管理对象的人格尊严,尽可能地考虑到被管理者的身心需求,在教学管理工作中加强相互之间的沟通与交流,以尊重、真诚得到教师的尊重与配合,从而带动教师的工作积极性,提升教师对校长教学管理工作的配合度。

---

[1] 张秀春. 校长管理视野下的"大"与"小"[J]. 中小学校长, 2020 (01): 29-30.

3. 树立办特色学校的教学管理思想

若是在学校的教学管理工作中，校长仅仅局限于自身的思想与方法，其发展与进步的空间始终是有限的，想要提升学校的教学管理水平，可以采取学校与学校之间竞争的方式，以办学实力以及学校的服务水平为评价标准，使校长树立品牌意识，争办特色学校，能够结合本校的特色，提升学校教学管理办学风格的独特性，打造出具有文明气息、文化气氛的育人环境。因此，作为校长应树立品牌意识，注重在教学管理中的创造性与创新性，不局限于固有的教学管理制度，敢于在教学管理工作的实施过程中创新工作方法，创造性地实施教学管理内容。

（二）行为层面——优化课堂教学管理模式

校长的教学管理工作应具体地落实到课堂教学之中，以校长所提倡的先进教学管理方法，推进教师的教学手段创新，为高效的课堂教学提供助力，这也是教学管理工作得以发挥其教育教学功能的具体体现。"四讲六学"模式是一种新型的教学管理方式，其以构建高效课堂为目标，在教学管理工作的具体实施环节中运用"四讲六学"模式优化教师的教学方法，可以起到提质增效的效果，引领学校课堂教学的改革与创新。① 与传统的教学模式不同，"四讲六学"教学模式在学科教学中的运用，主要以"查""引""问""探""拓""测"六步为主，可以起到转变教师教学方法、促进学生发展的作用，是教学管理中以教育教学为中心的管理理念得以落实的有效途径。具体需要做到以下六点。

1. 查：检查学情

在当代教育改革的背景下，想要提升教学管理的质量，不仅需要校长具备人本主义的思想，更要将人本主义思想传达到学科教师之中，让各个学科的教师也树立人本主义的教育观，在组织教学活动时，关注学生现阶段的知识学习水平，以检查学生的已有经验以及知识吸收情况为基础，为后续的教学活动开展做好铺垫。这就是教学管理在具体教学活动中实施的第一步，可以增加教师对学生的了解程度，避免教师在教学活动开展中过于相信自己已有的经验，而忽视了每一个学生个体之间存在的差异。那么在"查"的这个环节中，教师主要应检查学生对以往知识的掌握情况以及对新知识的吸收效果，在检查中发现学生们存在的知识漏洞，掌握学生知识理解的难点，并以学情的检查为依据，设计后续的教学活动开展方案。

---

① 林为銮. 学校管理中校长领导艺术及运用策略［J］. 天津教育，2020（27）：58-59.

2. 引：巧妙引入

平铺直叙、按部就班的教学模式很难吸引学生的学习注意力，这也是影响教学质量的一个关键因素，为此在教学管理的工作中校长应鼓励教师在课堂教学开展中掌握引入的艺术，能够通过多种形式的课堂引入，激发学生对新知探索的欲望。例如，故事讲解法在课堂引入环节中的运用，能够以学生们比较喜爱的故事为线索引出本节课学习的主题；生活化问题情景创设的方式，可以让学生在回忆生活经验中产生认知冲突，为了解决生活中经常遇到的问题而对接下来学习的内容产生期待；又如悬念设计的引入方式，可以利用学生们普遍存在的好奇心与求胜欲，形成学习的内在驱动，激发学生的学习热情。这就是巧妙导入艺术的教学价值，校长应在教学管理中让教师认识到有效的课堂引入是成功的一半，促使教师主动地探索课堂引入的方法。

3. 问：以疑促思

教育改革主张发挥学生在学习中的主体地位，在这个要求的指导下，校长在教学管理工作实施中，应关注学生的学习主体地位是否在课堂中得以发挥，并将学生的学习主体地位发挥作为评价教师教学的标准之一，提倡师生互动，为学生提供更多表现的机会，激发学生主动思考的意识。提问是促进师生互动的一个有效方法，这里面的提问主体可以是教师，也可以是学生，当提问主体是教师的时候，需要注意到提问的内容应能够引发学生思考、表述以及交流、探索，当提问主体是学生的时候，教师应鼓励学生大胆地提出问题，实际上学生提出问题的过程也是其发现与探索的过程，可以促进学生问题意识的产生，获得学习思维的锻炼。

4. 探：自主合作探究

在传统的教学管理中，因为校长受到应试教育思想的影响，希望可以在有限的课堂时间内给学生们传授更多的知识点，想方设法地提升学生的考试成绩，而出现校长在教学管理中以教师所教授班级学生的考试成绩高低为教学工作质量好坏的主要评价标准。教师在学校以学生考试成绩为业绩评价标准以及应试教育制度的双重影响下，逐渐走向功利化的教学之路，认为课堂上的探究性教学活动开展，既浪费时间，也无法在短时间内看到效果，而让学生失去了探究性学习的机会，却忽视了探究学习对学生长远发展的影响。在现代化的教育教学改革背景下，需要校长在教学管理中帮助教师树立建构主义理论以及合作学习观，让教师认识到探究性教学活动的开展，可以让学生在亲身参与的学习活动中体会到学习的乐趣，并在探究活动中经历独立思考以及合作学习，实现知识的主动建构，让学生不仅知其然，也能够做到知其所以然，这要比学生死记硬背知识点学习效果更加明显，其效果的影响也更加深远。

5. 拓：拓展延伸

许多教师在教学中只以教材为唯一教学资源，认为只要讲解完了教材中的内容就是完成了教学任务，针对这一问题，需要校长在教学管理中予以重视。目前，促进学生的综合素质发展已经成为重要的教育教学任务，这就需要学校在教育教学活动开展中应注重课外资源的开发与利用，做到课内与课外的有机融合，拓展学生的学习视野，丰富学生知识储备的同时，也为学生的课外实践提供了机会与平台，因此校长在教学管理工作中应要求教师在认真讲解完课本内容之后，注重对课外知识内容以及课外学习活动的延伸与拓展，打造可以为学生全面发展助力的第二课堂。①

6. 测：学习效果检测

"测"的这个环节，首先是测学生的学习效果，测评学生的学习效果好坏要关注学生所在的不同层次，以每一位学生前一段时间的学习状态、学习方法以及学习结果等方面的内容为综合评价标准，不可以一刀切的评价标准去评价每一名学生的学习质量好坏。其次是评价教师的教学效果，以全班学生的整体学习进步情况、德育方面的发展情况为评价教师教学工作的标杆，并以所有教师的综合教学评价结果作为衡量校长教学管理工作是否做到位的评价依据，对学生、教师的综合测评，可以让校长认识到教学管理工作中还存在哪些不足之处，并针对所存在的问题指定针对性的改善策略，这样不仅可以优化教师对学生的测评方法，也可以促进校长在教学管理工作中的自我反思与完善。

（三）制度层面——完善学校教学管理体制

校长想要在教学管理中达到预期的效果，不能只依靠个人的力量，同时还要全校校领导以及教职工全力以赴配合，所有的教学工作者都朝着一个共同的方向努力，自觉地约束自身的行为，才能保障教学管理工作的有序开展。完善的教学管理制度建立，可以改善过去"家长式"的教学管理工作状态，改掉传统的不合理规章制度以及落后的教学管理方式，让校长的教学管理可以在科学的、完善的教学管理体制下达到"无为而治"的高境界。具体需要做到以下三点。

1. 建立民主化的教学管理机制

校长的这一职位任职，选择的必然是有一定管理能力的教育工作者，但是

---

① 曹侠. 校长管理能力及管理艺术分析 [J]. 北京地质学院学报，2018（48）：151-152.

无论一个人的能力有多高、力量有多大,其能力与力量都是有限的,俗话说众人拾柴火焰高,在学校的教学管理中只有发挥出"众人"的力量,才能保证教学管理工作达到预期的效果。因此,校长在教学管理工作中不能乾纲独断,在教学管理决定的决策中要与学校其他教师商议,并认识到教师在教学管理工作中参与的状态,对于教学管理质量的长期发展具有重要的意义。这就需要校长建立民主化的教学管理机制,促使教师树立民主化的教学意识,鼓励教师、学生、家长共同参与到学校的教学管理工作中,任命学校教学管理工作中的校务委员会成员,建立以教师为主的校内教职工代表大会制度,实施民主监督与民主管理方式。

2. 制定激励性的评考制度

在教学管理工作中,我们会发现有相当一部分教师对教学工作的热情度不高,认为无论教学效果的好坏都是一样的,一方面看不到发展的空间,另一方面也得不到应有的奖励,从而导致绝大部分教师的工作热情不断降温。为了解决这一问题,激发教职工的工作热情,需要校长在教学管理制度建立中加入激励性的考核制度,并以激励性考核制度的建立促进教师的专业成长。① 例如,教学考核制度的建立中,为在教学工作上表现突出的教师提供升职的机会,又如可以建立每个月、每学年、每一年的教学评价考核任务,并对每一个阶段中考核结果优异的教师颁发相应的奖品,这样可以让教师看到自己与他人的差距,为教师的继续努力指明了方向、树立了目标。

3. 建立以校为本的教研制度

教研制度的建立,可以让教师从一名教学者的身份,走向教学研究者以及学生共同学习者的角色,让教师认识到教学无止境,作为一名合格的教师也要不断地学习,通过以校为本的教学研究,发现教学实践中存在的问题,在所有教学研究者的共同探讨中解决本校教学中存在的问题,不仅可以提升教师的教学专业度,丰富教师的教学知识与能力储备,同时也可以为学校的教学改革发展提供永恒的动力。

四、结语

总之,教学管理是学校各项管理工作中的重中之重,校长在教学管理工作中发挥着重要的作用,为了提升教学管理的质量,需要校长掌握教学管理的艺术,认识到学校教学管理的必要性,并且能够按照教学管理工作的客观规律以

---

① 国学军. 浅谈新时期中学校长的管理艺术 [J]. 基础教育论坛, 2018 (8A):59-60.

及学校教育教学的实际情况，分别从教学管理观念、教学管理行为以及教学管理制度三个方面入手，优化教学管理的方法，以促进学校教学质量与管理效果的提升。

"预、导、研、训、展"五环节课堂教学模式的研究与实验

杨振基[*]

贵州省镇远中学

摘 要：现在的学生越发觉得自己不应该是简单的知识容器，他们不希望教师将知识如往容器里倒水般浇灌至他们的头脑里。他们更渴望在主动选择和自主研习中获得新知，并且在此过程中不断肯定自我、发展自我。新课改的主要任务是："更新教与学的观念；转变教与学的方式；重建教与学的评价和管理制度；培养创新型人才。"学生的学习必须是自觉自愿的，主动研习方能促进其个体提高。我校"学案引导，合作学习"——"预、导、研、训、展"五环节课堂教学模式的研究与实验，就是多维度激发学生的学习兴趣，挖掘学生的内在潜能，更好地帮助学生成长。

关键词：学案引领；合作学习；课堂模式；激发兴趣；挖掘潜能

一、绪论

（一）研究背景

《新课程标准》明确："要从单纯注重传授知识转变为体现引导学生学会学习、学会生存、学会做人，促进学生全面发展；要重视学生学习方式的多样化，倡导自主学习；要明确教学过程是师生交往、共同发展的过程；要注重培养学生的独立性和自主性，引导学生质疑、调查、探索，在实践中学习，促进学生在教师指导下主动地、富有个性地学习；要重视培养学生创新精神和实践能力，增强社会责任感；要体现评价指标的多元化，对学生的评价不仅要关注学生的

---

[*] 作者简介：杨振基（1983—），贵州黎平人，镇远中学副校长，高级教师（高中语文）。
　　指导教师：贵州师范学院教育科学研究所张传军教授。

学业成绩，而且要发现、发展学生的多方面的潜能。"

《贵州省普通高中课程改革实验课程安排与管理指导意见（试行）》指出："推进教育教学创新，促进教师教育方式和学生学习方式的变革"。这就要求教师要转变教学方式，不断提高教学效率；要从学生实际出发，探寻帮助学生成长的有效途径。

现在学习的新要求是：改变方式；重建模式；提升思维品质；培养创新型人才。

立足于"为学生的未来发展奠基"的办学宗旨，为更好地落实新课标要求，结合学校实际，我校深入研究教学方法，在实际学习活动中落实"预（预习先学）、导（新知导学）、研（合作研讨）、训（训练巩固）、展（评价拓展）"五环节，借助"预、导、研、训、展"五环节课堂教学模式的研究与实验助推学生发展。

（二）研究目标

（1）改善学生学习方式。落实"教与学的改变"，学校着力构建理想教学模式，即"预、导、研、训、展"五环节教学模式，力求高效，拟借此帮助学生改善学习方式，促其拓展学习时空，实现自主研习、自主探究，让学生真正成为学习的主人。

（2）提高课堂教学效益。追求高效课堂，教师首先要改变"教"学方式，有效组织"学"，让教与学高度融合，达到课堂高效，提高课堂教学效益。

（3）注重校本研修实效。激发教师潜能，深入研，高效教；充分发挥优秀教师的先锋模范带头作用，助推青年教师的成长，确保我校教师整体水平得到显著提升。

（三）研究内容

1. 基本研究内容

（1）团队的建设、培训、运行、评价。

（2）"导学案"的研究：目标呈现，预习先学，成果验收，学以致用，探究提升。

（3）研究导学案的编写、使用方法和管理模式。

（4）研究教会学生自主学习、主动思维、合作探究的有效方法。

（5）熟悉"五环节"课堂教学模式。

（6）创建切合我校实际的高效课堂模型。

（7）研究并创建高考科目"五环节"课堂教学子模型。

2. 重点研究内容

（1）"导学案"编写的基本要领和编写方法。

（2）"导学案"在编写和使用过程中与"五环节"教学模式的有效结合。

（3）"五环节"教学模式的完善和子模型的创建。

（4）学生合作学习习惯的培养和合作探究精神的构建。

（四）研究方法

1. 文献研究法

课题研究实验组通过图书馆、网络查阅和梳理有关"学案引导，合作学习"五环节教学模式在高中课堂教学运用的研究文献，组织学习高效课堂的相关论述等，了解到所要研究课题的现状，找到指导的理论资料。

2. 调查研究法

设置阶段性调查问卷、组织座谈研讨会，分别对学生和教师就"学案引导，合作学习"五环节教学模式中"学"与"教"的感受、成绩、信心和习惯等方面进行统计分析，明确"学案引导，合作学习"五环节教学模式的重要意义。

3. 比较研究法

从传统的学生"被动学"到"学案引导，合作学习"学生"主动学"，比较其利与弊、优与劣，最终达到改善学生学习方式、提高课堂教学效益的效果。

4. 行动研究法

课题实验教师既是研究者又是行动者，实验教师结合自己在高中课堂教学中的困惑大胆进行研究，在研究中，探寻"五环节"高效课堂教学模式的方法，用科学的方法研究存在的实际问题，并用于实际课堂教学中，不断改进"学案引导，合作学习"五环节教学模式的策略和方法，不断完善课题理念。

5. 经验总结法

发挥课题组实验教师的个人特长，对本课题研究的案例与成果进行整理、归纳和总结，编写出课堂教学有指导性意义和可操作性的校本教材。

（五）研究意义

从教学实际来看，新的课程设置的模块增多、内容增加，而课时有限，如果不探索新的教学思路，就很难完成教育教学任务。现代社会的形势要求我们培养出具备核心素养的、思维品质高的研学型学生，培养有创新能力的新型建设人才，而单纯传授知识的课堂是不能培养出有创新能力的人才的。

社会的发展，越来越需要创新型人才；社会的进步，越来越需要思想敏锐的人。只有富有探索精神和创新能力，对自然、社会和人生具有更深刻的思考和认识的人，才能更好地推动社会不断向前发展。高中阶段正是人生发展的最关键阶段，学生身心发展渐趋成熟，并具有一定的知识积累，开始形成一定的学习能力。所以，对探究能力的开发和培养应成为高中学习的重要任务，应在有效提高学生观察、感受、分析、判断能力的同时，更好地培养学生的研究能力，有效拓展学生思考问题的广度和深度，寻找探究的方法，增强探究意识，激发探究兴趣，让学生学习变得积极主动。

二、文献综述

与本课题研究的有关参考文献。

张旸、蒙泽察[1]对于"导学案教学"以及"翻转课堂"进行了深入的论述，他们指出由于人们对于教育的真实需要，从而为课堂改革提供一定的发展空间。虽然"导学案教学"与"翻转课堂"这两种课堂教学方式是在不同的教育背景下应运而生的，但是这两种课堂教学方式既有内在的联系又相互区别。站在宏观角度考虑，两种教学方法通过主体、教学内容以及深度的影响进而实现统一的整合，从模式化朝着去模式化的方向发展，进而形成课堂、教学之间的互生、合作机制。

而李福灼、李淑媛[2]通过我国近几年来关于导学案的有关研究进行总结并梳理，他们将导学案的发展大致归为三个时期，分别是：萌芽期、发展期和深化期。事实上，导学案在我国取得初步性的成果是构建了有关导学案相关的体系，进而提高当代课堂教学的质量，推动了整个行业的发展。但是，当前关于导学案的相关研究仍然处于初期阶段，同时关于导学案的相关研究人员大多数是教师，涉及范围较窄。故而导学案要想在我国取得较好的成果与进展，必须构建健全的导学案相关体系，应将重点放在学生的"学"上，而不是放在教师的"教"上，对于有关教学设计进行深入的研究和探讨，对于导学案已经存在的"个性"和"共性"进行深入分析，并将互联网等现代化的手段融入其中。

张良[3]为了转变传统课堂的教学方式，对"导学案"在实际过程中可能存在的问题进行了详细的论述，他通过研究发现"导学案"可能存在较少教师对于课本内容以及课程有独到见解，进而将教学方案变得统一、单调、乏味，从

---

[1] 张旸，蒙泽察."导学案教学"与"翻转课堂"的价值、限度与共生［J］.全球教育展望，2013，42（07）：10-17，94.

[2] 李福灼，李淑媛.近年来我国导学案研究的回顾与反思［J］.教育与教学研究，2013，27（02）：95-98，114.

[3] 张良.论"导学案"的现实问题及可能对策［J］.中国教育学刊，2014（01）：57-59.

而降低学生学习的兴趣。由于当前"导学案"存在上述问题,因此他提出:第一,在课程设计方面需要注重课程内容的连贯性以及各内容之间的相互联系性;第二,"导学案"更加需要注重课程教学的探究;第三,需要注重教学内容是否具有合理性、科学性和发展性。

王益辉[1]提出"导学案"与平常的教学教案相互区别,"导学案"更加强调学生的获得。通常,一份完整的"导学案"应当包括初次编写、共同编写、创造、留白以及实施等各项环节。

由于新课程改革要求"以学生为本",充分发挥教师的作用和维护学生的地位,借鉴国外先进教育理念和教育思想,进而开展相关教育重点课题。许崇文、张得宁[2]对"三步五环节"课堂教学模式进行了深入的探讨和研究,通过研究发现"三步五环节"课堂教学模式具有较强科学性、合理性并且实用范围广的优点,有利于提高学生学习兴趣,增强教师教学水平。

三、研究过程

第一阶段:立项筹划阶段。

在本研究实验课题筹划立项阶段中,我们主要做了以下工作。

召开相关人员会议,学习《黔东南州教育局教育科研课题立项评审标准》,选择确定研究课题,成立了课题研究领导小组。

召开课题研究小组会议,选择确定研究人员和实验教师,研究制定课题研究实施方案,填报课题研究《申报审批表》。

第二阶段:开题准备阶段。

本研究阶段,我们所做的研究工作主要有:开展问卷调查,了解学生学习态度、学习习惯、学习兴趣等状况。制定课题研究实施细则,绘制课题研究整体推进表和拟定阶段研究计划。召开课题开题大会,通过了课题研究实施方案和阶段研究计划,确定了研究人员和实验教师,举办实验教师培训。

第三阶段:研究实践阶段。

本阶段是课题研究的重点阶段,我们做的研究工作主要有:

(1)结合研究实践,分年级分学科整体构建培养目标、基本内容、基本途径与方法体系。各学科教师对于各年级学生整体情况进行调查,通常教学过程

---

[1] 王益辉."导学案"的设计与实施[J].教育科学论坛,2010(10):11-13.
[2] 许崇文,张得宁."三步五环节"课堂教学模式的构建与实施[J].新课程学习(中旬),2012(06):18-19.

中教师很容易忽略"分析学习者特性",不对学生学习状况进行了解,不对既有问题进行解决或者相关政策没有落实,导致教学中出现脱节的现象,只有分年级分学科整体构建培养目标、基本内容、基本途径才能建立适合的方法与体系。

(2) 实验教师过关课展示,促进教师成长。研究实验过程中,不断为实验教师充电、提高教师科研能力与水平;教师不断学习不断提升,才能紧跟时代发展的步伐满足新课程改革的需求,因此定期进行实验课题业务交流,实验教师定期上过关课、示范课,倒逼教师成长,只有不断学习,不断充实自己,提高个人能力和水平才能更好地适应学生发展需求。

(3) 适时组织召开与课题研究相关的专题研讨会和经验交流会,推进课题研究实践。

(4) 开展征集评选课题研究论文、教学案例活动,组织系列课堂教学竞赛活动等,推荐有理论高度、能有效指导教学实践的优秀阶段研究成果参加上级优秀科研成果的评选,调动研究人员和实验教师开展课题研究的积极性。

在研究实践过程中,为更好地帮助学生成长,帮助教师发展,学校对师生提出了具体要求。如:

(一) 对导学案"导"的使用要求

1. 对学生的要求

(1) 根据"导学案"内容认真进行预习先学。所有学生必须按要求自行或合作解决"导学案"中"预习先学"的内容,学有余力的同学可以拓展,疑难问题汇总到小组长处,上课前小组交流后由学科组长汇总到科代表处,统一向老师质疑。

(2) 课堂上注意做好学习笔记(可以做在导学案上),以便今后复习;学完一课后,要在"导学案"的【总结反思】栏进行课后反思。

(3) 每隔一周将各科"导学案"进行归类整理,装订成册,以备复习和检查。

2. 对教师的要求

(1) "导学案"不是简单地写"教案",而是为学生设计"学案",但教师要在设计中有效引"导",它只是老师进行教学设计的一个底本,教师不能单纯地把"导学案"当成教案,而应对导学案进行个性化修改,结合本班学生实际进行二次备课。

(2) "导学案"上留有教师圈点勾画和删减增补等二次备课的痕迹(最好是有自己的"教师版"),并且要讲求实效性。只有这样,学校方可认定其为教案。

(3) 做到"四精四必"

四精：精选、精讲、精练、精批。

四必：有发必收、有收必批、有批必评、有错必纠。

(4) 教师一般不布置另外的课外书面作业（拓展作业一定要适量），认真指导学生使用"导学案"。教师必须在实施课堂教学前（至少一天）将"导学案"发给学生，要求学生预习自学（只需完成"预习先学"环节的作业）；老师必须在上课前检查（可部分抽查）批改（可选批）学生"导学案"，了解学情，进行二次备课，进一步优化教学策略。每一课时的"预习先学"作业和"训练巩固"作业都要做出评价。

(5) 课堂教学应紧扣"导学案"，活用教材，做到以学生为主体：新知识放手让学生主动思考；重点、难点让学生研讨；问题让学生思考辩论；规律让学生寻找并归纳等，注意开拓学生的思维，提升学生思维品质。

(6) 教师必须具备三种能力：备课中宏观把握力；课堂上的组织能力；教学时的推动力。

(二) "五环节"教学模型构建

总的框架设想：自主学习、合作探讨、评价激励。

五个环节教学模式构建：

(1) 预习先学

教师：检查预习情况；归纳矫正错误；评价预习行为；明确课题主旨。

团队：汇报预习情况；交流学习心得；讨论质疑问题；倾听别组发言。

学生：汇报预习情况；倾听同学意见；矫正存在问题；思考同学发言。

(2) 新知导学

教师：提出预讲问题；组织学生探讨；观察学习情况；适时指导引领。

团队：合作交流讨论；相互检查评价；倾听互检排障；评价赞美鼓励。

学生：倾听思考解惑；质疑思辨修正；检查矫正明确；整理总结反省。

(3) 合作研讨

教师：出示精要问题；启发提示引导；巡视检查督促；适时点拨指导。

团队：合作交流互动；相互检查纠错；比较深化拓展；督促检查提醒。

学生：独立思考解题；询问求助解惑；总结归纳整理；检查对照提高。

(4) 训练巩固

教师：出示适度问题；巡视检查督促；提示引导启发；评价小结点评。

团队：合作检查订正；讨论解惑拓展；整体基本过关；合作展示成果。
学生：独立思考完成；深思探究拓展；求助排障提高；力求不留死角。
（5）评价拓展
教师：小结相关知识；梳理引导巩固；评价学习情况；布置拓展练习。
团队：合作总结反思；互相检查提示；优化课堂笔记；探究拓展练习。
学生：独立梳理总结；倾听对照自查；深思反省纠正；完善知识结构。
为保障研究出成果，学校还在研究阶段出台了保障措施，确保了研究顺利进行。

（三）具体保障措施

1. 确保"导学案"的权威性

实施"导学案"后，要用活教材、活用教辅，不得随意另外印制试卷、练习题；严格按课程标准开足课程，并按标准课时安排学科教学时间。

2. 学习团队建设

各班各学科设学科委（核心团队）三人，学习小组若干，每组6~8人为宜，每组设学科小组长1人，负责该学科学习研讨活动的组织、督促、检查等事务。

3. 合理安排学生座位

班主任要统筹各学科教师根据学生认知水平、知识储备、个性特征、学习习惯等，科学安排学生座位，以便于开展小组合作、研讨，互助学习。

4. 对实施"导学案"备课"五环节"教学的课堂评价标准

（1）看学生的学习讨论的气氛是否浓厚。

（2）看学生的参与面是否广，参与人次是否多。

（3）看课堂生成问题是否有效，学生发言是否有深度；看学生的学习效果是否好。

（4）看课堂各环节时间分配是否科学；看学生各环节效果收获。

（5）看教师的组织能力是否强，课堂效率是否高。

5. 听课

教师之间要经常互相听课交流，每学期每位教师听课至少15节，课题领导小组成员（含分管副校长、年级组长、年级教务员）听课至少30节。（50岁以上教师减半）

6. "导学案"的标准

"导学案"的编写必须按照学校提供的样本编写，并以备课组为单位在期末提交一份全学期的统一格式的后面附有答案的导学案电子文档，以便学校检查、存档，形成校本教材。

7. 施行"满意课"申报评价制度

（1）每学期，每位40岁以下（含40岁）的教师必须上一节"满意课"（自己认为满意的建模公开课），上课前由上课人自行申报（时间、内容），地点在学校录播教室。学校组织学科专业评委对其进行评价。申报地点：教研处。

（2）评价采用五度评价标准，即：建模实施、目标落实、学生参与、实际效益、教师素质，根据评委评分确定是否为"满意课"。

8. 各备课组每学期开学第一周内提交课题研究计划（阶段性计划）

（1）教学进度计划表。

（2）课题实施方案。

9. 形成课题研究总结

每个参与实验的教师每学期至少要写一篇课题研究论文（或总结、心得体会、案例、论文等），课题领导小组组织人员评出优秀并给予奖励。

10. 每个学期期末，各备课组长组织所有成员按要求备齐下列资料

（1）教师使用的《导学案》（按单元顺序规范装订成册）。

（2）学生使用的《导学案》（按单元顺序规范装订成册）。

（3）推荐1~3个课时的导学案，参评优秀导学案。

（4）课题研究论文（或总结、心得体会、案例、论文等）。

附：课题研究论文参考题目

（1）学习小组建设之我见

（2）学习小组培训内容及办法初探

（3）"新课教学"阶段教师"讲解"度的把握

（4）"新知导学"的处理技巧

（5）"合作研讨"评价的处理方式

（6）"合作探究"的处理技巧

（7）"合作指导"的处理方式

（8）数学科目高效课堂建模中"新课教学"的灵活处理

11. 奖励措施

（1）参加课题研究的情况，作为备课组（教研组）（高考科目）优秀等级（最高等级）评定的必要条件。

附：优秀备课组参评条件，包括按时提交《课题研究进度表》；导学案的编制完整、规范、高质、齐备，导学案的使用符合要求；所有人员听课数量达到

要求，听课记录完整规范；按时按量按要求开展集体备课活动，资料规范完备；按时提交且质量高的备课组及个人课题总结。

（2）评选优秀课题研究论文若干，按每篇进行奖励。

（3）评选优秀导学案（含课件）若干课时，按课时进行奖励。

（4）评选优秀导学案集（达到出版水平），按学案集进行奖励。

（5）评选导学案使用（全学期）优秀教师若干名，并进行奖励。

（6）获得奖励的教师优先安排或优先推荐外出参加研修学习。

12. 其他

晚自习规定：

（1）晚自习老师不得上课，晚自习辅导教师只能做个别辅导，辅导时不得影响其他学生的学习；晚辅导应督促检查学生各科作业完成情况，并督促各小组长收集整理组员提出的相关问题，及时向任课教师反馈。

（2）各班学习委员要将每天晚自习各科作业（含量）板书在黑板上供学生参阅、教师检查、小组评价。

评价：

（1）个人评价：任课教师要对各小组每个组员上课情况、晚自习学习情况和作业情况进行评价，评价记入《学习情况评价记录表》，结果每周统计一次上报。

（2）小组评价：各学科教师根据学科特点，本班学生个性特征，课前任务完成情况等个性化设计并形成小组评价激励机制。

（3）个人评价依据：①积极参与，合作研讨；②深入思考，大胆发言；③遵守纪律，效果良好。

（4）小组评价依据：①完成率高；②参与度高；③团结协作；④能够解决问题；⑤讨论氛围浓厚。

成绩统计：

（1）学习小组组长如实记录小组成员学习情况，科代表负责督促审查。

（2）科代表负责记录、核算、统计各组的总体评价并录入电子档。

奖励：

（1）科任教师对优秀个人进行适当奖励，每周一次。奖励前三名。

（2）班主任对优秀学习小组进行奖励，每月一次。奖励前三名。

（3）各班开辟光荣榜，奖励结果拍照发到家长 QQ 群。

第四阶段：实践成果运用阶段。

本阶段的研究工作主要有：深化课题研究，将研究成果、总结、经验上升到理论高度；梳理研究资料，组织相关人员撰写总结；递交结题申请书、结题鉴定书，向黔东南州教育局教研室申报结题。并将研究成果运用于实践，帮助学生有效提升。

课题研究取得较好的成绩：

（1）主要研究人覃超、吴猛哲等参加镇远县"五环节"课堂教学竞赛，均获得一等奖。

（2）主要研究人杨振基参加全州高效课堂同课异构竞赛，获得州级一等奖。

（3）在课题的推动下，"五环节"课堂教学竞赛成为每年常态竞赛活动；学校每学期均开展形式多样的课堂教学开放月活动，营造了良好的教研教改氛围。

（4）学生自主意识增强了，学习能力提高了，核心素养提升了。

（5）教师课题研究兴趣被激发了，课题研究能力提高了。

四、研究结论

本项研究是针对我校前阶段教师教学行为和学生学习行为上存在的诸多弊端，依据"教学的本质是教学生学会学习"的观点，按照"培养全面和谐发展的人"的育人目标，围绕"学案引导，合作学习"——"预、导、研、训、展"五环节课堂教学模式的研究与实验这一研究目标，通过不同层面和不同角度的研究，初步创建了"让学生学会学习"的途径与方法。

（一）我校前阶段教师教学行为、学生学习行为存在的弊端

受传统育人观念的影响，教师的教学行为与学生的学习行为严重落后，使得我们的教学效果存在严重问题。

一是教学观念落后。大部分教师认为，课堂教学就是要讲深、讲透、讲全、讲美，否则，不能体现教师个人的才能、水平和个人魅力。

二是教师习惯通过大量的作业以巩固学生知识能力。由于包讲到底，课堂上学生没有足够的时间进行巩固训练，加之这样的教学形式只能通过大量训练巩固知识，于是，学生的学业负担严重加大，教师的教学能力也被这种简单的方式拖累。

三是教师的"灌"，使得学生变懒。学生学习只会"等、靠、要"，学习依赖性太强。但学生的时间是有限的，各科作业的量是无限的，平衡不好，极易产生厌学情绪。

四是填鸭式的满堂灌严重耽搁了学生非智力素养的训练，学生没有深入的

体验和研究，所以，未能有效提升学生的核心素养。学生除了学习，还应该有心理素质、交际能力、表达欲望、学科素养等非智力素养的训练，失去了这些训练，教学的功能是不完整的。

（二）研究目标的落实

开展"预、导、研、训、展"五环节课堂教学模式研究，就是要通过改变、优化教师教学行为习惯，改变、优化学生学习行为习惯，达到课堂教学效率最大化，让学生学会学习，促进学生全面发展。就教师而言，就是通过研究，摸索出一套可以推广的可供广大教师共同借鉴的课堂教学行为模式。

1. 建立了课堂基本教学模型

课题研究深入开展后，教师的课堂教学行为形成较为固定的模型，即"五环节"：预习先学—新知导学—合作研讨—训练巩固—评价拓展。即使不是每节课都能完整地呈现五个环节，但每一个章节的教学仍然是按照这五个环节来设计并展开教学的。

2. 改善了教师教学行为

"五环节"课堂教学模型设定之后，经过三年摸索，教师基本掌握并熟悉了这种教学方式，备课、上课基本都会遵照这个模型去操作，每堂课都能最大限度地调动学生的学习积极性，课堂不再是老师一言堂式的包讲到底，而是还课堂于学生，让学生在课堂上充分发挥，教师只在学生需要的时候点拨、引导、深化。

3. 提高了课堂管理水平

没有学生积极参与的课堂是"死"的，没有问题生成的课堂是无效的，"死"的、"无效"的课堂自然缺少温度、缺少效度。"五环节"课堂模型建立以后，课堂管理变成了老师和学生共同完成，老师负责必要的提醒、评价、点拨、引导，学生则相互合作、相互提醒、相互启发，共同进步。

4. 改善了学生学习行为

原来的课堂，学生学习"等、靠、要"，自然会惰于思考，等抄答案，等"记"知识点，这样的学习不是"学"，只能说是"了解""知晓"。而老师教学行为改变之后，学生不能不"动"起来，甚至渴望"动"起来。学生要想获得新知，就必须在课前认真学；要想在课堂上得到全面发展，就必须在"合作研讨"阶段积极主动思考和交流讨论。长此以往，学生的学习行为就由原来的被动学习转变为主动学习：不为别人学习，不为上课学习，只为自身发展学习。

5. 提高了学生自主管理能力

课前、课中，老师的主宰地位被弱化，由主宰变成主导，由主导变成引导。这便迫使学生学会自主管理，有效组织开展学习活动，进而达到把握时间、管理知识、管理情绪、调适情感等管理能力的提升。三年的训练，学生在课堂上的自主学习、合作学习机会得到保障，学生的自主管理能力大幅提高。

6. 建设了教材主要章节基本导学案

由于传统课堂教学设计主要是由教师个体主持，教师个体的教学观念、知识水平、课堂组织能力等严重影响着课堂教学设计，设计水平严重影响着设计的质量。通过本课题研究实验，初步建设起实验课目各章节基本的便于推广的教学设计——导学案。

7. 提高了教师教学水平

教研，应研才能更好地教，本次课题研究，激发了教师的"研究"兴趣，提高了研究能力。通过一系列的研究实验，教师对教学过程各环节的价值、意义、操作方法等会有进一步的认识和把握，从而提高教学水平。

五、研究结论思考与展望

（一）课题研究工作的思考

三年来的课题研究工作取得了一定的成绩，研究计划基本得到落实、研究成果基本凸显，以"学案引导，合作学习"为平台的"预、导、研、训、展"五环节课堂教学研究实验工作得到一定程度的推进。研究过程中，也引发了这样一些思考。

1. 加强领导的重要性

如"五环节"课堂教学的重要基础——集体备课，这需要领导参与，但实际工作中相关领导难以及时到位；如计划中预算的研究经费，由于不符合财务制度，无法及时拨付到位；如研究方案设定的奖励办法，由于与非实验教师的利益冲突，难以及时兑现等。这些必须由领导决定的事项被一定程度地忽略甚至忽视，致使研究实验工作受到影响，研究实验活动的实效大打折扣。

2. 扩大范围的实用性

阶段研究成果推广不是很及时，使得我们课题研究的引领、推进的作用不是很大。原定全年级教师参与该研究实验活动，但由于措施不当、推进乏力、成果认定不明，致使许多教师个人的课堂依然是自己熟悉的传统模式，有"五环节"之名而无"五环节"之实。参加州级课题的实验教师取得的阶段性成果难以得到大范围的有效推广。

3. 深入研究的紧迫性

实验教师大部分都年轻，科研经验不足，对所做的工作不善于总结、提炼，对研究实验过程产生的资料缺乏收集整理意识，使得我们的研究成果印证资料不全，理论价值、应用价值都不是很高。构建出的学生"合作学习"的途径与方法、"五环节"课堂教学的途径和方法不够全面、具体，没有形成完整的科学体系，完善尚需时日。

（二）研究工作的展望

今后的研究实践，要想取得更大实效，必须从下列四个方面去努力。

（1）要加强课题研究工作的组织领导。

（2）要不断加强教师队伍建设，坚持定期举办实验教师培训班制度，不断提高教师队伍的群体科研意识和能力。

（3）要制定更具体、更科学的研究目标：建立适合各学科"五环节"教学子模型；建立各学科科目不同章节的"五环节"教学子模型；建立适合"五环节"任何一环的评价体系，以评价促发展。

（4）抓实研究过程，结合教学工作实际，继续把构建"五环节"课堂教学的途径与方法体系作为我们今后一个时期的主攻课题，深化研究，把课题研究活动尽可能多地落实到教学的各个层面、落实到各项教学活动之中，抓出成效，推进我校课堂教学工作的深化改革、促进我校教学质量的全面提高。

提高信息技术课堂教学有效性的实践研究报告

夏道洋*

贵州省实验中学

摘 要：普通高中信息技术课程目标明确提出，信息技术课程就是要全面提升学生的信息素养，培养学生成为适应信息化社会所需要的人才。但由于信息技术属于非高考科目，学校和学生都不够重视，低效和无效的信息技术课堂比比皆是。本次实践研究聚焦课堂教学，通过课堂观察和实践探索，针对目前高中信息技术课堂存在的问题，主要从现状分析、教学方法选择、环境优化上进行实践研究，取得了不错的成绩和效果。几年来的学业水平考试优良率都达到了 99.7% 以上，远远超过了同类学校水平，同时学生在创客比赛、电脑制作比赛、人工智能等科技比赛中屡创佳绩。

关键词：信息技术；课堂教学；有效性；实践研究

一、研究背景和意义

信息技术作为一门中学国家课程已有 20 多年了，已经从最开始的计算机教学逐步走向了成熟，但是因为地区差异和信息技术教师水平的不同，以及学校的重视程度不一，信息技术课堂出现了千差万别的不同。首先是信息技术课程属于非高考科目，多数学生和学校不够重视，开设信息技术课程的目的就是应付学业水平考试，与课程标准要求差距太大。其次是信息技术教师常常不被重视，处于学科建设的边缘，造成教师备课不认真、研究不足、教学目标不明确，甚至大家对信息技术课程的认识和信息素养的理解也是千差万别。最后因为信息技术一般都在网络教室上课，经常会受设施设备的影响，造成教学组织难以

---

* 作者简介：夏道洋（1975—），贵州凤冈人，中学高级教师，贵州省中小学骨干教师，贵州省实验中学副校长兼贵安新区实验中学执行校长。

指导教师：贵州师范学院教育科学学院杨智教授。

驾驭、课堂不确定性增加。以上原因，造成许多信息技术教师都是凭着自己的主观意向和学生的基本情况来制定相应的教学内容和教学目标，信息技术课堂更是充满了千姿百态的现象，有老师满堂灌的、有学生满堂学的、有讲练结合的、也有放任自由的，信息技术课堂教学常常出现低效和无效状态。那么如何提高信息技术课堂教学有效性，如何让学生在课堂教学中有所收获呢？这正是本次研究需要解决的内容和意义。

二、研究的内容、思路和方法

（一）研究内容

提高课堂教学的有效性是本次研究的重要内容，具体内容包括：

第一，信息技术课堂的现状分析。

第二，信息技术课堂存在的问题及原因分析。

第三，应对信息技术课堂问题的对策。

第四，提高信息技术课堂有效性的实践。

（二）研究思路

本课题的研究思路遵循着"现象是什么—存在的问题是什么—原因有哪些—哪些对策建议是行之有效的"逻辑进行整体的研究。指向的是提高信息技术课堂的有效性，发挥课堂教学育人的功能。

（三）研究方法

第一，调查法。该方法是本课题的主要研究方法之一，将通过对信息技术教师进行问卷调查和访谈，了解课堂的真实情况，现状是如何的。

第二，观察法。将通过走进信息技术课堂，进行听课、观察，尤其是对于教师的教学行为、教学内容等进行观察，此外还对课堂中学生的发言、操作、做笔记等方面进行观察，了解学生在信息技术课堂中最真实的状态，从而发现课堂中的问题。

第三，文献法。通过在中国知网检索相关文献，阅读相关文献，了解与本课题相关的主要观点，从而更明确本课题的研究方向、研究内容。

第四，行动研究法。通过前期的研究，提出的方法和途径，在现实的课堂教学当中实践、探索、修改和提高。

三、信息技术课堂教学现状分析

普通高中信息技术课程目标明确提出,信息技术课程就是要全面提升学生的信息素养,帮助学生掌握最基本的信息技术知识和基本技能,增强学生获取、分析、加工、利用信息的意识,发展学生的计算和批判思维,提高学生数字化学习与创新能力,树立正确的信息社会价值观和责任感,培养适应当今信息化社会所需要的人才。但是现实的信息技术课堂与国家课程标准提出的目标还有很大的差距,这些差距来源于:

第一,在长期的信息技术课堂教学中,发现学生学习信息技术的兴趣、兴致很高,但是对信息技术理论知识和应用重视程度不够,许多学生只对游戏、网络、聊天、听音乐、看新闻等娱乐性的事物感兴趣,对老师讲的相关知识和技能不屑一顾,根本不把它当作一门科学课程来学,所以在做题或完成任务或考试的时候,一无所知,不知所措,这说明同学们根本没有掌握老师在课堂上所讲的知识点和需要体验的技能操作,心思不在学习而在玩上,这种不重视的现象给课堂教学的进行和组织带来很多不利的因素。

第二,信息技术课堂教学本身就很难驾驭,它有很多不定的因素,它重在操作与实践,强调做中学、学中做,上课形式和组织教学的形式与其他学科完全不一样,90%的教学都在网络教室里完成,学生拥挤,教室很大,学生水平参差不齐,同时还受教学设备的影响,这给课堂教学的组织带来很大的不确定性。

第三,信息技术作为一门非高考学科,没有高考的压力,只有学业水平考试的监测。而学业水平考试又相对简单,所以往往许多学校、学生、老师的重视程度不够。部分教师对待信息技术课程比较敷衍,不认真备课,上课目标不明确,任其学生发展,等等,待到学业水平考试的时候,就开始强化训练、努力冲关罢了。还有部分学校直接在高一未开设,或者高一就开始强化考试训练,没有把提升学生的信息素养作为标准,这也是造成信息技术课堂教学低效或无效的原因。

四、信息技术课堂教学有效性的含义

有效课堂实际上就是一个有效教学的问题,凡是能够有效地促进学生发展,有效地实现预期的教学结果的教学活动,就是有效课堂教学。有效主要是指通过教师的一段教学之后,学生能获得具体的进步或发展。学生有无进步和发展是衡量教学是否有效的唯一指标。教学是否有效,并不是教师有没有教完内容

或教得认不认真，而是指学生有没有学到什么或学生学得好不好，如果学生不想学或者学了没有收获，即使教师教得很辛苦也是无效教学。同样，如果学生学得很辛苦，但没有得到应有的发展，也是无效或低效的教学。有一次笔者参加贵阳市的信息技术教研活动，是一节市级公开课，利用Flash mx制作动态相册，整堂课老师讲解非常精彩，而学生看起来很迷茫，老师的讲解远远超过了三分之二的时间，留给学生实践操作的时间只有三分之一，最后在验收学生成果时，所有学生都没有能完成老师的任务，这就说明了这样的教学是无效或低效的。我们讲信息技术课堂教学的有效性，实际上就是看在信息技术课堂教学中学生学到了多少、接受了多少、掌握了多少，学生得到了多少发展，而不是看教师教了多少、讲解有多精彩。我们常常在教学以后对学生的收获进行分析，如果80%的学生掌握了80%的内容，说明我们的课堂是有效的，且是高效的；如果60%的学生掌握了60%的内容，说明我们的课堂是有效的，但只是合格课堂；其余的就属于低效或者无效课堂。所以，信息技术课堂教学有效性的含义是以信息技术教师经过教学过程之后，学生获得了多少进步、提升了多少信息素养作为标准的。

五、如何提高信息技术课堂教学有效性

　　信息技术作为当今应用于生活的一种基本工具，越来越受到多数人的重视。虽然它是非高考科目，部分学生和学校、家长不够重视，但是它也有其他学科不可比拟的优势。比如学生对这门课非常感兴趣、多数学生都喜欢动手操作、学生在完成任务后获得的成就感很强、学生喜欢探索和创造，等等都是其他学科不能比拟的。那么如何利用这些优势来上好信息技术课，提高课堂教学的有效性？我们在长期的信息技术课堂教学实践研究中得出，要提高信息技术课堂教学有效性，必须首先要做好集体备课、备好学生学情、备好学习目标和过程，然后在课堂教学中，充分发挥学生的自主性、强化教师的引领作用、选择适合学生和学科的教学方法、完善我们的教学环境、优化课堂教学过程等，是完全可以改善和提升课堂教学的效率的。只有学生主动地参与教学、参与课堂、参与学习，学生才能主动地接受知识、掌握技能，才能提升自身的信息素养。教师也只有提高了自己的专业素养、专业能力、授课水平、组织教学的水平、提高个人的魅力，才能吸引学生主动求学、主动求知、主动听课。合适的教学方法，是提高教学效率的重要途径，是激发学生学习兴趣、促进学生的发展的重要手段。良好的教学环境，也是优化课堂教学的重要因素，如果在操作实践中，设施设备老是出故障，学生哪怕有再多热情也会黯然神伤。

（一）有效或高效课堂从集体备课开始

笔者通过实践研究认为，要让课堂教学有效或者高效，备课是关键，只有备好课，才能上好课。那么如何才能备好课呢？笔者认为靠个人的力量是很难备出高质量的教学方案的，只能依靠集体备课，以群体智慧、集思广益、取长补短，才能研究出最佳教学设计。

（1）集体备课首先应确定主题和主备人。确定主题，明确集体备课的内容、范围和要求，明确主备人的职责和任务，这是集体备课的前提。教师在集体备课研讨前应提前研究内容、教材、课标，只有这样才能在集体议课时清晰地亮出自己的观点，才能有针对性、目的性地进行交流。

（2）在集体备课中，最好的方式是将教学设计分成多个环节，在探讨完其中一个环节并达成共识后，再进行下一个环节的讨论。比如：先开始讨论教材分析，把教材分析探讨完成并达成共识后，再去讨论教学目标。而不是把整个教学设计抛出后，来个大讨论，这样不利于讨论切入点的把握，而且容易引起空谈和泛谈。

（3）集体备课的内容要有所侧重，不是教学设计中所有环节都要进行集中讨论，比如教学方法、一般教学过程等这些内容老师可以根据自己教学的习惯和学生的学情进行灵活的选择和应用，不能照搬照套。我校曾经有一位老师外出学习，听了一节非常棒的公开课"文本信息的加工"，上课的教师的教学设计很新颖，课堂表现很精彩，学生很配合，效果很不错，在场的教师都为之喝彩。后来，这个教师就把上课教师的课件和教学设计带回学校，用同样的方法教授我们的学生，结果课堂一片沉寂、学生很沉闷，教师也为之大汗淋漓、不知所措，自然教学效果相差甚远。同样的教学设计、同样的教学课件，为什么教学效果就大相径庭呢？其实就是教师的功底不一样、教学特点不一样、学生的学情不一样。所以集体备课时，我们可以重点备教材、学习目标、案例或任务、教学评价，而没有必要精备所有的环节，应该有侧重点。

（4）集体备课的各个环节应该有先后。一般的备课顺序为教材分析、学习目标分析、案例或任务分析、教学评价分析。教材分析主要是分析教材在本节、本章、本册以及在课标中的地位和作用，教材只是一个参考载体，不同的出版社描述有所不同，教材分析主要以课标作为参照物。学习目标分析是在教材分析的基础上对学习者所要达到的某种核心素养目标而进行的分析，它是集体备课中的重点，只有把学习目标定位准确，我们才不会迷失方向。案例或任务分析是在学习目标明确的基础上进行的教学过程分析，它主要体现在教学过程中如何精选案例或规定合理任务，激发学生的学习兴趣和求知欲望，达到有效课堂教学的目的，从而实现学习目标的要求。评价分析主要是为了科学、合理地评价学生的学习过程和学习结果而进行的分析。从以上可以看出，每个环节都是在它上一个环节的基础上进行的分析，所以我们也应该有顺序地进行集体备课。集体备课"信息的集成与交流"是我们学校信息技术教研组在贵阳市信息技术教研活动中展示的一次集体备课活动，当时我们把重点放在了教学过程的分析上，从情景引入到新课讲解，再到任务的规定，我们花了大量时间，其他的环节随意带过，最终选定了非常精彩的例子作为情景导入，同时策划了一次合理的任务作为学生完成的目标。结果，在大家评价中，多数老师认为这是一次失败的集体备课，因为我们忽略了学习目标的重点讨论，把精力放在了如何选择案例和任务上。虽然选择的例子很精彩，但是没有紧扣学习目标的要求，所规定的任务看似合理，但是不符合新课程提高学生信息素养的理念。所以，在集体备课时，各个环节都不能少，但也要有侧重，不能断章取义，只有这样，我们才不会迷失方向，才能少走弯路。

(5) 合理地利用集体备课的资源，才能提高信息技术课堂教学的效率。通过集体备课后形成的共享教学设计具有普遍性，每个教师必须根据本班学生的实际情况、针对个人教学特点，对共享教学设计进行添加取舍，形成符合本班实际的"个性化教学设计"，才能应用于课堂，提高课堂教学的效率。

总之，在信息技术学科中开展集体备课，将各种思想、经验汇聚在一起，形成基本统一的观点，不仅可以促进教师间的合作与交流，使教师快速成长，而且也是提高课堂教学有效性非常有效的途径。新课程改革在倡导学生合作学习的同时，我们教师也应该合作探究，发挥集体智慧的优势，集思广益，形成共同研讨的氛围，使教师在思想碰触的过程中促进自身的专业发展。

(二) 创建学生自主学习的课堂，才会更加高效

信息技术作为非高考科目，学生往往压力不大，造成上课的随意性也很大，所以要提高课堂教学的效率，学生的自觉和自主就显得尤为重要。通过实践研究，笔者认为，教师可以通过以下四个方面来创建学生的自主学习课堂，从而促进学生的核心素养发展。

1. 提供自主学习目标，增强自主参与意识

自主学习主张的是以学生为主体，教师不是学习的主宰者，而是学习的指导者。教师要树立正确的学生观，调整好与学生间的关系。把自己变成"一位顾问""一位交换意见的参与者""一位帮助发现矛盾论点而不是拿出现成真理

的人"。充分发挥学生学习的主动性，变接受型的被动学习为探索型、发现型的主动学习。

目标导学意义在于体现学生学习主体的地位，针对学习内容明确相应的任务，进而围绕目标自己主动动手操作、动脑思考问题，积极、主动地参与学习活动。如：为让学生掌握 Word 的基本操作，可以让几个经常玩电脑的同学谈谈他们在学习的过程当中经常遇到的问题，然后老师根据学生提出的问题，组织全班同学进行讨论，最后叫同学总结出这些问题的解决方法。使学生在探究新知的过程中，暴露他们感知理解新知的矛盾和差异，把他们弄不懂的地方、错误的地方都摆在桌面上，再引导他们通过独立思考，摒弃错误，发现真理，实现由感性认识到理性认识的转化。这样，通过活动，让学生自己发现要学习的东西，能够积极地被同化，因而容易得到更深刻的理解。

2. 教师应利用多种形式，促进学生养成自主学习的习惯

自主学习过程就是解决问题的过程，该过程可以直接反映出学生的学习效果。学生通过教师评价反思自主学习的效果，教师通过整体评价让学生明确自己在集体中的位置。兴趣是人的认知需要的情绪表现，在学习过程中起着极大的推动作用。为了激发学生的兴趣，使他们增强学习的自主性，在课堂上教师可以多利用一些激励性的语言，激发学生学习的热情和兴趣。同时应该看到学生们是有种种兴趣倾向的，在组织教学的时候应有所侧重，喜欢动画的同学可以给他们布置动画制作方面的任务，有美术特长的同学可以给他们学习图像处理的机会，喜欢编程的同学可以单独为他们讲点编程。学生在完成任务过程中，体会成功的喜悦。并且关注每个学生的学习成果，要注意尽量给学生展示、说明的机会。这样才能使他们有成就感，在今后的课上充分发挥他们学习的主动性，主动探求更多的东西。

3. 利用课本或制作学件，提供自主学习资源

现在我们都提倡以学生为主体、教师为主导的教学模式，这就要求教师要有比较合理的方法来组织一节课的教学。对于知识比较简单，而且课本上又讲得比较详细的内容，老师就可以根据目标提炼出几个问题板书在黑板上，然后要求学生根据老师提出的问题去看书，在书上归纳总结出这几个问题的答案。通过这样的一种方式，学生可以充分地利用课本，同时本节课的几个主要问题也能得到解决，让学生学会看书的同时也学会了如何总结和归纳。达到了引导学生进行自学，培养独立操作、主动探索的能力的目标。而对实践操作性较强的课，教师可以制作学件，把各种教学信息和操作步骤（提示）做成 Word 文档，在教师机上共享，让学生花 20~25 分钟时间学习文档中的知识，边自学获

得提示边上机实践，最后独立完成规定的作业。然后花 10~15 分钟时间与学生一起讨论并演示关键的操作步骤，总结出带普遍意义的内容，一方面加深印象、巩固所学内容，另一方面增强学习的自主性。

4. 加强学习方法指导，提高自主参与能力

发挥学生主体作用的关键在于教给学生学习的方法，让学生由"要学"到"学会"，再过渡到"会学"。教会学生学会学习，一是要学会学习信息技术工具和信息资源的使用，未来的社会是发展的社会，信息技术高速发展，学生将面临新的信息技术工具和信息资源，所以学生必须学会如何学习和掌握新的信息技术工具和信息资源。二是要学会如何使用信息技术工具和信息资源去辅助学习，提高学习能力，从而有力地促进其学习能力的提高。

实践证明，只有发挥学生的主体作用，学生在课堂中主动思考、主动分析问题解决问题、主动实践探索、主动架构内容和课程框架，学生才会获得发展，这样的课堂才是有效或者高效的课堂教学。

(三) 选择合适的教学方法，会大大促进课堂教学有效性

1. 情境预设，调动学生的学习兴趣和积极性

情境预设，将学生带入现实的情境生活中，并体验真正的技术生活，可以很好地激发学生的学习兴趣。比如，高一年级的第一册第一章第二节"信息技术的重要工具——计算机"，由于本节内容比较枯燥、抽象，学生难以很好地掌握，因此，上课时可以根据本节内容设置情境，假如你是一名计算机 DIY 喜好者，需要一台计算机来完成演示文稿制作，你将如何配置适合自己的计算机？然后根据基础水平的不同提出不同的要求。基础好的同学先去查阅资料，拿出计算机配置单，他们可以通过图书馆、网络去查阅，也可以通过计算机销售公司、组装公司去了解，那么老师可以通过学生的计算机配置单了解学生对计算机硬件的掌握情况并结合内容加以评述，还可以加以表扬，评出组装高手，从而激发他们的学习兴趣和积极性。同一知识对于基础薄弱的学生，教师可以先用课件、图片展示计算机的构成，让学生有一个直观、形象的了解，再把学生带入计算机教室，老师可以拆开计算机，让学生了解具体的实物，这样学生就不会感到教学枯燥、乏味，从而达到教与学的相互增长。所以，情境预设、因材施教、调动学生的学习兴趣和积极性，可以解决学生之间基础水平的差异，也为避免一些学生"吃不饱"而无所事事，另一些学生因"消化不良"而失去信心的情况。

2. 展示学生作品，增强学生的成就感、自豪感和自信心

学生是需要鼓励和赞扬的，信息技术课堂最好的鼓励、赞扬方式就是将学

生取得的成果展示出来，让学生来充当"小老师"，让他们自己把作品的创作过程讲给其他的同学听，从而增强他们的成就感、自豪感和自信心。比如，在上网页制作课时，将那些制作比较美观的、创意比较新的、作品具有闪光点的同学叫上台来将自己的作品展示给全体学生，陈述他们的创作过程，以使同学们在学习过程中相互借鉴和探索，同时也给同学们一个再学习的机会。这样，学生的作品得到了认可，增强了他们的信心和自豪感，同时也提高了他们学习信息技术的兴趣，对学习稍差的同学也是一种再学习和帮助。

3. 任务驱动、集体协作是提升信息技术核心素养的最好手段

任务驱动、互相探讨、集体协作，共同完成作业，可以收到很好的效果。在制作演示文稿的时候，要求他们用 PowerPoint 制作一个完整的作品，要求有链接，图文并茂，格式框架合理，主题突出，内容充实。教师就将一个班的学生按 3~5 人自由组合，分成 10 个组，要求每个人都为了一个共同的目标，给定相应的任务。实践证明，这样的方式效果很好，完成率很高，学生兴致很浓，创新点也很多。通过任务，设定任务要求，然后集体协作，一方面通过任务完成，可以学会知识内容和技能操作。另一方面又可以培养学生的合作意识、集体协作的能力，大家群策群力，相对分工，取长补短，共同进步。信息技术的许多知识并不是老师在课堂上都能涉及的，然而通过任务驱动、集体协作、相互增长，是完全可以共同实现核心素养提升的。

4. 精选事例，可以提高课堂教学的效率

在课堂教学中，例子的使用恰当与否，关系到教学效果的好坏，老师在举例说明或者做演示时，必须考虑到例子的普遍性、实用性、科学性，必须考虑到学生是否喜欢、是否对此感兴趣、例子是否有价值。一个好例子，足以使学生学会一个知识点、足以调动学生的学习兴趣和积极性、足以拓宽学生的知识面。比如，教师在上 Flash Mx 的 Action script 时，教师就举了一个足球裁判的例子，这个例子是测试裁判的越位知识，攻方 7 号队员射门，球击中球门柱，弹回场内。这时处于越位位置的攻方 9 号队员意识到自己处于越位位置，没有去参与比赛，而是让不越位的同队 11 号队员去争球，11 号队员控制球后，下底传中使同队 21 号射门得分。（如图）

这个例子是判断攻方是否越位。教师把这个例子做成分步动画，加上 Action script 语句，边展示边讲解，使学生懂得 Action script 语句的用途，同时也学习如何使用 Action script 语句，然后把这个例子的源程序通过网络传给学生计算机，学生可以模仿老师的制作方法，从而学会 Action script 语句的操作技能。笔者觉得这节课的效果很好，学生对老师的例子非常感兴趣，集中了学生的注意

力，开动了学生的大脑，达到了教学的目的，也让学生学到了一些课外知识。所以，在教育教学中，老师应该精心地选择和设计例子，这是课堂教学成功的一个重要环节。

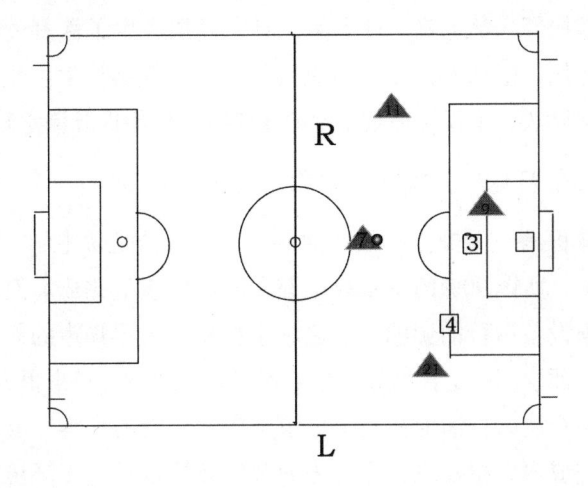

5. 实践教学法，提升学生创新能力

信息技术强调的是操作，强调的是应用，强调学中做、做中学。学生通过学习理论，最终的目标就是要能操作，能用所学的知识处理日常的问题，所以，培养学生理论与实践的结合能力相当重要。一方面，在课堂教学中，必须要强调实践能力的练习，以练习为主，以练习促进对理论知识的掌握，以练习达到能应用的目的。另一方面是强调知识与实际生活的衔接，理论知识、操作实践不能离开现实生活。如：在学习 Word 制作板报时，教师就要求同学制作学校的宣传画报，其结果是每个同学的海报都会有不同的效果；在学习网页制作时，笔者就要求同学做一个班级主页或学校主页或个人主页，但出乎意料的是学生做出的网页远远超出了老师的想象；在学习 Flash MX 蒙版动画时，教师要求同学根据学校的广告牌，制作一幅霓虹灯效果的动画，其结果不仅完成了任务，还增加了一些其他特效。加强理论与实践的结合，不仅可以促进学生对理论的学习、对知识点的掌握、对技能的体验，达到学以致用的双重目的，而且还能提升学生的创新创造能力。

6. 媒体教学法，更能突破教学的重难点

通过利用多媒体、投影、教学软件，可以将教师所讲的内容广播出去，让同学们在本地的显示器上观看、学习上课的内容，这样比老师用语言讲解省力、直观、形象，同时也可以扩充上课的内容，达到事半功倍的效果。比如：计算机的硬件组成，这一节的内容很枯燥，学生虽然比较感兴趣，但是由于许多硬件都在机箱内，同学平时无法直观地观看，所以在课堂上学生显得很迷茫，如果通过投影、广播硬件设备的图片、视频、再附语言的说明，那么学生就很容易掌握。比如认识大数据，播放视频，让学生了解什么是大数据、大数据的形成、大数据的应用等，学生就一目了然，对大数据产生了深刻的印象。所以充分发挥媒体的作用，把抽象的变为形象具体的，更容易让学生理解和掌握。实践证明，媒体教学法，不仅能突破教学的重难点，更能提升课堂教学的有效性。

（四）优化学习环境，减少课堂教学的不确定性

信息技术课程是一门操作性很强的科目，强调的是做中学、学中做，强调的是应用和创新，所以90%的课堂教学都在网络教室里完成。但是网络教室上课经常会受设施设备运行的影响，加之学生拥挤，机器噪声的影响，造成教学组织难以驾驭、课堂不确定性增加。这给课堂教学的过程带来很大的困难。

我们做了一个测试，学生在两个环境里完成相同的内容，其结果是大不一样的，学生的完成率大相径庭，环境好的教学效果远远优于环境差的。学生在环境比较差的网络教室里学习，往往课堂教学难以成功，学生唉声叹气、教师忙于维修维护，整个课堂嘈杂一片，学生没有获得感，教师也疲于奔命。而学生在优美的教学环境中学习，注意力明显集中，教师也更加专注。这里指的优化教学环境，就是完善网络教室的硬件设备和软件资源，完善教室的清洁卫生，让学生享有稳定、方便、快捷的学习工具，享受舒适、安静、清净的学习环境和氛围。要优化信息技术课堂教学的环境，需要任课教师、管理人员、学生共同去创造。在进入网络教室前，我们会给学生交代网络教室的管理规定，严格要求遵守学校的规章制度，严格要求学生保持教学环境的整洁。当设备出现问题时，同时也要求管理人员及时认真维护处理，随时保证教育教学的正常进行。实践证明，良好的学习环境，不仅可以创造良好的学习空间、营造积极的学习氛围，还可以减少教学过程中的不确定性。

六、研究结论与展望

（一）结论

第一，基于课堂教学的有效性研究形成了信息技术教研团队的集体备课范式：教材目标分析—学习目标分析—案例或任务分析—教学评价分析。集体备课采用电子备课，在共享平台进行交流、讨论、完善。让每一份教案都能看到每一个信息技术老师的智慧。

第二，形成以学生自主探究学习的课堂教学范式。通过教学目标的明确性、教学形式的多样化、课堂学习资源的丰富性、学生学习指导方法的针对性，从根本上保证了学生在信息技术课堂的自主学习。通过激发学生的自主学习，提升信息技术课堂教学的有效性。

第三，课堂教学有序性，提高课堂教学的效率。通过课前制定的有针对性措施，帮助学生能够提前了解网络教室的管理规定，营造良好的教学环境，促进了课堂的有序性，提高了教学的有效性。

第四，多媒体的使用，提高课堂教学中的有效性。作为学校中最应该灵活使用多媒体、投影、教学管理软件的学科，课题团队充分发挥信息时代下多媒体、投影、教学管理软件对教学的促进和融合作用，丰富了学生上课听课的形式，增加了学生上课听讲的人数。

第五，课堂教学强调技术的生活化。老师通过重新解构教材，把教材与学生日常生活建立联系，让学生在信息技术课堂找到信息技术学习的有用性，提高了信息技术课堂的有效性。

第六，学生成绩突出。通过实践探索，取得的成果是显著的，比如信息技术的会考优良率达97%以上，远远超出贵阳市城区示范性高中的水平。比如学生在机器人比赛中，多次荣获省级市级一二三等奖；在2020年机甲大师赛中，获得冠亚军；在2021年无人机比赛中荣获全国二等奖。在东盟教育交流中，我校无人机项目荣获比赛冠军，等等。

（二）展望

为提高信息技术课堂教学的有效性，我们在实践中反复探索、学习、研究，认真研读课程标准，根据学校和学生、教师的实际情况做了许多有意义的工作，获得了不错的效果，在各种优质课比赛和教学设计中荣获了各种奖次，但是因学生的学习习惯和解决问题的能力不同，教学中还是存在许多问题。在今后的教育教学中，笔者将把更多视角放在学生在课堂学习中思维的培养，让课堂能够看见学生思维的发展，看到每一个学生的成长。把育人落实到每一个教学活动中、每一个技能的掌握过程中。我们还会继续研究和实践，继续提升信息技术课堂教学的效率，让自己成长、让学生受益。

面对信息爆炸的时代，面对科技快速发展的世纪，要实现第二个100年奋斗目标，我们的青年人喊出了"请党放心、强国有我"。但我们不得不思考，青年人如何才能强国？拿什么来强国？拿什么与世界青年竞争？唯有教育，才能解决年轻人所面临的问题；也唯有教育，才能实现立德树人的根本任务；也唯有教育，才能培养适应社会、适应世界需要的人才。然而教育的中心在课堂，所以我们应该不懈努力、继续研究课堂、紧紧围绕中国学生发展核心素养要求，提升课堂教学的有效性。

遵义航天高级中学"三明三真"课堂改革案例研究

张 波 蒲应亚[*]

遵义航天高级中学

摘 要：遵义航天高级中学自2020年年初启动"三明三真"课堂改革，让课堂提质增效，把课堂真正还给学生。教师上课目标、任务驱动、效果检测明确即"三明"；学生在课堂学习中的思维过程、能力提升、学习行动真实发生即"三真"。通过一年多的教学改革，课堂生态发生了显著变化，师生的能动性加强，教学效果明显提升。改革经历了理论培训和学习，探索操作模式，引领示范阶段，使得课堂改革落地生根，取得实效。遵义航天高级中学"三明三真"课堂已经成为全校师生的共识，业已形成独特的航高课堂文化。

关键词：课堂改革；案例研究；三明三真

一、研究的背景

1. 政策、理论背景

《普通高中新课程方案（实验）》（2017年版，2020年修订）指出，普通高中应全面落实全国教育大会精神，全面贯彻党的教育方针，落实立德树人根本任务，发展素质教育，使学生"掌握适应时代发展需要的基础知识和基本技能，丰富人文积淀，发展理性思维，不断提升人文素养和科学素养。敢于批判质疑，探索解决问题，勤于动手，善于反思，具有一定的创新精神和实践能力。具有强烈的好奇心、积极的学习态度和浓厚的学习兴趣。能够自主学习、独立

---

[*] 作者简介：张波（1979—），贵州遵义人，中学高级教师，遵义航天高级中学教学副校长。
蒲应亚（1990—），贵州遵义人，中学一级教师，遵义航天高级中学教科处主任。
指导教师：贵州师范学院教育科学学院袁川教授。

思考，形成良好的学习习惯和适合自身的学习方法。学会获取、判断和处理信息，具备信息化时代的学习与发展能力。"[1] 要发展上述能力，必须把课堂的"C 位"还给学生，让学生的学习行动真实发生，学生思维得以真实呈现，给学生更多表达的机会。

2. 学校现实背景

自 2019 年 12 月市委组织部对我校领导班子调整后，新的领导班子大胆改革、开拓创新，2020 年教学质量和办学质量逐年提升，这些成绩的取得得益于我校大力实施的课堂教学改革。我校 2020 年高考取得多项突破，学校发展渐入良性轨道。与此同时，市委市政府、全社会对学校教学质量的要求也越来越高，遵义市各示范高中加强教育教学管理的力度越来越大，竞争越来越激烈。目前我校全体教职员工在工作的时间上已经花了大量精力，十分辛苦。要在现有基础上进一步提升质量，只有在提升课堂效率上下足功夫。学校 2020 年初开始提出"三明三真"课堂理念以来，全校老师在教育教学观念上有了大的转变，遵义航天高级中学课堂出现了新气象。

3. 课堂现实问题

遵义航天高级中学是一所省级一类示范性高中，一、二本升学率均较高，教师的敬业精神非常强，学校高态势发展的时候遇到了一本升学率和尖子生培养进一步突破的瓶颈，其中课堂改革是突破瓶颈的一个方向。学校以往课堂存在的主要问题有：课堂的主体是教师，教师在课堂组织上大多是教师讲、学生听的模式，教师讲得过多，学生思考得少，参与度低，学生在课堂上以被动学习的状态上课。课堂练习时间少，每节课 40 分钟，大部分教师都要用近 35 分钟时间讲解，甚至个别教师整堂课都在讲，学生的思维受到局限，没有思考的时间。学生在课堂上没有练习的时间，学生课堂学习的效果得不到马上检测。学生课堂学习的目标不明，任务驱动不明，学习效果不佳。教师没有创新精神，备课模式僵化，很容易出现学生需要的没有讲，学生已知的却使劲灌的现象，导致课堂效率低下。

如何让学校课堂提质增效，只有通过课堂改革，才会有新生。

二、"三明三真"课堂内涵研究

通过现代教育理论以及学生学习的脑科学基础，要让学习真实发展，必须

---

[1] 中华人民共和国教育部. 普通高中课程标准（2017 版）[M]. 北京：人民教育出版社，2018：1-5.

实现学生的学习的内化①；通过校领导曾经开展的课堂改革经验作为指导，要像"经忧"沉香般"经忧"课堂②；通过推门听课调研课堂目前的状态，三方面结合提出了航高"三明三真"课堂理念。

1. "三明三真"课堂的改革理念

（1）学生是学习的主体，教师是学生学习的引导者、督促者、指导者。

（2）教学过程是师生双方沟通和交流互动的过程。

（3）教师的主要任务是教会学生主动学习、学会学习、学会表达。

（4）学生学习方式不是接受式，而是自主、探究、合作模式，在发现问题、提出问题、分析问题和解决问题的过程中探究知识，而不是教师一个人的"独角戏"。

2. "三明三真"课堂核心概念诠释

"明"是针对老师教学设计和课堂组织提出的要求，具体包含"三明"：教学目标明，任务驱动明，教学效果明。

"真"是对学生课堂学习状态和教学效果提出的要求，具体包含"三真"：学生思维过程真实呈现，学生能力提升真实呈现，学生学习行动真实发生。

3. "明真"课堂具体要求

"三明"课堂具体要求见下表。

项　目	要　　求
教学③ 目标明	（1）明确具体，一目了然，指向清楚，忌大、全、空 （2）目标确定始终立足学生，基于学生"要学什么，学会什么" （3）课前展示目标，老师解读目标，切实增强师生共同的课堂目标意识
任务④ 驱动明	（1）任务（问题）设置科学、具体，紧扣教学目标和重难点，有针对性，且循序渐进，具有引导性、启发性 （2）始终关注学生怎么学，注重学生思维、能力训练，给予学生合理的自主学、思、探和表达展示的时间，关注学生的学习状态与反馈，引导学生解决问题的过程和效果好 （3）学生思考主动，讨论积极、展示充分，互研互探互督互促好，学生主体作用发挥明显，问题达成效果好

---

① 王志良. 脑与认知科学概论 [M]. 北京：北京邮电大学出版社，2011：25-27.
② 张志奎. "经忧"课堂——校长的课堂治理之路 [J]. 新课程评论，2021（1）：65-68.
③ 王静敏. 基于核心素养的教学目标设计 [J]. 课程教材教学研究：小教研究，2019（9）：47.
④ 郭绍青. 分析任务驱动教学法的内涵 [J]. 中国电化教育，2006（7）：57-59.

续表

项目	要 求
教学① 效果明	（1）课堂任务驱动效果达成好，老师把控课堂节奏好，课堂秩序管控好，学生学习氛围好 （2）对照课时目标，目标落实好，课堂收获真正落实到学生学到了什么、学会了什么，学生获得感强

"三真"课堂具体要求见下表。

项目	要 求
思维② 过程 真实 呈现	（1）认真设置好课堂驱动任务（问题），指导学生认真完成课堂任务或问题 （2）切实关注学生"如何学"，关注学生学习过程中的真实状态，在自主学、思和小组"探"中是否真学、真思、真探； （3）让学生将自己的思考充分呈现，展示思维的真实过程（口头、书面或在黑板上展示），让学生充分暴露问题，而不是点到为止
能力③ 提升 真实 呈现	（1）在学生自主学、思、探中训练学生的自主学习能力、阅读能力、互助互帮互动能力和思维能力 （2）在学生小组探究和结论展示中真实呈现学生学科思维能力和表达能力，在学生训练反馈中真实呈现学生的综合学习能力 （3）对学生的学习反馈和课堂展示给予及时精准的点拨指导，让学生清楚好在哪里，不足在哪里、在及时"拨乱反正"中训练学生的思维和能力
学习④ 行动 真实 发生	（1）关注到每位学生课堂"学"的真实状态，严格要求学生动脑、动眼、动口、动手，杜绝学生坐茶馆式听课，绝不让学生听老爷书 （2）设置好导学问题，以任务驱动"逼"学生自主学，并给予学生应有的学、思、探的时间，让学生真正进入学习状态 （3）全程关注学生自主学、思、探和听讲等学习过程，不时点拨状态欠佳的学生，让每位同学始终保持精力集中 （4）关注好学生思维过程和能力形成的真实呈现，这是学习行动真实发生的最直接表现。

---

① 闫妍. 通过课堂教学中加强当堂教学效果检测提高教学质量的实践与研究［J］. 中国科教创新导刊，2010（2）：54.
② 任质彬. 学生思维过程的课堂教学改革方法和策略思考［J］. 新智慧，2018（2）：1-1.
③ 林丽芳. 培养思维能力，提升核心素养［J］. 当代教研论丛，2020（4）：66-67.
④ 高瑜. 关注学习过程，提高课堂效益［J］. 陕西教育：教学，2014（Z2）：36.

通过理念的生成，到核心概念的界定，再到具体要求的形成，从理论到实操，便于课堂改革的落地生根。

三、"三明三真"课堂实施过程研究

1. 理论培训阶段

（1）经忧课堂

"经忧"是西南方言，意思是陪伴、关注、培育、发展课堂，内涵丰富。通过听课调研课堂问题，作《"经忧"课堂》的专题培训，提出了课堂改革的思考。强调课堂改革的迫切性，提出了为什么改、怎么改的航高"经忧"课堂理念；必须明确一堂课学生"学什么""怎么学""怎么知道学会没有"。这三个富有启发性的问题，老师们做了自我对照，确实发现我们"满堂灌"的课堂效率低，学生兴趣不强，渐渐地失去课堂兴趣，学习效果自然很难提升。学校把课堂改革从"经忧"到"经优"过渡，我们除了关注课堂，还要关注如何关注好课堂。启发教师如何在课堂上完善"三明三真"课堂的实际操作。

（2）专家把脉——科学评估

任何课堂改革，都需要专家的评估，评估科学性和可行性，这样才能有效地开展，打消教师的疑虑，确保全校达成共识，为后续的改革落地做思想动员，既然是科学的理论，为什么不坚持做下去呢？为深化课堂教学改革，助推我校"三明三真"课堂建设，学校请专家教授到校为全体教师进行高效课堂的教学示范，并向全体教师作深化课堂教学改革的专题报告。曾邀请金太阳教育集团专家李庆久教授、西南大学胡航教授到校指导，科学把关，把握改革方向。

2. 学校政策支持

（1）学校党委下发"三明三真"课堂改革相关文件，确保全校一盘棋

为进一步深化课堂教学改革，全面规范教育教学管理，深入推进教育教学研究，全面提升教育教学质量和促进教师队伍专业发展，经研究，学校正式出台《遵义航天高级中学关于加强课堂教学改革和教育教学常规管理的决定》《遵义航天高级中学关于规范和加强教育教学研究、促进教师专业发展的决定》《遵义航天高级中学关于加强日常随堂听课的实施方案》《遵义航天高级中学关于进一步加强自习课管理的通知》等文件，通过文件对课堂改革的实施、督导、教研等都做了细致的要求，建章立制，有据可依，执行不变调。

（2）教研组深入学习，内化改革精神

将学校改革决定，印发成册，通过教研组布置任务，利用教研活动时间开展专题学习。校领导深入教研组督导，并答疑解惑，让全体教师都能深刻领会

"三明三真"课堂的内涵及实施要点。头脑中有了理论的武装，才能更好地去执行学校的课堂改革理念。教师的改革是困难的，观念的转变也是需要时间的，这个过程中也遇到一些障碍，特别是老教师，固守自己所谓的经验，一讲到底。

（3）教研部门制定"三明三真"课堂改革实施方案，让理念变成现实，学校教研部门对三明三真课堂实施的阶段进行了细致科学地研究，报学校党委审议，确保科学可行，初步达成阶段实施要点，确保改革有序推进。

第一阶段："三明三真"研讨课，通过研讨课的形式对概念理念进行探讨，做课堂实证研究，通过真实的课堂案例，熟悉如何在课堂中有效落实该理念。各年级各学科备课组至少上3次"三明三真"课，在上级教研活动中充分展示我校的教改特色。

第二阶段："三明三真"示范课，通过上一学期的研讨，基本形成了"三明三真"的课堂操作模式，部分老师理念深度融入课堂，表现出的"三明三真"课堂能手，各组推荐教学能手上示范课，能够在各组充分示范，带动其他老师落实该理念。

第三阶段："三明三真"教学案推进，让前期研讨的成果，形成学校普遍推进的有效载体，三个年级普遍推开；其间各组通过组内开展教学竞赛，推荐表现优秀的教师参加学校的"三明三真"教学技能竞赛，通过评选，进一步打磨该课堂模式。

第四阶段："三明三真"过关课，通过三学期的教学改革，这个理念已经深入人心，形成了成熟的课堂操作模式，学校教改氛围浓郁，各组通过教研活动实践，组织开展"三明三真"人人过关课，每个人都能达标。

3. 实施全过程指导和督促

为了确保"三明三真"课堂教学改革有序推进，学校多方面考虑，制定方案，形成制度，让课堂在学校成为独特的文化。

（1）进行"四四"集体教研改革

"三明三真"课堂要落地，没有强大的教研措施是无法实施的，因为操作过程中会遇到各种各样的困难，需要教研组结合问题研讨，不断解决问题，让课堂改革深入推进，科学推进。

图1 航高"三明三真"课堂改革一览图

集体教研改革,从形式到内涵,教师的业务水平不断提升,为课堂改革奠定了良好的基础。通过"四一"规范了集体教研的形式;通过"四定"确保执行到位;通过"四化"形成教研成果;通过"四备"凝聚团队力量,走得更远。

(2) 规范备课和听课过程不变

教科处结合"三明三真"课堂要求制定了"三明三真"课堂听课要求,形成《明真课堂记录簿》,对教师听课观察要点进行了细致的规定,每节课都有所参考。同时还对备课本的格式进行大胆的模块设置,严格按"三明"进行备课板块的确定。每学期不定期抽查教案,查看教师备课是否严格落实"三明三真"课堂要求。制定科学的"三明三真"教学设计评价标准,让我校的教案评估不再是走形式的"神仙分"。

(3) 通过干部听课制度督导"三明三真"课堂落实

为了让"三明三真"课堂落地,学校专门制定学校干部听课制度,即《遵义航天高级中学关于加强日常随堂听课的实施方案》,指导干部听课督导,这里"干部"的范围很广,包含专研业务的教研组长和备课组长。对听课、评课等都做了细致的要求,让领导干部除了管理拿得出手,教学也必须冲在前列。听课老师转变角色，使自己处于"学"的情景中，把自己定位为教学活动的参与者而非旁观者，以学生视角来感受老师教学是否落实"三明三真"课堂的理念，是否做到"明"与"真"。

(4) 以教学案为依托，深入推进"三明三真"课堂改革

必须进一步强化学校集体教研，从过程到结果的全方位监控，建立并落实平时的"备""教""练""考"的长效机制。真正把握学科高考方向，提高备课有效性，强化"明真"课堂的执行力，加强练习的针对性和考试的精准反馈，诊断教学。具体通过集体打造明真课堂"教学案"实现，把握章节复习要点；年级统一执行，"一科一案"，学校统一标准定期抽查执行情况并进行针对性的听课督导；练习题必须筛选后呈现在教学案中，避免教师过分依赖教辅资料，习题的精准性必须坚持"讲什么，练什么"的原则；考试实行周考和月考交替进行，周考必须做到强基固本，月考必须体现阶段复习要点，具体考试时间和内容安排由年级部提出细则。

(5) 以课题研究突破"三明三真"课堂改革瓶颈

做好课题研究是教师专业自我成长的有效途径。学校要有自己的"专家"，必须要做课题；教师要成长为学科领域的专家，也必须做课题。学校将充分利用课题平台，全力培养自己的专家团队。学校要求50岁以下中青年教师人人参与课题研究，中级职称以上老师人人有可以随时拿得出来的小课题（专题）。学校将安排专项资金，不定期组织校内优秀课题评比（课题可以是个人的，也可以是集体的）。参与评比的课题必须在教学实践中得到广泛运用且收到较好效果，具体方案由教科处制定。通过课题的研究，突破了改革中的学科"三明三真"课堂的开展问题。

(6) 确立榜样，精准对标

我校每年都会举行隆重的"亲师礼"，在这个典礼上主要表彰一年来在教育教学改革中作出重大贡献的个人和集体。"教改领航人"是"三明三真"课堂改革理念落实的能手；教改领航团队是备课组严格落实明真课堂改革理念的团队。在全校范围内表彰先进，营造良好向上的氛围，让改革之风吹遍航高校园，教改之风实现未有之大变。

四、明真课堂改革成效研究

1. 学生课堂获得感明显增强，学习效果明显提升

通过每学期组织的"三明三真"课堂调查问卷发现，学生在课堂的动手、动脑、动口的机会明显增多，课堂的思维容量更大，学习的效率明显提升，在

2020—2021学年的两个学期统考中，学生均分成绩比上一学年有明显提升。在高考中，2021年学校的高考一本上线率创历史新高。

2. 教师业务提升明显，青年教师迅速发展

以明真课堂为依托，深化集体教研改革，教师在各级比赛中获奖人次创航高近些年之最，教师在外讲座人次明显增加；我校青年教师占2/3左右，在集体教研的引领下，学校青年教师迅速发展，多人在近两年迅速成长为市、区级骨干。

3. 学校教研之风更加浓郁

学校之前的教研停留在面上，集体教研流于形式，在近两年以明真课堂为切入推进的集体教研，大家知道要做什么、研究什么、课堂获得什么，业务提升的关键点在哪里。这些问题都得到了很好解决。以"三明三真"课堂标准改革的课题有多个，备课组一周一研变成了一周两研，这些都是可喜的变化。

五、明真课堂改革阶段成果展示

成果类型	名　　称
理论培训类	《经忧课堂》
	《从经忧到经优》
	《学校"明真"课教学管理》
制度类	《遵义航天高级中学关于加强课堂教学改革和教育教学常规管理的决定》
	《遵义航天高级中学关于规范和加强教育教学研究、促进教师专业发展的决定》
	《遵义航天高级中学关于加强日常随堂听课的实施方案》
	《遵义航天高级中学关于进一步加强自习课管理的通知》
	《遵义航天高级中学"三明三真"课堂实施方案》
	《"三明三真"课堂教学视导实施方案》
	《"三明三真"课堂教学案实施方案》
	《"三明三真"课堂强化月方案》
课题类	《"三明三真"课堂学校案例研究》
	《基于"三明三真"之化学课堂研究》
	《基于"三明三真"课堂的地理教学行动研究》

续表

成果类型	名　称
教研成果类	《航高"三明三真"教学案》——学生版
	《航高"三明三真"教学案》——教师版
	《航高"三明三真"教学案》——课件
	《航高早读晚诵读本》
	《航高周周清》

六、明真课堂改革反思

明真课堂改革在学校推进一年半的时间，从理论培训到改革措施的推进，前期受到很大的阻力，特别是部分老教师已经习惯了传统课堂，所以对以学生为主体的课堂感到不适应。年轻教师适应能力较强，在改革过程中还创新应用多媒体技术，移动终端平板开展教学，更加有利于学生课堂表达展示。在第三阶段的教学案推进过程中，由于教师对研制教学案的过程不是特别清楚，中间走了一些弯路，各组加强交流和学习使得教学案得以优化，教学案印制的费用较高，也给班级文印费造成了一定的经济压力，还好这个过程中得到了家委会的大力支持。

结语：课堂改革是永恒的话题，遵义航天高级中学在近两年的课堂改革中系统作业，初见成效、取得了一定的成果，对教师的教学观、学生的学习观具有较大的影响，在执行过程中也出现一些问题，还好学校有强大的专家团队和教研团队为支撑，使得改革有序推进，取得实际效果，但我们也深知改革才刚起步，仍然需要加强课题研究，形成区域研究成果进行推广，这样的路还很长，笔者想在学校党委的领导下、各部门精诚配合下，定会使学校的明真课堂改革深入推进取得更大的成果。

提高课堂教学有效性策略研究
——以六盘水市民族中学为例

柳修阳*

六盘水市民族中学

摘　要：课堂是教育教学的主阵地。因此，决战课堂、提高教学的有效性，发展学生的核心素养，就是提升教育质量的关键所在。本文以六盘水市民族中学为例，对提高课堂教学有效性策略进行研究，采取教学督导、诊断教学、集体备课、教师培训、教研兴校、激励机制、注重学生全面发展等七个策略，以促进教师的专业发展。

关键词：课堂教学；有效性策略；中学

课堂是教育教学的主阵地。目前，很多学校都存在课堂教学组织杂乱无章、"满堂灌"、学生思维品质被固化在浅表层次、学生学科核心素养发展没有得到很好落实等课堂教学效率不高的现象。因此，决战课堂、提高教学的有效性，就是提升教育质量的关键所在。本人以六盘水市民族中学为例，对提高课堂教学有效性策略进行实证研究，采取教学督导、诊断教学、集体备课、教师培训、教研兴校、激励机制和注重学生全面发展等七个策略，做足课堂教学的课内和课外功夫，发展学生核心素养，从而促进教师的专业发展，达到教学的有效目标。[1]

一、实施教学督导策略、促进教师专业成长

教学督导是学校教学管理工作中的一个十分重要的环节，它对提高教师的

---

* 作者简介：柳修阳（1966—），贵州盘州人，六盘水市民族中学副校长，中学英语正高级教师，主要从事基础教育教学研究工作。

指导教师：贵州师范学院教育科学学院张鸿翼教授。

[1] 陈建强，列茜，李青. 讲出学生真心喜欢的思政课 [N]. 光明日报，2019-01-31.

教学能力、加强学校教学常规管理、开展教育科学研究、深化教学改革、促进新课程的有效实施，具有积极的作用。

（一）成立教学督导组

为切实全面掌握教师的教育教学水平，了解教师教学的优势与不足，学校印发了《六盘水市民族中学课堂改革方案》，为督促课堂改革的落实，学校成立了教学督导学术委员会，聘请教学经验丰富、责任心强、具有影响力的名师、骨干教师担任委员，对教师的课堂教学进行督导。

（二）实行推门听课制度

督导委员会采取"推门听课"，对教师的课堂教学进行不定期、不打招呼的听课诊断，并形成督导报告，罗列出被听课教师的任教班级、听课时间、教学优缺点、改进建议等信息，定期向分管教学的校长进行汇报。

学校根据督导委员会的汇报，能够对全校教师的教学能力和执教水平有一个全面清晰的了解，对执教能力较弱的教师进行谈话，督促其改进课堂教学，转变教学理念。经过努力，教师中已经形成了一定的竞争氛围，养成了忧患意识，极大地促进了教学风气的转变，带动了学校教育教学质量的提升。

（三）重视教师教学风格的形成

教学督导还有利于形成教师的教学风格，促进教师专业发展。同一学科，同一教学内容，不同教师进行教学会表现出不同的教学风格。对不同的教学风格，学生的感受和认同是不一样的。本校大多数学生喜欢语言精练、抓住重点、循循善诱、逻辑性强、讲得透彻、课堂气氛轻松愉快、作业又不多的教师的教学风格。教学督导评课过程中，注意发现和总结教师们的教学个性，避免用别人的意志去规范教师们的教学思路和教学行为，致使他们的特点和长处得不到应有的完善和发展。鼓励教师将自己优秀的教学品质不断进行打磨，使教学个性充满生机和活力，逐步形成自己的教学风格。

二、开展诊断教学，促进教师教学改进

除整合学校师资力量、成立教学督导学术委员会开展工作外，学校还采取多种形式对课堂教学进行把脉问诊，鼓励教师之间互相听课评课，充分发挥学科组在教师成长中的引导作用。通过校外专业机构，邀请专家名师进入校园、走进课堂，开展诊断教学。

（一）邀请第三方专家到校诊断教学

2020年11月，我校邀请山东天成教育集团大教育培训中心专家组一行莅临学校指导教学，并与我校语文、数学、物理教师进行教学交流。专家组一行对我校的课堂教学、教科研活动提出了宝贵的建议。

2021年4月，我校通过六盘水市直高中教育集团邀请集团内骨干教师莅临学校，开展教学诊断，对我校教师的课堂教学、集体备课、科室工作等进行把脉问诊，形成了诊断报告，及时反馈至学校。

2021年6月，我校邀请六盘水市教科院组织专家教师开展教学视导。专家教师走进教室，细致观摩课堂教学，对我校43位教师的课堂教学进行诊断分析，涵盖高考九大学科。专家团队指出课堂教学要立足于学科核心素养，突出重难点内容，开展多种形式的探究活动；设置有深度的课堂问题，发挥学生的主体作用。

以"双百工程"示范校建设为契机，从2018年开始，学校就在第三方机构贵阳北文研咨询有限公司的帮助下，邀请了省内学科教学专家到校指导学校的教学情况，到目前为止，高考九大学科已完成了教学指导，部分弱势学科至少接受了5次教学指导，这大大提升了学校教师上课的优良率。

（二）教师之间互相听评课

为牢固树立教师的终身学习意识，提升个人教育教学水平，学校实行学科组内教师互相听评课制度，要求每位教师每周至少听一节本组教师的课，教务处定期对教师听课情况进行汇总公布。一学期共有169名教师上课，听课教师3380人次。

此项制度极大地激发了教师的工作热情。一时间，教师之间兴起了听课评课的热潮。通过听评课，不少教师发现自身长期存在的不足，并根据其他教师的建议进行了改正，从而提升了个人的执教能力；也搞活了学科组的教科研活动，切实为教师的专业成长创造了条件。通过适当的课堂探究、展示活动，学生和老师、学生与学生之间产生思维碰撞，激发学生的学习热情，培养学生多元化思维能力。以及如何创设情境，提高引入环节和课堂探究环节的有效性。

（三）教研组开展课堂实录活动

为提升教师的教学水平和专业能力，本学期，学校在各教研组内开展课堂实录活动。每个教研组根据组内实际情况及学科特点制定活动方案，采取同伴互助和小组互助的形式听评课，提出修改意见，在9月底前所有教师完成两轮的达标课的检查。通过此项活动的开展，教师们对自己上课中存在的问题有了深入的了解，同组教师提出的建设性意见也解决了自己长期教学中的瓶颈问题，同时，在活动过程中大家都得到了共同进步。

三、坚持集体备课，促进教师共同进步

备课组作为基层的教科研单位，在学校的教科研体系中发挥着关键作用，也是提升教师课堂教学水平的重要保障。学校高度重视备课组在教科研体系中的作用，千方百计促使集体备课工作落到实处，走向高效。

（一）确立"四定"原则

学校坚持集体备课要实行四定原则：定时间、定地点、定主题、定主备人。教科处根据备课组提交的集体备课工作计划，对集体备课活动进行督导。同时，备课组根据年级的不同，备课的侧重点也有所区别，尤其是本学期，面临"三新"改革，高一年级备课主要针对新教材和新教法进行研究。

（二）注重集体性与个性化结合

目前，集体备课工作正逐步走向规范化、精细化，各备课组通过集体备课，逐步形成了共有的备课教案。由于每位教师的执教风格、教学技巧有所不同，学校鼓励教师在集体备课的基础上，结合自身和任教班级的学情，对集体备课教案进行个性化修改，使其更加符合教学工作需要。

备课组教师在执教完毕后，开展集体教学反思。着重分析教学中遇到的问题，分析学生在教学中的反应，反思之前设计的教学环节是否达到了预期，在教学反思的基础上，对教学设计再度进行修改，使之更加完善。

四、学习培训，引领教师专业成长

继续教育作为教师个人成长、学校发展的重要途径，在学校的教育教学工作中发挥着越来越大的作用。学校高度重视对教师的继续教育，在选派优秀教师参加教育行政部门组织的培训的同时，也结合学校发展和教师成长的需要，举办针对性的培训，满足多元化的发展需求。

（一）选派优秀教师参加教育主管部门组织的培训

在2020—2021学年，学校选派教师220余人次参加省市级培训，涉及新课程改革、德育管理、教师信息技术能力提升等诸多方面。通过培训，教师切实了解到了最新的教育教学动态，转变了教学理念，实现了教师个人成长与学校

发展的有机结合。

（二）大力开展校本培训

学校坚持"走出去与引进来"相结合，邀请校外专家名师进行主题讲座，开展教学诊断。

2020年4月，邀请大连市第二十四中学王绍勇老师，为我校教师作"山海情讲坛——高三第二轮复习备考的实践与思考"主题讲座；由大连市第十二中学朱颖老师作"大连班级管理实践"主题讲座。

2020年11月，邀请山东天成教育集团大教育培训中心专家组一行莅临我校指导教学，并与我校语文、数学、物理教师进行教学交流。

2020年12月，我校邀请山西省特级教师、忻州一中北校区副校长吕羡平老师莅临我校，作"高效课堂的核心是落实"主题讲座。

2021年7月，组织50余名骨干教师到重庆进行教育科研及新高考改革培训。

以上诸多培训涉及高效课堂的建构、班级管理、新课程改革、集体备课等方方面面，覆盖面广，内容形式多样，培训也取得了相应的效果。

1. 促进了课堂教学的变革

在新课程改革逐步实施的背景下，我校教师也在探索课堂教学的转变之路，传统的教师"一言堂"教学模式正在向教师主导、学生主体的有效课堂模式转变。目前，我校教师的课堂教学正在越来越突出学生的主体地位，以教师的引导来开展教学环节，注重培养学生的学科核心素养。

2. 推动新课程改革在学校的落地实施

2021—2022学年第一学期开始，贵州已经正式进入新课程改革，新教材正式在全省范围内使用。新的统编教材与传统的老教材之间，不论是内容还是编写体例，差别都很大，对师生尤其是教师的课堂教学提出了更高的要求。我校教师通过多种形式的培训，已经对新课程理念有了一定的认识；也通过学校购买的统编教材，对新教材的内容有了不同程度的了解。在本学期，担任高一教学的老师已经开始采取符合新课程理念的教学方式，开展课堂教学。

3. 协调了家校关系，加强了德育管理

德育工作作为学校工作的重要一部分，在学生成长中发挥着重大作用。我校坚持"五育并举"的理念，密切家校联系，定期举办针对家长的家庭教育培训，提高家长的教育能力和素质，注重提升班主任的管理水平。目前，我校的德育工作正在有序地开展，形成了规范化的值班制度，家校之间密切互动，为学生的成长保驾护航。

五、坚持科研兴校

教科研工作作为学校持久发展的重要源泉,在教师个人成长和学校整体发展方面发挥着关键作用。我校坚持将教科研工作纳入学校长远发展中,以科研为基础,以教师成长和学校发展为目标,坚持"走出去""引进来"相结合,采取多种措施,切实提升学校科研水平。

(一)坚持学科组教科研活动

学科组作为学校的重要组成部分,在教科研工作中发挥着承上启下的作用,上承学校整体发展,下接教师个人成长。

我校制定了学校教科研制度,要求学科组每月进行两次集体教研,并根据学期初制定的学科工作计划开展活动,由教科处进行督查,确保教研活动的效果落到实处。本学期,学校要求学科组开展课堂实录活动,每位教师都要录制教学视频,在组内进行研讨,帮助教师查缺补漏,促进其进一步成长。

(二)鼓励教师积极进行课题研究

提高教师专业水平是学校"教师队伍建设好"永恒的标准和主题。[①] 要把学校办成一流学校、特色鲜明的学校,必须有一支与办学方向、办学规模、办学品位、社会需要相适应的师资队伍。为了加强学校师资队伍建设,提高教师队伍整体素质,努力打造一支有高尚师德、业务优良、学识广博、基本功扎实的教师队伍,以满足社会发展和学生发展的需求,以"让教师与学校一起发展,让教师与学生共同成长"为目标,我校以课题研究为抓手,促进教师不断学习、促进教师深入思考、促进教师不断进步,引领广大教师专业成长。每年学校积极申报市级课题,并成功立项和结题。为了彰显民族特色,学校艺术组教师积极研究民族文化,《彝族歌曲在音乐教学中的渗透》《彝族服饰文化渗透中学美术教学研究》两个民族教育方面的课题研究在市级立项,其中《彝族歌曲在音乐教学中的渗透》已结题。

(三)建立"和美"课程体系

我校结合学校实际状况及发展目标,制定了课程实施方案,着手建立"和美"课程体系。

[①] 虞国斯. 搭建教科研平台 引领青年教师成长 [J]. 中小学校报, 2016 (08).

1. "和美"理念

"和美"取自"各美其美，美人之美，美美与共，天下大同"。"和美"理念侧重于学生个体成长，注重培养学生良好的品德，提升学生的实践动手能力。"和美"理念将促进师生之间、学生与学生之间关系的和睦，营造出良好的氛围。

2. "和美"课程体系内容

课程体系包括国家性课程、拓展课程、特色课程。国家课程为国家所规定的学习课程。拓展课程侧重于满足不同层次学生的学习需要，发挥不同学生的特长，培养其相应的技能。特色课程彰显学校民族特色，传承优秀民族文化，增进学生对中华民族共同体的认同。

3. 课程体系建设成果

学校已经制定了课程体系方案，并征求了学科组教师的意见，补充完善了课程体系的内容。目前，该课程体系正在有条不紊地建设中。学校已开设了民族艺术、民族体育等相关课程，将"和美"理念融入课堂教学，以"和美"课程体系促进学生全面发展，落实"立德树人"的教育使命。

通过课程体系建设，我校将建构一套符合学校发展需求、学生全面成长需要的课程结构。

六、重视激励机制建设

教师的成长需要一定的激励措施，我校重视从制度层面建立激励机制，为教师成长提供制度保证。

（一）开展校级教学名师、骨干教师、教坛新秀评选

为促进教师队伍结构合理化，增强教师的荣誉感，我校自 2019 年起开展校级教学名师、骨干教师、教坛新秀的评选。根据评选办法，每年从教学能力强、师德师风过硬的教师中，遴选出一批教学名师、骨干教师、教坛新秀，并公开予以表彰，激励教师奋发有为，不断提升自己的教学能力。

（二）加重教学业绩在个人年度目标考核中的比重

教学质量是学校发展的生命线，教学业绩是检验一名教师最好的标准。为促进教师奋勇争先，提升个人的教学业绩，我校修改了年度目标考核办法，加大了教学业绩的比重。以激励广大教师不断改进教学方法，探究深度学习，将个人努力转化为教学业绩，带动学校整体教学质量的提升。

七、注重学生全面发展

（一）开展"五进校园"活动　铸牢中华民族共同体意识

作为全市唯一一所市属完全民族中学，市民族中学秉承"为生命成长奠基，对民族未来负责"的办学理念，在大力抓好教育教学质量提升的同时，始终把民族团结进步作为一面闪亮的旗帜，坚持以铸牢中华民族共同体意识为主线立德树人，强化党对民族教育教学工作的领导，发挥党在民族团结进步创建中"把方向、管大局、保落实"的核心作用，成立创建工作领导小组，制定实施方案，以"五进校园"促"五个认同"为创建主题和目标任务，以中华民族共同体教育进校园、民族优秀传统文化进校园、民族团结进步教育进校园、民族传统体育项目进校园、示范典型英雄事迹进校园为创建载体，全面深入开展民族团结进步创建工作，促进全校师生不断增强对伟大祖国、中华民族、中华文化、中国共产党、中国特色社会主义的认同，不断夯实中华民族共同体意识的思想文化基础。[1] 让各族学生了解中国五千多年的历史，就是各民族共同缔造、发展、巩固统一的伟大祖国的历史；了解各民族形成与发展的历史[2]，就是一部各民族交融汇聚成多元一体中华民族的历史，增强各族学生的爱国主义情怀。

1. 民族团结读本进课程

多年来，学校初中部一直开设"民族常识"课程，安排专职教师授课，每周1节。该门课程涵盖了《团结统一是中华民族的光荣传统》《广袤富饶的共同家园》《伟大的中华民族》《各民族杰出人物》等十个课题，授课教师讲解各民族的饮食、衣着、语言、文字、风俗等知识，增强学生的文化自信，激发民族自信心和自豪感，培养学生对中华民族和中华文化的认同。

2. 民族政策进讲堂

学校安排民族团结课程宣讲民族政策，还适时举办民族团结进步宣讲会，开设民族文化研习社，由历史学科教师面向高中部全体学生授课。通过宣讲党的民族政策、国家领导人关于民族团结的重要论述等，培养学生正确的民族文化观念，引导学生感党恩、听党话、跟党走，认同中国共产党和中国特色社会主义，坚决维护国家和各民族的团结统一。

---

[1] 李俊. 校园内，民族团结和谐花盛开——六盘水市民族中学民族团结进步创建工作纪实[N]. 六盘水日报，2021-05-06.
[2] 陈育宁. 中华民族历史观与中华民族共同体[J]. 宁夏大学学报（人文社会科学版），2021（06）.

3. 民族英雄进心田

学校以民族文化进校园为抓手，在民族团结进步广场悬挂中华民族英雄人物志、摆放英雄人物事迹读本；发挥学科渗透教学功能，语文、历史、政治等学科在课堂上宣讲英雄人物事迹；趣味历史社开展民族英雄讲堂活动，班主任利用德育课程召开"我心中的民族英雄"主题班会、演讲比赛，以英雄为榜样弘扬民族英雄精神，教育学生争做担当民族复兴大任的时代新人。

4. 民族民间传统体育进校园

学校坚持以体启德、以体益智、以体促美原则，为丰富体育课程内容，除开展跑步、足球、篮球等常规体育训练内容外，还增添有民族民间传统体育项目三人板鞋、押加、高脚等，让全体学生体会民族体育之美，加入民族民间传统体育的传承中来。学校在每年一届的秋季运动会期间，都将民族民间传统体育纳入竞赛项目，集竞争性、趣味性于一体，深受师生的喜爱和欢迎。

5. 民族民间艺术进校园

学校结合省民族教育"双百工程"示范校建设项目，面向全校分别推开以竹笛、葫芦丝、古筝等民族乐器为主的第二课堂，聘请民间艺人尤其是非遗传承人到校为学生开展民族民间音乐教学活动。现已开设竹笛、葫芦丝、古筝、巴乌等民族民间音乐教学班，参与学习的师生数量逐年上升。在民间艺人的指导下，学校舞蹈教师编排、教授学生融合彝族舞蹈元素的铃铛操，学生全部掌握基本动作规范，自2019年下半年开始，学校全面实行铃铛操特色大课间。为充分挖掘民族元素，发扬民族民间传统工艺，学校开设有漆画坊、剪纸苑、蜡染社，并着重打造学校独有的彝族漆画教学特色亮点，定期组织学生进行漆画绘画训练，举办漆画作品展示，宣传不同民族的服饰民俗和色彩文化，促进民族大团结意识的培养。

（二）开展丰富多彩的社团活动

社团作为学校教学工作的重要组成部分，在学生自主发展中发挥着重要作用。在2020—2021学年，我校成立了30余个社团，涵盖艺术、体育、科技创新、学科知识等方面。通过开展社团活动，学生不仅收获了知识，更锻炼了自己的实践能力，克服了平时学习中存在的障碍，促进了自主发展。

（三）建构有效课堂教学，引导学生参与

自主学习是学生自主发展的重要部分。我校教师通过开展分组探究、启发式提问、分层次教学等多种形式，积极引导学生参与课堂教学。在这种教学氛围下，学生的思维能力得到锻炼，有效提升了自己发现问题、探究问题、解决问题的能力，为今后的自主发展提供了保障。

（四）提升学生的自我管理能力

中学生正处于生理、心理发育成长的关键时期，对外界的诱惑缺少足够的意志力。我校先后出台了手机管理、睡眠管理等措施，督促学生养成良好的个人行为习惯。通过行政值班和年级值班，检查学生的自我管理能力。

经过一段时间努力，目前学生已经形成了良好的午睡习惯，中午的校园里空无一人，学生都在进行午睡；手机也从学生的口袋、书包里"消失了"，学生免受了外界打扰，得以安心学习，实现了所谓"学须静也"。

八、案例实施效果

（一）备课流程进一步规范

为提升集体备课的有效性，备课组根据"四定"原则认真开展集体备课。毕业年级的备课组以研究高考动态为重点，分析高考真题，梳理高考双向细目表，制定备考策略；非毕业年级的备课组以研究如何上好一节课为核心，集备课组之力，分析学情，结合课标撰写教学设计，形成集体备课教案，课后进行反思。

目前，集体备课已经走上正轨，在备课中，教师们能够发挥各自的才智，打磨好一节有效的课堂教学，不断提升课堂教学的效果。

（二）教研活动水平得到提高

学科组教研活动提升了教师的个人业务水平。

1. 教师的教学理念得到更新

我校教师普遍接受了新课程的教学理念，重视彰显学生的主体地位；通过分组教学、启发式提问等手段，引导学生参与课堂教学，努力实现学生的深度学习。从而改变了过去教师讲授为主的传统授课模式，新的课堂教学更贴近新课程的要求。

2. 教研活动进一步有效化

教研活动重视提升教师的个人专业素养。通过组内教师的听评课制度，老师们互相批评、取经，形成了浓厚的探索教学的氛围，促进了教研活动的有效进行。

3. 教师教学能力得到提升

在2020—2021学年，我校教师荣获贵州省高中优质课评比一等奖2人，省级二等奖2人次，市级优质课、论文评比一等奖9人次，市级二等奖7人次。这些成绩的取得证明了我校教科研活动落到了实处，教师通过教科研活动取得了长足的进步。

（三）课堂教学有效性得到提升

1. 课堂教学突出学生的主体地位

在教学中，教师们根据集体备课形成的教学设计，结合自身的个性化修改，开展课堂教学。注重发挥学生的主体性，引导学生参与课堂教学，学生通过自己的动手能力获取了相关知识，提升了学科素养和关键能力，从而提升了课堂教学的有效性。

2. 教学反思促进课堂教学的进一步完善

教师们在完成一节教学活动后，会根据课堂教学的整体情况，进行教学反思。在结合个性化教学反思的基础上，又与备课组内其他教师交流，形成集体备课的教学反思。一系列反思有助于课堂教学的不断成熟与完善。

高中数学"351"课堂教学模式改革研究
——以六盘水市第三中学高中数学课堂教学改革为例

陈 咏*

六盘水市第三中学

摘 要：课堂是落实立德树人根本任务，实现学生能力、素养、思维提升的主阵地，高中数学教学以发展学生数学学科核心素养为导向，使学生逐步形成正确的价值观念、必备品格和关键能力，实现数学知识教育与价值教育的有机统一。"351"数学课堂教学模式就是六盘水市第三中学立足本校实际，经过反复实践提炼形成的，以实现数学学科核心素养为统领，推动课堂教学模式改革创新，培养学生独立思考、自主学习、合作学习等良好学习习惯的养成，促进学生表达、思维、素养等能力的提升的数学课堂教学模式。

关键词：数学；核心素养；"351"课堂数学教学模式

一、引言

国务院办公厅《关于新时代推进普通高中育人方式改革的指导意见》中指出，要全面贯彻党的教育方针，落实立德树人根本任务，发展素质教育，遵循教育规律，围绕凝聚人心、完善人格、开发人力、培育人才、造福人民的工作目标，深化育人关键环节和重点领域改革，坚决扭转片面应试教育倾向，切实提高育人水平。根据国家提出的育人目标，结合《普通高中数学课程标准（2017年版）》提出的要求，① 明确高中数学课堂教学要使学生获得进一步及未

---

* 作者简介：陈咏（1979—），贵州赤水人，贵州省六盘水市第三中学副校长，中学数学高级教师，现从事学校管理和数学教学工作。

指导专家：贵州师范学院教育科学学院袁川教授。

① 中华人民共和国教育部. 普通高中数学课程标准（2017年版）[M]. 北京：人民教育出版社，2018：1-3.

来发展所必需的数学基础知识、基本技能、基本思想、基本活动经验，提高从数学角度发现和提出问题的能力、分析和解决问题的能力，促进数学抽象、逻辑推理、数学建模、直观想象、数学运算、数据分析等数学核心素养的形成，提高学生学习兴趣，增强自信心，养成良好的学习习惯，落实立德树人根本任务。为了实现数学课堂的育人目标，就是要以数学课堂教学改革为抓手，将知识讲授与价值培养相结合，通过课堂教学帮助学生掌握现代生活和进一步学习所必需的数学知识、技能、思想和方法；提升学生的数学素养，引导学生用数学眼光观察世界，会用数学思维思考世界，会用数学语言表达世界；促进学生思维能力、实践能力和创新意识的发展；在学生形成正确人生观、价值观、世界观等方面发挥独特作用。

二、研究背景

（一）课堂教学模式的发展历程

通过查阅维普期刊和知网，国内外对于课堂教学改革提升课堂效率进行了很多研究。国外对课堂教学的研究始于17世纪，即夸美纽斯《大教学论》里已经出现了班级授课制。到20世纪中后期，针对中小学相关教学质量，很多教研人员针对教学方法做了大量探索和分析，出现了罗杰斯的人本主义教学理论、乔伊斯和威尔《当代西方教学模式》、洛扎诺夫开放性教学模式、赞可夫教学发展理论等，这些教学理论着重研究了如何提高教学的效率，促进学生发展。[1]

2007年以来，我国通过对课堂教学改革，促进课堂高效的研究有很多并且逐渐完善。如《中国教师报》编辑部主任李炳亭编写的《高效课堂导学案设计》《高效课堂九大教学范式》《高效课堂22条》中对课堂教学改革的重要性及高效课堂的具体流程进行了详细的分析及介绍，并指出教师在此模式下的角色地位及作用。杜郎口"336"教学模式，是经过反复研究实践后应用于高效课堂的教学模式，在全国很多地方推广。多年来，课堂教学改革持续深入研究，全国各地均出现一批有代表性的高效课堂教学模式，不断推动着课堂教学改革的发展，促进课堂效率的提升，促进学生的发展。随着基础教育数学新课程改革的不断深入，学生的主体地位不断提高，教师的引领作用被强化，课堂教学由"教"向"学"转变，这意味着课堂教学方式亟须改革，提高效率，如今在

---

[1] 张素源. 高效"6+1"课堂教学模式在薄弱高中数学教学中的应用研究［D］. 昆明：云南师范大学，2021：9-12.

"双减"政策下，课堂效率的高低更是直接决定着质量的高低，提升课堂效率，改革课堂教学模式是各学校发展的必然趋势。

（二）六盘水市第三中学数学课堂教学改革的推进过程

改革之前，六盘水市第三中学数学课堂基本是传统教学方式，不利于调动学生学习的积极性主动性、培养学生良好的学习习惯和数学学科核心素养、提高学生对数学学习的积极性和主动性、实现质量提升的目的。在以发展学生核心素养为目标的新课程教学中，教师应该重点确立三大基本教学理念：课堂教学的方向是立德树人；教学的主体为学生；教学的基本条件为素养型教师。①2021年贵州省进入新高考，基于学科核心素养的课堂教学对于怎样培养学生学科素养、结构化教学、促进学生核心素养的教学行为都有了新要求。为适应时代要求，改变传统课堂呆板低效的现状。六盘水市第三中学的课堂教学改革就是以落实"立德树人"根本任务为指引，以促进"学生核心素养"为目标，以适应"三新"改革为目标，结合本校数学课堂教学实际，按标准要求把握本质，以启发学生思考，发展学生学科核心素养为导向，改进课堂教学模式，积极探索基于情境、问题导向的互动式、启发式、探究式、体验式等方式的课堂教学模式，引导学生把握学科教学内容的本质。②数学教学使学生逐步形成具有数学特征的关键能力、必备品格与价值观念，实现数学知识教育与价值教育的有机统一，从而真正落实"课程育人"，实现"学科育人"。

2017年，六盘水市第三中学启动课堂改革工作，制定学校课堂改革实施方案，成立了以校长为组长的课改领导小组，有效推进数学课堂教学模式改革工作。改革创新分为三阶段逐步推进，第一阶段（2017年5月—2018年5月）学习建模：在学校课改启动之前，六盘水市数学教学并未形成自己的教学理念，也基本没有形成有效的课堂教学模式。学校派出老师分批次赴武汉、南昌、广西、河北等省市进行培训学习，提升教师对课堂改革的全面认识，同时探索适合学校的教学模式。第二阶段（2018年6月—2020年6月）实践固模：把第一阶段总结的模式放到教学中实践，调整不适合学校实际的部分内容，进一步优化课堂教学模式；第三阶段（2020年7月以后）突破提升：在每堂课的教学过程中，完全固守从其他学校借鉴总结的教学模式进行教学，教师授课受制于模

---

① 李民生，尉俊强，申俊光. 基于核心素养的"3+1"高效课堂教学模式探究［J］. 教育理论与实践，2019，39（17）：56-58.

② 严丽娟. 新高考改革背景下的高中数学教学困境与出路初探［J］. 求知导刊，2021（03）：27-28.

式，有很大的局限性，创新和效果均不能得到保证，因此只有突破模式，才能激发师生思维，提升学生学习效率。为使数学教师能够尽快适应新的教学方式，并鼓励师生积极创新，数学教研组结合自己的教学实际，形成有自己特色的"351"的数学课堂教学模式。

三、"351"数学课堂教学模式的理念内涵与实践运用

数学作为基础学科，承担着人的理性思维、科学精神，促进人的智力发展的功能，在培养学生的思维特别是逻辑思维上，要使学生学会思考，特别是学会有逻辑地思考、创造性思考，提高学生发现问题、认识问题、解决问题的能力，为此六盘水市第三中学数学教研组的全体教师深入思考并进行了"351"初中数学课堂教学模式理论探讨和实践创新。

（一）"351"数学课堂教学模式的实际运用

1. "351"课堂模式的具体环节阐述

"351"数学课堂模式，即"三环五步一反思"的模式。

（1）"3"即三环：前置学习、展示提升、反思总结。课堂三环节，是相互融入的过程，体现在课堂教学的每个地方，教师根据课堂教学的实际需要，进行环节调整安排。关键是要关注每个学生的学习情况，体现先学后教、以学定教、不学不教的基本要求；关注知识的形成过程，鼓励学生通过展示提升，提高总结归纳、表达交流的能力，促进学科素养提升和思维形成；提倡师生互动、生生互动的学习方式，充分发挥学生自主学习和小组合作学习的作用，培养学生良好学习习惯的养成，最终实现课堂高效的目标。

前置学习：体现先学后教、以学定教、不学不教的基本要求，要求学生通过课前预习，掌握课堂教学中的基础知识，为提高课堂效率打好基础，促进学生掌握自主学习的基本方法，养成预学的良好学习习惯。

展示提升：通过前置学习、互动学习、交流学习，并将学习成果进行展示，教师对学生展示的成果进行总结提炼，同时对教学重难点及一些基本规范进行展示，从而实现知识的迁移运用、感悟的升华。本环节是教学过程的核心环节。

反思总结：全面反思课堂教学的每个环节步骤是否达到预设的教学目标，总结改进，促进提升。

（2）"5"即五步：自主学习、出示目标、合作探究、展示提升、测评纠错。

自主学习：前置性自主学习，是使学生初步对新学知识有所了解，对学情做出正确判断的重要步骤，是学生养成自主学习习惯的关键。

①教师通过集体备课和个性备课，并对课标和教材反复研究解读思考，提前完成导学案的设计，并在课前把导学案发给学生；布置明确学习内容、学习目标、学习方法的预习任务，检查预习情况，督促学生养成预学的习惯，促进学生自主学习能力的提升。

②学生以教材和导学案为主，通过自主阅读教材、查阅资料，明确学习目标，把握学习重点难点，完成导学案前置预习部分设置的问题，初步了解将要学习的知识；对预习中存在的困难可以求助小组，通过小组合作学习，把小组交流后都还不能完成的任务勾画出来，形成小组学习目标，组长记录整理有价值的问题、组内不能解决的问题，留到课堂，由课堂教学解决。学生带着问题去学习，使目标更加明确，提升了课堂效率。

出示目标：

①通过备课和导学案的设计，确定每节课的学习目标，并创设问题情境，把数学与实际生活密切联系起来，引入教学内容，引导学生会用学科眼光去看世界。

②出示学习目标，并对学习目标进行解读，使学生明确每节课将要完成的学习任务，带着任务去学习，做到目标明确，有的放矢。

合作探究：合作探究是实现互动式、探究式、体验式课堂，启发学生思考，促进思维能力提高，学科核心素养形成的关键步骤。①

①教师根据教学内容，主要围绕每节课的目标和重点难点与学生在预习过程中出现的问题，设计合作探究的任务，并明确布置给学生；组织小组进行合作探究学习，指导组长组织小组成员交流预习成果，巡视每个小组，监督小组交流，解决小组中存在的疑难问题，使小组讨论交流方向性、目标性、针对性更强，实现重难点突破，提升课堂效果。

②学生在学科组长的组织下进行合作交流、立体学习，优困兼顾，生生互动。交流过程中，小组成员积极参与、提出问题、耐心倾听、表达想法、答疑解惑、质疑分享，实现在矛盾冲突中达成统一、合作共赢，达到突破重点难点、达成目标的目的；对于通过小组合作交流后还不能达成的目标和交流过程中体现出来的有价值的问题，予以收集整理，求助教师或其他小组，解决问题，达成目标。

展示提升：展示提升是学习目标的达成、教学信息的反馈、学生资源的挖掘的最好途径，展示拓展了学生合作学习和向同伴学习的渠道，可以有效地激

---

① 李琢. 探究式教学在数学课堂中的应用 [J]. 延边教育学院学报，2020, 34 (05)：258.

发学生学习的热情,提高学习的动力,提升素养。

①教师根据各小组合作探究的情况,根据提出的问题,请学生代表小组进行展示。

根据教学的具体情况,保证展示共性问题,学生都会的不展示,难度太大的不展示,主要展示重难点、出错率高、多解多方法、思维发展、联系拓展的内容;明确展示的内容和时间,提高学生的时间和效率意识,让学生充分表达自己的观点,适时进行点拨,提升展示效果;在学生展示过程中,教师要对预设之外的突发信息进行迅速判断,想出对策,随机应变,因势利导,促成课堂展示精彩生成;教师要指出展示过程存在的问题,提出解决问题的方案,总结规律,举一反三,通过追问等方式引发学生的思考,实现知识的拓展、延伸、拔高;展示结束后及时对学生进行评价,尊重每位学生的发言,多用鼓励性语言,捍卫学生的自尊心,培养自信心,提升学习兴趣,通过评价手段促成学生的积极参与、大胆质疑、合作分享、借鉴提升;从展示的过程发现学生的易错点、易混点、易漏点,从而准确找到自己的讲点,做到"以学定教",提升课堂效率。

②学生接受任务后,先独立思考,然后组内交流解决问题,对本小组内展示的内容,进行预展,进行人员分工,确定展示方式;展示时积极踊跃,分工明确,声音洪亮,吐字清晰,站姿规范,落落大方,脱稿表达,情感饱满,书写认真,表达规范;敢于提问、质疑、讨论,在"兵教兵""兵练兵"的合作学习中,达到对学习目标的整体把握;学会倾听。

测评纠错:依据学习目标,检测学习目标达成情况,再次达成目标。

①教师每节课都要对学生的学习效果进行检测,及时反馈矫正,尤其要关注学困生的达标情况。

②达标测评可以采用组内问答、对子互查、小测、板演等多种形式完成。

③对达标测评中,再次出现的错误或问题,可以通过自我纠错、对子互帮、再次板演或展示的方式进行纠错巩固。

(3)"1"即一反思

教师反思前一天在教学过程中遇到的问题,从教学设计、教学流程操作、学生学习情况、课堂突发事件的处理等方面进行反思,及时纠偏、及时调整,达成共识,不断提升全体教师的教学能力。

3."351"课堂教学模式的实践过程及要求

(1)课前准备:通过集体备课和个性备课,精心设计导学案

导学案作为课堂教学改革的重要抓手,是教师为引导学生学习而设计的有

学习目标、学习内容、学习流程的学习活动方案,是指引学生自主、高效学习的路线图。导学案设计须与学情、教材、课标相结合,明确课堂教学流程,集中备课组集体智慧,结合所教班级实际情况进行修改。优化预习内容,设置几个难度层次不一样的问题,让学生带着问题预习,通过自主学习,解决掉能够处理的问题,不能处理的问题勾画出来后,留到课堂解决。每一节课的导学案设计,不一定包含五个步骤。

(2)课中实施:根据导学案制定出来的课堂流程实施教学

"351"课堂教学模式,突出了以学生为主体的地位,提倡学生自主学习、合作学习、互助学习。实施中,教师根据学生讨论展示的情况,把控学生的学习情况,保证学习效果。课堂围绕自主学习、出示目标、合作探究、展示提升、测评纠错来实施,其中自主学习部分主要安排在课前准备阶段进行。

(3)课后反思:根据课堂效果进行反思

应从课前准备是否充分,课中学生参与度、接受度、掌握度,突发问题的处理,教学实施过程教学内容拓展、学生喜欢程度等方面进行反思。通过作业、练习、课后补充等方式弥补反思出现的问题。

(二)以高中数学人教版必修一《方程的根与函数的零点》教学为例,阐明"351"课堂教学模式

1. 设计导学案(见附件)

2. 把握课堂实施

以课堂五步为流程线索,突出前置学习、展示提升、反思总结三个环节的作用。

(1)前置学习环节:学生课前完成课本阅读,以导学案设计问题为导向在课前完成。通过自主预习,发现存在的问题,在课堂上重点解决。本节课所涉及的函数与方程的关系,以初中的已经学习过的知识作为基础,学生们通过预习基本可以解决,函数零点的定义,比较简单,学生通过学习可以自己解决,教师做简单讲解,本节课的重难点是函数零点存在性定理,课堂上通过合作探究学习完成。(学生自主完成,自主学习能力培养)

(2)课堂流程(展示提升环节)

情景引入,出示目标:通过设置函数与方程故事的情景引入本节课的学习,激发学生学习兴趣,出示学习目标,并解读学习目标,使学生明确通过本节课将要达成的目标,带着目标学习,做到有的放矢。

预习导学,自主学习:根据前置学习的要求,在课前已完成。

合作探究,达成目标:以问题设置为导向,通过学生合作探究实现重难点

突破。

1. 是不是每个函数都有零点？零点是否具有唯一性？

2. 观察下面函数的图像

①在区间 $[a, b]$ 上 $f(a) \cdot f(b)$ ＿＿＿ 0（< 或>），＿＿＿（有/无）零点；

②在区间 $[b, c]$ 上 $f(b) \cdot f(c)$ ＿＿＿ 0（< 或>），＿＿＿（有/无）零点；

③在区间 $[c, d]$ 上 $f(c) \cdot f(d)$ ＿＿＿ 0（< 或>），＿＿＿（有/无）零点；

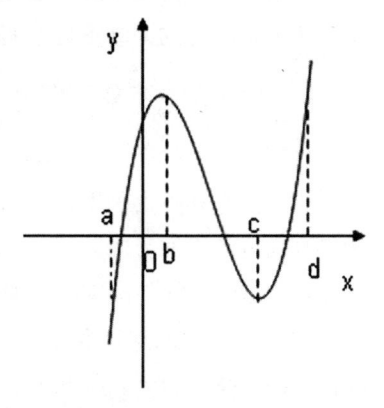

3. 在怎样的条件下，函数 $y=f(x)$ 在区间 $[a, b]$ 上存在零点？

4. 若函数 $y=f(x)$ 在闭区间 $[a, b]$ 上"连续不断"和"异号"中有一个或两个条件不成立，该函数是否还存在零点？动手实践，举例说明。

①"不连续""异号"举例说明　②"连续""不异号"举例说明

③"不连续""不异号"举例说明　④"连续""异号"举例说明

通过四个问题的设计，得出零点存在性定理，层层突破本节课重难点。本环节设置成合作探究，第1问比较简单，学生可以自己解决；第2、3问，通过小组互动探究，得出零点存在性定理；第4问是启发式问题设计，为了促进学生进一步理解零点存在性定理，同时对定理有进一步拓展，让学生通过思考设计的问题，与小组成员进一步讨论，共同探究解决问题的办法，达到重难点突破的目的。突出了启发式、互动式、探究式的学习方式，培养学生合作交流、认真思考、协同学习的习惯展示提升，突破自我：完成合作学习后鼓励全体学生代表小组进行展示，教师用鼓励的语言激励点评，促进学生树立自信。学生可以通过讨论得到知识，但并不是所有学生都能够把所得知识梳理清楚并且展现出来，所以通过展示环节，促进学生严密逻辑推理、表达能力、交流能力、展现自我能力的提升，促进数学抽象、逻辑推理、数学运算等数学核心素养的形成。

测评纠错，查缺补漏：针对本节课学习的内容，以导学案中呈现的分层次设计的作业为导向，对学生教师及时检查，对于掌握不好的内容，进行及时补充讲解，促进学生学能所用。

(3) 反思环节

作业布置，提升总结：根据测评纠错过程，找到存在的问题，通过作业布置，达到了解学生掌握知识的情况、及时进行查缺补漏的目的。

课后反思，促进发展：通过对本节课教学设计、课堂实效、测评效果的反思，实现全方位的课堂重构，实现自我革新的目的，促进发展。

（三）六盘水市第三中学"351"课堂模式实施现状分析

自"351"课堂模式实施以来，为配合该课堂教学模式的落地落实，学校出台了相应的系列配套制度，分析教学模式实施的具体实践，既有值得总结的经验也有尚待改进的空间。

1. 实施"351"课堂教学模式取得成绩

"351"数学课堂教学模式，是在学校课堂改革背景下，以"立德树人"为目标，结合我校数学教学实际，经过反复研究实践得出的课堂教学模式，符合普通高中育人方式的要求，体现出独立思考、自主学习、合作交流等多种学习方式，激发学生学习数学的兴趣，养成良好的学习习惯，促进学生实践能力和创新意识的发展，数学学科核心素养得到发展。两年多"351"课堂教学模式实施下来，取得了丰硕的成果。

就学生层面而言：2017年启动课程改革以来，新的教学方式激发了学生学习数学的兴趣，促进学生养成了良好的数学学习习惯；学生学会自主学习、合作学习、互助学习等多样化的学习方式；学生带着问题学，养成了思考的习惯，对培养学生学科素养和提升创新能力有很大的促进作用；感悟数学的科学价值、应用价值、文化价值和审美价值；提升了学生的表达能力和交流能力；学生的数学成绩明显提升，数学学科素养得到很好发展。

就教师层面而言：理论水平和专业能力得到提升；教师的方式和习惯产生很大改变，彻底打破一本教案教10年的情况，教师的思考能力和对数学的理解有所提升；促进教师教研能力的提高，教研方式呈现多元化；评价方式更加多元有效；教师有更多机会到各地交流课堂改革经验，为教师的发展搭建了平台。

就学校层面而言：为配合"351"课堂教学模式的落地落实，学校出台了教学视导制度，实行领导干部推门听课及参加备课组活动制度，规范了集体备课的流程，使集体备课更加有效，教师对课堂流程更加熟悉，数学备课组更是实行了备课"四定"，在集体备课的基础上，强化个性备课，根据学生的实际情况因材施教，补充或删减内容，满足不同学生的需求，通过集体备课及个性备课形成的导学案更加适合学生。学校的教研活动更有实效，课堂流程更加规范，课堂效率进一步提升。出台了课堂评价标准，促进课堂教学更加规范。

2. 实施"351"课堂教学模式存在的不足

（1）"351"课堂教学模式首先是对国内成熟的教学模式的模仿，如何辩证对待现有教学模式，将其与本校数学教学相结合，不断改进，仍然有很大提升空间。

（2）"351"课堂教学模式，借鉴别人成果，并结合自己的实际，在一定时期内确实对学校课堂改革，尤其是数学课堂改革起到了一定的促进作用。但是数学学科是一门需要学生具有良好思维能力，突出学科核心素养，突出数学知识、技能、思想和方法的学科，如果恪守模式流程来教学，不利于学科的建设和发展。所以在课堂改革的前提下，去模式化，突破瓶颈，寻求一种更加能培养学生素养的方法，对于学校和数学教研组是一件亟须解决的问题。学校下一步将会把"351"课堂教学模式提炼成更加符合学校实际的"学思"课堂模式。

（3）部分老教师对"351"课堂教学模式接受程度不高，不能很好应用到自身课堂中，"351"课堂教学模式在数学课堂实施多效果好，辐射到其他学科的课堂不够。

3."351"课堂教学模式实施的反思

六盘水市第三中学数学课堂模式研究，在教育改革深入实施、贵州省高考改革即将实施之际提出，结合《普通高中数学课程标准》的各项要求，符合普通高中育人标准，是对提升六盘水市第三中学教育教学质量起到一定促进作用的案例。该案例的研究，基于学校的实际情况，结合课堂改革提升效率的主题，为学校的课堂教学模式提供了很好的素材。立足于教学当中突出的、需要解决的问题，将其作为教育教学研究对象，上升到理论高度展开研究，并规范了研究过程。符合育人方式，注重对学生的培养，真正落实新课程改革，培养学生的数学核心素养，真正实现素质教育。实现教师的专业发展，促进教师专业成长，培养专家级教师，并以此带动青年教师的发展。虽然通过不断研究发现，在不断推进课堂教学改革的过程中，"351"课堂教学模式存在着一些不足，但是总的来看，通过对本案例研究，促进的数学学科的建设，提升了教师的专业化水平，提高了课堂教学的效率，尤其是促进了学生学科核心素养的发展，对学校的高质量发展起到了促进作用，是一个具有研究价值的案例。

（四）推进学校课堂教学改革的下一步打算

（1）深入研究高考综合改革的背景下课堂教学方式的要求，明确课堂教学改革的方向。2021年贵州省实施高考综合改革，明确要求坚持正确的育人方向，落实立德树人根本任务，深入推进素质教育，考试评价方式发生改变。可见改革后，学生的个性发展需求更加明显，提高课堂教学的针对性和有效性更显重要，学生学习的内容更加广泛全面，对学生的能力素养要求也更高。面对新形势，课堂教学改革的力度将会更大，及时了解新变化，明确课堂教学方式，提升教学质量，促进学校发展。

（2）深入研究"351"课堂教学模式，采用实践研究分析、教师反馈、专家评估等方式，分析设置每个环节的合理性，挖掘教学过程的实质，丰富完善内容，优化课堂流程，跳出借鉴模仿的限制，形成适合学校发展本身，更具可操作性和独特性的学校教学模式。加大对新授课、探究课、复习课、习题课、试卷讲解课等各种课堂类型的研究，形成各种类型课堂的教学模式，规范各种类型课堂；以数学课堂教学研究结果为基础，辐射其他学科教学，推进课堂教学改革在全校范围内实施，切实提升课堂教学效率。

（3）加强教师队伍建设，加大对教师专业化发展尤其是对课堂改革培训的力度，提升教师研究的能力和研究水平，促进教师专业能力的提升。聚焦课堂采用赛课、过关课、示范课等方式，让每一位教师的课堂得到呈现，并及时评比反馈指导表彰，让每位教师对课堂教学模式都有更深刻的认识，鼓励教师们积极参与到课堂教学改革中；加大导学案编写的培训力度，要求教师能够根据实际情况编写导学案，明确授课流程和内容，提升课堂效率。

（4）完善学校教育教学管理方案和制度。为推进课堂教学改革，根据新要求，修改完善课堂评价标准，根据标准推进课堂视导，加强对课堂教学过程的监管，及时反馈改进；重视教学研讨、集体备课、命题研究等工作，并根据每一项教学工作的实际，出台方案，形成规范。[①]

总之，根据新时代育人方式的要求，结合高考综合改革，总结"351"课堂教学模式的优势和不足，完善课堂改革方案，通过进一步提炼研究，形成适合本校实际情况的教学模式，逐步推进实施，促进学校课堂效率的提升，为学校高质量发展助力。

[①] 曹广福，张蜀青. 论数学课堂教学与评价的核心要素——以高中导数概念课为例 [J]. 数学教育学报，2016，25（4）：17-20.

附件

六盘水市第三中学《导学案》									
学科	数学	年级	高一	主备	陈咏	课型	新授课	课时	1课时
复备	高一数学备课组								
课题	方程的根与函数的关系						授课时间		2020年9月
课程标准：能够从函数的角度认识方程，把函数与方程结合起来。									
学习目标 1. 通过具体实例，了解函数零点的概念，理解方程的根与函数的零点的关系，掌握利用函数图像和性质来判定方程根的存在及个数的方法，提升学生直观想象的核心素养。 2. 通过零点存在性定理的探索和应用过程，培养学生发现问题、分析问题和解决问题的能力，提升学生数学抽象、逻辑推理和数学运算的核心素养，体会数形结合、转化化归、函数与方程的思想方法。 3. 通过师生、生生间的互动和思维碰撞，培养学生善于发现、勇于探索、乐于分享的精神，体验数学的科学价值和应用价值。									
教学难点：函数零点的概念和零点的存在性定理； 教学重点：对零点存在性定理的理解与应用。									

教学过程（预习、展示环节）	
一、情境引入，出示目标 函数与方程相关的历史故事。 二、预习导学，自主学习 1. 设置预习问题 （1）一元二次方程 $ax^2 + bx + c = 0(a \neq 0)$ 的根与二次函数 $y = ax^2 + bx + c(a \neq 0)$ 的图像有什么关系？ （2）根据上述表格的填写，回答下列问题。 一元二次方程有几个实根 $\Leftrightarrow$ 函数的图像与 x 轴有几个交点？ 方程 $f(x) = 0$ 的实数根 $\Leftrightarrow$ 函数 $y = f(x)$ 的图像与 x 轴的交点的横坐标？ （3）什么是函数零点？根据函数零点的定义，完成下题：函数 $f(x) = x(x^2 - 16)$ 的零点为（　　　　） A. $(0, 0), (4, 0)$　　　　　　B. $0, 4$ C. $(-4, 0), (0, 0), (4, 0)$　　D. $-4, 0, 4$	个性备课

续表

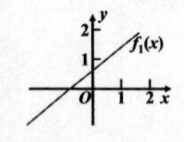

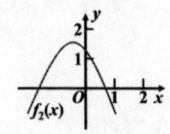

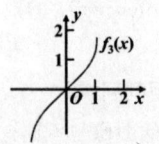

（4）是不是每个函数都有零点？满足什么条件的函数有零点？ 2. 阅读教材，结合教材思考上述问题并解决，不能解决的勾画出来，待课堂上解决。 三、合作探究，收获知识 1. 探究函数零点存在的条件： 是不是每个函数都有零点？零点是否具有唯一性？ 2. 观察下面函数的图像 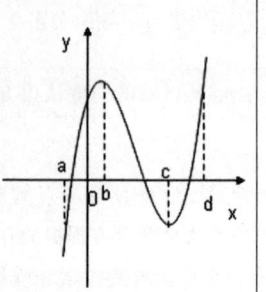 ①在区间 $[a, b]$ 上 $f(a) \cdot f(b)$ _____ 0（<或>），_____（有/无）零点； ②在区间 $[b, c]$ 上 $f(b) \cdot f(c)$ _____ 0（<或>），_____（有/无）零点； ③在区间 $[c, d]$ 上 $f(c) \cdot f(d)$ _____ 0（<或>），_____（有/无）零点；	个性备课
3. 在怎样的条件下，函数 $y=f(x)$ 在区间 $[a, b]$ 上存在零点？ 4. 若函数 $y=f(x)$ 在闭区间 $[a, b]$ 上"连续不断"和"异号"中有一个或两个条件不成立，该函数是否还存在零点？动手实践，举例说明。 ①"不连续""异号"举例说明　②"连续""不异号"举例说明 ③"不连续""不异号"举例说明　④"连续""异号"举例说明 四、展示提升，突破自我 针对上述问题，分小组展示讨论结果，形成共识，达到重难点突破的目标。 五、测评纠错，查缺补漏 1. 观察下面的四个函数图像，指出方程 $f_i(x) = 0$（$i=1, 2, 3, 4$）哪个有解？有几个解？说明理由。 2. 求下列函数的零点 （1）$f(x) = x^2 - 5x + 6$　（2）$f(x) = 2^x - 1$　（3）$f(x) = \lg(x-1)$ 3. 已知连续函数 $f(x) = 3^x - x^2$。问：方程 $f(x) = 0$ 在区间 $[-1, 0]$ 上有没有实数解？ 4. 求函数 $f(x) = \ln x + 2x - 6$ 的零点个数。	个性备课

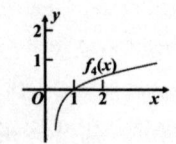

5. 连续函数 $f(x) = -x^3 - 3x + 5$ 的零点所在的大致区间（　　） A. $(-2, 0)$　　　B. $(1, 2)$　　　C. $(0, 1)$　　　D. $(0, 0.5)$ 反思环节： 一、课堂小结，理清思路 1. 本节课主要学习了哪些知识？方程的根与函数的零点有什么关系？在零点存在性定理的条件下，得到的零点唯一吗？ 2. 本节课的学习过程中体现了哪些数学思想方法？ 3. 本节课的学习过程中培养了哪些数学核心素养？ 二、作业布置，及时反馈 1. 教材 88 页练习 1、2 2. 书面作业：必做题：课本习题 3.1　A 组第 2 题； 拓展作业：选做题：已知 $f(x) = \|x^2 - 2x - 3\| - a$，求 a 取何值时函数能分别满足下列条件：①有 2 个零点；②3 个零点；③4 个零点。 三、教学反思，促进发展 1. 教学设计反思 2. 课堂实效反思 3. 测评效果反思	个性备课

03

学生工作

新高考背景下学生自主管理能力提升的实践研究
——以贵州省铜仁二中为例

何朝俊[*]

铜仁市第二中学

摘　要：为了培养学生能力，引导学生参与年级组的管理，年级组成立了以五位老师作为主要管理者，各班班长、学习委员、纪律委员、生活委员组成的自律委员会，主要从纪律、卫生和学习三个方面加强管理，充分激发学生的学习兴趣，使他们乐学、愿学、想学，到最终善学；充分发挥年级组自律委员会的带头作用，让学生自己管理，互相监督、互相制约、互相竞争、互相促进；通过这一系列教育教学措施，很快扭转了整个年级的班风、学风，学生学习成绩整体有所上升。如何提高自律委员会所有成员的积极性和如何更进一步地减少教师管理的参与度，是该实践研究亟待解决的问题。

关键词：自律委员会；行为习惯；年级组管理

一、研究背景

（一）学生自主管理的必要性

管理，是指通过合理的组织来激发被管理对象的潜能，以达到预期的目标的活动，学生的自我管理是为了从学习、生活和行为习惯去增强学生的自律性，使学生在高中阶段得到更加全面的发展，进行学生的自我管理，就是发挥学生在学校管理中的主体作用，使学生从接受管理到参与管理，本文在年级组设立的自律委员会不仅是为了增强学生对本体的自主管理，更是在符合高中阶段学

---

[*] 作者简介：何朝俊（1980—），贵州铜仁人，贵州省铜仁市第二中学副校长，化学教师，主要分管学校后勤工作和化学教学工作，中学高级职称。
指导教师：贵州师范学院教务处副处长杨智教授。

生的生理心理发展特点的前提下，在老师的引导与监督下，以团体带领个体进行学生管理，主动参与学校日常管理活动，提高社会责任感。① 教育是引导学生观察、思考、体验和领悟的过程，让学生乐于去积极地面对自我管理，在发展自律性的过程中形成内源性的驱动力，驱使学生努力奋进。

学生对学校的管理事务参与度的提高，能够帮助学生掌握相应的社会范式，形成正确的道德意识，对今后各阶段的发展产生重大影响，因此，开展自律委员会能够增强学生的自律性，促进学生全面发展。

（二）实践对象分析

成绩虽不是衡量学生好坏的唯一标准，但是可以成为检验学生是否优秀的标准之一。铜仁市区公办高中共有四所，铜仁市第一中学、铜仁市民族中学、铜仁市第二中学与铜仁市第十五中学，铜仁二中的生源主要来自铜仁一中录取后的铜仁市内学生与少部分外区县学生，所以本校绝大多数学生属于全市成绩中游，此部分学生有以下特点。

1. 不够踏实

短视频时代的到来缓解了生活带来的压力，给人们放松娱乐多了一种选择性，碎片化知识、笑点、总结等，给学生带来便捷的同时也削弱了学生对"匠人精神"的敬畏之心，导致学生没有恒心做事情，总是想着走捷径或者临时抱佛脚。

2. 拖延症

现在的学生多为独生子女，从小没有亲密玩伴，父母工作忙碌，为了让孩子更少地给自己"找麻烦"，学生的事情总是"包办"，导致学生觉得自己总有"后路"、有"靠山"，在遇到困难时第一时间不是去找寻办法解决，而是等待、拖延，而学习就是一条困难之路，高中阶段的学习生活难度上更是对比于初中，有一个巨大的飞跃。

3. 自律性差

现今科技发达、社会安定、不愁吃穿的生活让学生缺少生活目标，所以在艰苦学习这件事情上总是无法拼尽全力，总是在老师或者家长的"怒火"下才能认真学习，自律性差。

我校学生大部分为住校生，每天24小时生活在校园中，而学生的人数远远超过教师人数，老师也无法全天24小时对学生进行监管督促。高中生的学习成绩好坏，很大一部分来自行为习惯的自律性，笔者自从教以来，一直担任班主

---

① 申坤. 中学分年级管理的问题与对策研究 [D]. 重庆：西南大学，2020.

任工作，通过多年的学生管理经验发现，学生的行为习惯的管理光是靠老师，很容易出现"老师在，做得好；老师走，不做"这种游击战形式的学习情况，基于此，笔者在担任年级组长期间，首先在本年级实施开展自律委员会，采用学生管理学生的方式，取得了良好成效，得到了学生、家长、教师的一致好评，并在全校推广。①

二、研究的设计与实施

（一）建立自律委员会

经过多地方的学习与考察初步形成了建立自律委员会的想法，并将高二年级作为实践点，虽然本校学生不是全市最优秀、最自律的学生，但是每个学生都有自己的闪光点，或是善于人际交往，或是善于学习，或是善于管理，等等，每班将此部分学生任命为班干部，年级组鉴于班干部的优良品质，成立了以五位老师作为主要管理者，各班班长、学习委员、纪律委员、生活委员组成的自律委员会，主要从纪律、卫生和学习三个方面加强管理。自律委员会主要职责分为：纪律检查、卫生检查、教学检查、对抗赛组织四个部分，并且每个月都要召开月度总结会议。以上分别从日常行为规范、教学情况管理和学习主动性三个方面进行了学生自律性能力建立的探讨。

（二）日常行为规范自律能力培养实践

纪律考勤组人员构成：各班的班长和纪律委员，26个班共52人②

职责：负责检查和清点每天早上和下午各班的迟到或缺勤人员情况，检查学生的仪容仪表和课间学生睡觉情况③

流程：

1. 分部：根据班级把学生分为 A/B 两部，A 部由文科 1-4 班和理科 9-17 班的班长和纪律委员组成，B 部由文科 5-8 班和理科 18-26 班的班长和纪律委员组成，并选举 A/B 两部部长

2. 分组：把 A/B 两部各分为 6 个组，并选择小组长；A/B 两部交叉检查

3. 检查：

---

① 陈云超，明安田. 普通高中年级组创新管理实践初探——以泸州高中"2+4"平行分部模式为例[J]. 教育科学论坛，2017（32）：58-61.

② 屈吕多. 高中年级组管理的探讨[J]. 学园，2017（02）：175-176，181.

③ 石振巍. 高中学校年级组管理问题及对策研究[D]. 哈尔滨：哈尔滨师范大学，2016.

时间1：周一至周六的7：20进教室清点教室人数、未穿校服人数

时间2：周一至周六的14：20进教室清点教室人数、未穿校服人数

时间3：周一至周五早上下第一节课的课间时间进教室检查各班的睡觉情况和仪容仪表情况

高二各班量化扣分情况表[①]

年 月 日

班级	迟到	宿舍	校服/仪容仪表	对抗赛	成绩	手机	考试作弊	总计	奖励
高二（1）									
高二（2）									
高二（3）									
高二（4）									
高二（5）									
高二（6）									
高二（7）									
高二（8）									
高二（9）									
高二（10）									
高二（11）									
高二（12）									
高二（13）									
高二（14）									
高二（15）									
高二（16）									
高二（17）									
高二（18）									
高二（19）									
高二（20）									
高二（21）									
高二（22）									
高二（23）									
高二（24）									
高二（25）									
高二（26）									

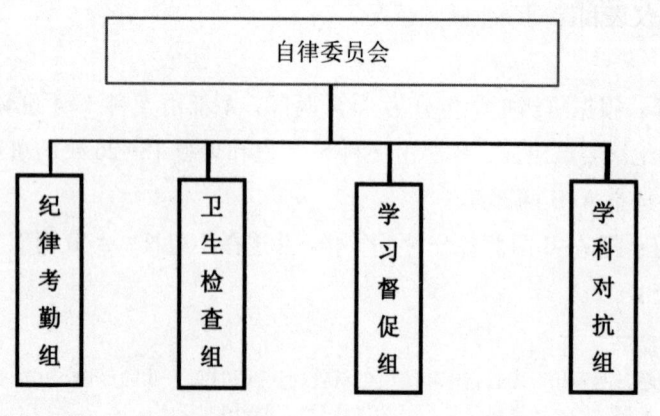

迟到、仪容仪表、校服1人次扣0.1分，对抗赛赢一场加1分，平局各加0.5分

```
              自律委员会
    ┌───────┬─────┴─────┬───────┐
  纪律考勤组  卫生检查组  学习督促组  学科对抗组
```

[①] 边巴扎西. 浅谈高中年级组管理策略 [J]. 学周刊，2017（09）：77-78.

4. 汇总：各小组长把各班检查情况汇总交给部长，A/B 部长把收到的汇总情况交给负责老师，负责老师及时把各班的纪律检查情况公示在班主任工作群

5. 自律委员会寝室卫生检查标准

（1）检查地上是否有垃圾

（2）查看垃圾桶里的垃圾是否倒掉，包括厕所垃圾桶

（3）寝室及厕所是否异味较重

（4）枕头整齐地放在被子上，被子缝朝门口

（5）桌子上不能放东西，只能放绿植（宿管要求）

（6）衣服不能放在床上，也不能乱挂于寝室

（7）鞋尖朝内，鞋跟朝外（家里鞋架鞋子的摆放）

（8）被子不能太皱，理整齐

（9）洗漱台面是否摆放整齐，地面是否有积水

（10）灯、空调是否关闭；若没有关，检查同学关闭并记录值日生名字

（11）不能将餐具带回寝室

铜仁二中高二年级自律委员会各班考勤统计表

班级	应到	2月28日上午	2月28日下午	3月1日上午	3月1日下午	3月2日上午	3月2日下午	3月3日上午	3月3日下午	本周请假	本周迟到第二周	第三周	第四周	第五周	第六周	共计
1班	54	54	体育课	54	54	53	体育课	54	54		1	3		1		5
2班	67	67	65+1	66+1	67	67	67	67					6		3	9
3班	53	52	体育课	52	53	53	53	53		2			2			4
4班	64	64	64	65	64	63	63					2	3		4	9
5班	52	53	52	52	52	52	52	52				1		3		4
6班	63	63	61	64	62	64	64	64		2				3	8	13
7班	65	65	65	65	65	64	66				6	1				7
8班	70	70	70	70	70	70	70	69+1			1	3	3			7
9班	68	68	67	68	67	66	67	68	66	5	2	1				8
10班	71	69+2	69+2	71	71	69+1	72	69+2		1	1					2
11班	65	64	64	65	65	体育课	65	65		2			6			8
12班	67	67	67	67	信息课	67	67	67					1	2		5
13班	75	74	75	75	体育课	74	75	75			2	4	5	2		13
14班	62	62	62	62	61	59	62	62+1		5	6	7		1		19
15班	66	66	66	66	65	66	66	65		3	6		4	3		16
16班	63	63	63	61	61	62	63	63	63	5			2	3		10
17班	70	70	70	69+1	69+1	70	69	70			1	7		6	6	16
18班	69	69	微机课	68	68	68	68	69		4	4	9	7	10		34
19班	71	71	体育课	71	70	71	71	71		1	2					9
20班	67	66	67	67	67	67	66	67				3	1	3		9
21班	68	68	体育课	68	68	68	68	67+1		3	2					7
22班	64	64	64	64	64	64	64	信息课					3	1		4
23班	67	67	67	67	67	66	66				2		6	4		8
24班	65	65	微机课	65	65	64	64	65		4	1		2	1		8
25班	71	71	68	71	70	70	70	70			3	1		8	3	18
26班	68	68	68	68	68	68	68				2	2		7		11

注：1. 每周二至周五的7：25和14：25检查　　2. 请假以班主任在群里说明为准，人数统计以纪律委员会检查数据为准
2. 加黑红数字为请假人数

（三）教学情况管理自律能力培养实践

学习督促组分为两部分，周一至周五的日常教学工作登记表交由学校教务处室负责，周一至周五的晚自习和周末上课由年级组负责。本自律委员会的学习督促组主要负责周一至周五的晚自习和周末上课等相关教学情况的统计和督促

督促组成员构成：各班的学习委员

职责：负责统计、登记晚自习及周末上课情况并及时把年级组的相关要求向学生和教师传达与反馈，如：教师到岗时间、教学开展、教学内容、教学纪律、年级组的要求等情况

日常工作：每班的学习委员每周日晚上六点半统一上交《晚自习及周末上课统计表》并领取下周的统计表；责任教师负责把学习委员上交的统计表整理出来，并及时向全年级教师公示晚自习和周末上课情况，同时把存在的问题及时向年级组和学校反馈

上课统计表

日期：　　　　　　　　　　　第　　周

班级	日期及节次	课表教师	实际上课教师	备注

备注：这是学生进行的教学统计，难免有不足之处，请老师们谅解！并请统计有误的老师及时与年级组联系，谢谢！

优点：（1）本学习督促组极大地提高了学生参与学校和年级组的教学管理工作的积极性，减轻了学校和年级组的工作量

（2）及时、有效地把教学中存在的问题向教师、年级组和学校反馈，较好地解决了教学中存在的问题，提高了教学管理质量

（3）较好地把年级组相关的要求向学生、教师传达，多渠道传达信息，做到上下一条心、师生一条路

工作中存在的不足：

（1）个别班级选举的学习委员责任感较差，不能真实地填写有关统计表

（2）个别学习委员上交统计表拖拉滞后，导致不能及时地把晚自习和周末上课统计情况向全年级公示

（3）对学习委员的激励不足

（四）学习主动性自律能力培养实践

1. 对抗赛

在集体当中去学习，除了班级自身成绩的提高之外，设立一些课外竞赛，并且以班级整体对抗赛的形式进行，会让学生更加主动地去学习课本知识，并且集体荣誉感的上升会使学习的主动性增强，当学生能够全心全意投入学习中时，学生的日常行为规范也将取得良好的管理进展，学生自律性的建立惠及方方面面。

2019—2020年第一学期，高二年级组自律委员会在何校长的指导和筹划下新增了对抗赛项目并作为常规工作在年级组开展。对抗赛的意义旨在培养学生的团队合作意识、竞争意识以及集体荣誉感，以班级竞争对抗的模式开展学科知识答题，促进了各班各学科的教学和发展，总的来说，对抗赛的开展是成功的。总结如下：

前期准备：

（1）各班进行分组，6人一个小组，各组的均分相当，每人负责一个学科。

（2）对抗时间及场地，在对抗赛初期，对抗时间安排在课间操期间，后期安排在第三节晚自习，场地安排在二楼多媒体教室，每周三周四进行。

（3）每周确定一个对抗主题，理科分为语数外物化生，文科分为语数外政史地。每周主题确定后，由相应学科老师准备2到3套题目，题目主要为选择题形式，答题时间控制在15分钟之内。

（4）在对抗比赛前，固定周一第三节晚自习各班学习委员进行对抗班级抽签，确定对抗班级以及参加对抗的小组。抽签时，理科一类班之间进行对抗，理科二类班之间进行对抗，文科相同。

对抗比赛：

由于场地有限，对抗比赛分文理科进行，每周两天时间。每场对抗比赛，每个班一纵列。需要 2 名监考老师。21 到对抗场后开始发放试题，答题结束后通知收答题卡，答题卡第二天送阅卷室进行机改，及时公布对抗成绩。

反对抗赛：

对于对抗失败的班级可以进行反对抗赛，进行的流程是失败的班级写挑战书给相应的班级，班级同意后交给负责老师，统一安排时间进行对抗。

总的来说，对抗赛在年级组、各班主任以及自律委员会成员的支持下，顺利地完成了语数外物化生政史地的各科对抗。将对抗取胜的班级在月末总结会上进行相应的加分也促进了各班参与反挑战的积极性。

不足的地方有：

（1）监考老师的不足，对抗赛监考老师参与的积极性不高。

（2）对抗题目由各科任老师出题，有时存在部分科目找不到相应老师出题，特别是反对抗赛的题目，建议年级组各科安排一名负责任的老师进行出题。

（3）对抗比赛时，各班小组是抽签确定的，存在重复抽到同一个小组的情况，建议重抽。

（4）对抗赛成绩是由阅卷室统一改卷，第二天在课间操时很难出成绩，学生的积极性不太高。

（5）存在部分班级为了加分，多次进行反对抗赛。反对抗赛的目的在于败者各组员进行总结然后进行复习挑战胜者。

（6）部分班级对于对抗赛不太重视，对抗赛是培养学生团队意识和学生荣誉感的活动，建议各班主任鼓励学生参与反对抗赛。

（7）同一个班级发起的挑战次数不能超过 3 次，参与挑战人员不能变动且必须为原参加对抗赛人员。

（8）命题内容原则上要求与上课进度保持一致。

（9）监考教师实行排班制，开学初把本学期的班次排列出来。

（10）备课组长专人负责对抗赛试题命制。

2. 课余活动

学习不仅仅是课堂上完成的，适当地带领学生进行课外的学习与活动，增强素质教育，能让学生的课堂学习积极性大幅度地提高。

铜仁二中高二年级活动简报（一）

首届趣味运动会热烈举行

  清风千里铺春色，淡云万里舞蓝天。暮春四月，铜仁二中高二年级全体师生于22日迎来了"首届趣味运动会"，运动会在全体师生的共同努力下胜利开幕了。

  高二年级26个班级共1700多名师生参加了此次盛会。趣味运动会共有3个团体比赛项目，分别为各班男女各12人拔河比赛、20人蒙眼背人接力比赛、男女各20人多人多足往返比赛。这些比赛项目均以培养学生之间的沟通能力和团体协作意识为目标，旨在促进和谐校园文化建设，为更好地投入学习培养良好的身体及心理素质。

  同学们在班主任老师和体育老师的组织和带领下，项目进行得有条不紊，热情饱满。比赛过程中，各参赛团队积极投入、互相配合地出色完成了比赛项目。操场内的同学们笑容明媚，挥洒汗水；赛场外的同学们秩序井然，同时为班级同学呐喊助威，给校园增添了许多感动与活力。

  这次运动会，是对我高二年级精神面貌的一次检阅，也是对各班凝聚力、班级风貌的一次检阅，更是对每位同学的身体素质、毅力品质、品德修养的一次大检阅。在这次运动会上我们看到了同学们奋力拼搏的身影，领略到了同学们团结协作、互相帮助、文明竞争的优秀品质。

  今天，我们在田径赛场上竞争，明天，我们要在更高的舞台上亮相；今天我们在田径赛场上拼搏，明天，我们将在世界大潮中冲浪。体育的精神体现了人类战胜极限的渴望，激发了人类与时俱进的潜能。它是我们努力学习的动力、战胜困难的决心、迎接成功的自信和拥抱明天的力量。更快、更高、更强的奥林匹克精神早已融进我们的血液，它已成为铜仁二中人不懈奋斗的力量，它也将永远鼓舞铜仁二中人的斗志！

铜仁二中高二年级活动简报（二）

4月份考核总结会

  5月10日21：30，高二年级组学生自律管理委员会、学习管理委员会、卫生管理委员会和各班的班长、学习委员、劳动委员、纪律委员在二楼多媒体教室召开4月份班级月度考核分析总结会，会议由孙金贵老师主持。

孙金贵老师首先肯定了各班干部在过去一个月内的辛苦付出和各班取得的成效，同时也指出在我们的日常管理过程中仍然存在着许多的不足和问题，希望大家在今后的管理过程中尽量避免或及时解决。毛延成老师通报了各班在4月份的班级量化考核的得分情况和考核中反映出来的问题，如部分班级迟到现象仍比较严重，个别班级的教室卫生、寝室卫生亟待加强，个别班级的成绩下滑明显等问题，希望各班干部在班级的管理过程中要尽心尽力，全方位、无死角地管理班级。

在会议中，表彰了做得好、成绩比较突出的班级，并邀请了表现好的班级的班长进行了经验交流，同时又让问题比较突出的班级指出在管理过程中所存在的问题，让大家建言献策。

三、实践取得的成效和经验

本年级自实施自律委员会以来，充分发挥学生管理学生的有效性、深入性，使年级组的班风、学风、学习成绩整体上升，自律委员会的成功也得到了学校各层领导的认可，现已推广到全校执行。

（一）学生的自我管理能力增强

社会是多元化的，成绩并不是衡量学生好坏的标准，在不同的实践活动中发挥自己的长处，找出适合自己的方向，也是一种良好的学习活动。自律委员会中，除主要领导的几名教师以外，每班以班长、学习委员、纪律委员为主要领导班子，发掘班上具有管理潜能的同学加入班级的管理当中，学生之间进行相互管理，使管理得到有效的深入，并增强学生的管理能力。

在管理中学会自身管理，是参与自律委员会的学生们最大的收获。在本文伊始，分析过来到铜仁二中的大多数学生的缺点，但是通过三年自律委员会的培养，学生自律性增强、拖延症好转，在遇到困难时的第一件事，是去寻找解决问题的办法，这些都是自我管理能力增强的表现。在高中阶段拥有良好的自我管理能力，会直接反映到成绩上，参与自律委员会的学生绝大多数都上了自己理想的大学。以本班的自律委员会成员为例，其中一人考上中山大学，一人考上中国刑事警察学院，一人考上华东师范大学，这都是非常优秀耀眼的成绩。

（二）教师

教师的主要职责是教书育人，现今读书已经不是改变命运的唯一出路了，所以育人成为教师的首要任务。中国的人口数量决定了大班教学模式的必然性，班主任一个人无法时时刻刻关注到每一个学生的动态，但是启动学生管学生的模式，也就是本文所描述的自律委员会，不仅增强了自律委员会成员的自我管理能力，调动了学生的学习积极性，规范了学生的行为习惯，而且减轻了教师的日常管理，可以有更多的时间提高教学能力，专心专注地处理学生的特殊问题，更有空间去思考班级的班风、学风建设。说一句较为自私的话，更加自律的学生会让班主任有更好的家庭，我相信这也是每一个班主任希望的。

（三）学校

学校的根本就是学生与教师的共同体，老师遇到自律性差的学生，更多的不是去教授书本知识，而是去纠正学生的行为习惯，因为只有拥有良好行为习惯的学生才能将知识学好，所以自律委员会的成立，在增强学生的自我管理能力、使学生的行为规范的第一层次上，让老师解放时间在教学上与自己的家庭生活上，提高教师的幸福感，增加教师对学校的归属感。整个学校欣欣向荣，学生学习蒸蒸日上，教师工作热情日益饱满，学校管理井井有条，不同的学校有不同的发展风格，自律委员会的成立必将让铜仁二中走向新的方向，走上另一个阶梯。

四、存在的不足与启示

虽说学生的自我管理是一件好事，学生也能意识到自律性的提高对德育教学方方面面都有提高，但是学生的自律性还是不够，不能在完全没有教师的监督与管理下，独立完成自律委员会的所有任务，所以自律性的管理需要从小抓起，从家庭教育、幼儿教育、义务教育阶段层层递进抓起，才能取得更好的成果。①

自律委员会的成立让学校的班风学风都大大地提高，但是能力的培养具有不均衡性，参与了自律委员会管理的学生，经过一到两年的学习与管理过程，自身的自律能力得到大大的提高，但是对于其他学生而言，还只是被动地接受管理，并没有得到自我管理，也就是自身自律管理的大幅度提高，所以自律委员会的成员选拔机制还有待改善，从少数学生转向全体学生。

---

① 王建平. 对高中年级组管理的几点思考［J］. 甘肃教育，2016（09）：22.

以体艺特长培养促进高中学困生转化的实践研究

刘 强*

赫章县民族中学

摘 要：在脱贫攻坚的伟大战役后，刚脱贫县区教育底子薄，学校能给学生提供的教育条件有限，家庭教育理念落后，孩子们不科学合理地使用智能手机，父母长期外出打工而子女留守以及教育的不均衡发展，等等原因，造成了多数薄弱高中学校学困生数量逐渐增加。体艺特长特色发展作为一条学困生转化的良好途径，其有效性研究具有深远意义。

关键词：体艺特长；高中学困生；转化；实践研究

随着新课程改革的不断深化，坚持以人为本激发学生全面发展，促进学生个性成长的教育理念日益成为中学教育教学的主旨。关于薄弱学校高中学困生全面发展的有效性研究问题，综合来看，国内外学者从不同的角度、不同的层面进行了不少积极的、有益的和创造性的研究与探索。

在县城及乡镇的薄弱高中学校内学困生全面发展的策略研究方面。国内研究者认为要转化农村高中学困生的有效策略有提高学生思想认识，用课堂吸引学生，培养学生的良好学习习惯，加强监管与教育。山区普通高中学困生转化需要充满信心和爱心，指导孩子制定目标，用心设计课堂与课后辅导。① 对学困生应该关爱尊重，积极引导树立多维度目标，深化家校联系。新课程背景下对高中学困生要加强学法指导，营造良好的师生关系，建立多元化的评价方法。对于农村高中学困生，要树立素质教育观念，完善管理，增强沟通，改变环境。

---

* 作者简介：刘强（1973—），贵州赫章人，中学高级教师，贵州省优秀教师，市级骨干教师，赫章县民族中学党总支书记、校长。

指导教师：贵州师范学院教育科学学院杨智教授。

① 吴艳.开展山区普通高中学困生化学教育教学的研究[J].雅安职业技术学院学报，2007，21（3）：94-95.

国外对学习困难学生研究综述为从学习技能、社会性、心理性方面进行，矫正模式分别从教育学和心理学方面进行。[①]

在艺术特色教育方面，我们研究的主要目的是以体艺特色教育来促进学生终身发展，彰显学生体艺特长。对体艺特色教育的各种难题、学困生转化的难题，国内外学者们各自从自己专长的角度进行了创造性的探索与研究。在此将从体艺教育特色引领薄弱学校高中学困生全面发展的有效策略研究的角度进行深度剖析，形成系统性、理论性、有效性的策略。

一、以体艺特长转化高中学困生的意义

2020年10月，中共中央办公厅、国务院办公厅印发《关于全面加强和改进新时代学校体育工作的意见》和《关于全面加强和改进新时代学校美育工作的意见》，对习近平总书记关于教育的重要论述和全国教育大会精神从更高站位出发对艺术特色教育促进青少年健康发展进行了再认识、再深化、再推进，自国家"十三五"经济社会发展规划纲要将高中阶段教育普及攻坚计划列入教育现代化重大工程以来，我国正在大力推进素质教育实施，宗旨是"以人为本，面向全体学生，使学生得到全面发展"。艺术特色教育对于青少年立德树人、创新实践能力的培养等具有独特而重要的作用，已成为德、智、体、美、劳中不可缺少的重要一环。

现在，我省大多数县城或乡镇中学的大部分高中学生的现状是不容乐观的。在脱贫攻坚的伟大战役后，较多的市县地区属于刚脱贫奔小康，教育底子薄，学校能给学生提供的教育条件有限；现在网络上及社会各方面各种信息杂存，大部分青少年不能正确地进行辨别或吸取；农村许多在外打工的青年赚到一些钱后回到家乡，让在校青少年眼红；学生周围存在抖音视频等网络一夜暴富的网红，更让他们羡慕不已；同村较多大学毕业青年却未能较好就业，让他们对读书的前途产生怀疑；家庭教育理念落后；很多学生在使用手机时无法自控；父母长期外出打工而子女留守以及教育的不均衡发展，等等原因，造成了我省多数边远地区学困生数量逐渐增加。

关于艺术特色教育方面，普遍对艺术教育领域重视不够，即便是在条件比较优越的城区学校，也存在着艺术类学生专业课和文化课脱节，无法实现双开的情况。艺术类学生学习时间分散，家长高投入低回报的问题已经成为制约艺

[①] 吴鹏，彭静. 普通高中学困生转化对策研究 [J]. 中国西部科技，2016，15（01）：94-95.

术教育质量提升的瓶颈。加之很长时间以来各个学校一味追求高考升学率,把大量优质资源和关注点集中在普通高考科目上,致使艺术特色教育被看轻或忽略。

现行中学教育本身的弊端和不均衡、家庭教育理念的落后、社会信息的冲击、教师教育理念与策略的缺乏,更多的学生因未引起足够重视,被边缘化问题日益凸显,久而久之被高校拒之门外而只能继承父母的打工之路,失去继续接受良好教育发展的机会。学困生教育问题是制约全省乃至全国教育整体均衡发展的重要问题,是影响整体提高全社会人口素质的根本问题。本课题从艺术特色教育的角度对学困生的转化教育策略进行研究,真正以人为本,面向全体学生,促使学困生得到关注和有效培养,体现教育公平。以艺术特色引领薄弱学校高中学困生得到全面发展同时发展个性的策略研究,将探索出一条艺术特色教育途径与学困生的转化途径有机结合的特色教育发展之路。

(1)探索总结提炼新课程改革背景下适合我省边远地区及城区薄弱学校的体艺特色教育策略及理论。

(2)探索与体艺特色引领薄弱学校高中学困生全面发展相应的策略,丰富学生全面发展教育思想的内涵。

(3)从分层化、全面化、个性化、特色化等几个方面寻求学困生个性发展的培养策略,进一步丰富学困生转化策略及理论。

(4)创造一种让每个学生都能发挥自己特长的学习环境,丰富构建公平均衡教育体系的内涵。

(5)改进学校及教师的体艺特色教育教学理念,提升教育教学质量,丰富育人成果。

(6)培养学生的自主学习能力、自我控制能力、团结协作能力等,提高综合素质,改进学困生的学习方式。[1]

(7)通过体艺特色教育培养学生实践能力、创新精神,促进学生健康成长。[2]

(8)促使更多学生继续接受良好艺术教育,获得人生的幸福感。

(9)从学困生全面发展辐射到全体学生全面发展,为脱贫攻坚取得胜利后的下一个五年全面奔小康教育规划衔接做充分准备。

---

[1] 田顺江. 新课程背景下高中学困生形成的原因及对策 [J]. 成功(教育),2010(10):29-30.

[2] 刘雪莲. 农村城市化进程中学校艺术教育特色研究 [J]. 软件导刊(教育技术),2012(7):72-73.

二、以体艺特长转化高中学困生的内容

在贵州省建设艺术特色教育高中学校的思想指导下，通过理论分析与整理，联系薄弱高中学校实际，探索学困生转化的影响因素与应对策略方法，重点在艺术特色教育领域探索转化薄弱学校薄弱高中学校学困生的转化策略，为新课程改革的艺术特色教育进一步推进和学困生转化的有效实施提供科学合理的理论依据和方法指导，为我省脱贫攻坚胜利后的下一个五年教育规划实施创造条件开好局。

薄弱学校是经国务院同意、教育部等四部门印发的《高中阶段教育普及攻坚计划（2017—2020年）》中指出远离发达城市受经济社会发展水平制约，教育资源不足、普及程度较低、教育底子薄弱的高中学校。

高中学困生指高中阶段非智力因素造成的学习基础差、成绩差、学习习惯不良、学习动力不足、缺乏人生目标、缺乏自信、意志力薄弱、遇难而避、惰性强、不善语言与思维的学习困难学生。

以县城或乡镇高中学校的学困生为研究对象，以渗透艺术特色教育理念从而转化薄弱高中学校学困生为重点，以艺术特色教育转化高中学困生的有效策略研究为难点。以人为本，尊重学生个体差异，从学生个体所独有的体艺特长出发，学校师生互助合作，全面培养学生健康发展。

三、有效性策略的结论分析

学困生教育是目前全省基础教育整体均衡发展过程中所面临的一个重要问题。脱贫攻坚战之后，我省较多县才摘掉贫困县的帽子，现行中学教育本身存在较多弊端和不均衡。家庭教育理念落后，社会信息冲击，教师教育理念与策略缺乏，学校课程设置搭配的缺陷等，更多的学生因未引起足够重视被边缘化问题日益凸显，从而错失继续接受良好教育发展的机会。学困生增多问题是目前我省较多市县教育迫在眉睫的难题。

通过制定计划与思路，对艺术特色教育和薄弱学校高中学困生的相关研究成果、文献进行分析，以确认薄弱学校高中学困生转化策略和艺术特色教育之间的关联。通过问卷调查、师生访谈、家长访谈等方式对高中学困生的形成因素，教师与学生在艺术特色教育中的变化等做深入的调查研究。对问卷调查和访谈的结果进行统计，在定量研究的基础上做出定性的分析，使得研究做到定量研究与定性分析的相互结合。在多维度对艺术特色引领薄弱学校高中学困生全面发展的策略研究中，从思想观念、教学理念、教学行为、学习行为、师生

关系、课程设置、学校管理等方面进行深入细致地比较，以研究薄弱学校高中学困生全面发展转化的有效策略。

四、以体艺特长转化高中学困生的有效性策略

（一）充分发现、挖掘学困生的体艺特长

学习困难学生的产生是学生个体在其发展过程中的一种不和谐的反映。班集体中存在"学困生"是客观现象，但我们不能因为其在学习方面存在一定的困难就歧视或放弃他，要相信任何一个学生都有值得肯定的一面，任何一个学困生也不是一成不变的。我们要善于发现他们的优点和特长，并以此作为其转化的一个重要的突破口。

加强家校合作，需要我们学校、教师及其家长之间经常沟通联系，对学生进行全面的了解，随时掌握学生的各种情况，这样才有利于对学生进行有的放矢的教育。分析学困生形成的原因，帮助其制定转化计划，各任课教师与学生家长经常地联系沟通，使家校双方能够及时了解学生的兴趣爱好，从学生的兴趣爱好出发并且针对学生的情况随时调整转化措施，通过多措并举、多方帮教、多管齐下，采取更有效的措施，充分挖掘学生体艺方面的特长，帮助学生找到一条最适合自己发展的道路。

（二）最优化激发学生的体艺学习兴趣

在教学中，教师根据身心发展状况对学生在思想上充分认识到艺术体育与人的成长发展进程有不可分割的联系。好奇心人皆有之，新鲜的东西容易引起兴趣，这已是常理。我们教学就该常教常新，以"新"来吸引学生。体艺教学中以"奇"取胜，就能收到意想不到的好效果。[1] 新奇的课堂设计、新奇的活动、新奇的事物、新奇的现象，生动活泼的教学语言会使学生总是保持吸收新知识的新鲜感，充分以奇吸引学生，调动学生的好奇心。从而充分调动学生的内在愿望，激发学生内在动机，把学生引向趣味盎然的学习境界，从"要我学"转变为"我要学、我想学"。[2]

在教学中，先进人物、科学家等都是学生学习的榜样；教师也是学生的榜样；而年龄相近、能力相近的同学更是学生的榜样，教师要善于利用这种对榜

---

[1] 刘六桂. 以艺术特色引领学校发展：井冈山大学附属中学发展艺术特色教育的探索与[J]. 中小学校长，2014（10）：22-23.

[2] 李洪岩. 国外艺术教育研究中的几点启示[J]. 北方文学（下半月），2011（12）：165.

样的趋同心理倾向来激发学生的学习兴趣。同时在平常的教学中，教师适当地引入竞争。各式各样的竞赛可以刺激大脑的活动，竞赛造成热烈气氛，激发学生学习的积极性。当然在教学的各种活动中要允许学生有缺点、错误，允许学生提出与教师不同的意见，允许讨论、争论，这样才能创造一个活跃的宽松的氛围。①

（三）积极培养学困生的人生目标意识

有的学生的学习兴趣比较短暂，不稳定；而也有一些学生的学习兴趣能长期存在，并成为稳定的心理特征。知识来源于人类的长期的实践生活活动，又反过来运用到改造世界的实践活动中去。在平常的学科教学活动中，我们应当还让学生感受和理解知识产生和发展的过程，让学生了解到知识与人类的实践活动紧密联系;② 教师要根据不同学科的特点让学生参与实践活动，也使学生品尝到理论联系实际的乐趣。在实践活动中使学生逐步树立正确的世界观、人生观、价值观，树立远大的理想，从而把眼前的学习同终生奋斗的目标联系起来，坚韧不拔地朝着一个奋斗目标而努力。

（四）合理结合体艺课程与文化课程的设置

体艺教学课程与文化课程的有效结合与合理搭配，让学生能够在疲乏与轻松之间进行合理的衔接，才能让学生对体艺与文化课程知识的学习更有效、更高效，"有效而高效是不是改成有效与高效逸结合"更为合理，使学生对学习知识的恐惧感真正的最小化，课程设置的合理性有效结合才能够提高学生的德、智、体、美、劳全面的发展。

（五）组建学困生提优补差的优秀师资团队

教师的人格魅力、品德修养，对祖国、对教育事业乃至对学生热爱的情感都给学生以熏陶，并影响学生学习的兴趣。③ 加强学校教师培训，加强学校教学教研力度，加强师德师风的学习，加强学生的德育素质，向阅读素养要成绩、向内驱力要成绩，向科学方法、向优良工具要成绩，向好习惯要成绩，向课堂上不陪学、不陪练、高难度要成绩，向体验学习愉悦感、成就感要成绩，向对命题考试评卷知己知彼、翻转迁移要成绩，向高自觉、高要求要成绩，向优生

---

① 陈文彬，胡继渊，沈正元. 借鉴国外教育理论：浅析艺术教育现代化的理论框架 [J]. 外国中小学教育，1998（02）：13-16.
② 李晶. 国外艺术教育产生与发展探索 [J]. 当代教育论坛，2011（5）：122-124.
③ 李炳红. 让普通高中学困生获得成功 [J]. 成功（教育），2010（4）：57-59.

之间优质合作要成绩，向教会同伴并与同伴分享要成绩。形成独居学校特色的多种提优补差策略，让更多的师生得到不同程度的进步与成长。

（六）优化、实化师生综合评价体系

师生素质综合评价是学校素质教育过程中的一个重要环节，遵循人性的发展规律和学生的学习规律，探索促进教师、学生、学校发展的多种评价方式，为师生创造生动活泼、自由丰富的发展空间。

让评价原则科学化，具有全面性评价、激励性评价、生成性评价、多元化评价、适时性评价等帮助师生全面发展，改善教学现状的不足，促进教学质量的提高，增强评价的实效性。

让评价内容具体化，要求学生学会合作、学会学习、学会做人、学会做事。除重视对学生认知领域的内容评价外，更加注重对学生素质能力的评价，追求自我完善与超越。

让评价方式最优化，在新课程改革的背景下，形成性评价和终结性评价相结合，自我评价与他人评价相结合，新课程标准倡导自评与他评相结合，寻求构建一种新的激励性教育评价框架。对师生采用最优化的评价方法，使教师做学生人生道路上真正的"引航灯"。

"163"教学范式下提升民族地区普通高中学生自主学习能力的实践研究

李式贵*

荔波高级中学

摘 要：在以立德树人为教育任务的背景下，对"教与学"都有了新的要求。无论是启发式、探究式、互动式、体验式或其他形式的课堂教学，对学生的自主学习能力都是一种挑战。本实践研究就是基于新时代改革的需要，结合荔波高级中学的实际情况，以"163"教学范式为载体，强调课堂教学的有效性，通过学习目标的引导，教师的有效设问，生与生、生与师之间有效的思维交流，提升学生自主学习的能力。采用问卷调查、查阅文献等方法，经过10余年的不断完善，"163"教学范式的推进促进了教师教学研究能力，促使学生改变"跟着学""等着学"的学习方式，效果比较明显，为学生终身学习的能力奠定一定的基础。

关键词："163"教学范式；民族地区；普通高中；自主学习能力

一、研究背景

2001年，基础教育改革与发展再一次成为全社会最热门的话题之一。2012年秋季，随着广西壮族自治区的最后进入，普通高中新一轮课程改革已全面铺开。全国涌现出很多关于提高学生自主学习能力的研究，较为典型的教学模式有：

（1）"尝试"教学法：先练后讲，先试后导；

（2）东庐教学法：讲学稿；

---

* 作者简介：李式贵（1974—），贵州荔波人，贵州省荔波高级中学副校长，贵州省骨干教师，贵州省黔南州教育名师，贵州省黔南州兼职教研员，高级教师，主要从事高中物理教学研究工作。

指导教师：贵州师范学院教育科学学院张传军博士。

（3）洋思教学法：先学后教，当堂训练；

（4）杜郎口模式：三三六模式。

这些模式的共同特点：

（1）以学为先、以学为重。这几种教学方式强调了预习的重要性，特别关注自主学习能力的提升，基本都以"学"为基础、以"讲"为辅助，在教学过程中自主学习能力成为关键，突出了学生的主体地位。

（2）课堂互动、共同成长。这几种模式通过学生尝试互动、"兵教兵"等活动，使学生获得知识、开发思维，较大程度地培养了学生自主学习能力。

荔波县，毗邻桂北的南丹、环江，属典型的喀斯特山区。总人口17万多，其中90%以上为布依族、水族、苗族、瑶族等少数民族。由于地域位置偏远、生存状态比较原始、经济发展比较落后，教育基础比较落后，主要表现在：学生依赖性强，课堂上依赖教师讲授，课后学习依赖家长监督，而大部分的家长都外出打工，根本顾及不到孩子的学习；另一方面，教师教学理念比较陈旧，课堂教学还停留在"满堂灌"，根本无法适应课程改革的要求。

1941年建校的荔波高级中学，历史悠久，是全县唯一的一所普通高中。但长期以来，由于受县域地理、历史、经济等方面的制约，学校的发展极为缓慢，到20世纪90年代后期，学校管理、办学水平、教学质量严重下滑，一直处于黔南州12个县、市的末位。历经几轮课程改革，学校积极思考什么样的课堂才适合层次差异巨大的学生需要，在走出去、请进来的基础之上，积极探索普通高中新课程改革背景下的课堂教学改革，构建了富有我校特色的"163"教学范式，教育教学质量实现了质的飞跃。进入21世纪以来，学校积极探索民族贫困地区普通高中教育"适度超前发展"之路，用不到10年的时间，校园面貌、办学条件、教育教学质量突飞猛进，一度从全州最薄弱的一所普通高中跃居全州第一方阵，成为全州乃至全省民族贫困地区普通高中实现"跨越式"发展的一面旗帜。

二、荔波高级中学"'163'教学范式"

"163"教学范式，"163"，即一个中心、六个环节、三个坚持。

（一）"1"，一切以学习为中心

学生的发展的关键是学会学习，特别是主动学习。因此对课堂教学提出了更高的要求，主要体现在：让学生做学习的主人，激发学生自主学习的兴趣，提高学生交流合作的能力，发挥学生的"传帮带"作用，关注不同层次学生的个性发展。

(二)"6",课堂教学六个环节

1. 目标展示(时间大约2分钟)。
2. 学生自学(时间大约10分钟)。
3. 互动交流(时间大约10分钟)。
4. 精讲点拨(时间大约8分钟)
5. 即时训练(时间大约8分钟)。
6. 总结提升(时间大约2分钟)。

(三)"3",三个坚持

第一,坚持知识点循环练习制。
第二,坚持全员导师制。
第三,坚持集体备课制。

(四)"163"教学范式的定位——有效课堂

一切以学习为中心——教学目标的有效性。
学习目标,导学设计——教师引领的有效性。
学生自学、交流、训练——学习活动的有效性。
师生适时点评——适度评价的有效性。
三个坚持——教学反思的有效性。

三、适合学生的目标设计

目标是教学目标还是学习目标?各有说法。笔者更倾向于学习目标,课堂教学的主人是学生,因此,教师教学设计时应该考虑的是学生通过学习达到的目标。只有确定适合学生开展学习的目标,才能让学生的自主学习具有可操作性、可测量,才有利于激发学生学习的主观能动性。

荔波高级中学"163"教学范式中关于学习目标的确定要根据四依据。

(一)依据课程标准,弄清教学内容与核心素养的关系

课程标准是教学的标准,明确了通过学科的学习,学生应具有什么样的素养,所以各学科教学应关注本学科的核心素养,弄清楚如何通过课堂教学促进学科素养的提升,关注学生必备知识、关键能力、必备品格的培养。学科核心素养要求下的课堂教学既促进学生对学科内容的深刻理解和掌握,同时又指向

学生的一般发展，有助于学生终身学习和可持续发展。

（二）依据教材，准确把握促进学生深度思维的突破点

教材的多次修订，目的就是更好适应人才的培养，适应学生的发展。教材在教学过程中起着至关重要的作用，是教与学的基础，但教学内容不一定完全适合民族地区学生，它是培养学科素养的资源。这种资源的价值只有在具体的教学活动中才能体现出来，离开教师富有创造性的开发与学生富有个性的参与和体验，教材内容将成为毫无意义的存在。所以，教师既不能为教材而教，也不能脱离教材而教。

挖掘和利用教材资源，发挥其蕴含的潜在的教学意义。对于教材要适当地进行重组、补充，循序渐进。讲授知识的同时，更应培养学生的学科思维，将学科核心素养于无形中渗透于课堂教学中。

（三）依据学情，了解学生对教学内容的认知情况，做到因材施教

学情分析是尊重学生个体差异的具体体现，在制定教学目标时，尽量做到因层而异、因人而异，让教学目标有"弹性"、层次化。要立足于教材，又要以学生的个体差异为参考点，找出"最近发展区"，制定出适合自己班级的教学目标。同时，教学目标要有阶梯感，既要有基础性目标，又要有发展性目标，还要有冲击性目标，保基础，推动最近发展区外延。要求学生达到某一层次的目标后，还要向高层次的目标冲刺，让学生的学习目标始终保持在"最近发展区"。这样就能使不同层次的学生学有所获、学有所思，使目标真正实现，充分发挥激励的作用，让学生潜在的学习能力得到充分的挖掘。这样，让不同层次的学生都能"各取所需"地学习，让每个学生"跳一跳都可以摘到桃子"，永远保持学习的幸福感。

（四）依据中国高考评价体系，研究吃透评价体系，基础夯实、重点突出、难点突破

高考评价体系的构建过程中，充分体现了为选材服务。高考评价体系把教学和考试有机地融合起来，促进学生发展素养的落实，助推基础教育改革，促进学生全面发展、健康成长、提升能力，培养终身学习能力。大量刷题会固化学生思维，据了解很多学生在做题时都会回忆以前有没有做过类似的题，一旦没做过相似题便无从下手，这就是关键能力的缺失，这才是教学过程中要重点关注的点，完全没有创新意识，这不是好的教育。因此，如何克服"机械刷题"，如何提升作业的质量，等等问题都值得我们去思考。

四、有效的问题设置，促学生学习能力提升

为了了解教师提问的效度，我们进行了深入调查，以下图表是对全校学生的调查结果统计。

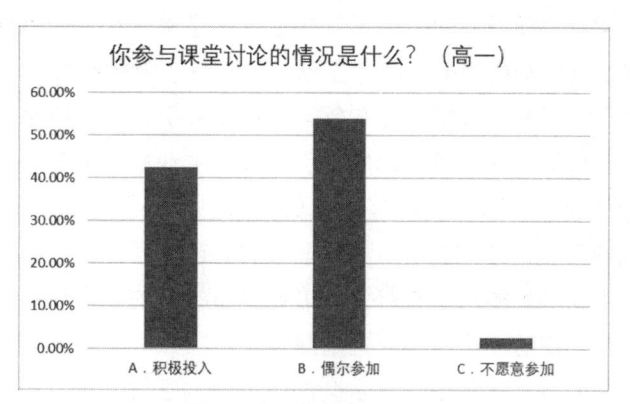

图1　高一年级调查结果

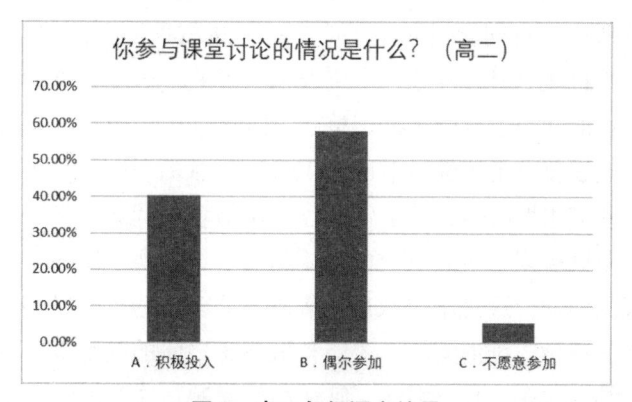

图2　高二年级调查结果

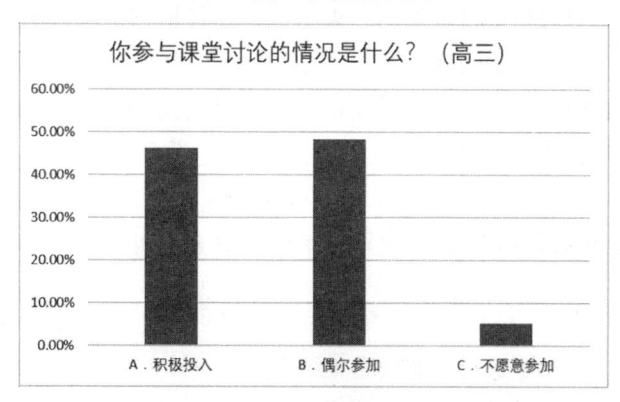

图3　高三年级调查结果

从调查结果分析：有40%左右的学生能够积极参与讨论，有55%左右的学生偶尔参与，为什么半数以上的学生会偶尔参与呢？通过访谈发现，偶尔参与的学生对教学过程中的很多问题感觉无从下手，故而不积极参与，有效的问题是调动学生积极主动学习的关键。

有效的问题设置能激发学生的学习热情，这是深度学习的首要条件。有效问题因其表述清晰、指向明确、寓意深刻，能激发、唤醒和鼓舞学生学习的热情，增强学生探究问题的内驱力。有效问题设置能引导学生高水平思维，这是深度学习的显著特征。学生通过问题的引导，在主动思考中学习，才能真正明白规律和概念的建立，形成一种程序化的树状思维，通过从"识得"到"习得"再到"悟得"一种学习过程，并逐渐形成自己的学习方式、学习习惯和学习能力，养成主动学习的意识和行为，培养终身学习的能力与习惯。有效问题设置是促使所学知识的灵活运用，这是深度学习的核心问题。在一个充满优质提问和优质问题的课堂氛围中，学生会产生浓厚的学习兴趣，围绕问题，积极主动地运用多种知识，展开分析、探究、批判、创造等深度学习的思维活动。

所以，教师在进行问题设置上，应少一些机械性、记忆性、单一性问题；要多一些理解性问题，让学生有多一些解释、举例、分类、概括、推论等活动过程，对已学过的知识进行再拓展、整合，内化过往知识，用自己的语言表述出来。记忆性问题仅仅是让学生对旧知识进行机械的回顾，几乎就是记忆力的考察；要多一些应用性问题，让学生通过真实情境的问题，把所学概念、规则和原理等知识串联起来，经过一定的思维活动、结合所学知识解决问题，这是理论联系实践的活动，这是学以致用的表现。要多一些推理性问题，推理性问题要求学生具有科学思维的素养，才能弄清概念之间的关系或者事件的前因后果，最后得出结论。多一些批判性、质疑性的问题，这类提问迫使学生必须通过认真的思考，对材料进行再加工、再组织，寻找根据，进行解释和鉴别才能解决问题，属于高级认知问题。

通过科学有效的问题设置，从而让学生在讨论问题的过程中产生思维碰撞的火花，增强学生自主学习的信心，提升学生自主学习的能力。

五、培养学生良好学习习惯、给予学生充足自主学习的时间

（一）良好的学习习惯是学生自主学习的基础

为此，对全校学生进行问卷调查，结果如下：

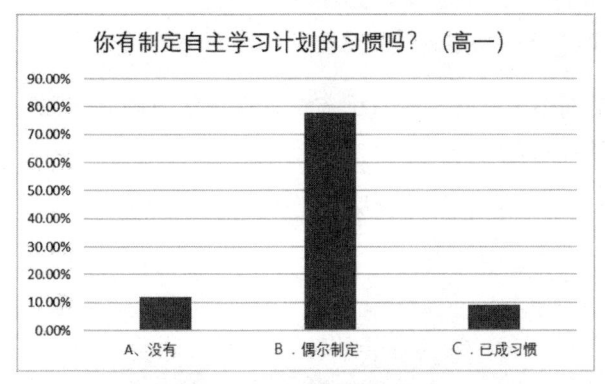

图 4 高一年级调查结果

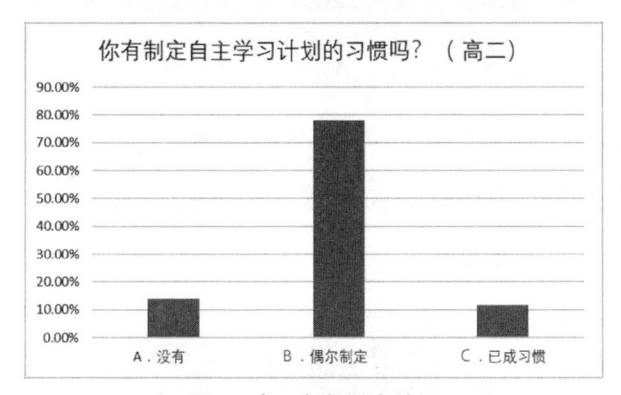

图 5 高二年级调查结果

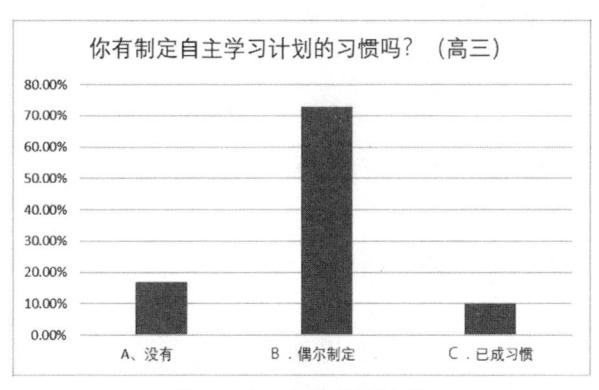

图 6 高三年级调查结果

  自主学习是一种良好的学习习惯，是学习能力的表现。通过对全校的问卷调查发现：近 80% 的学生只是偶尔制定自主学习计划，没有学习计划的学生越到高年级越多。显然，学生学习目标不明确，这是严峻的问题。为此，学校在高一进校就对学生开展行为养成教育、时间管理等，目的就是规范学生的学习生活习惯。

221

（二）时间是学习的保障

然而如今的高中生又有多少自己支配、自主学习的时间呢？为此对我校学生进行晚自习学习问卷调查。

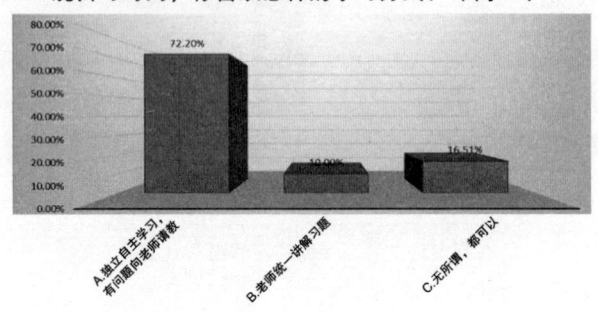

图 7　高一年级调查结果

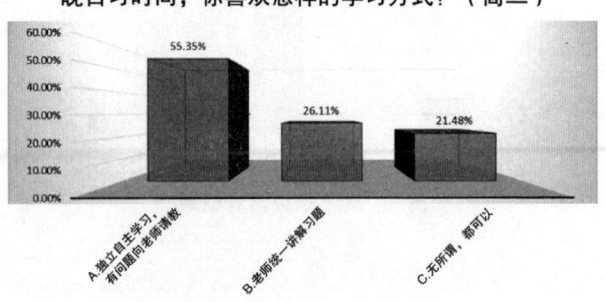

图 8　高二年级调查结果

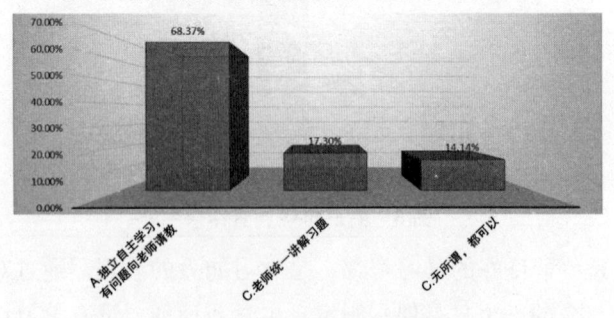

图 9　高三年级调查结果

通过调查发现，大部分学生在晚自习时间喜欢的是自主学习，可是老师们总是担心没时间讲练习，于是都喜欢用晚自习讲解练习，甚至有部分老师一讲就是一个晚上，学生根本没有消化的时间，更谈不上完成自主学习计划。为此学校完善学生自主学习时间的管理规定，进行晚自习改革，2020年10月18日开始执行《荔波高级中学关于晚自习辅导的指导意见》，保证学生自主学习时间。

从国家层面来说，2019年国务院办公厅印发的《关于新时代推进普通高中育人方式改革的指导意见》，指明了课堂教学改革的方向，要把传统的知识传授转向学习能力的提升，培养学生正确的价值观，增强学生的社会责任感。从课题研究、学科融合等角度提升学生的交流合作探究能力，从作业质量提升知识的实践性和应用性。2020年10月，中共中央、国务院印发了《深化新时代教育评价改革总体方案》，文中明确指出"构建引导学生德智体美劳全面发展的考试内容体系，改变相对固化的试题形式，增强试题开放性，减少死记硬背和"机械刷题"现象。这些文件整体的要求就是要改变当前的传统教学模式，要以立德树人为根本任务，要注重学生学习能力的培养，要以落实核心素养为目标。

在新课改背景下，倡导的是"学生为主体，老师为主导"的教学理念。新理念下，老师更多的是起到指路人的作用，由过去的教学生"学会"转变成教学生"会学"；课堂教学不能满堂灌，而是需要通过探究和互动，激发学生的兴趣，培养学生的自主学习能力。为此经学校多方调研后研究决定：

（1）晚自习以答疑辅导为主，一律不准讲课。如因特殊情况耽误教学进度，需要利用晚自习上课，以学校通知为准。

（2）辅导学科安排

通过年级组统一安排，并不是上上策，也仅仅是权宜之计。期待的是经过一段时间的过渡，老师和学生能形成共识，能认识到自主学习的重要性。使得教师在教学过程中自觉改变传统的观念，使得学生在学习过程中自觉养成好习惯。

星期	星期日	星期一	星期二	星期三	星期四	星期五
学科	语文 物理 政治	数学 生物 历史	英语 化学 地理	数学 生物 历史	语文 物理 政治	英语 化学 地理

这样设置的目的是让学生逐步学会规划，做好时间安排，给予充足的自主学习时间。

六、研究过程

（一）摸底，掌握学情

高一新生进校，通过心理测评，可以了解学生情绪、抑郁、学习压力、人际关系、适应等问题；通过生涯规划测评问卷，对学生职业兴趣、职业倾向、性格等摸底排查及指导。

（二）"163"通识培训

开学前，对教师进行"163"教学范式培训，在学校范式基础上，让老师们结合自己学科的特点，研究适合本学科的教学方式。例如，物理学科的《"163"课堂与分层教学的有机结合》，《"163"高效课堂教学模式中适时评价与学生发展研究》；历史学科的《基于核心素养提升的历史课堂教学"一点交步三助"模式实验研究》；语文学科的《信息技术下的"163"高效课堂教学模式与成效研究》，化学学科的《民族地区高中化学"163"教学课程》等的课题研究。通过这些课题研究，老师们有了新的认识和理解。

开学后对学生进行培训，重点解读"163"范式中的"自主学习""交流展示"。自主学习的基本要求：学生要理解学习目标，要独立思考教师设置的问题，通过小组讨论来提升。在小组无法解决的情况下，才可向老师寻求帮助。教师巡视过程要仔细，不能走马观花，通过观察聆听，了解学生自学情况、小组讨论情况，及时分析判断学生存在的问题，并及时予以指导；特别要注意不能独立完成又不参与小组讨论的学生，要单独指导，分解问题，鼓励参与。

这一环节的目的就是让学生有一个独立思考的时间和空间，通过自主学习促进学习方式的转变，逐渐养成良好的学习习惯；同时通过自主学习发现自己真正的问题，思维方式的问题、知识基础的问题，便于参与下一学习环节。

交流展示要求：在教师的主导下，师生交流、生生交流，展示自主学习的成果，分享学习成功的喜悦。生生交流的四种方式：同桌交流，前后交流，自主交流，全班交流。对学生解决不了的疑难问题，教师要切实做好启发引导。启发引导要做到"四导"：①导出问题根源；②导出解决方法；③导出知识外延；④导出规律结论。

这一环节就是一个知识内化的过程，根据美国著名学习专家爱德加·戴尔的学习金字塔理论，"教授给他人"就是最有效的学习方式。这一环节是上一环节的检验，交流的过程是从思维到语言表达一个了不起的跨越，要求学生的思维要清晰、有条理、有逻辑。交流互动环节最大限度地促进学生自主学习能力的提升。

（三）分层教学

结合学生基础开展分层教学，不同层次有不同的要求。学习能力稍弱的层次重点是加强学习习惯的培养，包括听课习惯、作业习惯，通过了解这部分学生更多的是习惯被动式的学习，缺少主动学习的习惯。为此，结合全员导师制，动员全体教师与学生深入交流，从思想上发生转变，"要我学"变为"我要学"，学生有了主动学习的意识，对于基本知识的学习完全是可以独立完成的。对于基础较好、有一定学习能力的学生，各学科紧紧围绕学科素养的提升开展教学，大胆地将课堂还给学生，充分地让学生在课堂上讨论、探究，发表观点、解释、归纳。教师针对学生的交流展示过程存在的问题，"四讲四不讲"。即：讲疑点、讲难点、讲知识拓展点、讲能力培养点；重复的不讲，课本上直接有结果的不讲、学生会的不讲、都不会的不讲。发挥教师课堂主导作用的体现，教师的示范引领，让学生的思维成为一种发展的、动态的、生成的过程。

（四）督促、指导

学校成立课堂教学指导工作组，深入课堂，观察学生学习行为和教师教学行为，展开研讨，对学生课堂行为不积极的问题就要深入班级了解情况。有"问题设置过难或过易""问题设置指向不清晰"等教师备课问题，这些问题可以通过集体备课来解决；还有"学生不善表达""不愿和同学交流"等情况，对于这些问题，可以通过同学带动，可以通过一些激励机制，以及通过小组考核等方式促使学生转变，这需要教师多鼓励和坚持，不能因此而改变为"我讲你听"的传统教学方式。

（五）分享交流

经常性组织班级开展学习体会分享活动，分享学科学习方法，通过学生自己的反思、总结去发现问题。正所谓"方向比努力更重要"，学生明白自己的问题，教师稍加引导，问题很快就能解决，分享活动让学生充满成功感。

（六）过程评价

（1）改变传统的课堂教学评价，重点突出对学生课堂行为的观察，倒逼教师克服"满堂灌"的教学方式，变为"少讲多听"，让学生在讨论中、在观察和聆听中去感悟和反思。通过"有效问题"的设置，调动学生有兴趣参与；有

"针对性"的问题，调动学生全员参与；保证学生有足够的思考时间，有展现自己的机会，通过交流展示，激发学生学习的兴趣，树立学生自主学习的信心，培养和锻炼学生的综合素质。

（2）每一次月考教务处做好班级成绩分析，班级做好个人成绩分析。尤其是班级个人成绩分析，要分析丢分的原因，做好 SK 分析，S 型错误主要包括：审题错误、书写错误、推理错误、计算错误等，通常老师和学生对 S 错误不够重视；更多关注 K 型错误，即知识的错误。其实 S 型错误就是能力的体现，S 型错误比 K 型错误更难处理，教师要有针对性的措施，例如"一生一档"的建立，切实做好分析及解决措施，长期监督和鼓励学生，帮助学生克服、解决。

（七）案例分析

案例1：零的突破

一位水族女孩名叫姚茜，2009 年成为荔波高级中学高一新生，初见面给笔者留下的印象就是性格腼腆、不善言辞、略有倔强。开学不久，笔者发现她学习不在状态，于是我走访家长、走访初中教师，进行摸底。了解到：姚茜同学想外出读书，由于种种原因未能成行，于是抱着一种抵触的情绪来到学校，没有目标、没有方向。本想马上找她谈话，但或许是"羞怯心理"作祟，所以继续给她一点时间过渡。两周过去，笔者发现依然没有改变，便找到一个比较随意的机会，和她聊天，聊高中、聊学习、聊生活、聊未来。在聊天中，发现她依然没有明确的方向，依然停留在初中的学习状态，根本没有意识到高中对学习能力的要求，依然认为上课听听课、课后做一点练习巩固就可以了。

后来，笔者又找一个正式的时间和她谈一个优秀高中学生应具备的能力，例如，团队合作能力，"163"范式中的"互动交流"就是培养团队合作能力的最好机会，同时还能培养组织和表达能力；还有学习研究能力，善于研究、勤于思考、掌握学习方法，为终身发展和学习奠定基础是高中学习的一个主要作用，通过科学家的事例、诺贝尔奖获得者的故事说明学习能力的重要性，"163"范式中的"自主学习"就是要培养学生具备独立自主的学习研究能力。经过这次交流，她有了一些改变。（"163"通识培训）

在后来的学习中，笔者让每个科目的老师更多关注她这两个方面的培养，就这样，她的学习状态越来越好，也越来越自信。于是笔者又找了一个恰当的时机和她聊高考、聊大学、聊人生，发现她的目标要求并不高，这或许也是因为民族地区孩子内心比较保守，对生活追求不高，缺乏一种积极拼搏的信念。笔者给她分析现状，分析她的优势，激发她的斗志和信心，明确目标大学就是清华大学。从这以后，笔者发现她会主动和同学交换位置坐，发现她做了物理最好的男同学的同桌，知道她学会了学习，一个月后又换了座位。（因材施教）

到了高三，她的学习状态特别好，课堂反应特别积极主动，课后练习完成都很及时，问问题的次数越来越少，一切表明她的自主学习能力已经越来越强。还经常在月考总结会上介绍学习经验，自信爆棚。水到渠成，顺利考上清华大学，实现我校考取清北零的突破。

案例2：再攀巅峰

2012年9月，我班迎来了一位汉族小帅哥周茂林，初次见面就给笔者留下了活跃积极、思维严谨、阳光自信的深刻印象。通过和他的交谈，发现他有明确的目标，又及时进行家访确认他的目标，同时还和初中老师交流，了解他的学习习惯，了解他的学习能力。（摸底阶段）

通过了解，他初中毕业还去考了我们省城最好的高中，显然是目标明确；虽然没考上，但回来了还是依旧的活泼自信，说明意志坚定。于笔者我召集科任教师认真对他做分析，形成共识，突出自主学习能力的培养，同时笔者也和他沟通，他也意识到高中知识的广度和难度与初中大不相同，初中的学习习惯和学习方式不能满足高中学习的需要，顺势而下，笔者就给他介绍学校"163"教学范式，对他而言最重要的就是自主学习环节，要做到"真学、实学"，那怎么检查是否做到了，有没有效果，就要通过互动交流环节来检验，让老师来判断。（"163"通识培训）

在后来的教学中，老师就通过"互动交流"环节、通过他的练习去发现问题，并给予及时的指导。到了后期，他的问题就是和老师对对思路，谈谈问题的陷阱，谈谈考察的知识点。（因材施教）

超强的自主学习能力成就了他，2015年顺利考入清华大学，2019年本科毕业直接保送就读清华大学研究生。

七、研究成果

以荔波高级中学2019届为例。以下数据为黔南州教育局对2019年高考的评价（仅作为本案例研究提供支撑，请勿引用）

名称	参考人数	600分			一本			二本（不含一本）			二本以上前50%			二本以上后50%			总超额	名次
^	^	高考	中考	超额	高考	中考	超额	高考	中考	超额	高考	中考	超额	高考	中考	超额	^	^
荔波	1316	15	6	9	205	128	77	551	408	143	329	202	127	427	334	93	449	1

2019年黔南州各县（市）高中教学质量管理评估表

图10　教学质量管理评估表

图11　黔南州教学质量贡献一等奖

图12　黔南州教学质量一等奖

图 13　黔南州教学管理一等奖

通过以荔波高级中学"163"教学范式为基础，各学科大力推进课堂教学改革，立足于提升学生自主学习能力，以提升学生学科素养为目标，全体师生经过三年的共同努力，还是取得了一定的成绩。

总之，本课题研究就是结合基础教育改革的需要，结合时代的需要。新时代要求学生要具有终身学习的能力，而高中就是最为关键的时间段。高中学生已经具有一定的自主学习能力，我们要做的就是要多给学生创造机会，把课堂真正地还给学生，让学生真正做学习的主人，这样才能切实提升学生自主学习的能力，才能培养具有质疑精神、创新精神的社会主义接班人和建设者。

封闭式管理对学生成长的影响及应对策略研究
——以铜仁市第八中学为例

冉文强[*]

铜仁市第八中学

摘　要：封闭式学校目前是铜仁市初、高中学校的办学趋势，是一种将教学、饮食、住宿、活动等集中在同一个校区内进行的学校。结合我校及本市一些封闭式学校的实际情况，通过考察、调研等方法，分析学校在封闭式管理过程中产生的影响以及出现的问题，提出相应的对策建议，由此加强对封闭式学校的校园管理，促进封闭式学校教育教学质量的提升、促使学生在封闭式学校中健康成长。得出一套适合封闭式学校管理的方法，能推广到其他学校，为政府开办封闭式学校的发展提供合理参考。

关键词：封闭式管理；学生成长；应对策略

随着国家全面高速的发展，越来越需要更加高质量的人才，学校作为教育的主阵地，要为学生提供安定的学习环境，为学生打造全面发展的校园。校园封闭式管理要我们遵循教育规律，尊重学生身心发展的特点，排除各种因素对学生的不利影响，克服封闭式管理的弊端，从而把学校办成人民满意的学校。

一、学校封闭式管理的研究意义

（一）学校封闭式管理的概念界定

学校通过以校园为整体单位，实施严格的管理，学生全天、一周或大半月时间不能随便走出校门，其生活、学习、活动等行为必须在校内进行，通常学

---

[*] 作者简介：冉文强（1974—），贵州沿河人，贵州铜仁市第八中学副校长，铜仁市骨干教师，高级教师。
　　指导教师：贵州师范学院教育科学学院吴晓英教授。

校只许学生在某一特定的短时间内出校活动。全封闭式学校的特点：生活、学习、活动都在学校完成，学校要全方位安排好学生的相关事项。一旦学生进校，学校就被赋予了"家长"角色，全方位帮助学生确立学习目标、制定学习计划，同时要加强培养良好的品行和社会生活常识等指导。因此学校的教育教学的计划及安排要系统性、整体性和预见性。

（二）学校封闭式管理的研究意义

1. 理论意义

党的十九大和十九届五中全会的召开，要求要全面贯彻立德树人的根本任务，着眼建设高质量的教育，强化教育主阵地的作用，伴随着新课程改革的进一步深入，把学生培养成国家的主人、社会的栋梁已成为教育教学的重要话题，封闭式管理学校正好迎合了当下教育发展的趋势。此次研究旨在探索出一套适合我校全封闭式管理的教育管理模式，从管理对教学质量方面进行研究，提出一系列的管理制度和方案，进而提高学校管理水平和学生学习成长与教学成绩并达到以下研究目的。对在全封闭学校的学习和生活进行研究，一方面可以了解高中生在全封闭式环境中的学习效率，从而发现高中生学习思想等的现状及存在的不足，更好地制定相应的对策。另一方面，可以为我市逐渐增多的封闭式管理学校提供新的思路，为实现"好管理、管理好"的研究提供新的参考。

2. 实际意义

"留守学生"以及住校学生多方面的生活照顾，情感教育与呵护也能得到解决，有效缓解了家长的焦虑情绪，减轻家长的负担。封闭式学校能为学生创造安定和谐的环境，在集中管理的环境下有利于学生得到思想、安全、学习和生活上全面有效的保障，有助于学生的健康成长，为国家输送高质量的人才。但是高中阶段教学是我国基础教育教学中的关键阶段，它有别于义务教育，高中教学内容繁多，对学生的要求也大大提高，因此在管理上要加强对学生自主学习能力和自我管理的培养，提高课堂教学的有效性，减轻学生负担，促进学生保持对高中学习的热情。如何引导、帮助学生适应封闭式管理学校的学习环境，解决生活学习的问题以减轻学生的心理负担，引导学生快乐高效学习，这些都是我们面临的实际问题，这些问题的解决对我校乃至我市的发展具有极为重要的意义。[①]

---

① 贺群. 学校管理创新的可塑性与可控性探讨［J］. 教学与管理, 2019（09）: 35-37.

二、学校封闭式管理对学生成长的影响

（一）学校封闭式管理对学生成长的积极因素

1. 有利于屏蔽不良社会影响，促进学生健康成长

学校的封闭式管理对于学生的安全保障起着一种较大的稳定作用。学生大多是未成年人，对自己的行为造成的危险性预见性普遍较差。同时，挑战性及好奇心使这些未成年人对有危险性的行为无限向往，容易发生意外和不可预料的伤亡事故，容易对学生本人及家庭造成较大的物质损害及精神创伤。[1] 校内严格的纪律制度及良好的环境极大降低了不良社会风气对青少年的影响。减少了学生上网机会，杜绝打架、偷盗和吸毒等事件发生，校园内相对来说安全隐患极少，同时，老师们随时的提醒和同学陪伴使学生望而却步。

2. 有利于增强学生生活技能，培养良好的学习生活习惯

封闭式学校保证了学生打好基础的充裕的时间和精力。家庭条件较好的学生，父母对子女十分溺爱，使其斗志、进取信心减弱。有的学生家中条件差，家中缺少良好的学习环境，学生意志力比较差，没有长辈的督促，容易造成自暴自弃。封闭式学校给学生们创造了集体生活的环境，让他们的独立生活能力得到锻炼。集中的管理制度有助于学生养成教育的培养，学生良好的学习生活劳动习惯与今后走向社会成才成人息息相关。有了良好的习惯，较好的心理和身体素质，对学生本人来说终身受益。

（二）学校封闭式管理在学生成长教育中出现的问题

封闭式学校对学生的日常生活实行全封闭管理，吃饭、住宿和课余活动等都被限定在学校范围内，也称为封闭式和半军事化管理。现在，许多学校在条件允许的情况下，大多采用了封闭式管理，其目的就是保障学生们的上下学安全，全部精力投入学习提高教学成绩，让家长们放心。从很大程度上解决了教学、学生成长等问题，也带来了许多不利的问题。

1. 封闭式教育让学生社会实践的机会变少

能力来源于实践，能力来源于社会的摸爬滚打中一点一滴的积累，脱离了实践，离开生活社会环境，就好像种子离开了生存的土壤。整日的读书，除了锻炼了青少年应考能力，适应教师指挥下的生存能力外，其他的能力就不多了。

---

[1] 庄学培. 实施封闭式管理的实践与思考——兼谈德育校本课程的开发和实施［J］. 福建基础教育研究，2018（05）：22-23.

社会是丰富多彩的,青少年们在社会的观察中,在与长辈的交谈中,在长辈督促的劳动中,一点一滴地吸收我国劳动人民优良的品德。现在的中小学生与社会的接触时间太少,为了防止他们在社会上沾染不良的习惯,为了望子成龙望女成凤,家长都支持学校利用法定假日甚至寒暑假补课,这一做法的直接后果就像在温室里培育的花朵,经不住四季的变换更替,封闭式教育让学生减少与社会实践的接触,学生缺乏在社会实践中锻炼自身能力的渠道和机会,不利于学生全面发展。

2. 封闭式教育影响学生的思维方式

大自然是多姿多彩和美妙无比的,社会生活是美好的,人们的劳动既是美的体现,也是美的创造,这一切都是局限在校园内的学生无法亲身体会到的。学生被短短的假期和繁重的作业所困缠,缺少时间和精力去了解大自然、了解社会、了解生活。智力的开发从心理学的角度来说,来源于外界的刺激。学校的校园范围过于狭窄,而学生多集中于教室、操场,整日埋头于书本知识,缺乏对大脑的刺激,造成智力的疲劳与漠然,对开发智力大为不利。青少年时期属于人类智力开发的最优阶段,走出学堂,走出教室、面对五光十色、变化万千的缤纷世界,接踵而至的各种社刺激会并不能马上激活刚出校园的学生的大脑细胞,因此封闭式教育会影响学生的实践活动、认识活动和思维方式,影响学生的发展。

3. 封闭式管理不利于学生学习兴趣的培养

学生的学习兴趣大多源于热爱,兴趣也会源于人生志向,兴趣又是学生学习的兴奋点,是学习过程不可缺少的动力源泉。多接触社会,青少年也能逐渐找到自己的生活航标,发现人生价值,树立远大理想,激发其学习兴趣。现在的青少年学习受到过多网络信息的干扰,学习乃至生活积极性很差,失去了理想,缺乏学习的动力。如果说还有一部分学生在读书的话,他们的远大理想就是考上一所名牌大学,这似乎是他们的终极目标,所有造成这一切后果的主要原因是他们没有深入社会,没有在社会中找到自己人生的坐标,这与封闭式管理把他们与社会隔绝有直接的因果关系。

4. 封闭式管理让学生缺乏情感寄托

一些留守学生和离家较远的住校生的父母不常在孩子身边,是学校教师在教育和抚养孩子,他们难尽到教育管理责任,在全封闭式学校里,学生缺乏正常、完整的家庭教育,如果处理不好,就会出现学校与家庭情感教育脱节,社会上某些不良因素致使留守学生的情感出现问题,留守学生情感教育问题容易造成危害,这也会对学生学习造成很大的负面影响。学生和老师之间没有亲情关系的维系，也不像同龄人间有那么多共同语言，老师在进行教学工作时，难免会对学生进行评价，这些评价对于一些心理比较脆弱的学生来说可能就难以接受，相处时间长，被"指责"的时间长，交心时间却不多，负面情绪就更容易积累。①

5. 封闭式管理对校园基础设施完善度要求较高

由于全封闭式学校学生生活、学习、活动都在学校完成，学校面临如下两方面问题：一是硬件设施方面。如宿舍是否满足一生一床；食堂是否能满足所有学生同时用餐；洗浴中心能否满足学生洗浴；学生在学校活动是否能全方位监控到位（电子监控设备）等。二是软件方面。学校宿舍管理人员基本是临聘人员，他们的素质是否达到能有效地跟学生沟通及管理的要求；教师（尤其是班主任）投入太多精力参与学校管理是否会影响他们正常的教学，等等。

三、完善学校封闭式管理的对策建议

封闭式管理存在的问题有家庭的、学生的原因，同时相当一部分与学校的管理有关，要克服封闭式管理的弊端，发挥封闭式管理的效能，就要做好以下几方面的工作。

（一）探索封闭式管理的模式，创新管理制度与方法

封闭式管理对学校建设来说是新鲜事物，目前很多城市也开始逐步开办封闭式管理学校。封闭式管理使学生在校时间长，学校责任更大，因此要有一整套管理制度，既要结合外校先进经验，同时也要结合本校实际创新。首先要做到分工明确。教学要关注学生成长和薄弱学科需求，德育要细化，站在学生和家长角度管理；后勤管理要以学生成长为根本落脚点，安全管理学生集体团结互信责任到人，宿舍管理人员、食堂管理人员、门卫等要各司其职，忠于职守。其次要从关爱角度出发，建立住宿生管理的有效机制，坚持做到日巡查——关爱学生每天生活，周小结——总结学生行为，月评比——鼓励优秀。再次要做好各种突发事故的应急预案，及时排查安全隐患。

（二）丰富课外活动，培养学生学习兴趣，促进学生全面发展

1. 开展形式多样的课外活动和社团活动

丰富多彩的活动对学生成长帮助极大。活动可以帮助学生形成才艺以及获得生活技能，增进同学间友好关系，缓解因为远离家人的孤独情感。另外，活

---

① 谢学风. 高中封闭式管理弊大于利 [J]. 中国教育学刊，2014（12）：96-97.

动也是知识技能获得的一个途径，通过活动，能有效地促进课本知识的学习。铜仁市第八中学就有很多的课外活动和社会活动。如：徒步"木杉河"活动；每年一次的体育运动会，每学期一次的师生篮球赛；元旦晚会、八中好声音、学科竞赛活动；法制宣传周活动课外广播，开放信息室、组织学生外出活动，如到九丰农业园等处参观；励志演讲、举办校际学生交流活动等。通过自觉自愿的健康的实践活动，有效地培养学生优良的思想道德品质。

2. 教学模式科学化，充分挖掘人才

要充分发挥他们的特长，促成学生全面发展。通过实行分层教学，分学期分学科安排薄弱学科分层辅导，优化教学行为。学校调查学生的要求，根据学校实际情况（教师多少、水平、教学环节等）调整教学环节、优化教学过程，满足学生不同学科的需求。充分针对本校学生特点编撰合适的校本教材，利用校本教材满足学生个性化的学习需求。合理安排学习时间，打造学习—生活—娱乐一体化，营造学生乐学、爱学、好学的好环境。让学生通过手机和因特网联系外面世界，制定周末微机室开放制度，尽最大努力订阅图书，开放图书馆，丰富学生的见识。有效合理的课外课程对促进学生的全面发展，全面实现中学教育目的，科学有效地提高教育效果，具有不可低估的作用。

（三）关注学生的心理健康和情感需求

中小学生作为未成年人心智尚未成熟，协商、沟通解决问题的能力较差，加之一些未成年学生热衷漫画、游戏，而漫画、游戏中充斥着暴力内容，因此，他们也会将此用到实际生活中，认为敢动拳头就显有勇气、有魄力，把粗鲁当成了时髦。而且这个阶段的孩子多处在青春期，激素分泌不平衡，容易冲动，常常会因为一个想法或一句话产生过激行为。家长把孩子送到学校，自然是希望孩子能不让自己操心，同时学习优异。然而老师却很难有时间做到对每位学生关心入微。因此，在我们这类全封闭式学校里，教师应该创新教育手段，把自己代入为学生家长，扮演好家长、师长、朋友等角色，关注学生的情感，不能让学生出现情感缺失现象。[①]

首先学校可以建立《教师联系学生制度》，班主任把全班学生学习情况和学生个性特点进行分类，然后分配到科任教师身上，科任教师具体对学生的生活、学习、心理状况进行指导。其次学校每学期召开家长会，把家长请到学校，了解学生的生活学习，并要求建立家长QQ群和微信群，搭建"学生—班主任—

---

① 吴利华. 封闭式管理对中学生心理健康的影响[D]. 开封：河南大学，2015：12.

家长"平台。建立《铜仁市第八中学教师全员全程值日制度》,教师参与管理,让学生有亲切感。寒暑假及节假日组织学生集体乘车回家,从另一角度关怀学生。成立爱生基金会,由学校工会组织,教师自愿捐钱,对部分生活困难的学生进行补助,关心学生的学习、生活,关注学生的各项需要。

(四)完善基础设施建设和后勤保障

学生在学校待的时间长,因此学校的基础设施建设要考虑到学生平常生活、学习、活动的方方面面,要排查日常教学设施和生活设施的安全隐患,为学生学习、生活、活动提供完善的基础设施。在饮食需求上,均衡的合理的饮食有助于学生的健康成长,身体健康是一切的基础,这一点是毋庸置疑的。如果在学生身体发育的关键时期,出现营养不足等与身体健康方面有关的问题,何谈学习,何谈成长,将对学生的成长产生不可估量的影响,因此,学校必须从学生饮食方面下大力,当好后盾。可以成立"后勤服务中心",监督每天餐食,整理菜单,丰富各种生活所需,如水果等;按节日时间,学校组织相应的食物,或组织聚餐活动等;成立学生监督小组,负责对食堂各方面进行监督并提出意见,意见来自学生才真实。学生还可以根据要求提供菜谱。

(五)学校、家庭、社会互动形成教育合力

教育是一项身—心—智全面发展的系统工程,国家发展与社会转型给千家万户带来了与以往绝对不同的巨大变化。只有学校、家庭、社会互动形成教育合力才能促进孩子的健康发展,这一点对封闭式学校尤为重要。封闭式学校要做到封——不是牢,闭而不死——不固守,"封闭"是为身心发展,而不是隔绝。要从学生成长入手,尤为注意家校间的沟通,要通过开办"家长学校",形成"家访、家长会、校园开放日或开放周"等开放时间,完成家校互动,及时电话沟通,利用网络信息互动平台等多种形式让家长更多地了解自己的孩子,共同参与学校的管理,促进孩子的健康成长。建议成立家乡同学互助会、校间同学交流会等,促进学生间合作,熟悉的同学间相互鼓励和帮助,有助于他们缓解思乡情绪。学生是一个独立、有灵性、有思想的个体。他们的成长需要从家庭、学校、社会三方面形成的合力的帮助下进行。政府提供政策支持,是学校有效管理的力量,家庭给学生以关爱,是学生休息的港湾;学校承担的是培养责任,是学生学业成才、品德形成的阵地;社会保证学生和谐。但是,学生在校的真正需求才是学生成长的关键。

四、总结

封闭式学校的管理，极大地限制了学生的自由时间，从消极方面来说，正是由于封闭，也导致学生的思想封闭，可能会出现思想不开放、视野不开阔的现象，或者导致思想和行为的畸形发展。封闭式学校的管理如何规避这些消极影响，发挥出封闭式学校管理的优势，是本文的主要目的。封闭式学校管理有着很大的积极性，它排除了外界的干扰，学校正确、积极引导可以塑造出良好的学生人格和品行，学校做到"硬件到位，管理到位，人员到位"，就能发挥封闭式管理的最大效能，只要我们遵循教育规律，尊重学生身心发展的特点，排除各种因素对学生的不利影响，就能克服封闭式管理的弊端，从而把学校办成人民满意的学校。学校的封闭式管理利大于弊，我们要在封闭式管理学校内营造独特的学生生活氛围，有交往活动、充足的文体活动等，让学生在学校里享受公平正规的各类教育。

通过对不同学校的走访、对学生、家长和社会人士的调查、查阅资料、归纳总结，终于完成了此项研究。只要学校从学生需求出发，从学校层面完善制度，从教师角度安排任务，从家长角度维护学生，从学生角度理解学生，那么我们就能转化不足为有利，让封闭式管理学校模式在我市办学中大放异彩！

基于学生均衡发展的农村高中学校分类教学的实践探索
——以普安县东城区民族高级中学为例

刘柱奎*

普安县东城区民族高级中学

摘 要：学生均衡发展，是学校狠抓的一项教育教学工作，农村高中学校，学生两极分化明显，甚至出现多极分化，导致部分学生辍学在家务农或外出打工。鉴于以上问题，农村高中学校实施分类教学，促进学生均衡发展就更加重要。基于普安县东城区民族高级中学的个案实践探究，从不同分类教学维度的准备、实施、总结三阶段的教学与管理的实践层面，提炼出了农村高中学校学生分类教学管理模式。学校采取班级分类、教师备课分类、课堂授课分类等教学管理模式，强化分类教学效果的精细化管理；实施效果良好，最终促进农村高中学生全面和谐发展。

关键词：区域内均衡发展；分类教学；农村高中；差异教学

当下根据我国教育的实际情况，"在《国家中长期教育改革和发展规划纲要》中提出要逐步实现'均衡教育'，国家提出了均衡教育的概念，要求不同地区、不同层次、不同经济水平，各个受基础教育水平程度的学习群体之间，都要共享教育资源，尽可能平等公正。这是未来教育的发展方向"；但是，就现阶段我国教育实际情况来看，经济发达地区、经济落后地区，直辖市与省、省和地州市、地州市与县、县与乡镇等不同层次的高中学校，由于受到地方经济和政策的影响，要实现教育均衡发展，必须从学生均衡发展抓取。我国农村高中

---

* 作者简介：刘柱奎（1978—）贵州省黔西南州普安县人，中学高级教师，普安县东城区民族高级中学教学副校长。

指导教师：贵州师范学院教育科学学院雷经国副教授。

学校比较多，并且学生发展水平呈现出严重不均衡的现象。因此从农村高中学校的学生抓均衡发展，具有非常重要的现实价值。基于普安县东城区实验高级中学的个案，对农村高中学校进行分类教学，实现学生均衡发展的实践探索。

一、普安县东城区实验高级中学学生不均衡的现状表现

普安县东城区实验高级中学是乡镇的农村高中，就所招录学生的不均衡集中表现在生源地、录取分数、学习能力与行为习惯、品德行为四方面。

（一）农村与城市高中学校学生生源地的不均衡

普安县东城区实验高级中学生源地主要是白沙中学、窝沿中学、兴中中学、龙吟中学、地瓜中学、江西坡中学等十三所乡镇初中，少数是普安县二中、普安县思源学校两所县级中学，极少数是文武、宏达等几所乡镇民办学校，来自乡镇初中的学子，大部分是建档立卡户，其中大部分为农村村级学生，很多孩子的父母都因为生计困难和让儿女上学而在外打工，将儿女交由爷爷奶奶或外公外婆照看，严重缺少对儿女的管教和监督，甚至于还存在个别学生为单亲家庭的情况，"再加上大部分学生的父母都缺少知识，对子女教育问题的重视程度不足"，很难做到家校合一教育。

农村高中是设在乡村并且教育教学设备比较落后、课程设置极不科学的普通高级中学，在农村高中学校就读的孩子，大部分为乡下的孩子。生源地不均衡性主要体现在：城市居民的子女（还有来自商人家庭的子女、流动儿童等），大部分家长都是政府机关干部，是有文化底蕴的知识分子，城市父母对子女的家庭教育注重程度也相对农村更高，"绝大多数子女的读书习惯较好，道德行为习惯较好"。

（二）农村高中学生心理健康教育的不均衡

对于农村和边远地区的学校，普及心理健康教育存在很多困难。城市和农村的孩子在心理健康教育方面存在不均衡。农村高中生大多数来源于公办农村或者乡村私立初中，初级中学基本不开设心理健康教育课程，"学生在缺失母爱和父爱的家庭环境中长大"，孩子脾气暴躁、不能和他人和睦相处，抗挫折、抗打击能力差，一两次考试成绩下降，就会缺乏斗志、自暴自弃，甚至自残，乃至走向轻生。

（三）学生招生录取文化成绩的不均衡

黔西南州每年中考学生人数大约在4万人，从各所学校招生情况来看，全州前700名左右的学生选择兴义八中、阳光书院，700—1500名左右的学生选择兴义一中，1500—7000 名左右的学生选择兴义五中、兴义十中、义龙中学，7000—12000 名左右的学生选择赛文、六中及以上学校的集团民办学校，其他六县的十几所高中所招的学生大多数在全州位次 10000 以上，在这十几所高中，其中又存在省级示范性高中和非省级示范性高中，省级示范性高中又再吸收了在全州位次 10000—20000 的绝大多数学生，剩下的才是农村非省级示范性高中学校录取的学生，这只是从学生考试的成绩位次选择就读学校的情况来看，农村高中学校所录取的学生，文化成绩就不均衡。

普安县东城区实验高级中学从招生录取分数来看：500 分以上的学生约 50 人；450 分至 499 分约 150 人；400 分至 449 分约 200 人；380 分至 400 分约 60 人，每一个层次之间相差 60 分左右，层次最好的与最差的学生分差在 180 分左右。招生录取的学生绝大多数是全州中考成绩位次在 2 至 3 万名以后的学生，少数位次在 1 万名左右，极少数位次在 5000 名以前。进入高中阶段，普安县东城区实验高级中学，高一、高二全县统考成绩前 100 名的学生占绝大多数，挂末的 60 多名，高三年级能上一本的有 40 多名，100 多名只能走职业大专分类。

（四）学生招生录取的学习能力层次不均衡

从学生的学习能力和良好习惯来分：分数在 500 分以上的学生大多数能做到课前预习，课堂听讲效率高，每一天都能按计划分配好时间复习，学习能力较强，习惯较好，思维品质优秀，但个别学生习惯不是太好；分数在 450 分至 499 分的同学大多数没有课前预习的习惯，课堂听课的效率不是很高，没有按时学习的习惯，学习能力不是很强，学习习惯不太好，少数学生学习能力差，学习习惯不好；380 分至 449 分的学生绝大多数没有自学能力，大多数作业的完成依靠老师的亲临指导，课前不预习，课堂上不专心听课，听课效率差，课后不会主动进行归纳总结。三个不同层次的学生，也有最好的、一般的、差的；就品德行为来分析：500 分以上的学生绝大多数能遵守学校的校规校纪，少数会穿奇装异服；450 分至 499 分的大多数能够做到不迟到、不早退、不旷课，上课基本上不违反课堂纪律，行为举止比较文明；少数不讲礼貌，语言粗俗；380 分至 450 分的大多数学生在校园内说脏话，男女学生之间你拉我扯，甚至会做出比较出格的事。

二、普安县东城区实验高级中学学生不均衡的原因分析

（一）生源地不均衡的原因分析

由于在前些年，农村学前教育相对薄弱，对幼儿的智力开发较晚，有些孩

子没有上幼儿园就直接上小学，与县城的幼儿比较，智力开发已经输在起跑线上了；受地州市入学优惠政策的影响，城市小学、初中的优质生源，大部分在还没有读小学或初中时，就已经被地州市的优秀小学或初中学校提前选拔入学；而来自乡村民办学校的学子，绝大多数是留守学生，大多学习能力相对较差，或学习能力不强，家长对儿童的期望值却较高，家长希望能提供保姆式的教育，才送至民办学校就读。来自以上三种不同类别的学生，导致生源地的不均衡。

（二）学习能力与行为习惯不均衡的原因分析

我国农村人口所占比例较大，为了农村孩子能就近入学，在乡镇建立了很多九年一贯制学校，现阶段有寄宿制学校，也有非寄宿制学校。加上，为供子女上学，"很多父母选择在外务工，撂下孩子不监管、不教育，让外公外婆或爷爷奶奶监护"；学校对学生监管力度有限，"不少学生在小学、初中就形成了迟到、早退、旷课、逃学、不按时完成作业等不好的读书习惯"。更有甚者，还养成了抽烟、玩手机、上网玩游戏、赌博、早恋等不利于完成学业的行为。这些学生多数就读于农村高中学校，而高中学校则全为寄宿制学校，学生由于对学校管理不适应，部分学生抗挫折、抗打击能力较差，一旦家庭出了一点点变故，就会导致心理疾病。甚至于高中没有毕业，有的就辍学在家或外出打工。对于农村高中学校每年录取的学生，有低分段的城市学生，也有由于家庭经济特别困难，不能上州市学校的学生，但绝大多数是农村初中的学生。这就导致农村高中学校录取学生的学习习惯、品德行为的不均衡。

（三）心理健康教育不均衡的原因分析

农村高中有教师待遇较差，心理学专业人才又比较少，农村高中招心理学教师根本没有人员报考，导致农村高中根本没有心理学专业教师。即使个别农村高中有心理学教师，也是从政教处抽出的教师兼职担任心理学教师，这种"半路出家"的心理学教师与专业的心理学教师相比，在做学生的心理教育和心理辅导工作方面有很大的差距。

农村高中学校缺乏心理学教师，无法开展心理健康教育，即使开展心理健康教育，由于不专业，也做得几不像，花样百出。学校教师缺乏心理辅导的专业知识和专业技能，同时学校对教师的心理辅导专业知识和专业技能培训也不足，使得农村高中心理健康教育课程无法有效开展。所以，在农村高中尽快配齐心理学教师，开设心理教育课程显得十分关键。暂不具备条件的农村和边远地区，要从实际考虑，制定出中小学地区性的心理教学长期计划；着重抓好一些有心理教师的试点学校，积极开展心理教育教资的培养工作，逐步推进心理健康教育教学。

三、改善不均衡：分类教学改革个案的基本做法与经验

因为不同文化成绩分段学生，他们所掌握知识的扎实程度不同，因此接受新知识的能力也有所不同，若在同一类班级，教师要进行分门别类的备课，加重了教师备课的工作量，教师在授课的过程中对知识和方法的讲解的难易程度很难把控，教师"一锅煮，一槽食"的方法对学生的课后辅导，大多数工作都是无用功，徒劳无获；若所有学生都用一套月考试卷、周测及作业，对复习和巩固知识达不到预期的效果。为了有效实现学生的均衡发展，个案学校从不同分类教学维度的准备、实施、总结三阶段的教学管理实践层面，提炼出了农村高中学校学生分类教学管理模式。个案学校主要采取班级分类、教师备课分类、课堂授课分类、课后辅导走班制分类，作业、周测、月考试题的分类，学生和教师评价分类的教学管理模式，强化对各种分类教学效果的精细化管理。

（一）分类教学的前期评估准备与班级分类

乡村高中生在刚入校时，就严重存在多方面的缺陷，若不能因地制宜、因材施教、科学管理，很快就会造成同一班级的学生程度参差不齐，层次较好的吃不饱、吃不好；层次较差的吃不了，再加上农村家庭、社会对高质量教育资源渴求，以及学校扩招，择校生的大量出现，乡村地区儿童比例居高不下，"学困生"的人数增加，更激化了农村高中学生综合素质发展与学习问题之间的矛盾冲突。通过普安县第一中学、普安县东城区实验高级中学高一1368名学生的问卷调查，中小学成绩突出的学生，布置的作业能认真完成的236人，占比17.2%；中小学成绩一般的学生，对学习不太感兴趣，虽然布置的作业也能认真完成，但完成情况较差的521人，占比38%；学业成绩不太好的学生，对学业没有任何兴趣，作业也能交。但在有些学科有抄袭现象的323人，占比23.6%；学业成绩不好的学生，品德行为表现尚好，厌学情绪严重，但仍然能遵守《中小学生管理规定》的263人，占比19.2%；有一二十个双差生，学习成绩非常差，不遵守学校规章制度，有重度厌学心理，又经常旷课，甚至最典型的几个中小学时患有严重的学习心理疾病，是让这个学校学生鱼龙混杂，头发胡子眉毛都一把抓呢，还是在年级、在班级、在各科进行分类教育呢？这其实是我们任何一位懂得教育的人都应该思考的问题。

显然，农村高中学校对学生进行分类教学是理所当然的。可是，如何做到科学合理地分类，又是学校面临着必须解决的问题。追根溯源，要解决问题，

还是要从问题形成的原因出发，普安县东城区实验高级中学当下面临的主要问题是：其一，生源地的不均衡，学生多极化现象比较明显，且有日益严重的趋势。教师对"学困生"问题不够重视，导致优秀率远远落后于全州其他学校。老师教学观念陈旧、教学理念落后、教学的方法和手段停滞不前，有的甚至顽固不化，教学手段不愿意更新。其二，学生学习能力与行为习惯不均衡，学习能力和习惯的多样化与差异性，学校不能采用更切合实际的有效的教学模式与手段，而只是单纯地采取按部就班、一刀切、一锅煮、大锅饭式的课堂教学，这必然会出现比学生两极分化更加严重的问题，甚至于三极分化或多极分化。其三，心理健康教育不均衡，学生抗挫折能力不同，学校只能采取多样化的心理健康教育。其四，学校改革不均衡，面对学生的各种不均衡，学校只能采取多样化的改革，但在改革中不均衡。针对上述问题，普安县东城区民族高级中学所有老师在课堂教学过程中遵循一切都从实际情况出发，因人而异、因地制宜、因材施教，实行分级教学、分级引导的分类教学，以实现整体进步、协同发展的最佳效果。

  要对学生进行全面的评估，不仅仅考虑学生的读书综合数字成绩、学习态度、学习习惯、学习能力，同时更关键的是调查学生的家庭教育、社会背景、成长环境、个人兴趣和喜好等各种原因，以寻找学生读书综合成绩相对落后的实际因素。学校实施全面评价的基本工作思路：调研—分析—总结—评价。总体的指导原则是"全面、深入、客观"。调研大致有三种方法：其一，家访，通过与中小学学生家长的深入沟通以掌握儿童实际状况，获得家庭教育支持、指导家长正确教育孩子。在家访工作中能够掌握学习者的个人习惯、家庭教育状况及其所属区域的教育环境，为正确分析实际情况打下了坚实的理论基础。其二，考察，通过在课堂、操场或其他课外学习教学活动中对学生的考察，能够从侧面认识学生的真正本质，有的学生在课堂上死气沉沉，但在操场上却生龙活虎，显示出两种迥然不同的个性。其三，综合测试，综合测试不仅仅看学生笔试的得分情况，更主要是检测学生对基本知识点的熟悉程度以及对解题思路的把握技巧，学习成绩落后的主要原因并非在于对知识点缺乏深入理解，而是由于学习方法不正确、学习习惯不恰当，导致测试过程中的草率大意。经过研究之后，在评估时要克服先入为主的思想，综合各种情况并加以分析，再对学生情况进行一次全面、公正、深入、客观的剖析和评估。既肯定好处，又要找到弊端；既看到学生现阶段的实际成绩，又要看到今后一段时间可能发展的新趋向。

  班级分类——根据学生最新中考成绩，进校对高一年级学生进行实验班、重点班、平行班分类，对高二和高三年级根据期末考试成绩进行实验班、重点班、平行班分类。不同层次的班级，教师传授知识的难易程度不同。

（二）分类教学实施中的过程管理阶段

1. 教学计划的分类设计与实施

以年级备课组为基本单元，针对不同年级各层次的学生的学习基础、能力、习惯和潜力，在高一、高二、高三年级的班级分别设置实验班、重点班、平行班三个不同层次的班级。在同一学科中根据学生成绩的不同，分成三种不同的层次和级别，讨论制定各年级各学科分类的课程教学目标、要求和内容。

年级、班级教学责任制，责任落实到人。学科教师责任制，责任落实到位。并且明确各层次相对应的责任目标。

2. 教学内容的分类设计与实施

教师备课目标分类——按各阶段学生实际情况认真钻研课程标准和教材要求，教师要制定具体合理的课堂教学目标，找准共同教学目标。在把握教学目标的同时，针对各阶段学习者需要的知识和能力，明确各层次学习群体的需求，在教学设计中要充分体现出来。按照学生知识基础、学习能力和习惯，把教学内容分为识记、理解、综合应用、创新。对不同层次的学生，对应不同的教学内容。

3. 授课方式的分类设计与实施

课堂教学分类——课堂上的侧重点，一般是在分类提问、分类指导、分类辅导的方法上。而分类问题就是在设计问题时充分考虑学生的层次和类型有所区别。主要目的是通过问题培养学生的学习兴趣，从而激发学习的潜在动机。同时给学生以足够的展示机会，并通过表扬或肯定学生，帮助学生坚定学习信念，所以在提问题时不是一把尺子量到底，而是有易有难、有简有繁。

4. 过程性与终结性的考核分类设计与实施

作业、周考、月考分类——作业、周考、月考分识记理解、知识综合应用、创新能力三类。必做识记理解作业全班统一规范统一规定。这是按照教学大纲、课程的基础要求设计、考查基础的试题。基本知识与综合应用的作业一般指为考核学习者基础能力的试题，针对中等或偏上的学习者必须掌握基本水平设计的，要求大多数同学必做，并要求一题多解。鼓励中等以上的学生都能去做，并要求他们比一比谁做得多、谁做得好。创新能力试题针对学校比习拔尖的学生，主要是培养学生解决高考难题和竞赛题。对于"学困生"一般只布置最基础部分的作业（识记或理解不困难）。

评价分类——在作业批阅和修改以及学校总评时对各个层次的学生都要采用不同的评价标准。对"学困生"重点是表扬和激励，不断找出其闪光点和优越点，并及时充分肯定学生的点点滴滴与提高，以充分调动他们学习的主动积极性和复习的主动性；对"中等生"采取激励性评价，既发现学习的不足点与缺陷，又指出了学生的学习倾向，从而促使他们积极向上、不断进取；对优生采用竞争型评价，强调标准化、严要求，使得他们变得更加认真，虚心挑战自己，并不断突破自我。

（三）分类教学实施后：课后辅导服务的分类设计与实施

课后辅导分类——对各阶段、各层次的学生在学习内容、学习方法的指导、复习方式上的引导都因人而异。对在课堂上听得一知半解的学生进行一对一的详细讲解，直接没有听懂的学生重复讲，监督好学生对知识的复习和巩固。

根据国家刚颁布的"5+2"规定，合理利用好周一至周五下午课后两小时和周六、周日时段，对基础差的学生要及时、仔细、耐心地进行一对一辅导，同时也要把握好对作业量的控制；对待学习中等的学生要加强检测、督促、指导，保证完成应该完成的教学作业，并适当增加课后作业量，保证学生吃饱、吃好，并重视及时反馈；对学习基础较好的学生按期定时检测，强化课外训练和拔高训练，适当增加接近高考或竞赛难度的习题，保证吃好。学校可以在周六、周日两天内合理地开设社会实践活动课，以培养学习兴趣，并充分调动学生的读书热情。对以上三类不同的学生，每天都安排在不同场所由不同的老师在不同的时间进行辅导。

（四）改善不均衡：分类教学改革个案的基本经验

基于学生均衡发展，学校进行分类教学改革，大胆地进行了以下的尝试。
（1）按照学生认知水平和知识掌握程度进行班级分类。
（2）按照知识内容：识记、理解、综合应用、拓展和创新进行教师备课分类和课堂授课分类。
（3）按照"5+2"时间段，对不同层次的学生进行课后业余时间走班分类辅导。
（4）按照知识的重难点、难易程度进行作业、周测、月考试题的分类辅导。

班级分类、老师备课分类、教师教学讲解分类、课后辅导走班分类，以及作业、周测、月考试题的分类、学生和教师评价分类等多种分类教学维度，每一种分类的模式并非孤立不相干的，而是互补、相映生辉的。以上的分类教学可以使教师根据每个学习者的知识、能力水平、学习习惯和能力倾向等几个主要方面的差异性，对学生特点展开有针对性的辅导、教育，使学生更加清楚自身的发展短板、优缺点，从而真正做到了因材施教。该校采用了对教师进行学生单科成绩平均分、及格率、红分率占50%、所任班级总平均分占30%、学生辅导进步成绩占20%的综合性评价方式，对教师进行量化考核，对学校学生、教师都能产生你追我赶的竞争态势，以促进学校教学质量综合提升，有利于提高学校办学的竞争力。该校自实施以上类型教育管理以来，学校的教育教学质量有了大幅度的提高，进一步提高了社会各界对该校办学的认可度。

四、改善不均衡：分类教学改革个案存在的主要问题与原因分析

学校在实施分类教学前对学生及其相关要素充分地全面了解、认真分析、精准分类，在实施阶段狠抓落实，涉及数值的必须精准。普安县东城区民族高级中学分类教学取得了比较丰富的教学与管理经验。同时，也还存在如下一些主要问题。

（一）班级分类的依据不充分和不精准

学生是发展中的人，身心素质、学习能力、学习习惯等各种因素都是随着年龄的不断增加而变化的。要精准地掌握学生以上各方面的情况，掌握学生的诸多因素的变化规律，存在着困难。对年级学生进行分类教学，单一地以分数武断地把学生分为实验班、重点班、平行班，没有充分地考虑学生各学科不均为标准衡性，导致学生会逐渐对偏科，而且对学生在同一学科中的不同知识的板块掌握的牢固程度也无法精准了解，会导致学生在同一学科不能形成知识网络，在解决知识综合性强的问题时，严重存在知识漏洞，很难正确完整地解决问题。

（二）教师备课分类的能力较为欠缺、工作负担重

因为专业老师资源有限，很多老师个人的学识与能力都存在一定的差距，让同一位老师分别备不同的学生、备课程设计、准备课件、备教具、备教法等，上好每一堂课的要件都要准备好适合于三个不同层次的学生，对老师的专业能力、服务意识要求较高，要使各个层次的学生都适应同一位老师讲课，对老师的能力要求较全面。在一所学校里，能力全面的老师较少，学校排课存在很大困难，同时也很大程度上增加了老师备课讲课的工作负担，加重了老师压力。时间长了，会导致教师工作的疲惫感，教师工作就会流于形式，落实不到位。

（三）课堂授课分类且要在同一教室进行差异性教学难度大

按照学科知识学生对知识的掌握程度分成三个不同的层次，教师在授课过

程中，对知识传授、学科思想、学法指导等，全面考虑着三个不同层次的学生，在一堂有限时间的课上，面面俱到，实际运行下来，效果还是打了折扣。

（四）分类教学管理考核评估的有效资料的获取与鉴别难

市面上的作业、周考、月考教辅资料没有按识记理解、知识综合应用、创新能力进行分类，教师要在作业、周考、月考分别出三种层次的试题，对同一个教学班同一个知识点，不同层次的同学有九种不同的习题，若要出一道考查知识全面、考查能力全面、综合性强、创新性强的习题，教师必须经过精心打磨，要付出很多心血，而且更能够体现一个教师的综合能力和水平。学校教师的综合能力和水平不均衡，导致教师只能从网上下载或从教辅资料上抄袭，没有进行精挑细选。导致所出的试题质量不高，达不到分类的理想效果。

（五）课后辅导分类实施的资源严重不足

同一学科对知识掌握程度在同一层次的学生在一个班级上课，类似现在新课程改革的选科走班制教学，对学校教室、班班通设备、课桌椅等数量要求较高，学校的其他设备设施资源要充足，设备设施资源薄弱的学校很难做好，很难满足要求；这些条件的限制，导致落实不到位，效果不太明显。

综上所述，为了学生均衡发展，在农村高中实行学生分类教学，学校大胆地尝试以上五种分类教学，但每一种类别教育都有其优缺点。所谓"教无定法方法"，学校在依法执教、依法治校的前提下，不断创新，不断开拓进取，在实践中探索，探索出一套适合农村高中学生均衡发展而高效的分类教学方法，是广大教育工作者值得思考的一个问题。

五、改善不均衡：农村高中学校分类教学改革的反思与建议

农村高中学校分类教学改革在不断探索中发展，在不断发展中摸索，总是能够摸索出一套适合农村高中学校分类教学的管理模式，以下是农村高中学校分类教学改革的几点反思与建议。

（一）高一年级分类教学

对高一年级学生进行班级分类教学，不能只看学生的分数，要对学生初中所在班级的校长、班主任以及科任教师开展调查，从该生的校长、班主任以及科任教师出发，对学生的各科知识基础、学习能力、学习习惯、道德行为等做出更全面充分的认识，在进行班级分类时，不仅要考虑考试的分值，更要考虑其学习的基本能力、学习习惯、道德行为。对高一年级学生的班级分类、备课

分类、课堂授课方式分类，作业、周考、月考分类不做硬性规定，以学生分组形式落实，教学分类为主、课后分类辅导为辅。

（二）高二年级分类教学

高二年级随着学生年龄的增长、学生认知水平的不断提高，抽象思维能力得到了发展，学生的学习习惯基本养成、学习能力有了提高，可以开展学生班级分类教学、课后辅导分类，作业、周测、月考分类，其他的分类教学可以在同一班级开展小组分类教学，加强学生与学生、教师与教师、教师与学生之间的交流与学习。对于要求识记的知识，可以安排学生会的学习部的成员在课后进行监督和辅导，理解、知识综合应用分别按不同年级的教师进行课后辅导。

（三）高三年级分类教学

进入高三年级不但要开展好上述五个方面的分类教学，更要做好高考及学生竞赛、学科知识板块一对一的辅导，让尖子生更上一层楼，让"学困生"能取得较大的进步。

分类教学的实施主要落实在管理层面上，学校还可以适当采取校级领导包年级、中层领导包班制、教师包学生制度。强化对教师和学生进行各种分类教学结果的精细化评价，力求做到层层夯实责任，步步抓落实，以保证不让一位学生掉队，不让一名学生落伍，让学校教育教学质量整体得到高速的进步和发展。

目前，教育部印发《中小学心理健康教育指导纲要》……针对我国中小学心理健康教育工作开展不平衡的实际情况，《纲要》提出要按照"积极推进、实事求是、分区规划、分类指导"的工作原则，不同地区应根据本地实际，积极做好心理健康教育的工作。大中城市和经济发达地区，要普遍开展心理健康教育工作。教师要在具有较全面的心理学理论知识和进行心理辅导的专门技能以及提高自身良好的个性心理品质上有显著提高。有条件的城镇中小学和农村中小学，要从实际出发，有计划、有步骤地开展心理健康教育工作。要抓好心理健康教育骨干教师队伍建设，同时在总结经验的基础上加强区域性心理健康教育的整体推进工作。

总之，学生要均衡发展，农村高中学生进行分类教学是一种有效的途径，至于采取什么样的分类模式，需要学校在实际教育教学管理的过程中不断地总结，不断探索，寻找到能让学生均衡发展的"定海神针"。

高中生数学学习的困境与对策
——以贵州省福泉中学数学学困生为例

胡正林[*]

贵州省福泉中学

摘　要：高中数学作为一门重要的基础学科，其核心素养包含数学抽象、逻辑推理、数学建模、数学运算、直观想象、数据分析六大方面，课程不仅内容丰富，而且很多地方还比较抽象，难以理解。多数同学在数学学习的方法上缺乏创新意识和探究精神，导致学习高中数学感到困难的学生越来越多，这给学校教育教学的日常管理和质量提升带来不良的影响。为了培养学生创新意识，提高学生探究能力，提升学校的教育教学质量，本文针对高中数学学困生的困境做出分析，探寻应对策略，以供参考。

关键词：高中生；数学学习；困境与对策

一、选题的背景及意义

数学知识在现代生活、社会生产、科学技术中有广泛的应用，可以说我们的生活中数学无处不在，数学学习方法的研究，对于探索自然具有普遍意义。学生在高中数学课程中学到的数学基础知识、科学方法和思维的训练，对于他们提高科学文化素质，适应现代生活，为终身发展，形成科学的人生观、世界观和价值观，都是十分重要的。

相对初中数学而言，高中数学的知识容量大，对数学概念的理解要求高，涉及的问题更加抽象，多数要用定性的方法进行分析、推理和论证，要求学生具有扎实的基础和应用数学知识的能力。一踏入高中，会有不少的学生感到数

---

[*] 作者简介：胡正林（1970—），贵州福泉人，中共党员，贵州教育黔南州骨干教师，贵州省福泉中学副校长、数学教师。
指导教师：贵州师范学院教育科学学院袁川教授。

学难学，学习中也表现出不同程度的差异。根据学生在学习过程中对高中数学知识的掌握情况，可将学生分为优等生和学困生两类。优等生对数学知识的领悟能力强，学习兴趣浓厚，分析和解决数学问题的技能较高，学习成绩优异。学困生对数学知识的掌握情况不够好，对数学概念、逻辑推理、数学建模、数学运算、直观想象、数据分析、思想与方法等的理解迟缓，分析和解决数学问题的技能不高，学习成绩相对不足。

学困生在学习高中数学的过程中，表现出的学习困难是多方面的，有智力因素，也有非智力因素。数学教学的过程，就是要不断开发学生的智力，克服非智力因素的影响，解决学生学习中的困难，增强学生的学习自信力，培育学生的学科素养，训练学生的科学思维。本课题针对的是智力正常但数学成绩没有达到理想水平的学生，这些学生存在的学习困境可以通过教师的关注及帮助而转化。课题主要是针对笔者所带班级学生在数学学习方面存在的问题实际，着眼于学困生在学习高中数学过程中表现出的困境进行归类，研究解决困境的具体应对之策，扫除学习困境，从而提升这部分同学分析数学问题和解决数学问题的能力，这既是搞好高中数学教学、大面积提高教学质量的需要，也是提升教师专业化发展水平的要求。

二、研究的主要对象、内容、方法和思路

（一）研究的对象

本学年我校高一年级共有学生1497人，所教班级48人，是属于综合成绩较好的班级，数学成绩不理想人数为12人，全年级数学成绩不理想的学生在63%以上（以进校成绩和两次月考成绩评价为例）。针对所带班级的12位同学和本年级部分数学学习困难的同学进行摸排、访谈，找到产生数学学习困难的真正原因，通过对原因的认真分析，研究出有针对性的解决办法，在今后的教育教学过程中采取相应的对策，解决相关问题。

（二）研究的主要内容

很多学生感到高中数学比较抽象、难懂，他们谈起学习高中数学最大的感受是"课上能听懂，做题不会做"，就是经常说的"一听就懂，一做就错"，总是找不到学好数学的良策。实际上，高中数学是有一些概念比较抽象、难懂，但不是全部内容都难。高中数学的一些知识点不易理解，从而成为学生学习的难点，一两次考试成绩不理想，导致个别学生对学习数学没有了兴趣，形成学

习困境。课题以我校 2020 年秋季入学且在数学学习上存在困难的学生为研究对象，以学生的学习过程为研究内容，重点研究造成学生学习困难的各种处境，找到产生学习困难的原因，采取切实有效的措施，帮助学生克服困难，战胜困难，使学生轻松自主地学习，使学困生的数学成绩得到有效的提高。

（三）研究的方法和思路

本课题从初高中数学的特点变化、学习高中数学情况、学困生的形成、基础知识、情感态度、家庭因素等几方面进行研究。研究过程采取访谈式、知识测评、学习情况摸底、跟踪指导等方式进行，首先做好调查摸底测试，确定具有研究价值的学生名单（包括选择列为学习指导帮扶的学生和不做学习指导帮扶的学生），建立学生档案，定期或不定期地了解学生的思想状况、心理变动、情绪波动、学习情况，针对具体情况及时做好指导帮扶，并做好记录，对学习情况的转化做好总结评价。

三、研究过程及分析

通过慢慢培养学困生学习数学的兴趣，不断帮助他们解决面临的困惑，让学困生的"困"消失，从而有效提升他们的数学成绩。

（一）高中数学与初中数学特点的变化

利用学校课外活动时间，召集 12 位同学座谈，针对初高中数学知识点变化情况，做一次深入交流。

老师：谈谈你们对初中数学和高中数学的看法（或学习感受）。

学生甲：初中数学很多知识点通俗易懂，看懂了例题就会做相应的试题；高中数学比较抽象，上课觉得听懂了，例题也能弄懂，但课后做题有时还是感到很困难，甚至做不了。

学生乙：在初中，只要认真听讲，基本上能够弄懂，也能完成课后练习，但上了高中，接触到数学，发现上课能听懂，但有时做题感到很棘手。

学生丙：初中数学易懂，高中数学感觉很抽象。

学生丁：我初中数学基础不太好，这段时间学习数学更吃力，有时被老师拖着跑，感觉云里雾里的。

老师：其他几位同学，说说。

回答：与前面几位同学差不多。

老师：出现做不了题，感到棘手，甚至感觉云里雾里的情况，分析过是什么原因导致这种现象的发生没有？

学生戊：分析过，感到很迷茫。

学生甲：分析过，知道高中数学比较抽象，自己课前也做过预习，但效果还是不佳。

学生庚：分析过，课前预习不懂之处，在课堂上认真听讲，觉得自己听懂了的，但遇到有些问题还是无法处理。

学生辛：分析过，自己课堂上认真听讲，课后也花时间巩固，收效甚微，有时甚至怀疑自己智力是不是有问题。

……

老师：感到迷茫或有困惑时想过找老师没？

学生甲：想过，但没有行动。

学生庚：想过，但不敢去找老师，自己没有学好，怕被老师批评。

学生丁：想过，但怕老师反问，答不上来。

学生己：想过，觉得老师很忙，不想打搅老师。

……

老师：老师再忙，只要同学们有问题问到时，老师就会抽时间给同学们讲解、答疑，几十年的教书历程，这点我一直坚持做到，相信其他老师们都能做到，"师者，传道授业解惑也"。

下面老师给你们分析分析初中数学与高中数学知识点及学习方法上的变化情况，主要弄清楚五个"要"。

（1）要明白初中数学与高中数学在语言描述上有着明显的区别。初中数学主要是以形象、通俗的语言方式进行描述。进入高中，拿到高一数学课本，就会接触非常抽象的集合语言、逻辑运算语言、函数语言、图像语言等。

（2）要弄清楚高中数学知识与初中数学知识相比在容量上的整体剧增。高中数学在单位时间内接受知识的信息量与初中相比增加了不少，而老师辅导的时间，同学们自主学习、消化的时间相应减少，若不能合理安排作息时间，将难以应对。

（3）要注意高中数学知识的独立性比较大的特点。我们都知道，初中数学知识的系统性是较严谨的，它既便于记忆，又适合对知识的提取和使用，这给学习带来了很大的方便。高中数学知识的系统性就不同了，它是由几大块相对独立的知识拼合而成的，如高一有集合与常用逻辑用语、方程与不等式、函数的概念、函数的表示与函数的性质、指数函数、对数函数、幂函数、三角函数等，经常是一个知识点刚有点入门，马上又出现新的知识。因此，注意各块知识的内在联系成了学习时必须花的时间和精力。

（4）要注意初、高中数学学习思维方法上的差异。进入高一，部分学生感觉数学学习比较困难，原因在于高中数学学习的思维方法与初中数学学习的思维方法有较大差异。在初中，很多老师都会为同学们将各种题型建立一个统一的思维模式，例如，解一元二次方程分成几步；解分式方程应先做什么，后做什么；因式分解中的"十字相乘法"先看什么，后看什么等。因此，在初中数学学习的过程中习惯于机械式的、便于操作的固定思维模式。在高中，由于数学语言的抽象化，所以对学生的思维能力提出了更高要求，这种能力要求让很多刚进高一的学生感到不适应，导致初高中知识和思维模式等衔接得不好，随着时间的推移成绩就下滑。

（5）要做好初高中知识点的衔接。高中数学成绩的好与坏，很大程度上取决于是否搞好初中与高中数学知识的衔接。大家都知道，初中学习的好多基础知识，在高中进一步要求学习，比如，解不等式、解方程、解三角形、函数图像及性质等，因此，搞好初高中知识点的衔接也是高一数学学习的一项重要内容。

（二）学困生平时学习高中数学情况

为了更好地了解同学们平时学习数学的情况，利用课余时间对年级部分学生进行了访谈。

老师：请问在学习数学方面，你课前有预习的习惯吗？

学生①：有时候会做预习，但没有养成习惯。

学生②：基本没有预习，很多时候是在临上课前看看。

学生③：有预习的习惯，但多数情况是走马观花式地看看，没有深度思考。

学生④：基本没有。

学生⑤：有预习，多数情况下，通过老师课堂的讲解能将预习时的疑惑解决。

……

老师：请问你们平时花在数学学习上的时间大概有多少？

学生④：除了上课和完成作业的时间，几乎没有花其他时间。

学生⑤：课后有复习，也做一定的练习题，所花时间在半小时以上，但自己觉得收效甚微，有时感到很困惑。

学生⑥：课后能独立完成作业，偶尔也复习和做一定的练习题。

学生③：花在数学学习上的时间相对多一点，但效果不好。

老师：请问你在学习数学知识过程中，若遇到难以解决的问题时，是否会与同学们讨论？

学生⑦：几乎不向同学请教，同学们讨论时，偶尔在旁边听听。

……

老师：那你有问题时是采取什么方式解决呢？

学生⑦：自己查阅资料，或者询问老师，但多数情况是，还没等到询问老师，之前是什么问题已经忘记了，时间越长，积累的问题就越多。

老师：请问你在数学课上有记笔记的习惯吗？

学生⑧：基本没有，不知记啥。

学生③：基本没有。

学生⑤：偶尔记点。

老师：请问你在学习数学知识方面有纠错本吗？

学生⑨：没有，不知咋弄。

学生⑧：有，没坚持做好。

学生③：有，没用好。

……

老师：在学习数学公式的时候，你是死记，还是自己加以推导，理解性地记忆？

学生：很多时候都是死记，老师给思路时，也会顺着去推导推导。

（三）学困生的成因摸排与分析

人们常说，"学困生"是智力、情感、行为习惯、学习态度、性格喜好、家庭因素等方面造成的。这些学生往往思考不积极，注意力不集中，学习主动性不够，善于机械记忆，不善语言表达，不愿或不善于开动脑筋，对较难的问题采取回避的态度，思维上存在惰性。

为了真正了解和掌握学困生的"困"之原因，面对所带班级的 12 位学困生和年级部分学困生，利用课余时间，进行为期一个多月的访谈，仔细研究所带班级的学生，收集数据，整理分析，发现造成他们学习困难的真实原因，主要有以下五方面。

1. 因学习数学的方法不当而造成

（1）部分学生对知识的理解仅满足于课堂，感觉上课听明白就行了，课后自己不再复习，也不再练习巩固，只完成老师布置的作业或练习。

（2）学习的过程没有计划，作业和考试采取被动地应付，缺乏主动地安排，没有养成良好的学习习惯。

（3）课前不预习，对上课内容完全陌生，无法带着疑问去求知。

（4）不会听课或要么就开小差，不记笔记，或充当"誊印机"的角色，把老师写在黑板上的内容誊抄在自己的笔记本上，整个过程没有任何思考，课后不及时复习、反思，听完课就万事大吉。

（5）在学习过程中，有疑惑的问题没有及时询问老师和同学，得不到及时解答。

这些不当的学习方法，导致数学学习出现这样或那样的问题，造成数学成绩下滑。

2. 因数学学科本身因素而造成

（1）高中数学定义、现象、规律、公式太多且抽象，难理解，造成部分学生数学学习的困境，导致数学学习成绩不理想，甚至部分学生对数学失去了学习的兴趣，久而久之，自然成为学困生。

（2）数学问题有显性的，也有隐性的。隐性因素有时在问题中起指导作用，有时又起干扰作用。学生不具有面对复杂问题的心理能力，造成其思维障碍，或思维惰性，久而久之，数学学习的困境自然产生。

3. 因学生自身因素而造成

（1）部分学生对学习没有动力，缺乏热情，把学习数学更是当作一件苦差事，学习中提不起兴趣，也没有目标，其行为完全是一种被动地应付，不会主动参与。一个缺乏学习动力的学生，必然丧失探究学习方法的兴趣，自然沦为学困生。

（2）中学生的抽象思维能力还比较低，对新引入的抽象数学概念、模型和规律的理解感到困难，在这种思维能力的限制下造成数学学习的兴趣障碍。

（3）在数学学习过程中，由于对知识的一知半解，没有深入分析，经常草率地得出不精准结论，久而久之，造成一种片面的心理障碍。

（4）学生在学习过程中，不自觉地把一种习惯固定的思维方式生搬硬套到解决数学问题中，限制了思维的灵活性，对相近或相关问题，容易引起自动化的定向反射，引起定式思维障碍。

（5）数学源于生产生活，中学生在学习某些数学概念和规律之前，就形成了有关概念的各种观念。学习中，由于先入为主，使一些错误的生活经验对数学概念的形成起到干扰作用，这些思维品质缺陷，造成数学学习中的逻辑思维障碍。

（6）数学的学习过程离不开数学的运算，有的学生数学运算基础较差，理解能力不强，经常在使用公式的运算中出错而丢分。

（7）不良的学习心态、学习习惯和畏难情绪，缺乏学习数学正确的心理定位，缺乏学习数学的兴趣，也是造成高中生学习数学的心理障碍之一。

4. 因教师课堂教学的方式方法而造成

（1）在具体的教学过程中，不同的教师具有不同的教学风格，不同的学生具有不同的学习方式，两种风格不相符也会造成学生学习的困惑。

（2）教师的一个讲解、一句设问、一道例题的选取，如果偏离了学情，会让学生失去思考问题的方向，造成数学学习的思维障碍。

（3）教师一味地灌输，学生根本没有消化、吸收、反思、整理的时间，疲于应付，造成知识点掌握不牢、基础不扎实，更没有时间进行拓展训练。

5. 因数学问题之间的处理不当而造成

（1）数学学习过程中有许多相似或相近的概念、规律、公式等，但它们的内涵又各自不同。部分学生在解决实际的数学问题时，不看条件、不思本质，机械地套用，造成学习困境。

（2）数学对其他自然学科有很强的渗透，同时也用到其他学科的知识，特别是语文和数学，一些学生由于语文和数学的问题，或者由于学科间的知识迁移能力较差，影响了对数学问题中的内涵和外延、表达的意义以及实质的思考，造成学习困境。

（3）有些数学概念很抽象，一般情况下教师总是通过实验或联系生产、生活实际，帮助学生去理解，但现在的高中生由于阅历少、生活经历少，很多联系实际的问题在他们那里行不通，造成了教学中的"空对空"现象，从而造成学习困境。

四、辅导方面采取的应对之策

（一）诚心相待，良师益友在学法上给予帮助

孟子说过："爱人者，人恒爱之；敬人者，人恒敬之。"学生是否尊重与信任老师，源自老师对学生的尊重与信任。老师只有用自己诚挚的爱心去相待学生，才有可能细致观察、正确评价、宽容对待学生。人们常说"爱心"是促进学生进步的基础和情感交流的前提，缺少爱心，教育工作就失去了它的人性本质。部分同学因之前学习过程出现问题，导致成绩不理想，也不愿与老师交流，久而久之，问题就越来越多。因此，"学困生"的转化工作尤其需要有爱心的老师来完成。针对研究的对象，笔者经常鼓励他们与老师交流，敞开心扉，及时解决面临的问题。交流的过程中，发现部分"学困生"因为父母离异而导致性格内向、孤僻，并伴有自卑心理，学习成绩落后。此时，笔者主动找这部分学生谈心，在生活上给予关心，与他们平等地交流。与他们的家长沟通，动员家长们抽时间到学校看望孩子，主动关心孩子的生活和学习情况。指导他们制定短期和长期学习目标，以此激发他们的学习动机。

学法指导是培养学生学习能力的核心因素。在平时上课的过程中，与同学们建立一种民主、平等的师生关系，做到不歧视、不抛弃，多鼓励、多宽容，多留意和关注学习有困难的学生，站在互助互学、共同进步的角度，给予耐心细致的帮助，指导他们对之前所学知识及学习的过程进行简要回顾，从回顾中发现和领悟学习方法。课后督促他们及时完成相关作业与练习，必要时适当地降低作业难度，在学习态度方面提出科学、合理、严格的要求。

（二）精心备课，坚持做到每节课分层训练

语言做到通俗易懂，内容讲解详细而精准，练习由易到难，体现层次性，既有"双基"知识，也有拓展训练；既保证基础较差的学生学有所获，又让优等生能进一步提高自己的能力。对学困生多鼓励、多督促、多提醒，利用课余时间，帮他们"补补课"，培养他们的学习兴趣。

（三）真心指导，掌握常用的数学思想与方法

要学好高中数学，我们得从数学思想与方法的高度来掌握它。高中数学课标告诉我们，重点掌握的思想有：集合与映射思想、分类讨论思想、数形结合思想、极限思想、运动思想、转化与划归思想等。有了数学思想以后，还要掌握具体的方法，比如，换元法、待定系数法、数学归纳法、分析法、综合法、反证法等。在具体的方法中，常用的有：观察与实验、联想与类比、比较与分类、分析与综合、归纳与演绎、一般与特殊、有限与无限、抽象与概括等。

（四）耐心培养，形成良好的数学学习习惯

个人理解，良好的高中数学学习习惯是：勤思考、善悟道、勤动手、善质疑、重归纳、会应用，同时还包括课前预习、上课专心、作业独立、及时复习、解决疑难、错题重现等方面。良好的学习习惯，会使自己的学习感到有序而轻松，达到事半功倍的效果，能在数学学习的过程中，把老师所传授的知识翻译成自己的特殊语言，永久记忆在自己的脑海中，遇到相关问题能够及时解决。

（五）悉心引导，建立和使用好错题本

引导学生把平时容易出错的知识点、题型、推理过程等记下来，做到自己

能够找出错误所在，分析出错的原因，改正错误，以及防止下次再犯。能够"由果溯因"把错误原因弄个水落石出，以便对症下药，切莫一句"粗心大意"而找不出导致错误的真实原因。把知识点整理清楚、问题解答完整、推理严密进行，由错题本形成错题集。经常对知识结构进行梳理，形成板块结构，一目了然。对错题进行反复琢磨，对习题进行归纳，举一反三，由多类到统一，使几类问题划归于同一知识与方法。

（六）细心辅导，逐步形成自我的学习模式

用真诚开启心灵与学生心灵相融，走进学生心灵之门，时常提醒学生，数学知识不是单靠老师教会的，而是在老师的引导下，靠自己主动思考、勤奋实践去获取。正确对待学习过程中的困难与挫折，败不馁、胜不骄，养成积极进取、不屈不挠、具备抗挫的良好心理品质。在学习过程中，要遵循认知规律，善于开动脑筋，关注新旧知识间的内在联系，不满足于现成的思路和结论，经常进行一题多变和一题多解训练，多从不同层面和角度思考问题，挖掘问题的实质。

学习数学一定要讲究"活"，只看书不做题不行，只埋头做题不总结积累也不行。对课本知识既要能钻进去，又要能跳出来，结合自身特点，寻找最佳学习方法。学会采用接受学习、探究学习、合作学习、体验学习等多样化的方式进行学习，在教师的指导下逐步学会"提出问题→分析问题→实验探究→形成新知→应用反思"的学习方法。这样，我们在学习活动中的自主性、探索性、合作性就能够得到加强，真正成为学习的主人。

五、取得的效果

通过一年多的不断努力，在转化这部分学困生的过程中有很大的收获，大部分学困生在期末考试中都取得了比较满意的成绩，有个别学生因数学成绩的转变还成为学优生。

下面是部分学生谈一年来数学学习的感受。

学生①：从开始不能接受你的教法，内心排斥，越学越没兴趣，甚至不愿听数学课，但你没有放弃，而是一次又一次耐心给予指导，悉心给予帮助，让我慢慢对数学产生了兴趣，到现在可以很好地整理错题。

学生②：高一上学期的前半学期，对于数学学习，有时自己认为学得不错，作业也能写，但考起试来，不是这里出错，就是那里出错，通过与你多次交流，掌握了学习数学的方法与技巧，成绩也进步了不少。

学生③：一年下来，学会了许多数学方面的新知识，但在学习的过程中也遇到许多困难，你总是能够及时解惑，并鼓励我，遇到问题应该多研究，寻找解决问题的办法，不要轻言放弃，让我对数学越来越有兴趣。

　　学生④：刚进高一，数学成绩不怎么样的我，是你教会我初高中知识如何衔接，鼓励我从基础知识抓起，传授给我许多学习的方法，让我从提起数学就没兴趣到提到数学就来精神。

　　学生⑤：在过去的一年，数学学习可谓是获得很多，也失去不少，主要体现在好多知识点都记住了，也会做，但如果过一段时间再去做，会发现没有那么轻松，特别是函数和立体几何方面，不过学会了你的"反复记忆法"。

　　学生⑥：经过一年的学习，觉得数学是一门较难的学科，但我有信心学好。

　　……

　　同学们的所谈给了我极大的鼓舞，也让我信心倍增，在以后的教育教学工作中会加倍努力，争取在历届高考中取得更优异的成绩。

新时期贵州省农村乡镇高中建档立卡户学生辍学原因和对策研究
——以黄平县旧州中学为例

吴寿华[*]

黄平县旧州中学

摘 要：控辍保学是贯彻落实党中央、国务院打赢脱贫攻坚战的重大决策部署，为了做好我校建档立卡贫困辍学学生控辍保学工作，学校必须落实好脱贫攻坚措施，深入开展教育精准扶贫工作，其中建档立卡贫困户又是国家脱贫攻坚战的重中之重，建档立卡贫困户的子女辍学，又可能是导致建档立卡贫困户返贫的重要原因，从而影响国家脱贫攻坚战的重大战略决策部署。学校要在上级主管部门的领导下结合本地实际创新开展工作，力争少让一个建档立卡贫困户的子女辍学，多带动一个建档立卡贫困户家庭早日脱贫进入小康，真正做到贯彻落实习近平新时代中国特色社会主义思想。

关键词：农村乡镇高中；建档立卡户；辍学原因；对策研究

农村乡镇学校是建档立卡户学生集中的场所之一，在新时代下，国家对建档立卡户学生给予了较多的关怀，不光在学习上给予了帮助，同时还在物质上给予帮助。但每个学期下来，总会发现，在辍学的学生当中，有较多的学生是建档立卡户的学生。为了不让一个学生辍学，学校对这部分辍学率较高的建档立卡户学生进行了跟踪调研。

一、建档立卡户学生的概念

建档立卡贫困户学生是指经过国家民政部门设立为建档立卡贫困户后，被

---

[*] 作者简介：吴寿华（1979—），贵州省黔东南人，贵州省黄平县旧州中学副校长，语文高级教师，现从事学校管理和高中语文的教学工作。
指导教师：贵州师范学院兼职副教授薛杉博士。

认定的一等贫困生。建档立卡贫困户是各省（自治区、直辖市）在已有工作基础上，坚持扶贫开发和农村最低生活保障制度有效衔接，按照县为单位、规模控制、分级负责、精准识别、动态管理的原则，对每个贫困户进行建档立卡，建设全国完善的扶贫信息网络系统。

其中将专项扶贫措施和贫困识别结果相衔接，深入分析致贫原因，逐村逐户地制定帮扶措施，集中力量予以扶持，切实做到扶真贫、真扶贫，以确保在规定的时间内达到稳定脱贫的目标。建档立卡的目的是通过建档立卡，对贫困户和贫困村进行精准识别，了解贫困状况，分析致贫原因，摸清帮扶需求，明确帮扶主体，建立健全农村贫困村和贫困户档案。这类贫困户的子女就属于建档立卡户学生。

二、辍学原因分析

旧州中学地处于乡镇，且在招收学生时，由教育局统一按学生成绩的高低进行分类报考。通常情况下，每年前1300名的学生都会选择报考黄平县民族中学，而1300名之后的学生则都不情愿地选择了旧州中学。因为在黄平人的眼中，黄平民族中学就是学历与大学的象征，考上了旧州中学就是没有希望的代名词。于是就会出现一部分学生来到了旧州中学之后，怨天尤人，一蹶不振，成绩一落千丈。这些抱怨的学生往往是那些高不成低不就的学生，一方面抱怨学校的种种不好，而另一方面又抱怨家境的不佳。这部分学生在我校还占了大多数，如果没有及时把这种思想扭转的话，将对整个学校的校风产生巨大的负面影响。现对我校的部分建档立卡户学生以问卷调查与询问的方式，分析出建档立卡户学生辍学的几种原因。

（一）社会原因

当前社会竞争激烈，大中专毕业生的前景不容乐观。当前大中专毕业生就业形势严峻，各类公务员、事业单位考试招考的人数少，竞争大。

2021年旧州中学高考情况与2021年黄平县事业单位招考情况

学生类型 项目	大专上线率	二本以上上线率	用人单位对学历要求（大专）	用人单位对学历要求（本科）	大专报考的职位数（个）	本科报考的职位数（个）
建档立卡学生	82%	12%	8%	92%	7	114
非建档立卡学生	98%	55%	8%	92%	7	114

2020 年旧州中学高考情况与 2020 年黄平县事业单位招考情况

学生类型\项目	大专上线率	二本以上上线率	用人单位对学历要求（大专）	用人单位对学历要求（本科）	大专报考的职位数（个）	本科报考的职位数（个）
建档立卡学生	80%	11%	10%	90%	13	125
非建档立卡学生	95%	52%	10%	90%	13	125

2019 年旧州中学高考情况与 2019 年黄平县事业单位招考情况

学生类型\项目	大专上线率	二本以上上线率	用人单位对学历要求（大专）	用人单位对学历要求（本科）	大专报考的职位数（个）	本科报考的职位数（个）
建档立卡学生	75%	17%	11%	89%	16	142
非建档立卡学生	87%	59%	11%	89%	16	142

（二）家庭原因

在假期中，走访了黄平县谷陇镇和重兴乡两个偏远乡镇的农户，在走访的过程中，主要对经济收入水平较低的家庭、家长受教育程度较低的家庭、留守儿童家庭、单亲家庭、孤儿家庭进行了子女的厌学情绪调查。调查 100 余户，受访的学生 215 人。其中有厌学情绪的学生为 36 人。占到了调查学生的 16.7%，在 36 人当中，符合上述家庭的子女出现厌学情绪的有 31 人，而这部分学生又以建档立卡户为主。

良好的家庭能对子女产生积极的影响，不管是心理还是生理都有着不可替代的作用。① 如何管教孩子，是一个家庭教育中的永久话题。教育孩子，需要正面管教来助一臂之力。正面管教，从字面上理解为从正面来对孩子进行教育，既不过分严苛，也不过分放纵骄纵。父母在日常生活中的言语和行为规范都深

---

① 吴瑜玲. 正面管教顺势而行 [J]. 中小学班主任，2020 (11)：67-68.

深地印入子女的心里。那些能静下心来学习，并能坚持到最后考上大学的孩子，家庭往往是完整的，父母至少是高中文化水平或者是有较好的教育理念。孩子的父母做了良好的榜样，这种榜样才能对子女形成一定的教育影响。

(三) 学生原因

1. 学生玩手机

频繁用手机，损害身心健康。国家意识到手机对青少年的危害性，从而对学生在校期间不得携带手机进校做了严格的规定。经科学表明：一个成年人频繁而长时间地使用手机，对人体健康带来一定危害。更何况是正处于青春期的学生。在晚上查夜的过程中值班老师发现：学生们经常在老师查夜过后，躲在被子里悄悄地看手机。看手机主要以看小说、看短视频、看网页和玩游戏为主。虽然学校三令五申地要求，学生不能带手机入校，如果带手机入校，要及时上交到班主任处保管。有的学生上交了一部手机后还有另一部手机作为备用，家长有时候也很无奈地表示：孩子的手机放在家里，没有带去学校，怎么会在学校玩手机呢？

2. 学生谈恋爱

影响学习生活，许多中学生谈恋爱被老师发现后，都会认为谈恋爱是不会影响学习的，甚至有可能还会起到提高学习成绩的作用。[①] 因为他们的借口是，在一起是为了相互学习。可是许多老师都明白，苦口婆心的劝导是没有多少作用的，老师说的他们都懂。

上述两种原因是在中学生中存在最多的原因，许多学生由于自身的心理及思想没有成熟而对自己的行为无法自拔，从而产生厌学的心理，最终不得已离开学校，过早地踏入社会，成为一辈子的遗憾。

(四) 学校原因

学校及教师没有更新自己的教育教学理念；高中课程负担较重，作业量较大；学校考试过于频繁让学困生不堪重负；部分班主任教师缺乏责任感，教育方法不恰当；学校深入了解建档立卡贫困户学生力度不够；学校的办学条件不够好；学校党员的先锋模范作用在脱贫攻坚战中发挥得不够好。

---

① 采有余."心"堵"爱"疏 [J]. 中小学班主任，2020 (11)：77-78.

三、辍学对策分析

（一）教育农村乡镇高中建档立卡贫困户辍学生的对策

（1）正面引导，常抓不懈，消除辍学心理。加强对辍学学生的帮助，复学后采取分层次教学、分层次测试，不以统一尺码衡量学生，不以统一标准要求学生，对学习上心理压力过大的学困生进行学习心理和学习方法的帮辅，努力减轻学困生的心理压力。① 同时，当我们面对学生说话做事时，应该时刻注意，尽量使学生接受积极的、适度的暗示，才会让学生的自信心越来越强。

（2）关注差生，多施爱心，做好"减负"工作。有爱心、有耐心、工作责任心强。教师用爱感化学生、留住学生，全力做好保学各项工作，让劝返回校的学生感到学校的温暖。

（3）严格要求，批评有方。学校要求班主任安排专门时间电话联系学生家长，开展细致工作，说服学生家长让学生返校学习，对不能及时返校的学生多次电话联系，直至学生返校为止。返校后要严格要求，正确批评。

（4）全面发展，因材施教，要让学生在快乐中求学，对于有辍学经历的学生，在学生返校后班主任要协同科任老师，制定一系列符合学生发展的方法。同时教师在教学中应平等对待学生，关注学生的个性差异，因材施教，促进学生的全面发展。

（5）关爱心灵，改变心态。② 心态是决定命运的重要因素，的确如此。比较一下成功者和失败者的心态，你就会发现不同的心态会导致不同的人生。成功者以积极、乐观的心态走向成功，失败者以消极、悲观的心态走向失败。这就是人们常说的，你不能改变天气，但你可以改变自己的心情，去享受美好的一天。因为心态可以直接作用于事件的结果，你认为你行，你就真的能行；如果你认为你做不到，你就已经输了。所以要经常关爱学生，改变他们的心态，这才是学校在日常教育教学中要关注这类学生的重点工作。

（6）理想前途教育。无论在什么时代，无论在怎样的环境中，人都有自己的理想，理想要在自己的能力范围内，不能过大，也不能过小。而支配学生行为的理想是多种多样的，有水平高低的不同，也有性质优劣的差别。在学校教育教学中，老师对学生进行理想前途教育，这看上去是一个简单的工作，但实

---

① 薛雪. 与学生沟通的智慧 [M]. 北京：国家行政学院出版社，2012.
② 翟文明. 思路决定出路 [M]. 北京：华文出版社，2008.

际上这是教育工作中一项艰巨的任务,教师不但要有恒心,而且还要着眼现实、展望未来,对学生循循善诱,有的放矢地教育。

(7) 意志品质教育。[①] 高中生意志的果断性增强。像以前一遇事就会去找家长的情况大为减少,把握机遇、当机立断、深思熟虑、见机行事的办事风格已经初步显现出来。他们抗挫折的能力有一定提高,能够对失败和不利有部分正确的认识。这时在教学过程中将意志品质引入课堂,将会对学生的心理、思想有一定的教育作用。

(8) 多解除物质上的担心。很多立档建卡学生之所以辍学,原因是家庭贫困,因此从正面引导学生,让他们消除物质上的担心,专心读书、用心读书。建档立卡学生一直是学校关注的重点,除了国家给予这部分学生的减免政策外,学校也从多方面给予了帮助。

①积极寻找爱心人士对建档立卡学生进行帮助。学校在教职工大会上,积极倡导老师们利用好自身的人力资源,对身边的爱心人士进行牵线搭桥,让这些爱心人士能在最短的时间内找到真正需要帮助的建档立卡学生。而这些贫困学生在得到资助后,也能解决一部分的生活物资的困难,让这些学生安心地在学校学习。

②学校食堂成立志愿者服务岗。通过调查发现,学校一部分建档立卡学生生活处于贫困边缘,特别是那些失去了双亲的学生,每天都在为一日三餐而发愁,虽然国家层面解决了学费、住宿费和书费的困难,但吃饭的问题还是需要面对的。鉴于上述原因,学校决定在食堂开设让这些学生解决吃饭问题的勤工俭学岗位,学校认为如果单纯地免除这部分学生的中餐和晚餐,学生的心里或多或少会有一些自卑,所以在食堂设立勤工俭学窗口,让学生从劳动中获得成就,学生吃起饭来就踏实得多了。而这些学生在食堂的工作其实不多也不是多累,学校只安排这些学生在吃饭时维持学生打饭的秩序。通过这种方式,每个学期学校将减免学生伙食费达4500次之多。

③学校食堂定期实行免餐活动。我县的食堂管理属于学校自负盈亏的管理模式,看到建档立卡学生的困境后,学校也从食堂管理老师那儿了解到了相关的收支情况下。在经费紧张的情况下,学校在每周都要为学生减免中餐或者晚餐。全校学生约有 3000 人,每人每餐为 7 元,每餐的开销在 21000 元左右。对于学校的举措,许多学生表示欢迎与认可,都认为在学校这里找到了家的感觉和亲人的温馨。

[①] 林葳."留守孩子"心理健康常识[M].呼伦贝尔:内蒙古文化出版社,2010.

（9）安排本校品学兼优的学生对疑似流失学生进行励志教育。鼓励往往是最行之有效的方法，况且又是身边最为熟悉的例子。建档立卡的学生在学习意志和远景目标规划上相对于其他学生来说要弱一些。用历史上的人物来进行鼓励的话，会让学生觉得离他们太远。用一些学霸来作为例子来鼓励的话，会让学生觉得不在一个级别上。用学校本土的例子来进行励志教育是最接地气的，会让学生感到：只要努力，就一定会超越其他同学；只要努力，就一定会像他一样优秀。

（10）对建档立卡贫困户辍学学生、疑似流失学生建立成长管理档案，由学校派专人负责管理。这在一定程度上解决了这类学生到了后期无人过问的问题。以这种形式让每个学生都能感受到学校对他们的关爱，让他们感受到在学校的大家庭里，他们不曾被忘记。

（11）对建档立卡贫困户辍学学生、疑似流失学生实行差异化管理和教育。这类学生的心理往往要比其他学生更脆弱，禁不起风吹雨打，一旦听到其他学生无意间的言语，或者是老师无心的话语，都会记在心里，久久不能释怀。因此，在管理上，不能对这类学生与其他学生使用同样的方法，更要因材施教，才会赢得学生的心。

（12）对相关学生进行拓展性活动，提高学生的团队合作意识；同时开展各种社团活动，让学生找到在校的快乐感。在特定的时间，由学校妇联、资助中心和相关的部门对学生进行有效的活动开展。通过这样的方式来让学生忘记自己是贫困生的身份，让学生在学校里能感受到家的快乐与温馨。从而让其心思稳定，融入紧张的学习生活中来。

（13）定期召开心理讲座。[1] 青少年学生一定要学会用自我暗示来克服厌学情绪。所谓"自我暗示"，从心理学角度讲，就是个人通过语言、形象、想象等方式，对自身施加影响的心理过程。对于学生来说，积极的自我暗示，比如每天对自己说"我爱学习"，就会以积极的态度去对待学习，慢慢地会越来越喜欢学习。这就需要学校定期召开心理讲座，让更多的学生能对自己进行积极的心理暗示。

（二）教育农村乡镇高中建档立卡贫困户辍学学生家长的策略及常规方法

（1）定期家访，贴近家长。平时我们老师在学校看到的只是孩子在校园的一个侧面，并不能全面地了解孩子的情况，通过家访笔者觉得贴近了孩子的生

---

[1] 汤晨龙. 管理好学习在主动自发中快乐学习［M］. 郑州：中原农民出版社，2014.

活,更全面地了解了孩子的个性及成长环境,拉近了和学生的距离,走进了孩子的心灵。也借此能和家长面对面地沟通,进行有效的交流,这样更利于孩子的成长。

(2) 定期电话交流,送去孩子成长的好消息。电话家访是家访的延伸,它比家访更快捷,是家访的必要补充。不管是家访还是电访,教师都是处于主动地位的,在沟通的过程中,既让家长看出老师的诚意,也让家长看到老师是为了孩子着想的。这样才能让家长愿意配合学校开展工作。尊重家长,与家长保持平等关系。当学生有错时应与家长取得联系,但要理解家长的难处,不能把学生的错误转嫁给家长。要尊重家长的情感,对家长做到温和有礼,不能凌驾于家长之上,以商量谈心的方式来交流教育学生的得失。

(3) 讲解国家对教育的大政方针。主要是了解学习最近国家关于教育方面的大政方针,在大方向面前与党保持高度一致,对党和国家的重要会议精神进行宣传与学习,对国家关于教育和学生素质教育政策与方针等方面的学习。

(4) 讲解孩子学习对孩子人生的重要性。[1] 学习是通向成功的阶梯,人活着就是要不停地学习、工作和斗争,这样才无愧于美好的人生。但要想真正学到一点知识,决心、信心、恒心是必不可少的。学习更要讲的是专心致志、聚精会神。若做不到,即使拥有高智商和好老师,也是一无所获的。

(5) 讲解孩子学习对家庭的重要性。讲解不是向家长告状,也不是例行公事。而是共同发现孩子身上的优点,尽量地去接近他、帮助他、关心他、鼓励他。对于他的缺点,要正确地认识,耐心引导,促其转化。使他在心灵深处感到,无论是家长还是教师都是在关心他,是为了他的一生负责,从而改正自己的缺点。

(6) 讲解孩子学习对自己养老的重要性。养儿女是为了防老,望子女是为了看他们成龙,谁都会变老,这是无可争议的事实。但是老年生活怎么过,却取决于儿女。三十年前是看父敬子,三十年后是看子敬父。因此,孩子成才很重要。

(7) 对特别贫困家庭给予一定的物质帮助。可以说孩子既是家庭的希望,也是国家的未来。让家校合作成为一个永久的话题,让家长参与到学生的教育工作中来,让老师和家长成为相互尊重与合作的朋友,通力协作,共同为孩子的健康成长、走上理想的彼岸架起一座桥梁。

---

[1] 王红. 青少年如何定位人生坐标 [M]. 北京:世界图书出版公司出版, 2010.

（三）同社会各部门共同预防农村乡镇高中建档立卡贫困户学生辍学的常规方法

（1）认真学习上级各部门脱贫攻坚战的相关文件精神。

（2）把学校存在的一些具体无法解决的困难上报给上级相关部门及民政部门。

（3）强化学校包班领导、班主任与脱贫攻坚驻村干部、村支书直接联系，搞清建档立卡贫困户学生辍学的具体原因及帮扶的具体措施。

（4）对建档立卡贫困户学生在经济上存在较大困难的，连基本生活费都没有的，学校和政府相关部门又无法解决的，学校联系旧州中学毕业的知名爱心校友、社会爱心人士及爱心企业实行稳定的帮扶。

四、创新意义和学术价值

（1）加强党的领导

由学校党总支书记担任关爱建档立卡小组组长，其余的领导班子担任副组长，每个领导班子负责相应的年级，并对年级的贫困学生做好相应的了解。同时学校中层领导为成员的帮扶贫困生领导小组，负责对建档立卡学生的生活和思想进行相应的帮扶。同时领导干部必须带头做表率、打头阵。

（2）有利于加强宣传，掌握政策

为确保教育扶贫政策宣传落实到位，学校通过召开教职工会、召开学生家长座谈会、校园广播、黑板报、微信群、QQ群、作文竞赛、发放宣传资料等多渠道进行教育扶贫政策宣传，将教育扶贫资助政策、办理程序、办理流程图张贴在学校显著位置，方便师生了解、掌握。同时，还在校园内开展了教育帮扶扶贫活动。即举行召开主题班会、发放学校印发的关于建档立卡的相关政策和优惠措施，不光让这些政策停留在学生的表层，还要深入他们的内心，同时还让国家良好的扶贫政策深入每一个学生家长的心中。

（3）有利于精准识别，落实帮扶。

①建立建档立卡贫困户学生相关的台账，入村入户了解情况及宣传政策。2019年7月，学校老师们利用假期时间、周末去松洞村、草芦坪村入户了解情况，核对相关信息，宣传相关扶贫政策。送温暖到贫困户，发给两个村建档立卡贫困户一定的物资。

②开展教师一对一帮扶活动。2019年11月，学校开展了教师帮扶建档立卡户学生活动，给学生送温暖。

③学校在2019年12月初开展了走村入户精准扶贫工作政策宣传，全校教师利用周末时间积极参与。对那些孤残学生、贫困家庭学生、留守儿童，通过

思想教育、心理疏导、生活帮助、行为矫正等给予特殊关爱。

（4）教职工达成了一个共识

教育扶贫、控辍保学是防止贫困传递的重要手段，教育扶贫、控辍保学是全面建成小康社会的重要举措。

（5）为今后农村学校控辍保学积累了丰富的经验

由于家庭教育缺失、学生厌学思想等方面的影响，失学辍学现象时有发生，劝返工作难度大。通过教育扶贫工作的推进，老师们总结劝返经验，找到部分劝返规律。

（6）规范了学校控辍保学工作的管理

每学期开学后，教务处对学生入学（复学）情况、变动情况、辍学情况以及学籍变化情况进行全面清查、统计，对上学期间连续超过3个工作日无故未入校的要边报告边劝返。

（7）规范了控辍保学工作的台账、表册、图片等档案资料管理。

（8）通过教育扶贫、关爱贫困生工作的开展，我校没有出现学生因家庭贫困失学辍学的现象，提高学生在校的巩固率。

五、社会效益

在2019至2020学年中建档立卡贫困户辍学生为5人，相比2018至2019学年中建档立卡贫困户辍学生减少30人；在2018至2019学年中建档立卡贫困户疑似辍学生为3人，相比2017至2018学年中建档立卡贫困户疑似辍学生减少80人，效果明显，成绩显著。学生是学校存在的生命线，同时也是学校发展的动力。对学生的思想要提前抓，要抓得准。不让一个学生因为贫困而过早地踏入社会。不管是义务教育阶段还是高中阶段，都应该对所有的学生进行有效的关爱，关心学生的思想成长、关心学生的心理成长，让学生对学校产生信任感，让学生对学校产生家的依赖感。这样才能让学生在学校茁壮成长，为祖国的第二个百年奋斗目标的实现培养更多的有用青年。

通过两年多以来的课题实践和研究，学校认识到，作为党领导下新时代的学校必须在这场脱贫攻坚战中有所作为，做到不忘初心、牢记使命。在建档立卡贫困户的子女辍学问题上，学校在上级主管部门的领导下结合本地实际创新开展工作，力争少让一个建档立卡贫困户的子女辍学，多带动一个建档立卡贫困户家庭早日实现教育脱贫进入小康，学校真正做到贯彻落实习近平新时代中国特色社会主义思想，为把我国建设成为富强民主文明和谐美丽的社会主义现代化强国做出应有的贡献。

04

管理文化

探索组织结构重组　推进学校高质量发展

谢福贵　许志海[①]

贵阳市修文县修文中学

摘　要：进入新时代，为了推进学校高质量发展，必须深入推进学校管理改革创新，推进学校治理体系和治理能力的现代化。随着学校办学规模的扩大，学校运行不畅，党建、业务存在两张皮的现象，学校管理粗放，质量下滑，为此，探索重组学校管理模式，构建党组织领导的级部实体化管理模式，将支部建在级部，级部书记和级部主任一肩挑，全面负责本级部党政全面工作。这种管理模式，能够改变学校管理水平不高、质量下滑的现状，促使学校焕发出蓬勃的生机，推进学校高质量发展。

关键词：重组；级部实体化；高质量发展

一、背景介绍

修文中学是贵州省二类示范性普通高中。其史源可以追溯到1508年明代著名哲学家、教育家王阳明先生创建的龙冈书院，距今已有513年的历史。修文中学以"天下无不可化之人"为办学理念，以"知行合一，成位化育"为办学宗旨，以"良知教育"为办学特色，以"为每一位学生的终身发展奠基"为办学目标（短期目标），以培养"立大志、明大德、成大才、担大任"的"四大"新人为学校共同育人目标（中期目标），以成就"立德、立功、立言"的"三立"完人为学校终极育人目标（远期目标），以"笃实"为校训，以"知行合

[①] 作者简介：谢福贵（1977—），贵州大方人，贵州省贵阳市修文县教育局党委委员、副局长，修文县人民政府教育督导室正科级督学，修文中学党总支书记、校长，主要从事基础教育的管理和教学研究。许志海（1975—），贵州修文人，贵州省贵阳市修文县修文中学办公室主任，中学语文一级教师，主要从事高中语文教学工作。
指导教师：贵州师范学院教育科学学院郑玉莲教授。

一、求真务实"为校风,以"培德育知、笃行善导"为教风,以"立志、勤学、改过、责善"为学风,培养德智体美劳全面发展的社会主义建设者和接班人。截至2021年7月,学校共有在编教职工213人,专任教师208人,其中二级教师85人,一级教师93人,高级教师30人,党员教师79人。有班级43个,学生2001人。

2011年,为办好修文中学,修文县委县政府举全县之力,将学校创办为省级二类示范性普通高中,并选址在修文县龙场镇新水村建设修文中学新校区。2014年10月,投资3亿余元,占地近300亩的新校区投入使用。2014年引进山东历城二中合作办学,实行了全封闭寄宿制管理,有力地推动了学校的跨越式发展,学校发生了较大变化,师生面貌有了新的改变,提升了学校的办学质量。2010至2020年,贵阳市对全市普通高中教学质量进行了十次入出口评估,修文中学八次荣获区、市、县普通大型高中类学校一等奖,两次获二等奖。

二、问题呈现

(一)办学规模扩大,学校运行不畅

随着学校办学规模的扩大,学校迅速成为区县大型普通高中,最高峰时学生达4000余人,全校教职工达240余人,对学校原有管理体制提出了新的挑战,原有管理模式不能适应学生人数大量增多的现状,各种管理弊端不断出现。每天都有层出不穷的德育和教学问题发生,学校德育处变成处理学生矛盾纠纷的集中场所,被动应付,无法有效开展工作,更无法站在学校高度谋划学校的德育工作。

(二)党建、业务工作两张皮

支部建在教研组,出现重业务轻党建的问题,几个教研组合在一个支部,在学科教研上并不能有效整合,纯粹是支部建设的需要。教师将精力用在教育教学上,党务工作就是完成规定动作,甚至规定动作都流于形式,党支部建设不能有效开展,党员教师政治理论学习不够,政治站位不高,党的建设弱化,导致党建业务两张皮。

(三)学校管理粗放,质量下滑

学校管理在初期运行还比较顺畅,也取得了一定的成绩,但随着对学校管理要求的提高,原有管理模式逐渐跟不上时代发展的要求,管理比较粗放,各部门按照几十年形成的惯性,推进部门职能,粗线条地落实工作,工作往往出

现有安排无落实，更无考核问效，不能形成闭环管理。部门之间交流沟通不到位，导致学校各项工作不能形成合力，工作效率较低，教学质量下滑，与高质量发展要求存在较大差距。

三、原因分析

（一）学校工作不聚焦，条理不清

学校中心工作是教学，教学的中心是教师，教师的中心是课堂，课堂的中心是学生。学校党的建设主要着力于教师思想政治素质的提高，通过教师高尚的师德、精湛的业务影响学生。教育行政管理聚焦教育教学这一中心，落实学校教书育人的使命。由于学校原有管理模式的禁锢，导致学校的中心工作不聚焦在教育教学上，在教育教学上的时间、精力严重不足，党建效果不佳，不能有效提高教师思想政治素质和业务能力，同时，党建工作与业务工作互相干扰、互相"消耗"，不能形成合力、相得益彰。原有的金字塔式的管理结构使工作推进效率低，很多工作悬在空中、浮在面上，无法落到实处。

（二）部门事务繁多，职责边界不明

学校规模的扩大，部门疲于应付日常琐事，同时，各部门职责边界不明，完全按照自己的已有经验工作，各自为政，没有形成合力，从而出现部门与部门之间互相推诿扯皮现象，更甚者出现"谁都管、谁都不管"和"谁都干、谁都不干"的现象，出了问题谁都不承担责任，容易的事谁都管，困难的事谁都不管，致使管理上出现了"真空带"，其隐患、危害极大！譬如学校的安全，主要由总务处、德育处、寄宿办负责，遇到问题时，大家都觉得不是自己的事，都在推诿和"踢皮球"。

（三）工作要求低，质量不高

管理的被动应付，碎片化、简单化、一般化，甚至由于工作繁杂，往往只求过得去，不求过得硬，工作质量不高，工作效率低下，应付了事。由于工作缺乏落脚点和抓手，推进乏力，问题越积越多，干部在工作的旋涡中越来越累，工作积极性严重受挫，久而久之，工作应付成为常态。

面对管理上存在的诸多问题，深入探究，主要源于原有的管理组织机构不能适应学校规模化发展的需要、高质量发展的要求，需要进行管理组织机构的重组。

四、解决方案

经过这几年的摸索,学校根据管理存在的问题,以问题为导向,找到一条行之有效的途径——党组织领导的级部实体化管理模式。即将支部建在级部,三个级部就是三个支部,不再以学科教研组为单位成立支部,级部书记和级部主任一肩挑,全面负责本级部党政全面工作。

(一)岗位设置

学校设校长、党总支书记一名,实行党政一肩挑,负责学校全面工作。设党总支副书记一名(专职副书记),负责学校党总支党建工作,分管学校党政办公室、工会。设副校长三名,分别负责学校教学、德育、后勤工作,一个级部,其中德育副校长分管寄宿办、德育处、团委,一个级部;教学副校长分管教导处、教科处,一个级部;后勤副校长分管总务处,一个级部。下设行政办公室、总支委办公室、工会、教导处、寄宿办、教科处、团委、德育处、总务处九个处室,三个级部。级部下设级部办公室、级部教导处、级部德育处,其中级部教导处对口学校教导处,其负责人由学校教导处或教科处副主任兼任,级部德育处对口学校德育处、团委,其负责人由学校德育处副主任或团委副书记兼任,级部办公室对口学校党政办及其他部门,由党支部支委委员构成,级部三个处室接受级部书记(主任)的直接领导,接受学校对口处室的业务指导。分管校长代表学校分管三个级部,接受校务委员会的领导。

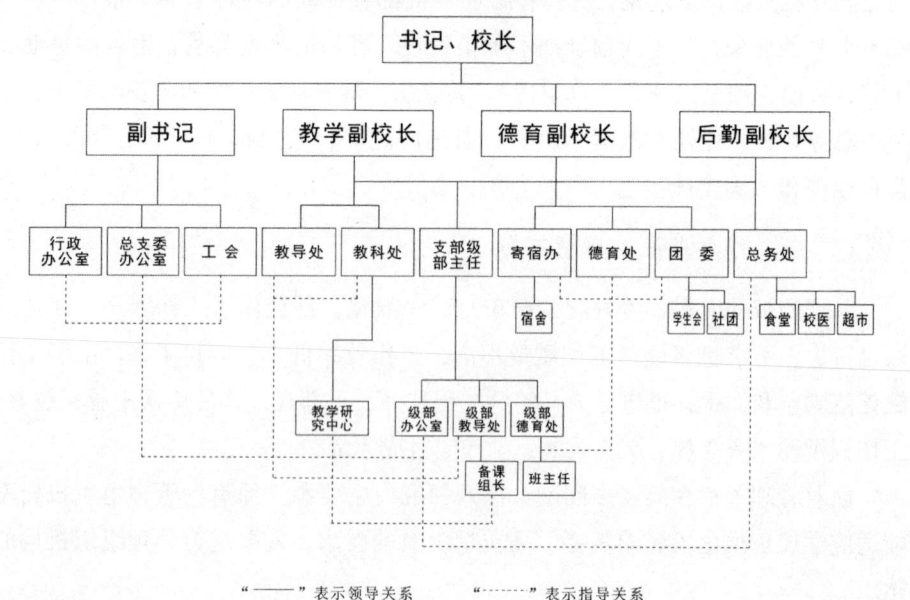

"──" 表示领导关系   "┄┄" 表示指导关系

(二) 职能分工

学校最高权力机构是学校教职工大会（或学校教职工代表大会），由全体教职工（或教职工代表）构成，学校校务委员会为学校教职工大会的常设机构，在教职工大会（或教职工代表大会）闭会期间代为履行其职责，并定期对其报告工作，由学校党政工团中层以上干部组成。校长办公会由校级干部和级部书记组成，酝酿研究学校重大、紧急事项，如学校"三重一大"等事项，提交校务委员会研究决定。学校各处室根据各自职能职责对学校工作进行总体谋划，安排部署，负责对外、对上进行工作对接和处理，代表学校接受上级部门的考核和检查，及时对接和处理学校对外有关事宜。级部负责落实学校校务会及各处室代表学校安排的各项工作，具体落实到教师和学生。级部书记、主任一肩挑，同时负责级部党的建设和教育教学工作，把两块工作融合在一起，有效发挥党支部的先锋模范带头作用，做表率、走前列，同时，加强教师的业务指导，强化教育教学工作的落地，对本级部的党政工作全面负责，接受校务委员会的领导，定期向校务委员会报告工作。

(三) 运行机制

学校通过教职工代表大会、校务委员会、校长办公会、全体党员大会、党总支委员会、党员大会依法进行学校管理。

（1）按照民主集中制依法治校。按照集体领导、民主集中、个别酝酿、会议决定的原则议事决策。学校每学年至少召开一次教职工代表大会，决定事关学校发展大局、教师切身利益的有关事宜，如学校绩效工资考核发放方案、教育教学常规考核方案等，实现教师民主管理学校。每周至少召开一次校务委员会，听取级部、处室工作汇报，研究学校紧急、重大事项。根据实际需要召开校长办公会，研究学校日常事务，酝酿学校重大事宜。按照党支部"双化"建设要求开展党建工作，认真落实"三会一课""主题党日"及有关党内活动。

（2）各履其职，清单管理。为了确保各项工作能够顺利推进，学校通过校务委员会推进各项工作，制定学校会议制度，每周四之前，各部门上交上会内容，办公室汇总，经过校长办公会进行讨论审核，提交校务委员会研究决定，并形成学校工作清单，作为下周各部门的工作内容予以下发，由办公室进行督察落实，在下一次的校务会上通报工作落实情况，并纳入部门的年终考核，有效推进学校工作。

（3）集中学习，提高思想政治素质。通过党员大会对党员教师进行党课宣讲，原文学习，悟思想，办实事，开新局，提升党员教师的政治素质，提升教学能力。每周进行一次支部的集中学习，同时进行业务工作的安排落实，把教学和党建结合起来，让"出汗红脸"成为常态，充分运用批评和自我批评的武器，让党员教师提升自我、改造自我，真正成为学生成长的引路人。站在学校层面，强化党总支的领导，指导三个支部的党建和教育教学工作，有力推动学校高质量发展。

经过管理结构的重组，学校工作焕发了生机、增强了活力，各部门职责明确、分工到位，处室定位清晰。学校做好谋划部署，级部强抓落实，及时反馈相关信息，促进学校工作有序推进。学校、级部、教师、学生构成学校管理的四个维度，共同作用，彼此融合，不断提升学校的教育教学质量。

五、案例分析

（一）政策依据、理论依据、现实依据

党组织领导的级部实体化管理模式，是新时代加强学校党的建设的生动实践。依据《中国共产党支部工作条例（试行）》规定："机关、国有企业、事业单位，党支部书记一般由本部门本单位主要负责人担任，也可以由本部门本单位其他负责人担任。根据工作需要，上级党组织可以选派党员干部担任专职党支部书记。"学校级部主任担任党支部书记，符合政策要求，既弘扬"支部建在连上"的光荣传统，又体现基层创造的新做法新经验，对党支部工作做出全面规范，是新时代党支部建设的基本遵循，对于加强党的组织体系建设，推动全面从严治党向基层延伸，全面提升党支部组织力，强化党支部政治功能，巩固党长期执政的组织基础，具有十分重要的意义。

依据《中华人民共和国教师法》规定："教师是履行教育教学职责的专业人员，承担教书育人、培养社会主义事业建设者和接班人、提高民族素质的使命。教师应当忠诚于人民的教育事业。""各级人民政府应当采取措施，加强教师的思想政治教育和业务培训。"为党育人、为国育才已经成为新时代教师的历史使命和责任担当，"要把立德树人作为教育的根本任务"这一重要论述，深刻回答了"培养什么人、怎样培养人、为谁培养人"这一根本问题，深刻揭示了教育的本质规律与价值目标，鲜明反映出党和国家对教育事业的时代要求和历史定位。为此，学校实行党组织领导的级部实体化管理模式能有效解决学校发展瓶颈，更加注重建设学校意识形态主阵地，培养堪当民族复兴大任的时代新人。

党组织领导的级部实体化管理模式，解决了学校多年来存在党建业务两张皮、教师队伍疏于政治理论学习的问题，提高了干部教师的政治判断力、政治领悟力、政治执行力。推进党组织领导下的级部实体化管理模式，是聚焦学校中心工作、提高学校内涵发展和质量提升的有力举措，是学校培养德智体美劳全面发展的社会主义建设者和接班人的客观需要，更是增强"四个意识"、坚定"四个自信"、做到"两个维护"的必然要求。

(二) 经验总结

(1) 党建业务相得益彰。党支部建在级部，党建业务两手抓，两手都要硬，相得益彰，党建工作促进了教育教学质量的有效提高，教育教学质量的提高促进了学校党建工作的发展。特别是教育教学中存在的问题能够及时被发现，快速得以解决。党的活动有了更加丰富的内容，与教育教学业务紧紧融合在一起。

(2) 工作效率明显提高。各部门责任明确、职责清晰，处室牵头部署，级部狠抓落实，各项工作条块结合，条分缕析，各项工作有具体负责的部门和人员，工作更加落实落细。干部工作职责明确，工作积极性得到提高，工作质量明显提升。级部成为一个"学校"，运转相对独立、灵活、简洁，真正解决了"最后一公里"的问题，提高了工作效率。

(3) 学校管理更加规范。级部实体化管理模式的推行，学校教育教学管理发生重大变化，三个级部形成了良性竞争，师生精气神高涨，学校校风好、班风正，齐抓共管的良好局面正在形成，管理更加规范，教育教学质量有效提升。

(三) 存在的不足

(1) 管理机制体制需进一步完善。党组织领导下的级部实体化管理模式打破过去以处室为实体的管理模式，许多配套的制度尚未建立，传统观念需要进一步改变，存在许多不协调、不匹配的现象。

(2) 管理干部的能力素质需要提升。党组织领导下的级部实体化管理模式，赋予了级部较大的管理自主权，如果没有能力素质的提升做保障，管理者容易陷入两个极端，其一是级部高度"自治"，脱离学校的管理，我行我素，甚至出现违规违纪现象；其二是级部被动落实、照本宣科，当好"安全员"，不求有功，但求无过，任何事情都等着学校安排，不思考本级部自身的发展需要，没有长远的规划，影响学校健康可持续发展。

(3) 制度执行力需进一步加强。俗话说"一分部署，九分落实"，再好的制度，如果没有落实，就是一页废纸，只有通过强有力的推动，确保各项方案和措施落到实处，才能取得实效，将想法变成现实。也只有真正地落实，才会发现制度设计存在的不足，从而进行完善，在实践中提炼出真正适合学校发展的模式。

"世上永恒不变的就是永远在变"，进入新时代，必须深入推进学校改革创新，推进学校治理体系和治理能力的现代化，党组织领导的级部实体化管理模式，是学校发展的主动选择，是优化学校管理结构的有效探索，必将推进学校高质量发展。

民族地区薄弱高中分层走班教学案例研究报告
——以威宁县第六中学为例

龚贤朝*

威宁县第六中学

  摘　要：威宁县第六中学本着让基础不同、接受能力不一的学生在课堂教学中核心素养均得到不同程度提高的原则，根据学生现有知识、接受能力以及学科兴趣，以学生自愿选择结合学校微调的方式，把同年级同学科学生分成几个层次的教学班，在行政班级保持不变的前提下，组织学生在学科教学班级参与学习活动，即实行分层走班教学制度。教学中，教师对不同层次教学班有不同目标要求，教学内容侧重有一定差异，学校对学生和教师实行动态管理。通过分层走班教学的探索实践，威宁县第六中学在短短几年内由一所新建薄弱高中变成了威宁自治县学生向往、家长信任、社会认可的优质高中。

  关键词：分层走班教学；案例研究；薄弱高中；民族地区

一、引言

  分层走班制教学，就是学校根据学生现有的知识基础、能力水平以及学科兴趣，结合任课老师的意见，按学科设置不同层次的教学班级，学生选择适合自己层次的教学班参与课堂学习的教学模式。[①] 这种教学模式的主要形式为：同一科目同时开展教学活动，学生分别到相应层次班级上课，原有的行政班级保持不变。这是一种不固定班级、流动性的学习模式。

---

* 作者简介：龚贤朝（1978—），贵州威宁人，贵州省威宁县第六中学副校长，中学语文高级教师，现从事学校管理和高中语文教学工作。

  指导教师：贵州师范学院教育科学学院兼职教师薛杉博士。

① 程宏，王晓峰. 新课程背景下"走班制"走进中学数学课堂的探索与研究［J］. 教育教学论坛，2017（12）：161-163.

分层教学实际上是一种运动式的、大范围的分层，它的特点是教师根据不同层次的学生重新组织教学内容，确定与其基础相适应又可以达到的教学目标，从而降低了"学困生"的学习难度，满足了"学优生"扩大知识面的需求。

分层教学的本质是尊重差异、尊重规律，以学论教。① 因此，分层走班教学要以个性发展为本，尊重学生自主选择，使学生个性特长得到充分发挥。

威宁县第六中学2014年建成投入使用，当年县教育局给本校的高一招生任务是2400人，录取分数线仅为230.5分（中考总分650分），最终录取2406人，其中中考成绩400分以上的11人，占录取人数的0.5%，167个学生没有中考成绩，占全校人数的6.9%。2014年以后，本校高一录取分数线逐年提高，到2019年达到418分，首次突破400分，2020年和2021年录取分数完全一样，都是419.5分。学生基础差、习惯差，学习不积极不主动，学科成绩参差不齐，满分为110分的物理学科考试有些班级平均分竟然低到17分，考得最好的班级平均分也只有45分左右，数学还出现过只考2分的同学，英语学科几乎没有同学能考及格。学校生存发展面临很大困难。为了让基础稍好的学生吃得饱，后进生消化得了，学校经过反复思考反复讨论，决定因材施教，采取分层走班教学策略。

经过全校师生不懈的努力，学生成绩有了很大进步。2017年第一届高考，1947人报名参加考试，一本文化上线14人，艺体上线7人，一本合计上线1.08%；二本上线681人，上线率34.98%，在全县高考成绩评比中威宁县第六中学荣获提升奖第一名，综合评比第一名。到现在为止，威宁县第六中学参加了五届高考，一本上线率和二本上线率都是逐年递增，每年都荣获威宁县提升一等奖，综合评比一等奖。2018年和2019年毕节市做了高考教育质量评比，威宁县第六中学均荣获质量提升一等奖。2021年威宁县第六中学1736人参加高考（本届学生高一录取分数线为418分，480分以上即全县前4400名本校只有56人），一本文化上线51人，上线率2.94%；二本上线660人，上线率38.02%，600分以上2人。从进出成绩看，这五届学生真正实现了低进高出的跨越。

二、案例呈现

（一）本课题研究的背景

差异化教学是教育体系中，根据兴趣导向以及天赋差别的不同，所组织的

---

① 高德品. 基于"三制一改"的课堂教学变革 [J]. 新课程（综合版），2012（06）：9-11.

人才培养教学活动。姜智、华国栋在《"差异教学"实质刍议》中指出："差异教学是指在班集体教学中立足学生差异，满足学生个别的需要，以促进学生在原有基础上得到充分发展的教学。"① 分层走班制教学是根据学生学习基础、接受能力、兴趣爱好不同，所组织的有针对性的教学活动。因此，走班制的本质就是对学生实行差异化教学。差异化教学的原理是因材施教、最近发展区及布鲁姆的目标分类理论。② 差异化教学的目的不是要消除差异，让每一个学生都达到同一水平，而是要让尖子生学习更积极更主动成绩更优秀，后进生有信心不放弃有进步。③

走班制教学最早开始于美国，后来从美国流行扩散到世界范围，进入21世纪以来，随着教育改革步伐的加快，走班制教学逐渐成为中国教育学者高度关注的热词。在国内，不少学校先后对分层走班教学进行了实践研究，最有代表性的是北京四中。北京四中早在1986年就开始对分层走班教学进行了积极的探索与研究。赵宏伟老师在《北京四中实施走班分层教学模式的基本经验》中总结了该校分层走班教学的主要经验：一是细化尖端弱化中等。即在分层方面，究竟分几个层次最好？北京四中认为对尖子生可以多分几个层次，对中下等生少分层次。二是动态管理。北京四中认为学校要注意学生情况的变化，定期调整A层次的学生，让A层次的学生真正成为尖子生。三是明晰目标，有的放矢。北京四中的经验是，任课教师对学科教学的共同目标和层次目标要清晰，教学要有针对性、层次感。④

威宁县第六中学是2014年新建的一所全寄宿制高级中学，由于学校建立不久，很多设备设施不完善，社会对威宁县第六中学不了解，很多家长持观望态度，因此报考本校的初中毕业生少之又少，而且成绩几乎都是垫底的。最终，2014级学生录取分数线和乡镇的几所高级中学一样，仅为230.5分。当年就读威宁县第六中学的学生中，中考成绩400分以上的仅11人，绝大多数是200多分的，还有167名学生是已经去读了中职学校，听说威宁县第六中学招生任务还没完成才来的，连中考成绩都没有。学生的学科基础参差不齐，兴趣爱好、学习能力差异很大，尤其是英语学科。为了适应高考改革制度的需要，让不同

---

① 姜智，华国栋．"差异教学"实质刍议［J］．中国教育学刊，2004（04）：52-55.
② 燕学敏，华国栋．差异教学课堂模式的理论建构与实践探索［J］．教育理论与实践，2020（17）：3-6.
③ 陈茉．差异化教学在英语教学中的应用［J］．航海教育研究，2011（01）：111-112.
④ 赵宏伟．北京四中实施走班分层教学模式的基本经验［J］．中小学管理，2015（03）：35-38.

基础、不同学科学习兴趣、不同接受能力的学生都得到不同程度的提高，威宁县第六中学结合自己的实际情况，2015年春季学期，在高一（1）班和高一（2）班进行了英语学科分层走班教学实验研究。一个学期之后，这两个班的学生英语成绩整体上有了大幅度的提高。高一上学期，这两个班的英语平均成绩几乎在60分（满分为150分）左右徘徊，到高一结束，这两个班的英语平均成绩提高到了90分左右。而且学生的学习态度比实施走班教学前端正，主动性更强，积极性更高，课堂效率明显得到提高，原来需要2节课才能完成的任务到高一结束时几乎只要1节课就可以完成。2015年秋季学期，学校在总结上一学期分层走班教学实验研究经验的基础之上，在当年的高一学生中，随机选取了1—4班作为实验班级在九大考试学科中进行分层走班教学实验研究，并确定了基础与1—4班相当的高一5—8班为对比班级。目的是通过1—4班分层走班教学的实践研究，积累经验，在全校推行分层走班教学制度，在5年之内把学校的教学质量提高到全县高中学校（全县共有11所高中学校）前5位，解决学校生存问题。

（二）案例发生过程

学校最初的分层分班设想是：学校按一定的层次把教学班级分好，完全由学生自己选择老师、选择班级。但是，威宁六中设施设备不足，教师队伍相对薄弱，受客观条件的限制，这种分层分班会导致某些学科教学班级学生太多，教室没法容纳，而另一些教学班级学生又会太少，没法正常开展教学活动的不良后果。而且这种分班会走向另一个极端，即很多学生不愿选择脾气怪要求严的老师，这会出现学生成绩整体下滑的情况。因此，学校根据自己的实际情况，在开学不久，统一组织了几次考试，根据学生几次考试的成绩和平时学习情况，充分考虑学生接受能力、兴趣爱好、性格特点、性别、民族等方面的情况，结合任课老师的意见，把九个考试学科学生分别分成ABCD四个层级，分别编成学科教学（1）班、（2）班、（3）班、（4）班四个实验班，同节次课堂不同教师上相同学科课程，教学目标要求因班级而异，教学内容和重难点各有侧重，在1—4班全面实施分层走班教学实践研究。考虑到教学班级管理的诸多问题，学校规定，每一个老师都是班主任，负责处理好自己课堂上学生各方面的问题，每个教学班级组建临时班委会，参与老师对班级的管理。为了避免学生难以快速适应任课教师的问题，各科教学班级每个学期重新分一次班级，即重新确定层次重新组合班级。参加走班实验的学生，各科教学班级不一样，但行政班级不变，行政班级事务由行政班主任负责处理。

(三) 遇到的问题

在分层走班教学实践研究中，我们遇到的问题主要有：

1. 选择教师问题

选择哪些老师最有益于分层走班教学工作推进，最有益于促进学生发展，提高教学质量？选择教学能力最强的老师授课，学生基础跟不上，会失去信心；选择教学能力最弱的老师授课，学生吃不饱，学习会没有兴趣；选择教学能力处于中间状态的老师授课，又显得太随意，失去分层走班的价值。还有，这些老师由学校直接安排还是由班主任聘请？由学校安排，老师的负担被加重，他们愿不愿意，会不会讲条件？由班主任聘请，教师之间是不是会形成小团体，是不是会造成教育资源不均衡，不利于团结？

2. 教学分层问题

每个学科每个层次教学班级怎样设置教学的共同目标和分层目标？不同层次的班级怎样选择教学内容，确定什么内容为教学重点？作业和检测怎么分层？学生被分成了"三六九等"，低层次的学生会不会形成自卑心理？高层次的学生会不会养成骄傲自大、目中无人的恶习？

3. 班级管理问题

分层走班以后，学生和老师都在流动，行政班级凝聚力弱了，学生的归属感集体荣誉感缺失了，纪律涣散了怎么办？学生的责任意识怎么培养？学生出现心理问题怎么解决？教学班级学生来自不同的行政班级，任课教师只了解课堂上的情况，无法兼顾学生课外，学生学习怎么跟踪辅导？学生的行为习惯怎么培养？文明礼仪怎么引导？德育工作怎么做？一系列问题都摆在学校面前。

4. 师生评价问题

教师任教的班级层次不一样，该按什么标准考核评价？如果和非实验班级教师一样考核评价，显然不公平；如果单独考核评价，那依据在哪里？从哪些方面对学生进行评价？怎样评价？实行分层走班后，学生一直在"走"，任课教师怎样把握学生情况？行政班主任怎样及时准确了解学生，进而对学生做出客观真实有效的评价？阶段检测如何把握试题难易程度，是采取同层内评价还是不同层评价，还是二者兼顾？是对学生进行横向比较还是纵向比较？学校对教师和学生的评价影响着分层走班工作的推进，影响着教师工作和学生学习的积极性，学校不得不深思。

(四) 问题解决策略

以上几个问题都是必须解决而又难以解决的。面对棘手的问题，威宁县第六中学多次组织了教研组长、备课组长、年级组长、中层领导、班主任、任课教师进行研究讨论，找到了切合实际的措施，并付诸行动。

1. 排课走班

学校在排课方面，单独对分层走班的四个教学实验班进行了分课排课。首先是教师的搭配，学校根据实际情况召开行政会议，反复讨论，对四个行政班级的教师进行了精心搭配。走班制教学学生倾向于选择更受大家欢迎、教学能力强、综合素质好的老师。① 因此，学校挑出了学校里面能吃苦、肯干事、能干成事的骨干教师来担任这几个班的学科教学工作。其次是排课，每天相同节次排成同样的学科课程，由不同的老师进行教学。比如，星期一上午第一节（1）班的课排成语文，那么，2—4班星期一上午第一节课就毫无例外排成语文。第三就是走班，学生按照学校所分的各科教学班到相应的班级上课。个别学生某个学科如果实在不愿意到学校划分的教学班级上课，学校尊重学生自己的选择，做一些微调。为了避免混乱，学校给每一个行政班级的学生都制定了座位牌，学生在走班上课时带上自己的座位牌，便于任课教师课堂管理。

2. 备课管理

四个行政班级每个学科成立一个集体备课组，每个组确定一名备课组长，由备课组长组织大家进行集体备课。学校要求，每个备课组要组织实验班本学科教师备教材备课标、备老师备学生、备教法备学法，连作业和练习的设置都必须有针对性。（1）班上哪些内容，（2）班上哪些内容，（3）班（4）班又上哪些内容，教师必须做到心中有数。各班的教学内容既要有共同的东西又要有不同之处。所谓共同之处就是学生必须掌握的学科基础知识、基本技能和基本思维，不同之处就是只适合于本层次学生知识能力及兴趣要求的内容；明确每个教学班级要达到什么样的目标和要求，目标要求要有所不同。

3. 行政班级管理

（1）行政班主任要向教学班级学科教师提供本班本学科教学班级学生名单及科代表名单。

（2）各行政班级各科代表负责每节课本班学生考勤，若发现缺勤，及时与行政班主任老师取得联系，问清楚情况。

（3）各科代表负责本班学生作业收发，并监督本班本学科学生完成作业，及时向行政班主任和教学班级科任教师反映情况。

---

① 刘瑶，卢德生. 我国分层走班制教学研究审思［J］. 当代教育科学，2019（05）：29-33.

（4）各行政班主任设计好班会课，指导学生认真参与分层走班教学活动，帮助学生答疑解难，做好思想、纪律、安全、卫生、行为习惯等全方面教育工作。

（5）各行政班主任随时向各教学班级本班科代表了解本班学生在教学班级中的思想、学习、纪律、行为习惯等各方面的情况，便于及时发现和解决问题。

（6）各行政班主任随时与教学班级科任教师保持联系和沟通，了解本班学生学习、纪律、心理、思想表现等各方面的情况，商量相应的教育策略。

（7）各行政班主任之间要经常沟通交流，善于发现分层走班教学中学生普遍存在的共性问题，商讨相应的解决办法。

（8）各行政班主任要向学校及时反馈分层走班教学中发现的问题和一些重要的信息，积极向学校献言献策。

（9）每次考试后，各行政班主任要做好本班学生成绩的对比分析，做好学生的教育引导工作，帮助学生不断提高自己的学习成绩。

（10）各行政班主任要坚持做好学生思想教育工作。

4. 教学班级管理

（1）教学班级每个科任教师都是本学科本班班主任老师，必须认真履行自己课堂上的班级管理工作，处理好相关事宜，配合各行政班主任做好学生教育管理工作。

（2）每个教学班级科任教师要积极参与做好集体备课工作，精心备课，认真授课，积极帮助学生答疑解惑，使学生乐于上自己的课。

（3）每个教学班级科任教师每节课要安排组织好学生，有比较固定的座位表，做好学生的考勤等常规课堂管理。

（4）每个教学班级科任教师要认真批改和讲评学生作业，为每一个学生负责。

（5）每个教学班级科任教师要做好每一次考试的质量分析，既要关注学生在行政班级的学习情况，也要关注学生在教学班级的学习情况。

（6）每个教学班级科任教师要随时掌握学生的思想动态，做好心理健康教育和学习引导工作。

（7）每个教学班级科任教师要熟悉教学班级学生情况，努力做到因材施教。

（8）每个教学班级科任教师要随时与行政班主任保持有机联系，加强合作，积极配合行政班主任做好学生教育管理工作。

（9）每个教学班级科任教师要积极思考，不断改进教学方法，不断提高自己的教育教学质量，满足学生的求知欲望。

（10）每个教学班级科任教师要积极向学校献言献策，不断提高分层走班教学工作的效率。

5. 教师和学生评价

对教师的评价如果一味地按照以前的只看教师所教学生的成绩优劣来评价的话，相对于以前无疑是止步不前，不利于教师专业化的长期发展。[1] 因此，实验班级教师德、能、勤的考核和其他教师一样按学校原定方案考核，成绩的考核按行政班占40%教学班占60%的比例进行。

对学生的评价学校考虑多一把尺子多一个优秀学生的问题，既对学生的学习成绩进行评价，也对学生的学习态度、行为习惯、文明礼仪、思想品德、身心健康等其他方面进行评价。采取班主任评价与任课教师评价、学生自我评价与同学评价等多种方式进行评价。

（五）问题解决效果

在学校的统一管理下，各行政班主任、各集体备课组长、各教学班级任课教师和实验班级学生大力支持和积极配合，威宁县第六中学分层走班教学活动秩序井然，学生整体成绩大幅度上升，从进校时录取分数线全县六七名的位次上升到了每个学期期末统考全县前三四名的位次，得到了县教育科技局的肯定和社会的广泛好评。参与走班之后，实验班级的学生学习比以前更积极更主动，更懂得珍惜时间，更懂得尊重和宽容他人。对比班级也不甘示弱，各方面都努力向上，与实验班级形成了你追我赶的良性竞争。

三、案例分析

（一）学生学习成绩整体提高

为了不断优化分层走班教学策略，威宁县第六中学每次月考、期中考试和期末考试都要对分层走班教学实验班级学生成绩进行认真分析，下面以2015—2016学年度第一学期高一年级分层走班教学实验班级（实验班级为1—4班，对比班级为5—8班）第一次月考和期中考试成绩为例，对本校分层走班教学效果做一个简要分析。

---

[1] 冯文全，吕瑞香. 分层走班制在课改中出现的问题及解决对策［J］. 中国教育学刊，2017（03）：61-66.

威宁县第六中学2015—2016学年度第一学期高一年级第一次月考学生成绩分析表

班级	学科	语文	数学	英语	物理	化学	生物	政治	历史	地理
1	最高分	97.00	103.00	82.00	94.00	92.00	93.00	75.00	91.00	89.00
	最低分	63.00	15.00	22.00	32.00	40.00	58.00	28.00	30.00	29.00
	平均分	77.57	68.18	46.79	74.61	71.52	81.40	45.76	60.55	69.06
	及格率	0.07	0.16	0.00	0.93	0.88	0.97	0.03	0.55	0.81
	优秀率	0.00	0.00	0.00	0.39	0.21	0.67	0.00	0.01	0.15
2	最高分	100.00	105.00	85.00	93.00	97.00	98.00	68.00	84.00	94.00
	最低分	60.00	21.00	25.00	51.00	51.00	60.00	33.00	32.00	44.00
	平均分	78.99	63.19	47.35	77.78	77.96	83.22	46.33	60.03	76.30
	及格率	0.14	0.10	0.00	0.97	0.94	1.00	0.04	0.51	0.93
	优秀率	0.00	0.00	0.00	0.51	0.54	0.74	0.00	0.03	0.43
3	最高分	99.00	108.00	80.00	94.00	90.00	94.00	58.00	87.00	82.00
	最低分	70.00	0.00	14.00	37.00	0.00	0.00	0.00	0.00	0.00
	平均分	78.71	59.81	46.78	70.53	73.37	80.90	45.51	51.99	64.18
	及格率	0.13	0.04	0.00	0.81	0.75	0.97	0.00	0.26	0.50
	优秀率	0.00	0.00	0.00	0.19	0.12	0.72	0.00	0.01	0.03
4	最高分	95.00	125.00	84.00	91.00	87.00	93.00	59.00	80.00	92.00
	最低分	57.00	22.00	23.00	33.00	38.00	46.00	20.00	23.00	38.00
	平均分	76.36	58.58	47.14	71.91	66.47	78.59	44.36	53.56	65.97
	及格率	0.06	0.03	0.00	0.91	0.74	0.95	0.00	0.30	0.73
	优秀率	0.00	0.00	0.00	0.24	0.09	0.65	0.00	0.02	0.12
5	最高分	94.00	94.00	76.00	98.00	86.00	95.00	62.00	86.00	87.00
	最低分	59.00	15.00	24.00	37.00	35.00	62.00	26.00	37.00	43.00
	平均分	74.10	52.61	44.15	69.99	65.79	80.63	41.52	53.37	57.19
	及格率	0.06	0.01	0.00	0.79	0.73	0.88	0.01	0.25	0.63
	优秀率	0.00	0.01	0.00	0.15	0.09	0.64	0.00	0.01	0.09
6	最高分	97.00	103.00	72.00	89.00	96.00	93.00	66.00	78.00	88.00
	最低分	54.00	17.00	19.00	39.00	42.00	52.00	23.00	32.00	43.00
	平均分	73.26	55.37	42.59	69.42	66.70	78.14	41.87	53.03	64.33
	及格率	0.05	0.03	0.00	0.80	0.67	0.92	0.01	0.33	0.49
	优秀率	0.00	0.00	0.00	0.23	0.08	0.45	0.00	0.00	0.04

续表

威宁县第六中学2015—2016学年度第一学期高一年级第一次月考学生成绩分析表

班级	学科									
7	最高分	95.00	92.00	77.00	93.00	91.00	89.00	62.00	87.00	78.00
	最低分	65.00	14.00	21.00	46.00	40.00	44.00	24.00	35.00	34.00
	平均分	74.21	54.02	45.29	68.70	65.44	76.55	41.12	51.64	59.76
	及格率	0.03	0.03	0.00	0.76	0.73	0.94	0.00	0.26	0.50
	优秀率	0.00	0.00	0.00	0.18	0.09	0.45	0.00	0.01	0.00
8	最高分	98.00	87.00	77.00	81.00	90.00	86.00	63.00	84.00	93.00
	最低分	62.00	21.00	18.00	39.00	42.00	37.00	27.00	30.00	41.00
	平均分	75.19	56.32	45.45	64.67	65.52	70.04	43.71	52.14	60.86
	及格率	0.03	0.00	0.00	0.68	0.72	0.87	0.00	0.28	0.48
	优秀率	0.00	0.00	0.00	0.04	0.07	0.16	0.00	0.01	0.03

威宁县第六中学2015—2016学年度第一学期高一年级期中考试学生成绩分析表

班级	学科	语文	数学	英语	物理	化学	生物	政治	历史	地理
1	最高分	103.00	122.00	77.00	86.00	86.00	86.00	87.00	85.00	97.00
	最低分	0.00	28.00	13.00	20.00	0.00	34.00	38.00	34.00	0.00
	平均分	85.28	75.8	48.74	50.65	60.34	66.02	66.2	65.59	72.8
	及格率	0.33	0.28	0.00	0.29	0.52	0.75	0.75	0.82	0.87
	优秀率	0.00	0.06	0.00	0.03	0.12	0.12	0.08	0.08	0.35
2	最高分	108.00	119.00	93.00	84.00	95.00	92.00	91.00	84.00	95.00
	最低分	42.00	28.00	27.00	24.00	31.00	35.00	34.00	29.00	0.00
	平均分	87.37	73.13	48.73	52.74	59.94	65.14	67.17	62.51	71.49
	及格率	0.43	0.21	0.01	0.33	0.51	0.71	0.80	0.60	0.83
	优秀率	0.00	0.00	0.00	0.01	0.14	0.09	0.11	0.01	0.26
3	最高分	109.00	109.00	77.00	78.00	83.00	88.00	82.00	81.00	87.00
	最低分	71.00	19.00	20.00	22.00	21.00	41.00	43.00	35.00	23.00
	平均分	87.09	72.42	47.89	48.78	58.80	63.45	63.31	62.39	67.14
	及格率	0.28	0.16	0.00	0.11	0.39	0.64	0.58	0.56	0.73
	优秀率	0.00	0.00	0.00	0.00	0.06	0.06	0.03	0.05	0.25

续表

威宁县第六中学2015—2016学年度第一学期高一年级第一次月考学生成绩分析表

4	最高分	105.00	112.00	88.00	72.00	78.00	88.00	86.00	95.00	99.00
	最低分	63.00	25.00	24.00	18.00	26.00	37.00	37.00	23.00	32.00
	平均分	85.70	69.66	47.87	45.73	63.40	62.57	66.48	63.52	68.40
	及格率	0.25	0.10	0.00	0.13	0.48	0.64	0.75	0.67	0.72
	优秀率	0.00	0.00	0.00	0.00	0.00	0.04	0.07	0.09	0.21
5	最高分	108.00	117.00	77.00	72.00	92.00	91.00	87.00	86.00	94.00
	最低分	67.00	37.00	24.00	14.00	12.00	35.00	42.00	30.00	43.00
	平均分	85.03	69.38	46.64	39.5	56.67	60.29	60.34	60.07	66.88
	及格率	0.24	0.15	0.00	0.07	0.38	0.57	0.75	0.61	0.66
	优秀率	0.00	0.00	0.00	0.00	0.14	0.01	0.06	0.03	0.14
6	最高分	100.00	101.00	73.00	85.00	87.00	80.00	82.00	82.00	93.00
	最低分	63.00	15.00	21.00	20.00	26.00	25.00	44.00	32.00	47.00
	平均分	83.61	63.53	45.45	44.58	59.28	55.80	62.13	56.47	65.81
	及格率	0.23	0.09	0.00	0.12	0.27	0.38	0.58	0.42	0.68
	优秀率	0.00	0.00	0.00	0.02	0.11	0.02	0.06	0.03	0.23
7	最高分	105.00	106.00	76.00	86.00	79.00	87.00	86.00	90.00	93.00
	最低分	63.00	18.00	24.00	18.00	27.00	26.00	42.00	27.00	41.00
	平均分	86.18	61.44	46.16	44.83	52.45	61.56	61.58	61.87	64.32
	及格率	0.25	0.06	0.00	0.12	0.36	0.61	0.52	0.53	0.56
	优秀率	0.00	0.00	0.00	0.03	0.00	0.03	0.07	0.02	0.12
8	最高分	102.00	109.00	74.00	74.00	86.00	85.00	86.00	93.00	91.00
	最低分	66.00	25.00	28.00	18.00	28.00	34.00	44.00	35.00	47.00
	平均分	82.13	67.94	44.12	39.45	58.29	60.65	61.45	60.07	65.87
	及格率	0.27	0.13	0.00	0.07	0.46	0.51	0.57	0.58	0.77
	优秀率	0.00	0.00	0.00	0.00	0.04	0.05	0.03	0.03	0.23

从以上两个表格可以看出，分层走班教学实验班级（1—4班）学生期中考试成绩较本学期第一次月考成绩都有了不同程度的提高，单就期中考试成绩来看，实验班级成绩也普遍高于对比班级。一次两次考试成绩也许说明不了什么

问题，我们又把分层走班教学实验班级的其他几次成绩做了纵向和横向比较，结果发现，分层走班教学实验班级的学生成绩整体都呈上升趋势。

（二）良好习惯逐渐养成

在教育实践中，我们发现：学习成绩较好的学生，行为习惯和学习习惯一般都比较好；学习成绩较差的学生，行为习惯和学习习惯一般都比较差。进行分层走班教学以后，相同层次的学生行为习惯和学习习惯有很多相似之处，老师们就学生行为习惯和学习习惯方面存在的共性问题进行正面引导，一段时间以后，我们在对比中发现，参与分层走班教学活动的学生行为习惯和学习习惯明显好于其他学生。比如，参与分层走班教学活动的学生不管走到哪里一般不会乱丢垃圾，遇到老师不管自己认不认识都会主动向老师问好，作业书写认真，遇到不懂的问题喜欢请教老师，对比班级学生也改变了过去乱丢乱吐、遇到老师不喜欢打招呼甚至会绕道而走、作业应付情况较为严重、不喜欢问问题等不良习惯，学校学习风气向良性方面发展。

（三）学习自主性明显增强

在对比分析中，我们还发现，分层走班教学活动开展一段时间之后，参与分层走班教学活动的学生自我管理的能力提高了，他们的学习积极性和主动性都明显高于对比班级的学生。比如，参与分层走班教学活动的学生会主动完成每个学科新课的预习任务，课后会认真复习，主动去做一些拓展性的练习，而对比班级的学生学习自主性普遍较低。

除了以上三方面，我们还对学生的思想、纪律、社交能力等多方面的情况进行了对比分析，发现分层走班教学实验班不同层次的学生都有不同程度的进步，说明分层走班教学不仅有利于学生学科成绩的提高，还有利于学生整体素质的提高。

四、总结反思

（一）学生不愿走班问题

走班教学不仅会衍生校园中的"马太效应"，还可能导致学生产生层级差别歧视和自我差生的心理暗示，导致优秀的学生产生自我满足和骄傲心理，而后进生产生自卑心理，不利于学生健康心理的形成。[①] 少数学生由于认识不足等多方面的原因，对某些学科不愿意参与走班，希望留在自己的行政班级里，这部分学生需要多加鼓励和引导，尤其是心理上的疏导。

（二）行政班级管理问题

教学班的组成在客观上降低了原有行政班级学生的归属感，学生对行政班的集体荣誉感也在降低。学生的个性和共性要同时得以发展，但行政班级归属感的降低会直接影响到学生的学习成绩，给教师的班级管理工作带来难度。[②] 因此，行政班主任要多组织一些有针对性的活动，加强行政班级学生的凝聚力。另外，行政班主任要深入教学班级了解学生，多与学生交心谈心，及时疏导学生心理问题，对需要帮助的学生，班主任要有足够的耐心，要像自己的子女一样去呵护他们。行政班主任只有全面把控学生各方面的情况，自己对行政班级的管理才能有的放矢。

（三）教学班级管理问题

由于走班制教学班级中的学生都来自不同的行政班级，在进行教学时，行政班主任、教学班教师与班级干部科代表三者要形成"三位一体"的班级管理模式。[③] 行政班主任要善于发挥安排到各教学班的班干部和科代表的示范引领作用，让他们去带动本班学生在教学班级的学习，让他们把发现的问题及时反馈给自己。同时，行政班主任要保护好这些学生，不能让其他学生觉得这些班干部和科代表就是告状者。科任教师要善于观察学生动态，多与学生沟通交流，并把掌握的情况及时反馈给行政班主任，与行政班主任拧成一股绳。另外，行政班主任和教学班级任课教师一起建立健全分层走班教学班级日常管理制度，保证分层走班教学活动的顺利运行。

（四）教师参与问题

学校要进一步加强行政班主任、教学班级教师和学生的管理，透彻分析分层走班教学活动的利弊，积极引导实验班级全体师生积极参与其中。校长和分

[①] 纪德奎，朱聪. 高考改革背景下"走班制"诉求与问题反思 [J]. 课程·教材·教法，2016（10）：52-57.

[②] 孙加信. 选课走班模式下的班级管理模式及策略 [C]. 国家教师科研专项基金科研成果，2019（5）：772-773.

[③] 郭爽，王世红. 走班制教学班级管理的提升策略 [J]. 智库时代，2019（14）：150-151.

管领导要善于体贴实验班级的班主任和老师，充分肯定他们辛勤的付出，建立健全激励机制，适当给予肯定，积极为他们搭建成长的平台，对他们出现的偏差进行纠正，做好他们专业成长的领路人。

（五）集体备课问题

教学班级教师之间要加强集体备课，同层次同学科教学进度一致，每次备课有主题，有中心发言人，辅备人积极参与，不走形式，不走过场，备课标、备教材、备教师、备学生、备教法、备学法，每节课做好充分准备，认真精选不同层次教学班级的教学内容，设置作业超市，命制科学合理的阶段性检测试题，多鼓励学生，培养学生的自信心，既注重学生的个性特长，又兼顾学生的全面发展，更大限度发挥因材施教的教学效果。

（六）教师评价问题

建立健全行政班级及教学班级班主任和教师的考核评价、奖惩制度，充分尊重他们的辛勤劳动，关心他们的身心健康和专业发展，激励全体班主任和任课教师积极钻研教育教学业务，不断提高教育教学质量。

（七）学生评价问题

对学生最好采取分层、多元评价方式。学习成绩分层评价的方法主要采取两种形式：一是模块检测，采取A、B卷的方式，由学生根据自己的能力选取A卷或B卷，以卷面成绩记载评定，让一些过去经常不及格的学生，在降低要求的试卷中及格。第二种方法是降低试卷难度，以基础知识点为标准，增加几道开放题，既保证大部分学生能做好，又满足了较高层级学生的需求。对学生整体素质评价采取多元评价方式，不唯分数，综合考虑学生德智体美劳全方面的进步情况。

（八）教师队伍建设问题

采用请进来走出去、向同行学习、向书本学习等多种方式加大教师培训力度，从教育理论上、教学业务上以及教师科研能力和教师职业道德等方面提高教师的综合素质，培养更多的骨干教师、名师、专家型甚至教育家型的教师，不断提高教师的教育教学质量，让老师们既做出更多的贡献，也让老师们切实感受到做教师的幸福。

（九）学习借鉴问题

多借鉴发达国家、发达地区学校分层走班教学成功的经验，结合自身实际，取人之长补己之短让分层走班更趋于完善，更好地服务师生，服务于学校。深入实际，多听一线教师和学生的心声，不断改进方法，不断完善细节，扬长避短，让分层走班教学产生更好的效果。多举行校际交流活动，分享自身成功的经验，构建教育发展共同体。

（十）分层分班问题

打破师生定式思维，对学生分层分班方面，分层既要考虑学生学习基础和接受能力，也要考虑学生的兴趣爱好，还要考虑学生的性格差异、行为习惯、社交能力等多方面的问题，尽量让相同层次的教学班级各方面的情况更相近，便于在实践中进行比较研究。分班问题上，第一个学科层次不一定都排在（1）班或者A班，也就是说，成绩最好的可排在任何一个班级，以增强不同层次学生的自信心。

（十一）与新高考接轨问题

学院制、导师制、分层走班制是新高考方案得以推行的先决条件，蕴含了管理、教学、德育、评价等全方位的教育内涵。① 总结分层走班教学的经验教训，在新高考选课走班教学中吸取经验教训，用以指导新高考选课走班教学，让新高考改革顺利实施。比如，在某些学科教师紧缺的情况下，可以整合本校教师资源，分学科开设相应数量的教学班级以满足学生选科的要求，解决因学科教师不足而无法开设某些组合班级课程的难题。分层走班教学中有效解决所遇到问题的方法措施将给高考综合改革提供借鉴经验。

---

① 李德高. 新高考"三制"改革实施方案研究与成果反思［J］. 读写算，2021（24）：133-134.

增强小城镇普通高中学校凝聚力的策略思考
——以贵州省黎平县第 N 中学为例

陈 威*

贵州省黎平县第三中学

摘 要：学校凝聚力是指全体师生员工为实现学校发展目标团结协作的程度，是在一定价值观和认同感基础上形成的合力，是学校发展的内在动力。学校凝聚力的强弱，事关学校的生存与发展。当下，小城镇普通高中学校普遍存在待遇不高、自身认知偏差、教师素养较低等方面问题，发展遇到很大困难。为此，围绕文化认同、精神凝聚、制度保障等进行学校凝聚力建设比以往显得更加重要。

关键词：小城镇普通高中；学校凝聚力；学校文化

随着改革开放的发展，我国综合国力的提高，教育事业也迎来了发展的良好时机。在全国为提高全民素质，逐渐推行普通高中教育普及化的趋势下，小城镇普通高中如雨后春笋般增加起来。这对于提升广大农村地区公民素质，助推地域经济发展起到很大作用。[1] 然而，由于小城镇地区条件限制，以及市场经济对人们观念的影响等因素，城镇高中教师对学校的归属感和认可度不高，学校凝聚力普遍不强，学校发展存在着不少的问题。[2] 小城镇高中与示范性高中、城市优质高中的水平差距越来越大，引发了政府部门、职能部门及社会的普遍关注。学校凝聚力就是学校成员劲往一处使、心往一处想，就是要把一切

---

* 作者简介：陈威（1982—），贵州黎平人，贵州省黎平县第三中学副校长，主要从事高中教育教学与管理工作。

指导教师：贵州师范学院教育科学学院吴晓英教授。

[1] 沈德海. 突出"四讲"提升学校教师的凝聚力 [J]. 教育教学论坛，2014（47）：19-20.

[2] 吴伯勇. 如何培养教师对学校的认同感 [J]. 新疆教育，2012（19）：72, 75.

可能促进学校发展的因素，经过集结、整合、导向、强化，形成合力。学校作为社会的重要组成部分，是否具有凝聚力不仅影响到学校自身的发展，更直接影响到学生的终身发展。一个以面向未来和培养人才为己任的学校，必须把自身的建设发展与培养教师对学校的认同感的问题结合起来思考和谐的人际关系，这是学校发展与建设的基础与保障，而浓厚的文化氛围是发展的动力。因此，开展对学校凝聚力的研究，对我国中小学建设具有极为重要的意义。

一、小城镇普通高中学校凝聚力提升的价值意蕴

（一）学校凝聚力的定义

学校凝聚力是指全体师生员工为实现学校发展目标团结协作的程度，是在一定价值观和认同感基础上形成的合力，是学校发展的内在动力。通俗地讲，学校凝聚力就是学校师生劲往一处使、心往一处想，要把一切可能促进学校发展的因素，经过集结、整合、导向、强化，形成合力。

（二）学校凝聚力的表现

一个学校凝聚力强弱，是有其表现特征的。首先，是一个学校的精神面貌。拥有积极向上风貌的学校，凝聚力是毋庸置疑的，反之，沉闷、涣散的学校，其凝聚力肯定有问题。其次，是广大师生对学校发展的关心程度，包括成绩、人事、建设等重大事项。最后，则是看一个学校近几年发展的趋势。

（三）学校凝聚力对学校发展的价值

学校凝聚力对于促进学校建设和发展具有十分重要的意义。学校凝聚力对学校内部环境有着良好的控制作用，对每个教职工也具有重要的约束作用。在这种控制和约束下，学校的文化得以升华，共同价值观得以形成，共同行为准则得以实施。有了凝聚力才能使学校各单位和部门、广大师生成为一个有机的整体，保证学校的发展战略和重点工作得到有效的落实。

二、小城镇普通高中学校凝聚力不高的因素剖析

由于学生群体是相对流动的，而教师群体是相对稳定的，所以这个凝聚力主要体现在教师之间及教师与管理层之间。然而，由于小城镇地区条件的限制，以及市场经济对人们观念的影响等因素，小城镇普通高中教师对学校的归属感和认可度不高，学校凝聚力普遍不强。不仅表现在年轻教师身上，长期在学校工作的老教师也不同程度存在这样的问题。这严重制约了该地区高中的发展，

阻碍了该地区普通高中的办学水平提高。

（一）物质需求成为大多数教师工作的主要动力

当今市场经济的大环境下，老师们的物质生活压力比较大。包括抚养子女、购买房子等，而我校教师受地域经济发展水平影响，收入普遍较低，学校待遇不高。老师们总觉得学校能给予的比较少，对学校的认可度不高，归属感不强。

（二）教师对人对事的认知差异成为影响学校凝聚力的阻碍因素

首先，"教师的工作业绩是学校领导的政绩"成为阻碍部分教师工作积极性的诱因。在之前一段时间，由于前任校长个性或办事方法，老师们总是有这样一种感觉：学校的成绩就是校长的成绩。而且，事实上也发生过这样的事情。如上级文件通知评选优秀或先进等，前任校长当仁不让。长此以往，老师们成绩感就会受挫，积极性就受打击。

其次，少部分教师由于受到处分或对学校领导有偏见或不良认知进而抵触学校工作。① 由于多种因素，这些年来上级机构或学校以不同形式对学校一部分教师进行过处分，这中间基本上都是教师自身原因。但在部分教师自己看来，上级机构或学校对他们的处分过重或没有必要，更有甚者，他们认为是有些领导公报私仇，等等。这样一来，他们对学校工作有本能的抵触，甚者会私下煽动一些负面情绪，造成很不好的影响，使学校的凝聚力大打折扣。

（三）"佛系"教师增多成为影响学校凝聚力的重要因素之一

这一现象对学校发展影响非常不好，而且不加控制的话，有愈演愈烈的趋势。这一现象主要表现在有一定工作经历的老师身上，经过一些年的工作，物质上有了一定积累，职称上有一定满足，特别是已经获得高级职称的老师。学校流行这样一句话：要评职称得积极，得了高级不积极。这在学校中形成一股不好的风气，使老师们变得功利，而缺乏一种积极向上的前进动力，从而使得学校缺乏发展的凝聚力。

（四）部分年轻教师职业素养不高

近些年来，学校新进教师主要是通过县内招考而来的，而这些教师的主体是省内地区院校的毕业生。通过相关统计，这部分教师当初高中时期成绩较一般，高考时成绩略高于二本线。总体来看，这部分教师业务素质普遍不高，职

---

① 孙太辉，郭春颖. 增强学校凝聚力的策略研究 [J]. 成才之路，2018（21）：23.

业素养也不高。他们容易满足于取得一份工作，对自身发展信心不足，对学校及自身发展关心不够，从而使得对学校的归属感不强，学校凝聚力受到影响。

三、小城镇普通高中学校凝聚力提升的优化策略

以上问题的存在，在很大程度上破坏了学校凝聚力，制约了学校的发展。为此，在新任校长的带领下，组织广大教师对学校问题开展反思。主要分几个层次进行，即班子层面、管理团队层面、教师层面。广大教师经过较长时间对新校长及新班子团队的观察，发现新领导团队的确有新风貌、新气象，于是便积极参与到学校改变中来，积极献计献策，并普遍投身到推动学校发展的洪流中来。一年多时间来，学校发生了可喜的变化。老师们关心学校发展状况的多了，自觉到学校备课的多了，牢骚、怨言少了。到底是哪些因素促使学校发生这些可喜的变化呢？归纳下来，主要有以下三方面。

（一）文化上，提炼广大师生普遍认可的"三苦"精神作为学校文化，并多元宣传与渗透

学校文化指的是学校中形成的特殊文化，体现的是社会背景下以学校为地理环境圈，由全体师生在学校长期的教育实践过程中积淀和创造出来的，并为其成员所认同和遵循的价值观、精神、行为准则及其规章制度、行为方式、物质设施等的一种整合和结晶，其本质意义在于影响和促进学校师生的发展，进而促进学校的发展。因此，从制度上、精神上和文化上着力打造学校共同的核心价值观，增强教职工对学校的认同，增强教职工对学校的归属感，是每一个学校管理者应该认真思考并着力建设的首要任务。① 经过广泛征求意见后，学校确定了"三苦"精神作为学校文化的核心，即苦干、苦教、苦学。共同文化确定下来后，学校通过多种方式，从多个层面进行宣传，从而达到广而告之的作用。学校文化要发挥它的影响力，载体是关键。若想让共同文化为大家所接受并形成内在动力，除了广泛宣传，更重要的是开展一系列有针对性和循序渐进的活动，使这一文化真正由表及里，深入人心。为此，学校围绕主题，以处室为单位进行分工，每月定期开展活动，从最初的形象生动到后来的寓意深厚，让老师乐于接受、容易接受，到后来积极实践。

---

① 王坚. 初任教师职业认同现状调查与对策研究［J］. 林区教学，2021（16）：113-118.

(二）精神上，学校教师力争做好文化践行者的表率

首先，领导率先垂范，做敬业、奉献、牺牲以及文化践行者的表率。① 鉴于前任校长的做法导致学校凝聚力下降的教训，从打造新的学校文化开始，新校长及班子成员带头示范，带头讲贡献、敢牺牲，做新文化践行者的表率。俗话说：要想跑得快，全靠车头带。在班子成员的带动下，学校风气和面貌焕然一新！

其次，抓住大多数，让大众教师成为学校文化践行的中坚力量。不管是在哪个单位或群体，大多数人还是积极向上的。要让学校文化开花结果，必须有一批中坚力量的有力推动。为此，学校以行政团队为基础，积极利用思想觉悟较高、业务素质较强、在教师中有一定影响力的教研组长和年级组长，以及教师中的优秀代表，动员和发动他们为学校新文化助力。一段时间下来，学校新文化在广大教师群体中逐渐传播开来，并被更多人接受。

最后，重点关注特殊群体，以情化人，尽可能地争取更多力量的认同。前一阶段，学校凝聚力受挫，很大一部分原因是部分教师由于不同原因在学校起到不好的影响和作用。要想在学校凝聚力方面有所突破，如何解决这一问题是不可回避的。为此，学校根据不同原因和不同类型，将这部分老师进行分类，分别派出不同队伍、采取不同形式，对他们开展工作。毕竟，人心都是肉长的。经过感化，一段时间下来，这部分教师负面情绪少了，学校氛围变得更加和谐。

(三）制度上，做好顶层设计，强化实施的公平与公正，提高制度凝聚力

首先，制度的实施尽可能做到公平公正，以激发教师们创业干事的激情。学校管理的措施很多，效果不错。但要想让学校凝聚力长久持续，还需要制度的保障。为此，学校从制度完善入手，凡事尽可能做到公平公正，最大化地激发教师们创业干事的激情，从根本上解决学校凝聚力的问题。

其次，创新形式开展年轻教师师德师风教育，并引导其为人处世。针对青年教师职业素养、业务水平不高的情况，学校也采取了针对性的帮扶。刚毕业的他们，就像一张白纸，就看你带着他怎么画。在身边人物及模范人物的感化下，通过思想引导，青年教师思想觉悟有很大改观，总体呈现积极向上的风貌，争优创先风气蔚然成风。

---

① 张晶. 贵州省 A 市民办中学教师归属感及其增强路径研究［D］. 长沙：湖南大学，2019.

总之，从制度上、精神上和文化上着力打造学校共同的核心价值观，增强教职工对学校的认同感和归属感，增强学校凝聚力，是每一个学校管理者，特别是小城镇高中管理者应该认真思考并着力建设的首要任务。在学校管理中，要善于借鉴和运用先进的管理理论，创新管理方式，不断增强教职工的认同感、归属感，形成共同的价值追求和共同的愿景，才能够增强教职工的责任感、使命感、幸福感和成就感，增强学校的内部凝聚力和核心竞争力，才能够真正办好学校。

以启源文化为核心，建设特色校本课程
——赤水市第八中学校本课程建设案例分析

易雪平*

赤水市第三中学

摘　要：学校文化建设引领下的课程建设是学校为实现育人的核心，对培养什么人、怎样培养人、为谁培养人发挥着不可或缺的作用。校长要以校园文化为核心，引领校本课程建设，构建特色校本课程体系。本文主要围绕校园文化引领下的校本课程建设进行阐述，以启源文化为核心建设特色校本课程，从启源文化的挖掘、校本课程的建设、校本课程体系构建等几方面做阐述，以文化为引领建设特色校本课程，实现以课程育人的核心目标。

关键词：启源文化；校本课程；课程体系

习近平总书记指出："教育是国之大计、党之大计，教育兴则国家兴，教育强则国家强。"课程是学校为实现育人的核心，对培养什么人、怎样培养人、为谁培养人发挥着不可或缺的作用。校长的课程领导力是学校课程引导力的重要组成部分[1]，校长在组织团队对学校课程进行规划设计、统筹整合的基础上，重点是建设学校课程，这样才能把蓝图落地落细落实。一般说来，校长在建设学校课程体系时，要坚持在国家三级课程管理体系下，注重课程文化与地域文化、学校文化相结合，课程形式与育人内涵相结合，凸显学校特色[2]。近年来，

---

* 作者简介：易雪平（1976—）贵州赤水市人，赤水市第三中学党组织副书记，曾任赤水市第八中学党总支书记、校长，中学语文高级教师，贵州省核心智库专家魏林名校长工作室成员，参与魏林名校长课程引导力课题研究工作。

指导教师：贵州省核心智库专家、贵州省名校长魏林；贵州师范学院教育科学学院吴晓英教授。

[1]　魏林. 课程引导力探究. 基础篇 [M]. 贵阳：贵州人民出版社，2016.

[2]　陆芳. 校长课程领导力：学校课程建设的核心要素 [J]. 教育视界，2018（19）.

贵州省赤水市在"丹青赤水，多彩校园"文化的引领下，校本课程建设取得了丰硕的成果，特别强调以地域文化、校园文化为核心，建设适合学校实际的特色校本课程。下面仅以赤水市第八中学校本课程建设为例，供大家参考。

一、地域多彩的文化资源赋能特色校本课程体系建设之源

赤水八中所在地贵州省赤水市官渡镇，地处云贵高原与四川盆地交接地带，位于赤水市东部，东北面与四川省泸州市合江县接壤，东南面与本市石堡乡、遵义市习水县相连，西与本市葫市镇连接，北与本市长期镇为邻。镇所在地距赤水市市区72千米，东南离习水县县城36千米，北距合江县城46千米。

官渡镇历史悠久，文化底蕴深厚。[①] 北宋时期，官渡就是川盐入黔的主要通道，人员往来较多，基本形成贸易集镇。南宋端平元年（1234）袁世盟平南时，官兵到官渡渔湾下渡口，由官府设渡口，兵马渡过河，得名为官渡。袁世盟部分官兵落户于此，定居此地，集市贸易日渐繁华，称官渡场。民国四年（1915）划分为仁怀、赤水、习水三县时，习水县县城设于此地。1950年4月习水县城从官渡迁往温水，后迁至东皇。1965年春官渡划归赤水管辖，官渡镇现为赤水市第一大镇，赤水的副中心城镇。

镇境内有以"清慎勤廉"碑为代表的廉政文化；有"红军墓"和"红军战斗遗址"为代表的长征文化；有以贵州省非物质文化遗产"游氏武术"为代表的武术文化；有以"崖刻"和"宋墓"为代表的古文化；有以"丹霞地貌"和"桫椤"为代表的世界自然遗产文化；有以"原始森林"和"巅湖"为代表的自然生态文化；有以"十大竹乡之首"为代表的竹文化，有以"石拱桥"为代表的桥乡文化；有以"昔日三十五载老县城"为代表的人文文化。丰富多彩的文化资源，为赤水八中校本课程体系建设提供了丰厚的地域文化养分。[②]

二、以"启源"为核心理念构建学校多元的课程文化生态[③]

围绕学校的昨天（过去）、今天（现在）、明天（未来），着力于以下三方面。

[①] 杜玉娟. 关于地域文化与校本课程建设的思考 [J]. 江苏师院学报（社会科学版），2019（2）：102-103.
[②] 《赤水官渡旅游文化简介》[DB]. 百度百科，1-4.
[③] 余家友. 校长课程领导力：学校文化重构的应然选择 [J]. 教育视界，2018（21）.

(一) 追根溯源：彰显文化的多维意蕴

1. 追溯中华文化之源，弘扬中华优秀文化

学校的启源文化特别强调追溯中华五千年优秀文化，在中华文化上追根溯源，弘扬优秀传统文化。学校组织语文组问祖寻根，收集、选择、梳理、编写各年级优秀传统文化必读教材，分初高中读本，内容从四书五经、《道德经》《增广贤文》《三字经》《弟子规》等优秀篇目中选择。以国旗下讲话、特色大课间、一级一品、艺术节、主题班会等常规教学为手段，以学生诵读、演讲、体验等主动参与为教育形式，以中国五千年优秀传统文化为主要教育内容，建设学校课程，形成浓郁的学校文化氛围，使学生通过课程这一育人核心，受到文化的浸润和熏陶，从中学会学习、学会生活、学会做人，从而实现学生对伟大祖国的认同，对中华民族的认同，对中国优秀传统文化的认同，弘扬和传承中华优秀文化。

2. 追溯官渡文化之根，传承本土特色文化

学校课程建设以赤水八中所在地官渡古镇九大本土文化为引领，即廉政文化、长征文化、武术文化、古文化、世界自然遗产文化、自然生态文化、竹文化、桥乡文化、人文文化等为基础，深入挖掘整理适合课程开发的文化，作为学校课程建设资源，培养学生爱祖国、爱家乡的情怀，追溯官渡本土文化之根，用厚重的地域文化来指导校本课程建设，达到文化浸润育人的效果。

3. 追溯学校文化之脉，继承学校历史文化

以"源—袁—缘"为线索建设学校课程，源即袁，源即缘。首先，"源即袁"是为纪念赤水八中创始人袁吉皆老先生，袁吉皆老先生是官渡所在地的开明人士，他生前立下遗愿，变卖田产创办吉皆中学，其后人从1941年起开办学校，这就是赤水八中的前身。其次，"源即缘"，即缘分，从同学情、师生情、父母情、民族情、国家情等层面，让学生珍惜现在拥有的一切，学会饮水思源，学会感恩，追溯八中悠久厚重的办学历史，用一代又一代的八中人"博爱宽厚、勤耕苦读、敢为天下先"的精神来感化和教育学生，促进学生养成良好生活和学习习惯，端正学生做人做事的态度，培养学生的乡梓情怀，形成独具赤水八中特色的"缘"文化课程体系。

(二) 正本清源：实施"教与学之源"融合推进的课程文化

1. 开展"教之'源'课程文化"活动

学校课程建设落地落细，必须紧紧抓住教育教学的各个环节。教之"源"，意即：备课要"深"，上课要"实"，作业要"精"，教学要"活"，手段要

"新",活动要"勤",考核要"严",辅导要"细",负担要"轻",质量要"高"。坚持狠抓教学质量、走内涵发展的道路、形成办学特色的重大举措。我们紧紧围绕官渡地理资源、自然资源、社会资源、人力资源、传统资源,在课程建设中以"人与自然→亲近自然→关注家乡"的自然环境;"人与文化→感受人文→领略地方"的传统文化;"人与社会→走进社会→认识城乡生活"关注现实世界;"人与自我→认识自我→塑造和培育乡村孩子优秀品质的自我人生"四个板块打造"启源"文化校本课程,以八中悠久厚重的办学历史、深厚的文化底蕴和一代又一代八中人传承下来的八中精神来激励和鼓舞全体学生,坚定文化自信。

2. 打造"学之'源'课程文化"环境

从学校课程规划设计、统筹资源、开发建设、守正创新各个环节,学校领导班子就紧紧依靠干部队伍、教师队伍,主动向学校所在地官渡镇党委、政府汇报,征求社区群众、学生家长意见,引导学生主动参与,本着课程建设"服从国家、服务教师、成就学生、发展学校"的原则,构建和谐统一、多元共建的课程建设文化氛围。以学校礼仪、家庭礼仪、社会礼仪的系统学习,使学生初步打下"做人"的基础,努力做到在校是个好学生,在家是个好孩子,在社会是个好公民。

(三)源远流长:启传统文化与人类知识等智慧之源,构建启源课程文化

围绕学校、教师、学生未来的发展愿景,心怀梦想,憧憬未来,脚踏实地,仰望星空,努力实现人生自我,超越梦想,铸造生命辉煌。大胆规划学校未来的发展愿景,大胆规划老师的发展愿景,帮助学生树立远大的理想,并为之而奋斗。用赤水八中优秀杰出的校友来激励学生发展,给每一个学子树立梦想墙,启智慧之源,立四方之志,修身、齐家、治国、平天下。

启源教育,基本含义就是启迪智慧,追求本源,为教育教学开启源头活水,开拓和创新教育教学活动。启源教育,以"古今吉成于一体,万源皆归于一流"为文化主题,开启八中教育教学可资利用的"传统文化、人类知识、教育规律和生命认知"等源泉和动力,提升办学质量。启传统文化之源,以国学传承、弘扬民族精神为学校文化追求;启人类知识之源,以特色校本课程建设,启发学生智慧为教学基本任务。

三、"启源"校本特色课程体系的结构要素

学校以启源文化为核心,建设六大特色校本课程,即经典国学浸润课程,官渡津梁九章课程、感恩孝悌思源课程、丹青赤水特色生态课程、游氏武术健

身课程、红色经典歌曲传唱课程等。六大校本课程的目标和形式具体为：经典国学浸润课程以学习传承中国优秀文化为目标，以诵读为实施形式；官渡津梁九章特色课程以学习传承地域文化为目标，以现场教学为实施形式；感恩孝悌思源特色课程以教会学生懂得感恩为目标，以感恩主题活动为实施形式；丹青赤水特色生态课程以传承红色文化和绿色生态文化为目标，以现场实地教学、研学旅行为实施形式；游氏武术健身课程以传承非物质文化、强身健体为目标，以游氏武术特色课程、社团和大课间为实施形式；红色经典歌曲传唱课程以传承红色文化为目标，以传唱红色歌曲为实施形式。

四、"启源"特色校本课程体系建设的实践样例[①]

（一）经典国学浸润课程

1. 课程目标

浸润千古文章，成就百家人才。以经典国学为源，汲取并弘扬广大源远流长的中华文化，涵养中国文化情怀，树立文化自信心。

2. 课程实施形式：国学经典诵读

首先，学生传承经典文化，润儒雅之气。以中学语文教科书为源头，延伸相关经典古文章，开发校本教材，进行主题学习。通过晨读、自习、文化艺术节等时间，进行经典诵读系列活动。

其次，教师伴着经典发展，修四有之风。汇编经典箴言、名家名篇、校本读物；举办"与教育先贤对话、与教育名家对话"等读书交流活动。

最后，师生沐浴廊道经典，做启源之人。吉皆长廊、正源楼等廊道的国学内容，使学校环境"人人可学、处处可学、时时可学"。

3. 实施阶段

初高中分段实施、分年级组建，做到"四统一"：教材统一、服饰统一、课程统一、教师统一。

（二）官渡津梁九章课程

1. 课程目标

根植乡土自然，情怀四方之志。充分利用好官渡丰厚、悠久的人文、自然资源，培养和造就有本土情怀、四方之志的社会津梁之才，传承官渡镇内的九

[①] 夏心军.校长课程领导力：学校特色发展的应然选择[J].教育理论与实践，2012（5）：15-18.

大本土文化，即廉政文化、长征文化、武术文化、古文化、世界遗产文化、自然生态文化、竹文化、桥乡文化、人文文化，建设官渡的津梁九章特色课程。

2. 课程实施形式

（1）入学和离校课程

重视学生入校和离校两个重要节点的教育，采取课内外集中学习、讲故事和现场教学形式，培养对学校、官渡以至于赤水文化的自信心和认同感。学生现场听讲官渡县衙吴大老爷清慎勤廉的故事，实地参观"崖刻"和"宋墓"、实地走访丹霞地貌、各类乡土桥梁等，以官渡镇特色九大乡土文化为引领，通过教师讲解、学生参观、学生体验这九大本土文化，并作为课程实施，厚植乡土情怀。

（2）师生红色经典合唱团

编辑整理基于地方文化传统的红色经典歌曲，以歌唱团的形式，组织师生开展兴趣活动，学习红色经典艺术，传承优秀革命传统。

（3）讲四渡赤水故事

编辑整理四渡赤水故事，由老师向学生宣传讲解红军长征途中，尤其是四渡赤水的战争故事，了解四渡赤水的背景、过程、结果和重大意义，对学生进行红色传统教育，学习老一辈革命家不怕困难、不怕牺牲的革命主义精神。

（4）武术社团活动

游氏武术是贵州省非物质文化遗产，是官渡独有的文化名片，学校传承好游氏武术这一地方特色文化，以游氏武术为主题，组织师生对中国传统武术的精神、文化、招法进行"感、悟、行"，实现强身健体、塑造完美人格的价值追求。

3. 实施阶段

构建以官渡本土九大文化为核心的津梁九章特色校本课程，或讲座或体验，或参观或研究，让学生认识我们自己脚下的这片土地，唤醒我们的文化自知和文化自觉，坚定文化自信。

（三）感恩孝悌思源课程

1. 课程目标

饮水思源，不忘根本。以学校历史、"双算双恩"活动，倡导感恩孝悌教育内容，培养不忘根本的有情、有缘、有孝的高情商的师生。

2. 课程实施形式

（1）校史学习课程

以学校发展历史为学习内容，组织学生系统、完整地了解学校发展历史，认识学校优秀校友、了解办学成就，增进对学校历史成就的自豪感，增强建设好学校校风、学风的责任感，实现文化自觉。

(2) 教师结对仪式

认真策划和设计学校教师青蓝工程、师徒结对活动，增进结对的仪式感，提升教师文化品位，增进教育质量。同时，加强结对活动的评价激励，营造知恩、感恩的教师群体文化。

(3) 孝亲师生评选

在学校的教师、学生中开展孝亲评选活动，组织家书助家风活动，营造家庭和睦、孝敬父母、尊老爱幼的优秀家风，达到齐家的人文追求。

(4) 双算双恩活动

在师生之间，每期开展双算双恩系列活动。教师之间开展单位算账报民恩、个人算账报国恩活动，培养一支感恩党、感恩祖国、感恩政府、感恩社会的教师队伍，不忘初心，担当起教书育人的责任和使命。在学生之间广泛开展感恩系列活动，利用专门的感恩教材，通过国旗下讲话、演讲比赛、征文比赛、主题班会等形式，对学生开展感恩教育，从小让学生感恩党、感恩祖国、感恩政府、感恩教师、感恩父母、感恩社会，做一个懂得感恩的人，做一个知恩图报的新时代中学生。

3. 实施阶段

精选中华优秀节孝故事，探寻本土孝老爱亲突出优秀家庭，以家庭走访、社区服务、广播之声、板报、主题班会、手抄报、演讲比赛、课题研究为载体，把传统项目课程化，按课程计划开展，分年级实施。

(四) 丹青赤水特色生态课程

1. 课程目标

传承赤水红色文化、绿色生态文化，对学生进行红色革命传统教育和生态环保教育。

2. 课程实施形式

围绕赤水市提出的"丹青赤水，多彩校园"这一主题，结合赤水红色文化、生态文化这两大特色地方文化，组建丹青赤水研学旅行课程，采用现场教学方式，把学生带到四渡赤水纪念馆、四渡赤水战斗遗址、赤水大瀑布、四洞沟、竹海森林公园等地，对学生进行红色文化和生态文化专题教育。

3. 课程实施阶段

分年级、分学期组织学生定时到赤水红色革命圣地箭滩古战场、赤合特支旧址、四渡赤水遗址、黄陂洞战斗遗址进行红色革命传统教育，以研学旅行和现场教学为主要实施形式。分年级、分学期组织学生前往月亮湖、赤水大瀑布、四洞沟、燕子岩等地进行现场参观学习，学习传承赤水生态文化。

（五）游氏武术健身课程

1. 课程目标

学习传承官渡镇游氏武术非物质文化遗产，弘扬游氏武术文化，学习游氏武术拳法，强身健体。

2. 课程实施形式

利用体育课、大课间、社团活动、地方课时间组织游氏武术教学，组织初级、中级、高级三类班级，学习游氏武术拳法，编造游氏武术动作在大课间全员参与表演。成立专门的社团传承游氏武术文化和拳法。

3. 课程实施阶段

学校聘请本地游氏武术传承人到校教授，校内体育老师参与，成立专门的初级、中级、高级游氏武术专班，以年级为单位组建班级，共计4个班，每班人数40，每周统一时间、统一训练、统一教授、统一服饰，全校大课间所有学生参与游氏武术训练和展演。请官渡本土游氏武术传承人士进入校园作为外聘教师，学校成立游氏武术社团，按照初中组、高中组、成人组三个组别为不同层次的社团，由专业外聘武术老师组织教学，按照初级、中级、高级三个层次开展教学活动，学校安排专项经费负责采购师生所需的武术装备、支付外聘武术教师的薪酬。同时，学校邀请武术教练协同本校体育教师，根据游氏武术拳术动作要领，结合学生身体特点，编出了一套全体学生参与的游氏武术简单拳术动作作为大课间特色项目，每日作为大课间的体育课程来开设，实现"野蛮其体格，文明其精神"的体育教育价值，助推学校文化建设和特色学校建设。

（六）红色经典歌曲传唱课程

1. 课程目标

传承红色革命传统教育，传唱红色革命歌曲。

2. 课程实施形式

由音乐老师和班主任组织实施，利用音乐课、班团课、社团课等形式组织教学，传唱红色革命歌曲。

3. 课程实施阶段

精选红色经典歌曲，编写红色经典歌曲创作背后的故事，唱响主旋律，传递正能量，全员参与，做到"六固定"：固定时间，固定地点，固定学员，固定指导老师，固定内容，固定展出。

  总之，课程建设需要校长做好规划、统筹、建设和创新这四个环节，在课程建设过程中，要以校园文化为引领，以校园文化为指导建设课程，充分挖掘学校当地的传统文化，统筹各种可以利用的资源，科学合理地建设校本课程，安排好师资，提供好各种保障，做好监督和评价，把课程建设落到实处，实现立德树人的总目标。通过文化引领、文化浸润做好课程建设，真正发挥课程育人的功能。

综合性高中学校关于普高艺术特长班的教育教学探索

——以关岭自治县综合性高级中学为例

胡家贵[*]

关岭自治县综合性高级中学

摘 要：关岭自治县综合性高级中学是 2015 年 5 月经贵州省教育厅批准成立的全省第一所"综合性高级中学"。关岭县委、县政府为了整合办学资源，将原关岭自治县民族中等职业学校与新建的关岭自治县综合性高级中学合并，实行"一套人马两块牌子"的管理模式。因我校"职普融通"这一办学特色，吸引了大批学生来我校就读。为让学生愿意来、学得好、出得去，故学校组建"艺术特长班"，旨在提高学生的审美情趣和审美能力，并对艺术特长有特殊爱好和兴趣的学生进行有针对性的培养，使其能通过艺术类高考，进入高等学府接受更专业的高等教育，最终成为社会所需的人才。

关键词：综合高中；艺术特长；教学探索

引言

苏霍姆林斯基曾说过："世界上没有才能的人是没有的。问题在于教育者要去发现每一位学生的禀赋、兴趣、爱好和特长，为他们的表现和发展提供充分的条件和正确引导。"

关岭自治县综合性高级中学从 2015 年办学至今，学生数从建校初期的 300 余人发展壮大到如今的 4300 余人；从异常艰苦的"工地办学"到如今的"满园春色关不住"；从保持正常运转到打造内涵发展，皆因省、市、县各级领导的关

---

[*] 作者简介：胡家贵（1988—），贵州关岭人，贵州省安顺市关岭自治县综合性高级中心副校长，中学语文一级教师，现从事学校教学管理和高中语文教学工作。

指导教师：薛杉，贵州大学副教授，博士。

心与支持及全体教职工的共同努力，使得我校新校区得以修建、校园绿化得以改善、硬件设施得以补充。尽管师资仍然不足，尽管办学仍然艰苦，但学校的前途是光明的，发展前景是可喜的。

常听说一句话："解放思想，也要实事求是。"但中国工人阶级的光辉形象王铁人当年发出的"有条件要上，没有条件创造条件也要上！"的豪言壮语正在被今天中国社会的方方面面充分实践着，尤其在教育高质量发展的今天。通过几年的办学，学校逐渐意识到艺术特长生已成为我校普高教育的生力军。根据学校生源情况，为让学生成才、让家长放心、让社会满意，学校从特长生选拔、师资配备、课程设置等方面下功夫，全力打造"艺术特长班"，让我校稳步向高一级院校输送德智体美劳全面发展的社会主义建设者和接班人。同时，让"体艺"成为我校高中部的主要办学特色。

一、关岭县综合性高级中学普高"艺术特长班"改革背景

（一）学校基本情况

关岭自治县综合性高级中学自 2015 年 5 月经贵州省教育厅批准成立以来，关岭县人民政府为了进一步优化办学结构，为我县普"十五"打下坚实的硬件设施基础，实现普通高中教育与中等职业教育同步发展的目标。县委、县政府坚持科教兴县和教育优先发展战略不动摇，始终坚守"穷县要办大教育、强教育，治穷先治愚，扶贫先扶智"的理念，举全县之力发展教育事业。为整合办学资源，县委、县政府于 2015 年将原关岭自治县民族中等职业学校与新建的关岭县综合性高级中学合并，实行"一套人马两块牌子"的管理模式，融普高教育与中职教育为一体，努力探索普通高中教育与中等职业教育的有机衔接，具有融通两种教育的多元开放课程体系和灵活务实的管理机制，能满足学生升学和就业的双重需要，为普高教育和职业教育架起相互连通的立交桥。

1. 师资情况

学校现有教职工 225 人（含临聘、实习）。教师普遍年轻化，在教学上有激情，但缺乏教学经验。师资严重不足，且双师型教师比例不够，故聘请了部分教师参与教学；另，每学期有高校实习生到我校实习，这组成了我校全部的师资力量。又因临聘教师和实习教师不稳定，在某种程度上制约了学校的教育教学。

2. 学生情况

学生学习基础较薄弱。根据我市中考录取办法，我校高中部学生均为不能

录取到示范性高中学习的学生。截至2021年9月21日，在校生4360人，其中：中职学生2430人，普高学生1930人。

3. 办学方向及建设理念

建校以来，学校逐渐形成了"架设普、职，艺、体人才成长的立交桥，走综合发展之路"的办学方向；以"崇尚自信、成就美好、多元成才"为办学理念；以"社会认可、家长满意、学生喜欢、教师自豪"为办学目标；以"全面发展、学有所长"为育人目标；以"普高办精、中职做强"为发展策略。

4. 学校高中部教学情况

每届毕业学生中（每届500~600人），有60%左右的学生通过"分类招生"的渠道进入大专院校，仅40%左右的学生参加高考。自2018年我校第一届高考以来，我校参加高考的毕业生中，上线并录取的学生数仅占15%~30%，虽逐年有所上升，但仍有进步空间。且在录取的学生中，艺术特长生占50%左右。

（二）组建艺术特长班过程

学校根据普高班的教学情况，对历届学生及任课教师进行谈话了解和问卷调查，再通过多种方式向生源和我校相仿的学校请教，根据我校"普高办精、中职做强"的发展策略，依据学生文化层次，在进行素质教育的同时，全力为学生谋求好的升学渠道，并立足学生实际和学校办学实际，逐步形成有利于学校发展的自身特色，确定了适合我校普高班学生的培养模式——组建艺术特长班。

我校自建校以来，普高班学生中也有学艺术特长的学生，不过未形成建制，在师资配备、课程设置上未最优化，在管理上也存在一定的漏洞。针对以上情况，学校对2023届学生，在进入高二年级时根据学生兴趣爱好组建了1个艺术特长班。通过一年的跟踪管理，发现2023届特长班学生学习目标明确，学习氛围浓厚，学生的综合素质均得以提高。故在2023届的基础上对2024届学生大力宣传，通过召开家长会，组建了音体美舞3个特长班。其中，音乐班62人、体育班53人、美术和舞蹈班（合班）56人。

（三）组建艺术特长班遇到的问题及解决措施

"各国变法，无不从流血而成，今中国未闻有流血而牺牲者，此国之所以不昌也。有之，请自嗣同始。"

自古凡革命，无不有流血牺牲者。在学校教育教学逐渐改进的进程中，虽不至于流血牺牲，但却让学校领导、教务处、体艺中心、音体美舞教师大伤脑筋，原因如下：

1. 遇到的问题

（1）因学校发展迅猛，现有的教室不足以实现小班额教学，导致教学、管理难度增大。

我校高中部共 30 个班，其中 56 人至 59 人班级数 2 个，所占比例 6.67%；60 人至 65 人班级数 10 个，所占比例 33.33%；66 人及以上班级数 15 个，所占比例 50.00%。大班额总数 12 个，超大班额总数 15 个。

在 2024 届特长班学生中，已有 2 个大班额班，加上 2023 届特长班 73 人的 1 个超大班额班，给班级教学带来了极大的不便。

（2）师资短缺

我校音乐教师 5 人、体育教师 7 人、美术教师 6 人、舞蹈教师 3 人，且各教师均比较年轻，平均年龄约 30 岁，专业教学经验不足。又因学校总体上师资不足，在编教师 116 人，故外出培训学习机会较少，不利于教育教学的发展。

（3）硬件设施不足

舞蹈室 2 间，绘画室 2 间，音乐室 2 间。在目前特长生人数情况下，除了体育训练不受影响外，其余专业室只能勉强支撑，给专业训练带来了挑战。

（4）艺体课程与国家课程难以兼顾

在课程设置上，学校既要按照国家课程开足开齐，又要考虑艺体学生需要花费大量时间来进行学习和练习，还要兼顾教育部的"五项管理"。特别是在师资如此短缺的情况下，真的是"蜀道之难，难于上青天"。

2. 解决措施

随着我校办学规模的扩大及办学条件的改善，学校发展也进入了新的阶段。新课程标准推出了"以人为本，以促进学生发展为本"的新理论，学生个性、特长的培养与提高学生素质直接影响到教育教学的效果，关系到培养人的质量，更会影响到社会的发展。学有所长，已经成为社会对人才的一个基本要求。特长生的培养就是立足于社会需要，结合学生实际，因材施教，把学生培养成为社会需要之才、有用之才。特长教育不仅是我校发展的需要，也是学生自我发展的需要，更是社会的需要。

（1）制定学校翔实的、操作性强的《体艺特长生培养方案》

针对在组建特长班过程中遇到的以上问题，学校秉承"只要思想不滑坡，办法总比困难多"的宗旨，先学习、先思考，制定学校翔实的《体艺特长生培养方案》后落实班级组建。

首先，成立特长生培养小组，确立专职教师负责。实行校长负责制，成立由校长任组长、分管教学副校长为副组长、专职教师为组员的培养特长生个性化推进特色项目领导小组，具体负责方案的实施与落实。经特长生培养小组研究决定，由彭勇老师、刘开霞老师、杜娜老师、任安黎老师分别担任体育特长生、音乐特长生、舞蹈特长生、美术特长生小组的组长，他们分别负责选拔各自的特长生小组成员并开展特长生培养的具体工作。

其次，选拔学生，组织开展特长生的培养工作，主抓落实。

①体育特长小组

通过考核选拔组建一支体育特长小组，由体育组负责课余时间组队训练并指导参加各级各类体育比赛。同时，组建特长班，由各年级特长教师负责训练工作。从高一年级抓起，科学训练，跟踪培养，掌握学生的竞技水平的动态变化，以及预测发展情况和输送方向。以科学的、系统的、分层次的训练为基本要求，制定出相应的体育特长生培养训练计划，建立相应的特长生档案，做好跟踪管理工作，力争学生得到全方面发展。

②音乐、舞蹈特长小组

由学校音乐、舞蹈教师考核选拔出来的，且在这方面有天赋的同学组建一支文艺特长小组，由音乐和舞蹈教师负责在学校安排的训练时间及课余时间统一进行系统的训练。

③美术特长小组

通过考核选拔绘画功底特别好的同学组成一个美术特长小组，由美术教师负责，利用课堂和课余时间练习，积极参加各种形式的展示与竞赛。以教师为指导，以优秀学生为辅助，形成良好的学习氛围，重点抓好高考美术特长学生的培养。制定特长生长远培训计划和规划。

以上工作使学校形成良好的育人氛围，涌现出越来越多具有专长甚至多才多艺的学生。除了继续做好特长生的培养工作之外，还要对近年来的特长生培养工作做全面的总结，制订新的工作规划，以便于更好地进行特长生的培养工作。

为保障特长生培养工作稳步落地，我校采取了下列具体措施。

建立资源保障机制。学校统筹安排专项资金，加大对特长生培养项目投入的力度，为培养学生提供必要的物质条件和良好的运行环境。

加强过程管理。制订教学规划、明确任务，真抓实干，进行目标管理。特长生的训练考勤由专业教师负责，班主任与专业课教师要形成合力，不定期抽查学生的出勤情况，配合专业教师做好学生思想工作。专业教师按教学计划辅导学生，对教师培养工作成效显著者，将给予精神和物质奖励，并作为年度考评的重要依据之一；对于工作不力者，根据学校考评方案给予考核。

教师培训，提高指导水平。特长生培训指导工作，教师的水平至关重要，学生认同率高，教学基本功过硬，才会出效果。故要加强教师培训，加强教学研讨，因材施教，整体把握，重点突破。

（2）针对大班额教学及师资情况

学校二期工程即将启动，待二期工程建设好后，文化课教室和各专业训练室的压力将得以缓解；现已获悉我校将招编制内教师76人。将根据学校发展趋势，根据各学科师资配备情况进行招聘，解决我校大班额及师资不足这一教学短板问题。

在目前已有的师资情况下，我校遴选各学科比较有经验的教师承担各艺术特长班的文化课教学，选取班主任工作比较有经验的教师承担各班班主任工作。故目前各特长班文化课、专业课困难只能暂且克服。学校已给各教师、学生做好思想工作，做好"为教育'招魂'"的准备，干一场"持久而温柔"的革命。

（3）课程设置

特长班教学注重"两手都要抓，两手都要硬"。文化课、专业课都不能落下，否则只能是"竹篮打水一场空"。与此同时，也要根据学校实际情况、教师情况、学生情况实施，一定要突出"特长班"的"特"。

故学校向有经验的学校学习后，结合学校实际，各年级专业课开课计划如下。

①高一年级艺术特长班专业教学

a. 由专业教师负责，在学生原有水平的基础上，提供专业指导，有效提升学生水平。

b. 充分体现学科特点，发挥教学形式多样性，让学生热爱专业学科。

c. 加强校际交流，确立帮扶关系。

②高二年级艺术特长班专业教学

学业水平测试前：高一特长班教学，每周周一不安排专业课。每周周二、周三、周五下午安排2节专业课（17：00—18：30）；每周各特长班安排1个晚自习进行专业课程学习，同时兼顾学业水平测试学科的教学要求。

③高二年级下学期，学业水平测试后：稳定的专业训练阶段

a. 训练内容：以基础训练为主，扎实全面打好基础，强调培养学生整体意识。

b. 训练方法：师教生、生教生，开展互助式、互动式辅导，充分发挥学生的聪明才智；聘请专家教师来校指导；阶段性举行模拟考试，实行以考代学、以学促考，考完后认真分析，不断提高。

c. 训练时间：除周一外，每周周二下午，周三、周五下午安排 2 节专业课（17：00—18：30），另加 1 个晚自习。

④高二年级暑假至高三年级上学期：考前集中培训阶段

a. 训练内容：考前强化训练

b. 训练方法：聘请专家教师来校指导，专家的示范和指导使学生快速弥补自身的不足，同时获取更多的考试信息和高考动向，有的放矢地进行报考和学习。

c. 训练时间：暑期部分时间学校安排美术类写生、音乐类乐器训练，舞蹈类于 10 月中旬起进行全天候封闭式专业训练（集训）。

⑤高三年级下学期：考前文化课的突击阶段

a. 组织方式：选聘优秀教师担任任课教师，确保文化课成绩取得巨大突破。

b. 在专业成绩出来后，班主任及专业老师与心理辅导老师做好学生考后心理辅导及志愿填报规划工作。

（四）解决的效果

在上级主管部门及学校领导的大力支持及指导下，经全体教职工共同努力，我校的特长生教学工作正以看得见的速度朝着好的方向继续发展。教师教学的方向更实，学生学习的目的性更强，各特长班课堂教学较之前更活、更新、更有趣味。

因某些客观因素制约，尽管仍出现些暂时不能解决的问题，如大班额、师资等情况，但在学校逐渐发展的过程中，在教师成长的过程中都将一一得以解决。

二、总结与反思

（一）取得的经验

（1）针对我校体艺生的学习基础，在教学中，教务处、各级部继续严格督促文化课任课教师重基础、重分析、多交流，扎实搞好教研工作、集备工作，让特长生的文化成绩不再成为特长生的"硬伤"。

（2）继续加强学生的"学业水平测试"的训练，提高会考过关率和等级，以会考促高考。好处：针对我校学生基础，学生通过努力，即便不能走向自己心仪的大学，至少能在"分类招生"考试中尽显"学考"优势，从而考取相对较好的大专院校及专业。

（3）继续增强教师课堂教学的能力，积极开展"同课异构"活动，以赛促教，以赛促成长。同时，必须"走出去，请进来"，万不可"闭门造车"。

（4）成立音体美舞各专业社团，通过社团活动的方式，更多学生充分了解自己的兴趣爱好，发挥自己的特长，从而为特长班教学服务。

（二）存在的不足和遇到的困难

（1）由于学生人数直线上升，师资严重不足，尚缺140余名教师；学科教师不配套，结构不合理，教学质量有待提高；教师队伍年轻化，教学业务水平有待进一步提高。

（2）校区分散，学生数量增加，师资不足，管理难度大，管理成本高。

（3）留守少年居多，学生行为规范、养成教育工作难度大。

（4）部分家长思想认识不到位，对"艺术特长班"的理解肤浅，认为学特长出来后只能在学校就业，不支持学生就读特长班。

（5）因学校师资严重不足，故"走出去"交流学习的机会不多，不利于教师眼界的开阔及教师成长。

（三）未来的展望

（1）认真学习贯彻党的"十八大、十九大"精神，以习近平新时代中国特色社会主义思想为指导，根据新时期社会发展对人才培养的要求，结合我县"十四五"教育发展规划，继续按照学校"以人为本"的思想，做好学校各项管理工作。

（2）打造优良师资队伍，提高整体执教水平。"教育的关键在学校，学校的关键在教师。"针对我校教师队伍实际情况，加大对教师的培养力度，坚持"走出去、请进来"的做法，通过广泛的交流学习促进教师理念的转变，提高教师的教学能力水平。加强教师队伍建设，提高学校教育教学质量。保障学生享受优质教育资源，促进广大青少年学生德智体美劳全面发展，确保学校教育教学工作取得实质性成效。

（3）完善制度建设，形成良性工作秩序。没有规矩不成方圆，作为学校，要保证运行良好，必须形成一套行之有效的管理制度。为此，结合学校"多元化办学"的实际情况，对原有管理制度进行修改完善，健全奖励机制：以竞争促进教学、以竞争促进学校发展。使学校制度建设日趋完善的同时，加大制度的可操作性，从而保证学校常规工作的顺利开展。

（4）不断学习、不断总结、不断反思、不断创新。形成自己的办学特色，扎扎实实地践行"一切为了学生，为了一切学生，为了学生的一切"的核心理念。

总之，在学校逐步发展、教师逐渐成长的过程中，在上级部门的关心、支持和领导下，我校领导班子以及全体教职员工将一如既往地团结协作、共同努力，把学校办出自己的特色，让上级放心、人民满意！

基础教育高中学段探索科技创新教育
——以织金县第一中学研究为例

史沙沙[*]
织金县第一中学

摘　要：自《中共中央关于制定国民经济和社会发展第十四个五年规划和二〇三五年远景目标的建议》发布以来，激发人才科技创新活力，培养具有国际竞争力的科技创新后备力量，引起社会各界的广泛关注。在培养创新型人才的过程中，创新的教育就要从基础教育开始，基础教育阶段是学生知识积累、智力发展、创新思维培养的黄金时期，是思维方式、学习方式、学习习惯、学习兴趣、科学素养等培养与形成的关键期，作为这个阶段的高中学生，科学素养、创新思维和能力的培养对学生后续发展有着更为深刻的影响。基础教育高中学校对学生创新能力培养重视不足、认识不够，资源有限。在基础教育高中学校，如何通过开展科技创新教育培养学生的创新精神、创新意识，让基础教育阶段真正成为培养科技创新人才的黄金期，是基础教育阶段高中学校需要解决的关键问题。本研究以织金一中科技创新教育探索与实践案例为例。

关键词：科技创新教育；中学；创新人才

一、研究背景

随着科技时代的到来，面对科技发展的要求与趋势，对于创新人才的需求更加迫切，人才是科技进步的关键因素，是社会发展的根本动力，也是实现我们中华民族伟大复兴的保障。党的十八大提出实施创新驱动发展战略，强调科技创新是提高社会生产力和综合国力的战略支撑，必须摆在国家发展全局的核

---

[*] 作者简介：史沙沙（1980—），贵州贵定人，贵州省织金县第一中学副校长，中学语文高级教师，现从事学校管理和高中语文教学工作。
指导教师：贵州师范学院教育科学学院袁川教授。

心位置。明确要求把创新作为引领发展的第一动力,把创新摆在国家发展全局的核心位置,把创新驱动发展战略上升为国家战略。到2020年时,使我国进入创新型国家行列;到2030年时,使我国进入创新型国家前列;到新中国成立100年时,使我国成为世界科技强国。怎样把这一美好的蓝图变成壮丽的现实,关键靠人才。青少年是祖国的未来,他们的创新潜质关系到国家未来的创新能力。

织金一中是贵州西部山区的一所高中学校,多数学生来自父母外出务工的农村家庭,学生的科学素质与城市学生相比,差距明显。在2015年以前,我们的学生没有真正意义上接触过科技创新的理念与学习,我们的老师也没有系统培育学生创新能力的方法与有效途径。随着国家对科技创新人才的大量需要、科技创新教育理念的不断深入,我校于2017年开始初步以科技创新兴趣小组的模式探索基础教育高中学段如何开展科技创新教育,只是小小的一次尝试,让我们看到每个孩子都是天生的学习者、创造者,都具有探究的欲望,他们都需要在创新教育的滋养下,以科学的态度、求实的精神和实践能力去迎接生活与学习的挑战,改变自己、改变生活。随着2017年织金一中获评为贵州省二类示范性高中,更加坚定了我校扎实推进科技创新教育的决心。基于这样的思考,织金一中着力实施科技创新教育,打造学校特色。在织金县科学技术协会和织金县教育科技局的指导下,织金一中成立了科学技术协会,下设各种科普社团11个,成立科技创新操作室。将来我校还希望通过建设科技馆,以学科为门类的科技创新课程体系,以及科普教育基地的建设,把科技创新教育打造成我校的特色课程,在基础教育高中学段培养更多有创新思维、创新意识的中学生。

二、研究过程

(一)加强党的领导,把党建工作和科技创新教育相融合

织金一中以党建为引领,进一步加强党对科技创新教育工作的全面领导,确保科技创新工作始终沿着正确政治方向发展,牢固树立科技创新的理念。在学校党委的领导下,织金一中第三党支部将党建工作和科技创新教育深度融合、同频共振,切实发挥科技创新教育工作"助推器"和"催化剂"的作用,不断推动科技创新教育工作的落实,充分发挥党支部战斗堡垒作用和党员先锋模范作用,为学校科技创新教育做贡献。根据"双培养"的要求,党支部把党员培养成科技创新教育骨干,把科技创新教育骨干培养成党员,发现和吸纳更多优秀科技创新教育骨干教师加入党组织。筑牢科技工作者不忘初心、牢记使命的思想根基,肩负起实现高水平科技自立自强的时代重任。进一步团结科技教育

工作者，守初心、担使命，大力弘扬科学家精神，引导广大教师，特别是中青年教师，传承老一辈科学家的优秀精神品格，践行新时代科学家精神，爱国讲奉献，当时代先锋，为决胜"四个率先"目标、建设世界科技强国贡献力量，使学校科技创新教育取得良好效果。

（二）强化师资建设，搭建特色发展平台

教育的发展离不开教师的培养，科技创新教育尤其需要专业教师的引领。[1]为了发展科技创新教育，激发学生们的创新创意能力，学校聘请了贵州大学的徐再品教授、贵州省农科院的李裕荣博士，织金县农业农村局的高级农艺师彭瑶等为兼职科技辅导员。在毕节市科协的帮助下，学校邀请毕节市科技创新教育方面的专家就科技创新教育、创新能力提升、科技发明创造、专利申请等问题向广大师生进行精辟阐述和生动讲解，增强广大师生的创新意识，提升了广大师生的创新能力，为学校的科技创新教育提供了强大的智力支持和技术保障。2019年，在毕节市织金县科协的领导下，成立了织金一中科学技术协会，做到科技创新教育组织规范化，建立健全《织金一中科协章程》《织金一中科技创新操作室管理制度》等，对从事科技创新教育的教师工作进行量化管理，从组织、制度上确保科技创新教育教师队伍的稳定性和可持续发展。

织金一中科学技术协会现有教师会员99人，选举产生了科协委员会开展日常工作，任命曾经获得科技辅导员科教制作全国二等奖、有多年科技创新教育教学经验的王乾军老师为主席。形成一名专职、多名兼职、全员参与的科技创新教育教师队伍，充分发挥优秀科技骨干教师的引领示范作用。老师们积极研发新课程，积极参加各级培训会，逐渐形成了自己的校本课程和专业的教师团队。目前，学校共有专、兼职科技创新教育辅导教师32人，其中有1人次被评为毕节市优秀科技辅导员，学校获得毕节市第八届科技创新大赛优秀组织奖。另一方面我们组织学生成立科技社团，开展科普宣传及科技创新特色活动，带动学生参与科技活动。织金一中科协下设有科技部、影像部、专利部等机构。由科协指导的学生社团有科学普及、科技发明、科技摄影、机器人、科普调查、劳动技能、北斗天文社、物理创新、化学兴趣小组、植物兴趣小组、社会实践社团等共11个，经常参加活动的学生近千人。

---

[1] 潘信国. 山区学校科技创新教育课程资源的开发与应用［J］. 中学教学参考，2016（24）：80-81.

（三）立足山区特色，做农村学校科技教育的带头人

在贵州农村学校开展科技创新教育，面临了很多困难：一是许多学生从出生到初中毕业都未参观过科技馆、博物馆等，对科学技术的了解大多来源于书本和电视，科学素养与创新能力十分缺乏。二是资源流失的问题。目前，农村学校的课程资源、师资力量、基础设施、教学水平等与城市学校相比还有一定的差距。织金是一个劳务输出大县，很多外出务工的家长都选择把孩子带到务工城市接受教育，使得农村学校的生源流失严重。三是特色文化传承不足的问题。在经济社会发展中，传统文化的传承和弘扬是一个重要的文化命题，也是一个重要的教育命题，织金一中人决定不能守着一方育人宝地而毫无作为，一定要打破一直以来让教育资源沉寂的现状。近年来，学校立足山区特色，充分发挥山区资源和依山傍水的区位优势，逐步构建起学科拓展类、实践活动类、专题教育类等多样化的科技教育课程资源，因地制宜地组织学生开展科技创新实践活动。依托本土特色另辟蹊径地培养了学生的科学素养。比如，利用织金一中附近存在石漠化的实际，我们开展了"蕨类植物在立面石漠化治理中的应用"科技实践活动。同时，通过"科技工作者科普进校园活动""科技活动乡村行"等方式到乡镇学校为农村学校师生进行科技创新讲座、科普宣传，带动全县广大农村学校开展科技创新教育，提升农村师生科学素养。

（四）实现"六有"科技创新教育常态化

科技创新教育不是单一的活动，而是全时空的体验。织金一中将科技教育贯穿于学生学习、生活的方方面面，达到"全面育人"的学习效果。目前，织金一中科技创新教育达到的"六有"目标：即科技创新教育"有队伍""有课程""有场所""有活动""有经费""有机制"。

"有队伍"指的是成立了织金一中科学技术协会，形成一名专职、多名兼职、全员参与的辅导员队伍，充分发挥优秀科技骨干教师的引领示范作用。"有课程"指的是做好科技教育的课堂渗透，将科技教育与研究性学习有机结合，开发了"物理创新实验""中学生科技创新教育""织金适用农业技术"等科创新校本课程。"有场所"指的是建设了科技创新操作室、科普教育教师等设施，构建科技创新文化为主的学习环境和校园文化等，熏陶了学生进行科技创新的氛围。"有活动"，指的是活动多样化。织金一中科协下属各个部门、各个社团按照活动计划每月至少开展2次形式多样的科普活动。比如定期组织开展不同主题的科普挂图展，充分发挥科普挂图的教育功能，提升学生的科学素养；结合科技活动月、科技文化艺术节和"科普日"等活动，联合相关职能部门开

展专题讲座、知识竞赛、深度学习，激发学生学科学、爱科学的浓厚兴趣；定期向学生征集创新课题和项目，培养学生的观察能力、思维能力，培养学生敢于质疑、敢于创新的科学态度；定期举办学生作品展，如"研究性学习优秀成果展""科技创新大赛获奖作品""自制标本、教具、学具展"等，以激发学生创造力，满足学生成就感。"有经费"，指的是学校有科技创新教育方面的资金预算，用于添置科技制作、创造发明等科技创新活动的软件与硬件设施，支持有关科学体验教育和创新实践活动。另外，织金一中还是贵州省科协"科普益民工程"项目建设单位，获得了贵州省科协专项资金支持。"有机制"，指的是建立科技教师激励机制，制定教学研究与教学工作融为一体的管理方法；鼓励师生将科技创新成果和创新设计申请专利，取得知识产权，激发师生的创新热情。教师辅导学生在科技创新类比赛中获奖与其他类获奖在评职晋级中具有同等价值。经过多年的探索实践，织金一中的师生收获了成长与快乐。在这所大山里的学校，学生的科技创新实践能力得到提升，民族文化得以传承。

(五) 深度学习

延伸科技教育主战场，学生的学习不能仅停留在书本里、网络上等知识层面，更要让他们探究尝试、解疑释惑，用科技创新点亮大山的科学梦想！如何利用现有的资源，培养学生对科技的兴趣，就要养成他们对科技创新的习惯性思维，这时，科技教育的主阵地——课堂似乎略显单薄。织金一中把"深度学习"理论与科技创新教育相结合，全面提高学生感知力、思维力、创新力，实现学生科学核心素养的提升，促进学生全面发展。优质的科技创新课程应具备四个基本特点：首先，课程是以知识传授、活动体验、能力提升为综合主题的课程，课程目标符合创新人才培养的教育理念，课程内容贴近社会生活。其次，课程注重科学教育与人文教育并重的双重价值导向，是面向全体学生的课程。再次，课程体现以学生为主体、教师为主导的教学理念，有利于学生在科技创新实践过程中自主学习、自主探究、自主体验。最后，课程的教学内容和范式，强调学校、社会、家庭的联系，是一种开放性的课程。比如在物理学科中，物理教材中关于安培力是在定性研究的基础上，"得出通电直导线在磁场中受到的安培力与导线中的电流强度和导线的长度乘积成正比"的结论。有的学生对此提出疑问，他们就以如何定量研究"通电直导线在磁场中受到的安培力与导线中的电流强度和导线的长度的关系"为题进行研究，最后设计了一套测量安培力大小的装置。该装置在毕节市科技创新大赛中获得一等奖。

如今已进入全科教育时代，在这样的形势下，科技教育也不能孤军奋战。

在织金一中，科学教育舞台不只属于理科教师，也是文科教师的阵地。比如，我校英语组苗族老师带领学生以织金地方苗语为基础，以传承苗族文化为背景，以介绍织金旅游为目标，正在编写《苗汉英三语词典》，把苗族文化推向世界，这也是一种文化创新。文化创新，并非推陈，还在于传承。只有在传承中华优秀传统文化、吸收外国优秀文化精华的基础上，才能实现创新。在探究活动中，学校鼓励学生全员参与，要求他们制定合适的研究目标，参与课题的方案设计，强调原始材料的完整性、活动过程的真实性。通过课题征集，发现独特、新颖、有研究价值的课题，让学生在"自由选择、自主探究和自由创造"的氛围中体验科学研究的一般过程，使学生的创造潜能得到充分释放，培养学生的探究能力和合作意识。比如，"农村污水生态处理"活动，是典型的适宜农村学校开展的课外探究活动模式，通过创设情境、开展实验探究、交流汇报、拓展延伸不同阶段的任务和落地指导的建议，让学生从身边的人和事着眼，实现创新精神和实践能力与社会生活的融合。在活动中学生通过研究，提出了一些治理农村污水的可行性方案，最后设计了一套农村污水生态处理装置，该装置在贵州省第35届科技创新大赛中获得二等奖。在综合实践活动中，学校开设了研究性学习、社会实践、社区服务等活动，对培养学生的创新精神和实践能力具有重要意义。我校在这方面也取得了显著的成果。比如社会调查《高中学生常用卫生巾调查研究》和社会实践活动《小小皂角精 脱贫致富路》在毕节市科技创新大赛中获得一等奖。

三、取得成效

1. 科技创新教育氛围浓厚

在学校党委的领导下，我们把科技创新教育建在党支部，打造了党委带支部、支部带党员、党员带学生的"三带"科技创新教育模式，我校已成立11个以学科为单位的科技创新社团，已形成较为浓厚的科技创新教育氛围。

2. 打造科技创新团队

我校推行的党员与教师的双培机制，逐步形成我校科技创新教育教师的长效培养机制，有效地解决科技创新教育教师队伍人员短缺的问题。目前我校已培养科技创新教育兼职教师32人，加入织金一中科协教师99人、专职科技创新教育教师1人的科技创新教育团队。

3. 形成科技创新教育有效机制

织金一中已形成以织金一中党委的强劲领导，借助科技创新教育教师双培机制的保障，依托科技创新教育课程模式，以科技创新社团为载体的织金一中科技创新教育有效机制。

4. 获奖情况

《多功能空气净化器》获 35 届贵州省青少年科技创新大赛二等奖

《智能化阳台种植》获 35 届贵州省青少年科技创新大赛三等奖

《借助科技实践活动，培养学生的地理实践力素养》获 35 届贵州省青少年科技创新大赛三等奖

《乙烯制备实验装置创新》获 35 届贵州省青少年科技创新大赛三等奖

《多功能可移动导体检测仪》获 35 届贵州省青少年科技创新大赛三等奖

《农村污水生态处理装置》获 35 届贵州省青少年科技创新大赛二等奖

《蕨类植物在立面石漠化治理中的应用科技实践活动》获 35 届贵州省青少年科技创新大赛三等奖

《测量安培力大小的装置》获毕节市第七届青少年科技创新大赛一等奖

《新型多功能干湿分类垃圾桶研究》获毕节市第七届青少年科技创新大赛一等奖

《钙钠酚碱笔》获毕节市第七届青少年科技创新大赛一等奖

《高中学生常用卫生巾调查研究》获毕节市第七届青少年科技创新大赛一等奖

《小小皂角精　脱贫致富路》获毕节市第七届青少年科技创新大赛一等奖

《家用蟑螂诱捕灭杀一体装置》获毕节市第七届青少年科技创新大赛二等奖

《多功能伸缩式翻盖垃圾桶》获毕节市第七届青少年科技创新大赛二等奖

《"影力"多功能车》获毕节市第七届青少年科技创新大赛二等奖

《基于贵州天气而设计的一款智能避雨装置》获毕节市第七届青少年科技创新大赛二等奖

《二氧化碳变有机燃料转化器》获毕节市第七届青少年科技创新大赛二等奖

《织金县贵州润泽污水处理厂的社会调查》获毕节市第七届青少年科技创新大赛二等奖

《织金县城 209 省道车辆畅通情况调查》获毕节市第七届青少年科技创新大赛二等奖

《织金县三甲街道办事处涌潮村涌潮组土地利用方式的调查》获毕节市第七届青少年科技创新大赛二等奖

《"皂"化弄人科技实践活动》获毕节市第七届青少年科技创新大赛二等奖

《多功能点名联合器的设计》获毕节市第七届青少年科技创新大赛三等奖

《智能地震及降雨监测仪》获毕节市第七届青少年科技创新大赛三等奖

《小食盐大用途之产物性质检验一体化装置的设计》获毕节市第七届青少年科技创新大赛三等奖

《一体化豆腐机装置模型的设计》获毕节市第七届青少年科技创新大赛三等奖

《口吐黑白的笔》获毕节市第七届青少年科技创新大赛三等奖

《龙井村决战脱贫攻坚之种桑养蚕项目的调查》获毕节市第七届青少年科技创新大赛三等奖

《探究竹编技术及其在生活中的发展与应用》获毕节市第七届青少年科技创新大赛三等奖

《三合村南瓜种植扶贫项目的调查》获毕节市第七届青少年科技创新大赛三等奖

《平远新城居民生活现状的调查》获毕节市第七届青少年科技创新大赛三等奖

《撬起化学的"杠杆"科技实践活动》获毕节市第七届青少年科技创新大赛三等奖

《助力美丽城市,为垃圾找"新家"科技实践活动》获毕节市第七届青少年科技创新大赛三等奖

《高中生对王者荣耀的调查研究》获毕节市第七届青少年科技创新大赛三等奖

《森林蘑菇救助员》获毕节市第七届青少年科技创新大赛三等奖

《"停课不停学"钉钉直播课堂案例》获毕节市第七届青少年科技创新大赛三等奖

四、研究反思

通过织金一中对科技创新教育的实践探索案例,我们发现创新思维、创新型人才的培养是一项长期的、系统的、连续的工作,需要长远的规划和科学的指导。作为基础教育阶段高中学校的学生,有能力形成一定的科技创新思维、创新能力。但是在基础教育高中学校依然面临科技创新教育教师短缺、科技创新教育后续动力不足、缺乏长效开展科技创新教育的资金补给机制、后期培养缓慢、师资不足、基础教育阶段高中学校的科技创新教育未与高校招生专业形成对接等问题。

但我们相信,科技创新教育探索之路,可以提升学生科学核心素养,让孩子们瞭望世界、展望未来,改变自己、改变未来。

普通高中"小班化"教育教学实践研究
——以贵阳市南明甲秀高级中学为例

罗 婕 邹 容[*]

贵阳市南明甲秀高级中学

摘 要:"小班化"教育是我国高中教育未来发展的方向,是实施素质教育的一项重要举措。贵阳市南明甲秀高级中学作为一所新建学校,大力引进上海市格致中学办学理念,通过"小班化"教育模式的探索与实践,将"导师制""重学为先"教学模式、多样化课程有效结合,注重学生能力的培养和个性化发展相结合,形成以人的发展为核心的教育活动体系,促进了学校内涵发展,实现了立校之初"三年出成绩,六年树品牌"的办学目标,让贵阳市南明甲秀高级中学在短短三年之内成为普通老百姓在家门口就可以享受得到的优质高中教育,成功跻身于贵阳市公办高中第一梯队。

关键词:小班化;导师制;教学模式;多样化课程

一、核心概念界定

"小班化"是教育教学中的一个空间形态,其基本含义是指学生数量相对较少的教学班,一般是指学生人数在 20~35 人之间的教学班级。"小班化"的模式在实际实施教育教学活动过程中,往往在时间和空间上会进行重组,老师和学生之间的活动密度、强度和效度都会增强,课堂气氛更加民主,上课的形式更加灵活,因材施教能得到充分体现,其最终目的是促进每个学生

---

[*] 作者简介:罗婕(1977—)贵州贵阳人,贵阳市南明甲秀高级中学党支部书记、校长、高级教师。邹容(1980—)湖南华容人,贵阳市南明甲秀高级中学教师,中级教师。
指导教师:贵州师范学院教育科学学院郑玉莲教授。

的个性发展。①

二、问题描述

(一) 案例背景

我校于2018年建校，是一所刚刚起步的公立普通高中，社会知名度不高，第一届学生的教育教学效果不仅关系到每个学生及家庭的命运，也关系到学校在贵阳市的声誉和地位。受招生政策影响，我校第一届生源无法与重点高中相比，学生来自不同区县、不同学校、不同家庭，学生起点不同、层次不同、需求不同，学生的发展倾向和发展水平具有多样性。

(二) 问题分析

(1) 传统的"大班制"教育教学方法存在着局限性，班级数量过多，而老师在教育教学过程中所要面对的问题也多，学生的学习能力不同、学习动机目标不同、学生需求差异大等，教师精力有限，不可能一一照顾、面面俱到。老师为满足一般学习者，经常采用讲授法，从而构成了"以教师讲授"为中心的格局，从而使课堂教学向基础知识上倾斜的教学。老师讲得多，学生体验得少、练得少，而学习者又是被动接受知识点，很难转变为自身能力，因此教学效果大打折扣。

(2) 在传统的"大班制"教育过程中，学生参加课堂上教学活动的时机与程度明显降低。在短短的一节课里，学生组织课堂活动是对老师课堂掌控力的考验，但参加课堂活动的学生终究是少数，无形中导致了学生间学习机会的不均等。学生与学生之间合作机会少，相互帮助、相互促进的影响也降低了，生生交往程度受限。尤其是对于性格比较内向的学生，极少会积极进行发言、演示、探究等课堂学习活动，久而久之，学生会游离在集体的教学之外，逐渐陷入无人照顾的状况，自卑心理和离群现象也会更加突出，这就使得学生越来越对学习没有兴趣，也更加加速了他们个人学习成绩的恶化。

(3) 我校属寄宿制中学，大多数学生为独生子女，由于之前在家中受到父母亲的百般关爱，很多学生第一次远离了父母，走进校园，他们要独立应对生活上的困难，自己去配合宿舍生活，加入了一个完全陌生的集体，一切都要靠自己，再加上高中学习负担重，学生的心理情感变化波动很大，不少

---

① 王薇. 初中"小班化"教学管理中的问题及应对策略的研究——以南京市玄武区N校为例 [D]. 南京：南京师范大学，2010.

人都无法应对新的环境，自主学习能力也不强，不仅影响学生学业，更影响学生身心健康成长，学生需要更多的关注和关爱，让他们在学校也能体会到家的温暖。

三、解决策略

（一）山海结盟，他山之石可以攻玉

贵阳市南明甲秀高中创办于2018年，是南明史上第一所独立的高级中学，成立南明甲秀高级中学是区委、区政府深化教育改革的重要举措。以努力营建更加现代化的教学环境、建设更加优化平衡的教学体制、构建更加高素质的教师队伍为目标，努力实现整体教学资源平等共享、优化平衡建设和发展，使普通老百姓在家门口就可以享受得上优质的高中教育资源。2018年5月11日，贵阳市南明甲秀中学与上海市格致中学签约，拉开了两校深度合作办学的帷幕。

上海格致中学，上海第一批市重点高中之一，现为上海第一批"实验性示范性高中"之一，原名为"格致书院"，始建于1874年，是由清廷重臣李鸿章倡导、近代知名物理化学家徐寿与当时的英驻沪总领事麦华佗共同创建的，迄今已有140多年悠久的发展史。学校继承"爱国、科学"的优良传统，弘扬"格物致知，求实求是"精神，发展"和谐、崇理"的办学特色，百年的办学历史形成了深厚的文化底蕴和良好的教育积淀。上海作为"新高考"改革试验区，上海市格致中学作为"新高考"改革试点一线学校，学校坚持以人为本，坚持素质教育。在实施"强化特色，深化品牌，培养创新型人才"办学目标的过程中，实行"小班制"教学模式，学校课程以促进学生的发展为本，形成了基础型、拓展型、研究型三类课程的整合，促进学生在厚实基础之上的能力、身心、个性、特长的多元发展，为国家培养了大批优秀人才，并以其教育的高质量享誉海内外。

贵阳市南明甲秀高级中学在建校初，由南明区委、区政府牵头，多次赴上海考察、调研，将上海格致中学作为标杆，进行深度合作，在优质的教学品牌管理、教学理念、运作模式、教学科研、师资建设、后勤管理工作、学校交流合作等方面，和贵阳市南明甲秀高级中学进行友好合作、资源共享，一起建立沪筑联合、山海联盟的教育办学新格局。在上海格致中学的带领下，南明区委、区政府始终按着"一流的品牌、一流的标准、一流的设施、一流的师资"高点定位，实行"办学传统和办学特色一体化""育人目标和培养方式一体化""运行机制和管理模式一体化"的三个一体化管理，确保上海格致中学和甲秀高中两校同质发展。

贵阳市南明甲秀高中每年选派老师,分批赴上海市格致中学跟岗学习,校领导带队,教师们采取了与上海市格致中学教师的"一对一"师徒结对、听课评课、备课上课、开展课堂教学与专题训练、参加各种学生活动等多种形式,以深入感受格致中学的办学理念、办学特色与管理方法,并汲取与借鉴先进的教学理念,学以致用,努力提高自身的基本功及教学科研能力。另外,两校学生还通过联合研学活动,交流频繁。

(二)导师护航,助力学生身心健康发展

"导师制"来源于英国,在中国的《教学大辞典》中对于"导师制"是如此界定的:"导师对学生的学习、品德及生活等方面进行个别指导的一种教导制度","导师制"是根据学生性格、心理、喜好等特点,为每一位学生配备一名导师跟踪,让老师以导师的身份与学生零距离接触,让每个学生都能得到应有的关注。

目前,我国中学教学主要采用的"班级制"和"班主任负责制",都存在着很大的弊端。在学校教育教学过程中,班主任和科任老师通常更多地关心到两头为数较少的学生,对中间学生也只是根据假想中的平均水平进行教育与管理,个性化的发展没有落到实处。高中生正处在身心迅速转变的时候,"三观"还不稳,缺乏自律和自我管理意识。作为班主任除配合校长进行对学生的常规管理之外,同时还肩负着指导每位学生的正常学习与生活的任务。由于精力有限,不管是从质与量上,还是从时间和空间上看,都有很大的局限性。而"导师制"能有效地解决学生缺乏个性化指导的问题。[1] 另一方面,"导师制"将使尽可能多符合条件的教师(包含科任教师乃至行政部门管理人员)有针对性地对待学生的个别差异辅导的生活和学业,更有利于加强师生沟通合作,从时限、空间、形态和内涵上给学生的发展创造了更多的机遇,以补充"班级授课制"和"班主任负责制"的缺陷;另外,"导师制"也使更多的教师一起加入了班级管理当中,对班主任老师的教学职责进行了合理的再分配,师资也实现了更加优化的整合,将班主任由烦琐的教学职责当中解放了出来,形成合力有利于教育质量提高。

学校研究并制定了《贵阳市南明甲秀高级中学导师管理制度》,对导师制的

---

[1] 李远平. 新课程背景下高中导师制的理论与实践探索 [D]. 大连:东北师范大学,2007.

相关管理工作做了明确规定，从导师的选拔、培训、聘任到导师工作的评价等各个环节都有明确、具体的实施细则。学校设立了导师指导委员会，成员中有学校干部、年级组长、班主任、学生代表。导师人选必须通过教师自愿申请、学校考评、学校培训三个环节才能上岗。尽量聘用学生的授课老师担任导师，并赋予学生权利选择导师，实行"双向选择"，导师对学生的指导时间一般持续三年。

导师负责协助学生克服在思想、学业、生存以及心灵发展上面临的所有的障碍，导师职责主要有：建立学生档案信息系统，掌握每位学生的家世背景、教养背景、个性特点和优点；对学生进行学习引导；对学生进行生涯、学习时间计划引导；为学生提供选科辅导；对中小学生进行心理指导；引导学生处理好各类关系，等等。导师可通过聚餐、谈心交流、家访等形式，与学生沟通交流，让学生"有困难找导师"。这个制度，可以使老师和学生之间的心灵上变得更亲近，师生关系也会变得更加平等。指导老师们不但从思想上引导学生，读书上指导学生存在的所有问题，从生活上给予积极与耐心的指引，更从成才和成人发展方面为学生带来了更灵活更个性化的教学管理。特别是当学生存在心理问题或是言行、思维上的偏差，学校指导老师便可针对学生平时的表现，根据其家庭、个性、受教育背景等状况，了解并尊重每一位学生，并予以有效的帮助与修正，从而精准地施策，疏导学生走出心理的阴霾，并引领学生向健康幸福的方向发展。

（三）"重学为先"教学模式，优化过程管理和效果

贵阳市南明甲秀高级中学以"教学"为中心，重视教学品质与效果，着重注意培养学生的基本学科知识结构与思维技能，重视综合素质与基础学力的训练，倡导学生多元智能与创新力的发展。即在课堂的各个环节中贯彻激发思维、主动发展的核心理念，以实现课堂的精致化、互动性与实效性。学校聚集课堂，提升教学效率，倡导"提问驱动、老师引导、学生自主、师生互动"的课堂研究氛围，由"以教为先"向"重学为先"的教学模式快速发展，创设友善的学习环境，改善学习方式、培养创新素养，以大数据分析，精准查漏补缺，构建高效、高质、高兴的课堂环境。

（1）分层教学：分层教学就是把学生根据智力测验以及学业成绩分为不同的层级，由老师针对各个层级学生的智商发展以及学习的实际水平进行教育。高一学生在进校后按照中考和开门考试成绩综合评价标准，分为A、B两个层次的班级学习，由年级组长统一规划学习时间与程度，并制订培优辅差计划，以

实践因材施教、分层管理，强调教授、作业的梯度，进一步减轻学生的课业负担，提高课堂效能。

（2）分组协作教学：小组合作学习就是将同一个教学班的学生，按照能力、优劣势、兴趣等分成由几个学生所组成的几个学习小组，由老师在上课时有计划地给这些分组学生发布相应的教育任务，分工合作完成学习。在小组的合作学习当中，一般老师并不会直接参与，而只是跟踪引导，老师的主要职责就是给学生确定学习内容和任务，并锻炼学生的合作参与意识以及学生在团队当中的沟通能力，共同进步。

（3）"大学科"式课堂：传统课堂教学将课程实行简单粗暴的分科，课程间相对独立与割裂，而忽略了课程间的衔接，从而造成课程间内容的交叉重叠。小班化教学多采用"大学科"教学，如"大语文""大文综""大理综"，弥补了分科教学的缺陷。"大学科"课程突出关注学生的学习和生活需要相结合，理论和实践相联系，专业和课程相融合；同时注重学生积极、自主的探究活动，从探索过程中了解和掌握重要知识点，以培养自主学习能力和解决问题的能力；强调培养多方位的智力与才能，并注重学生和别人的合作，在实践中感受学习的快乐，最后迈向了成功。

（四）多样化课程，助力学生个性发展

1. 以"志趣"为导向的课程探索

高中阶段是学生成长、发展的关键期，挖掘学生的兴趣和潜力至关重要。为了帮助高中学生合理正确地定位"最佳志趣发展"，全面清晰地认知自己。学校从高一学生的心理、学业特点出发，深入开展生涯教育，协助学生从性格、兴趣、专长、家庭背景等方面综合考虑，科学地"认知自己"，从而给予学生一定的选择建议，帮助职业规划起步滞后的学生分析个性特长，寻找职业方向。

2. 学生社团活动

学校优化学生社团设置，以社团活动促进学生生涯发展。注重学生综合实践活动，推行学生自主活动与集体活动相结合的学生实践发展模式。学校社团常规活动有固定时间和专业指导老师，目前学校共有社团20多个，涉及各个学科领域，由学生自由选择。此外，与之相配套的集体教学活动也贯穿于全年，其中一般包括了主题班会、国防教育、志愿服务、成人礼、体艺节、运动会等各项主题教学活动。激发学生在活动中表达自我、彰显才华，在实践中开拓视野、增长才干。

3. 以活动促进学生全面素养提升

学校鼓励学生参加各类有益于身心健康发展的专业比赛和交流活动，在比赛中恪守诚信、赛出风格，为学校和个人增光。学生通过参加比赛，获得各种技能、经验和信心，有助于发展他们的个性。我校还与检察院、法院、医院等多家单位建立联系，寒暑假派学生深入工作岗位跟岗学习，学生通过跟岗学习，加深对社会的了解，拓宽眼界、增长见识，在优秀职业工作者的带动下，树立远大的职业理想。另外，我们还将课堂搬出教室，走向社会，开展丰富多彩的社会实践活动，比如，学校组织了军训、工训、研学旅行等，把学生带出学校，接受社会的教育，重走长征路，重温党的历史；探秘喀斯特地貌，发现大自然景观之美；穿越盛世长安，对话五千年中学文明。同学们在所见、所闻中所学、所思，增强好奇心，激发求知欲，培养创造力。

四、实施效果

教师关注度是影响实现学校教育公平的一项关键因素。"小班化"的教学方法，能够较好地通过增加教师关注度以达到教学过程公平，使老师对每个学生的关注度明显提高，每一个学生参与感、体验感更好，全员参与、主动参与、差异参与等的参与层次和形式也会变得更加多样有效；"导师制"也使得教师和学生之间的联系密度提高、频次增加，从而促进了人际互动，师生距离也缩小了，从而增强了师生之间的真诚和谐度；因材施教切实落地，通过分层教育的突出实效，最大化减少了教育盲区、盲点，老师可以比较准确有效地把握学生的个人差别，在比较客观、全面地理解学生个人差别的前提下，开展更具针对性和有效性的分层教育，让生生都学有所得、共同进步；"大学科"教育可以帮助学生建立大格局的时空观，提高探索和解决问题的能力；评价方式的多样性有利于及时准确地发现学生的学习困惑，避免"大班额"模式下评价的片面性，有利于素质教育实践；由于小班额实现了管理上的简单化，便于开展一些寓教于乐的室外实践活动，使学生切身感受力增强，利于培养德育、动手能力以及观察大自然和社会生活的能力，小班化有利于孩子们享受到真正的优质教育。

贵阳市南明甲秀高级中学以张弛有度的管理，良好的校风、教风和学风，突出的教学质量，在社会上赢得了一定的口碑。在各学期全市期末考试中，列居全市前五，在2019、2020年学业水平考试中，优良率在全市排名第一，首届学子在2021年高考中实现开门红，一本上线率88.07%，二本上线率100%，在各级各类比赛活动中，师生频频获奖。各项数据都证明了"小班化"的教学模式，真正做到了小班集体教学和个人教育的最佳融合，让每位学生都能平等地获得教师的关注与指导，从而有效地提高了与学生的教育差异化、个性化发展。

五、成功案例反思

在探索小班化教育的过程中，贵阳市南明甲秀高级中学没有简单地把传统大班教学的方式照搬到普通"小班化"里来，而只是在努力结合学校中自身特色的班情、学情，注重学生能力的培养和个性化发展相结合。我们深刻认识到"小班化"教学的核心价值就在于做到以人为本。

另外，"小班化"的教学实践并不只是一项教学研究项目，而是一项工程，也要求教师、家长、全社会都参与其中，更需要教育及行政管理部门辅助以更大的经济支持和科学合理的指导。在推进"小班化"教育模式的过程中，也遇到了一些瓶颈。"小班化"的师生比政策至今不明，教师如何配置的问题一直模糊不清，人事以及编制部门核定教师编制依然比照大班的标准，因此，存在教师编制偏紧、教师超工作量严重的现象。希望教育行政部门认真加以研究，在政策上给予倾斜。①

"路漫漫其修远兮，吾将上下而求索"，"小班化"是理想教育的追求，它的最终目的是在和谐的氛围中培养塑造更多的具有个性和专长的综合型人才，要达到这一目标，还需要我们不懈努力和探索。我们要不断地转变教育理念，将先进的、科学的教育思想和教学方式、教学手段运用于教学实践过程中，不断优化教学策略，让"小班化"教育成为助力学校发展的强大引擎。②"小班化"教学，我们将更加坚定地走下去。

---

① 潘慧芳. 直面中小学小班化教育实验的"瓶颈"[J]. 思想·教育·理论，2009（22）：44-49.

② 关凤艳. 让"小班化"教育成为助力学校发展的引擎——沈阳二中"后小班化"教学改革实践[J]. 基础教育论坛，2018（5）：6-8.

县域农村高中教学管理有效性提升策略研究
——以思南县第 N 中学为例

徐小暑*

思南县第八中学

摘 要：随着高中新一轮课程改革和"新高考"综合改革的推进/教学管理的不断深化，教与学的内涵和外延得到显著拓展，对"传道授业解惑"的教育功能有了更广泛的诠释，如何适应新形势的要求，全面提升师生的整体综合素质，提升教学管理的有效性，成为县域农村高中突出重围的有力举措。

关键词：县域农村高中；教学管理；有效性；提升策略

当前，高中教育已经进入以内涵发展和质量提升为重点的新发展阶段。但还存在着区域发展不平衡、素质教育实施不彻底、教学管理低效等问题，亟须通过推进普通高中育人方式改革加以破解和应对。随着教学管理的不断深入，教与学的内涵和外延得到显著拓展，如何适应新形势的要求，全面提高师生综合素质，提升教学管理的有效性，是教学管理质量提升的重要内容。而提升高中教学管理的有效性不失为提高县域农村高中教育教学质量的有效办法。

一、县域农村高中教学管理有效性彰显的实践价值

思南县第 N 中学创办于 20 世纪 50 年代，是一所办在农村的大型普通高中，坐落于思南县河西集镇，距离县城中心约 30 千米。学校占地不足百亩，现有教职工 200 余人，在校学生 3000 余人，50 多个教学班。在素有"教育大县"之称的思南县境内，由于地理位置、人文条件及政策因素等诸多方面因素的影响，

---

* 作者简介：徐小暑（1982—），贵州思南人，中学高级教师，铜仁市市级骨干教师，思南县第八中学校长。

指导教师：贵州师范学院教育科学院吴晓英教授。

学校与其他市、县级高中相比，办学条件非常艰难，引不来优秀教师，更留不住优秀教师，好不容易培养出来的优秀教师，也千方百计跑到县城或是更好的地方去工作。随着招生政策的调整和城镇化进程的加快，由于学校的办学条件和地域优势等原因，招生工作更是连连受挫，农村优质学生首选是到县城以上高中就读，学校招不到更多更好的优质生源，这无疑对学校教育教学质量的提高造成了严重阻滞。同时，学校教育教学工作也存在着很多不尽如人意的现象，学校工作就像老牛拉破车，教育教学中的低效现象尤其严重，学校在如何提高教育教学质量方面面临着更多的困难和挑战，作为学校教育管理者，力求以改进学校教学管理的低效现象作为突破口来提高教育教学管理质量，从根本上解决制约学校发展的难题。

二、学校教育教学管理中存在低效现象的问题归因

（一）教学管理统筹方面的低效性

1. 在分配教学任务上存在年级间的结构性低效

学校按照"因材施教"的原则，实行分层次教学。由于学校管理力量有限，学校教学任务重心的统筹分配的确存在偏重毕业年级的情况，导致年级间的结构性低效。在非毕业班的教学中没有重视基础知识的掌握和应用提升，没有按照规定的教学任务和目标实施教学，实行的是应试性教学和高考模式教学，盲目地拔高和搞一步到位，忽略了让学生掌握基础知识、基本技能过程与方法、情感态度价值观的必要性；在教学中出现了毕业年级和非毕业年级教学模式的颠倒互换，高一高二年级过度拔高教学难度，高三教学基础化现象严重，这对学生的学习成长和应对高考备考都是非常不利的。

2. 在学科教学模块间存在不合理的结构性低效

在统筹分配各年级课程内容时，由于部分教学模块的内容没有紧密联系学生，与学生在初中阶段相应知识链接的掌握状况不匹配，从而造成初中学生进入高中阶段后，很长时间内在学习上很不适应，在知识的接受和掌握上感到困难。高中阶段学科内的逻辑思维能力要求比较突显，学生学习上的困难得不到及时解决，日积月累，慢慢堆积成更多难题，久而久之，学生的学习兴趣和信心就受到严重挫伤。现在实行的看似合理的学段模块教学，实际上却存在很多问题，比如高中语文课本的部分内容和篇目太零散；高中历史必修课程设置不利于学生建立整体知识构建；高中数学必修三的内容太少，而贯穿高中的数学函数知识在时间上安排得过紧等，存在学科教学模块间不合理的结构性低效。

3. 学生在科目发展方面存在不平衡的结构性低效

由于生源质量下滑，学生在各科目发展方面存在较大差异，学生的短板科目无疑对学生个人的整体发展产生制约作用；学生如果不能融会贯通各科的学习方法，就不能相互借鉴各科的学科素养，因而就不能提升学生的审题做题能力。由于学生在科目发展方面存在不平衡的结构性低效，导致班级中的学生不能保持一致的整体水平和学科水平，也加大了教师定位学科教学的难度。

（二）教师在教学方式上的低效性

1. 教师课堂教学的理念陈旧

受教学资源和教学信息方面的局限，学校教师课堂教学理念相对陈旧。教师在教学中已经习惯于处于主导地位，善讲者把课堂变成了独家讲堂；不善讲者放任学生自流，课堂缺乏管控；有些教师为了在课堂上发挥试听结合的效用，选择从网络资源上下载课件，但是使用的课件往往又不实用，未能结合学生的学情实际，学生在课堂上如走马观花，很难留下深刻印象。

2. 教师课堂教学的形式单一

在升学压力下，部分教师的课堂教学形式相对单一。一些教师为了单纯提高学生的分数，使学生陷入深深的题海无法自拔，教师未能深入开展教学反思和实践研究，只懂得利用大量的题目来训练学生，却忽视在课程教材中挖掘基本概念的内涵和例题的价值，致使学生只是在模仿中做了很多题目，对基本概念却不能全面、深刻地理解，在解决实际问题时不能触类旁通、举一反三。

（三）学生在学习策略上的低效性

1. 学生在学习过程中缺乏主动性和计划性

学生在日常的学习中习惯了做老师布置的作业，既没有长期的学习目标，也没有短期的学习计划。学生在学习中弱化了具有主动性的预习和复习环节及课后合作探究内容，习惯了在课堂上听老师讲课，课后做老师布置的作业，天天被老师和家长推着走，学习缺乏主动性、积极性和创造性。

2. 学生未能养成自我反思的良好学习习惯

学生上了高中后，对高中的课程设置和知识广度与难度认识不到位，仍然沿用初中阶段的被动学习模式，不习惯于总结和反思，总是用题海战术来锤炼自己，不去养成自我反思和感悟的良好学习习惯。对总结反思的重要性和错题归纳、归谬整理的必要性认识不到位。对诸如课前预习、整理错题集、阶段总结反思等常规学习方法运用不到位。

3. 部分学生的学习策略缺乏个性化

每个学生都是独立的个体，在学习上应有不同的学习习惯。但是，部分学生学习针对性不强，学习策略缺乏个性，习惯于盲目模仿别人的做法，导致学习效率低下。

4. 学生没有充分发挥学习的自觉性

学校的很多管理措施确实做得特别精细并落实到位，但一些学生仍不能正确理解学校管理的苦心，使得学生整天苦思冥想地研究怎么从学校管理、监督上找漏洞，借机做出意想不到的事情，导致学生学习分心，学生在成长过程中常处于被动地位。例如学校实行封闭式管理后，只有家住学校附近的学生持有出入校园的出入证，然而并非这部分学生每天上学放学都回家，其他的学生便找机会借出入证或伪造出入证后混出学校。学校管理的最高境界就是"不管"，营造氛围让学生自觉学拼赶超，自己管理好自己，学生相互间督促。

三、学校教学管理实现有效性的优化对策

（一）学校层面：进行结构性调整

学校教学任务需进行结构性调整。逐步实施低重心、渐进式教学。首先，学校要从整体上规划三年教学。在非毕业班的教学中，要注重培养学生对基础知识、基本概念和基本技能的掌握应用能力。在选修模块的教学中强调学科价值的体现。学校实行低重心的教学模式应该注重：教学对象低重心、教学难度低重心、教学要求低重心和考试要求低重心，即在教学过程中要充分关注大部分学生的发展需求，为了让学生可以更加全面透彻地理解基础知识，教学难度不能设置得太高，让学生打下坚实的基础促进学生的进一步发展，考试内容应该紧密结合课堂教学的内容。在教学重心调整后，每个学生都可以得到发展的基础和信息，学生的学习效率也可以得到全面提高。其次，循序渐进地培养学生的学习品质和模块学习能力。前期基础教学阶段要以注重培养学生的学科兴趣、学习自信心和学习习惯为主；中期教学阶段要以注重培养学生学习知识的过程和方法为主，引导学生树立正确的学习观念；后期教学阶段要以侧重培养学生验证、反思的观念，强化和培养学生的应试能力为主。以上三期目标是一个相互联系的整体，分期实现可以更好地促进学生的个体发展。

学校教学内容需进行结构性调整。对于教学难度较高的模块，积极开发自主课程和校本教材，可以充分利用课外活动小组和校本课程等形式实现阶段性教学目标。调整内容安排不合理的教学顺序，让学生可以更牢固地掌握教学内

容。例如，为了更好地落实高中语文学科的课程和模块目标，可以调整语文教材的体系安排，在教学中实施大单元语文教学。

（二）教师层面：转换教学方式

教学方式是直接影响学习方式形成、完善以及改变的重要因素，是转变学生学习方式的根本。

教师在面对初入高中的学生时，应着重提升学生的兴趣和学习信心。学校在优质生源数量偏少、大环境不能补课的情况下，教师让学生努力弥补初高中衔接内容方显神力，缩小与优质生源的差距。学生400分以下的中考成绩占80%，这部分学生在初中阶段已经形成被动接受知识的固有模式，提升空间小，提升难度大；初中阶段升入高中阶段后，学生的学习环境、学习内容、教学方法等方面发生了较大的改变，这对学生学习方法、学习能力的要求更高，初高中存在着明显的过渡期。学校就想方设法，让招进来的学生先弥补初升高知识的断层，延续学生的学习状态，培养学生的自主学习能力，开学用一周左右的时间针对高中没有紧密联系初中部分的内容进行辅导和讲解，让学生产生极高的兴趣和信心接受高中三年繁重的学业压力。

教师的教学活动中要根据实际情况转换教学方式和教学方法。教师在教学活动中应该采取多种方法去调动学生学习的积极性和主动性，在教学中可以多使用合作式学习和探究性学习，让学生之间多进行讨论、交流，让学生在学习活动中最大限度地发挥自己的主观能动性。在教学过程中教师应该有意识地弱化让学生单纯听讲、单纯阅读和机械背诵的过程，这种单一的教学模式容易让学生感觉到枯燥无味，不利于激发学生的学习兴趣，教师应当利用多种手段，采取多种形式来激发学生的学习兴趣，提高课堂教学效率。

教师的教学活动应该根据学情来设计不同的问题，注重培养学生的探究能力。教师必须设计有效的问题引导学生走向潜在能力发展区，对问题设计的"深度""角度""难度""梯度"和"广度"等方面多加关注，提高问题设计的有效性。要设计合适的"问题"情境，让学生在情境中更好地理解和掌握问题的解决方法。教师要充分利用各种资源，通过自身的经验和精心备课不断提高学生的探究能力。

教师在教学活动中要善于转变角色，当好学生的导师，引导学生走向正确的学习轨道。学生在教学活动中应当处于主体地位，教师在教学活动中起着指导、组织、帮助、促进和解疑答难的作用，利用交流会话、情境剧场和团队协作等学习环境要素让学生充分发挥主观能动性和积极性，使学生对所学的知识进行合理有效的意义建构。教师可以利用学习兴趣小组来促进学生学习活动的革命，培养能力较强的学生来担任老师的助教，为小组成员确定"跳一跳能够到"的学习目标，让所有学生都能主动、积极、高效地学习，定期对每个小组成员的学习效果进行检测和评价。利用学习小组成功实现学习目标的成就感和集体荣誉感，激发小组在课堂上展示竞争力等来推进课堂教学的高效性。需要教师讲解的内容，教师要教给学生如何配合教师的思路更好地完成听、记任务。帮助学生走出学习的误区，虽然单纯听、读的学习效率不高，但是对于文科性质和语言类的学科还是需要教师的讲解和学生不断地阅读，因此教师要引导学生正确地听讲和阅读，提高学生的学习效果。

在推动教师转变教学方式方面还应发挥学校制度导向作用。为了推动教师的转变，学校应该采取积极的措施。教师要转变教学方式必然会遭受阵痛和阻力，是一个较长而且痛苦的过程。学校应建立完善的制度来推进这个过程，采用新的课堂评价方式和标准，引领教师教学改革。明确规定教学策略实施的工作计划、流程、集体备课、电子备课、课堂教学标准、教案制作使用、优秀学案评选和教学过程评价等。学校还应该采取措施跟踪各项学习策略的实施，分段推进各项策略，积极促进教学方式的转换等。

（三）学生层面：培养学生的策略性学习能力

学习效率是决定学习成绩的重要因素。培养学生的策略性学习能力，不断提高学生的学习效率。首先，让学生转变学习方式，教师在教学活动中要注重培养学生的自主性，自主学习。也就是自愿地、主动地去学习（无论是兴趣所致还是愿望、目标所致）。让学生养成计划性学习、自觉性学习、主动性学习和创造性学习。学习中善记笔记，及时总结反思感悟，独立思考和交流合作。其次，学校应建立完善制度机制来培养学生的学习习惯，培养提高学生的自我约束、自我管理、自我反思和自我提升能力。学校在教学管理方面要不断跟进，引导学生养成良好的习惯，对学生的惰性和随意性等不良习惯要采取措施进行矫正。让学生在学习活动中能根据自身的基础和特长制定符合自身发展的学习计划，并不断地改进和完善学习计划，提高学生的学习效率。同时，学校还应该积极地举办各种优秀学案展评、学习论坛、经验交流会等活动不断地提高学生自我约束的能力，不断提高学生的学习品质。安排专业的心理导师来帮助没有学习策略和不会运用学习策略的学生，全面提高学生的学习能力。

总之，针对学校教育教学管理中的低效现象，要采取积极的措施及时进行改进，不断提高教学管理的质量和效率，才能提高学生的学习质量和成绩水平，才能为学生创造更好的升学机会和发展空间，学校才能吸引更多的优质生源，留住更多的优秀教师，学校才能更好地发展下去，才能在激烈的竞争中突出重围，立于不败之地。